Unsere Welt in 1000 Bildern

FAKTEN • FOTOS • WISSEN

Unsere Welt in 1000 Bildern

FAKTEN • FOTOS • WISSEN

KIM BRYAN, CLIVE GIFFORD,
FRANCESCA KLETZ, SEUN MATILUKO,
GILES SPARROW

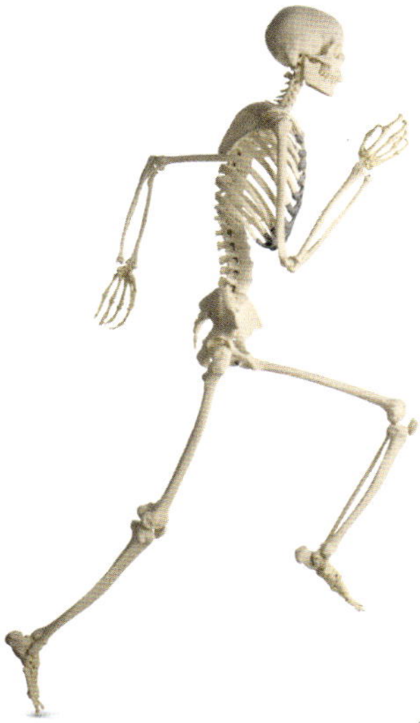

Penguin Random House

DK DELHI
Lektorat Virien Chopra, Rupa Rao, Bipasha Roy, Sai Prasanna, Agnibesh Das, Kingshuk Ghoshal
Gestaltung und Bildredaktion Shreya Anand, Baibhav Parida, Noopur Dalal, Revati Anand, Tanisha Mandal, Nishwan Rasool, Mamta Panwar, Taiyaba Khatoon, Govind Mittal, Nand Kishor Acharya, Jaypal Chauhan, Harish Aggarwal
Herstellung Balwant Singh, Pankaj Sharma, Priyanka Sharma Saddi

DK LONDON
Lektorat Steven Carton, Rachel Fox, Andrew Macintyre, Liz Wheeler, Jonathan Metcalf
Gestaltung und Bildredaktion Michelle Staples, Owen Peyton Jones, Karen Self
Umschlaggestaltung Stephanie Cheng Hui Tan, Sophia MTT
Herstellung Jacqueline Street-Elkayam, Laura Andrews
Fachliche Beratung Roger Bridgman, Richard Dearden, Jacqueline Mitton, Philip Parker

Für die deutsche Ausgabe:
Verlagsleitung Monika Schlitzer
Programmleitung Heike Faßbender
Redaktionsleitung Martina Glöde
Projektbetreuung Angelika Herre
Herstellungsleitung Dorothee Whittaker
Herstellungskoordination Katharina Schäfer
Herstellung Evely Xie

Titel der englischen Originalausgabe:
Our World in Pictures

Übersetzung Birgit Reit
Lektorat Julia Niehaus

ISBN 978-3-8310-4736-9

Druck und Bindung TBB, a.s., Slowakei

MIX
Papier | Fördert gute Waldnutzung
FSC® C018179

www.dk-verlag.de

INHALT

Erde 44

Natur 80

Naturwissenschaft 130

Technik 168

Geschichte 200

Kultur und Gesellschaft 246

Unterhaltung 282

Einige Ereignisse, von denen du in diesem Buch liest, geschahen vor sehr langer Zeit. Die Angaben werden dann so geschrieben: „vor … Mrd. Jahren“ oder „vor … Mio. Jahren“. „Mrd.“ sind Milliarden, „Mio.“ sind Millionen. An anderen Stellen werden Jahreszahlen mit „v. Chr.“ oder „n. Chr“ angegeben. Diese Abkürzungen bedeuten „vor Christus“ oder „nach Christus“. In der westlichen Welt wird die Zeit häufig in Abschnitte vor und nach Christi Geburt eingeteilt. Wenn kein genaues Datum bekannt ist, wird zum Beispiel „um 2500 v. Chr.“ geschrieben. Das bedeutet „ungefähr um das Jahr 2500 vor Christus“.

WELTALL

Der Urknall

Das Universum entstand vor etwa 13,8 Milliarden Jahren mit dem Urknall, bei dem es sich plötzlich stark ausdehnte. Im Bruchteil einer Sekunde wurde sehr viel Energie frei und es entstand Materie. Nach dem Urknall wurde das Universum rasch größer. Es dehnt sich bis heute immer weiter aus.

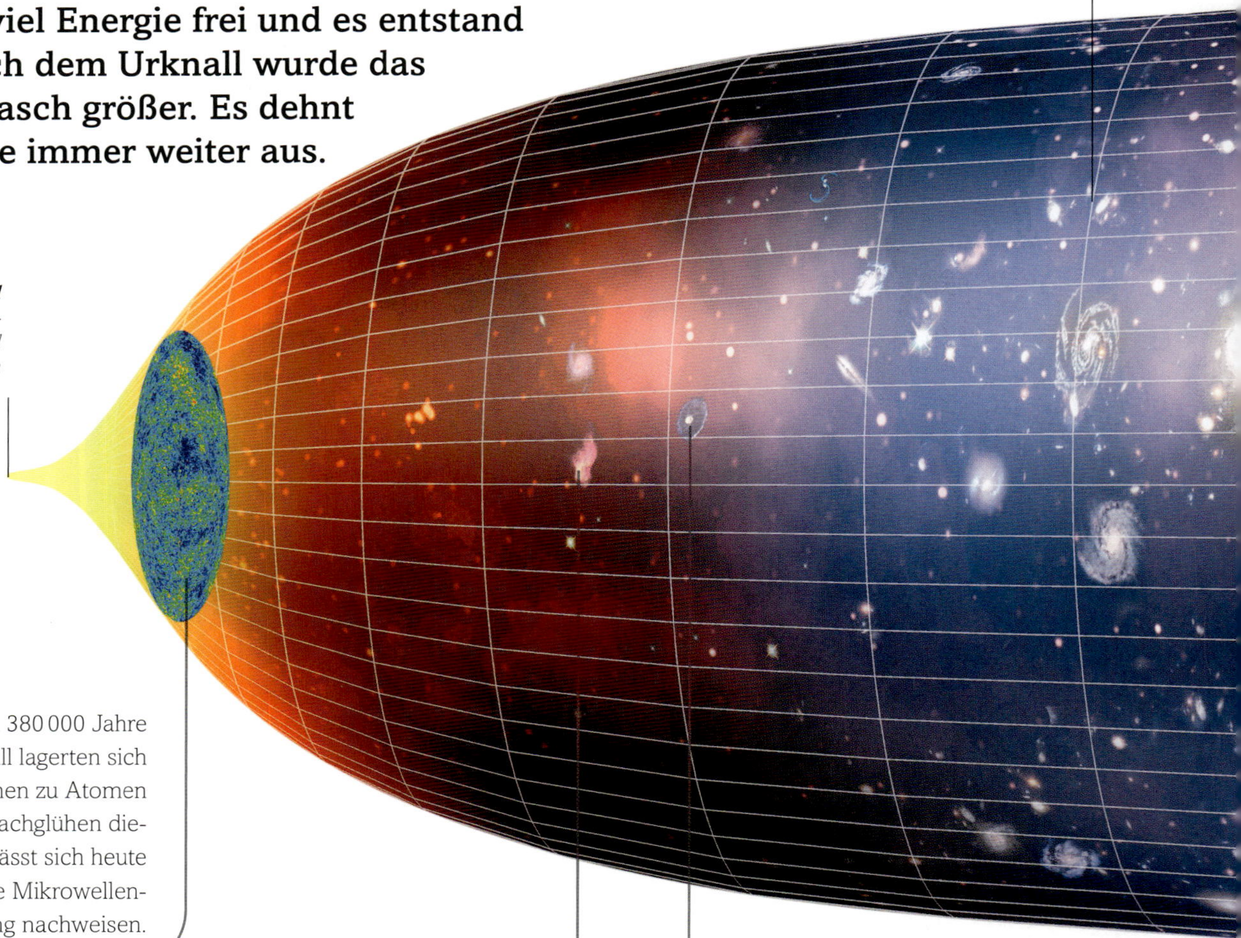

Das Licht der ersten Galaxien *braucht mehrere Milliarden Jahre, bis es die Erde erreicht.*

Nach dem Urknall *dehnte sich das Universum unglaublich schnell aus. Diesen Zeitraum nennt man Inflation.*

Nachglühen ❯ Etwa 380 000 Jahre nach dem Urknall lagerten sich die ersten Teilchen zu Atomen zusammen. Das Nachglühen dieses Ereignisses lässt sich heute noch als kosmische Mikrowellenstrahlung nachweisen.

Starke Strahlung *von den umliegenden jungen Sternen bringt das Gas zum Leuchten.*

Sternentstehungsnebel ❯ Sterne entstehen, wenn Teile von Gaswolken sich zusammenziehen und immer mehr Material anziehen. Im Kern werden sie dann dicht und heiß und beginnen zu strahlen.

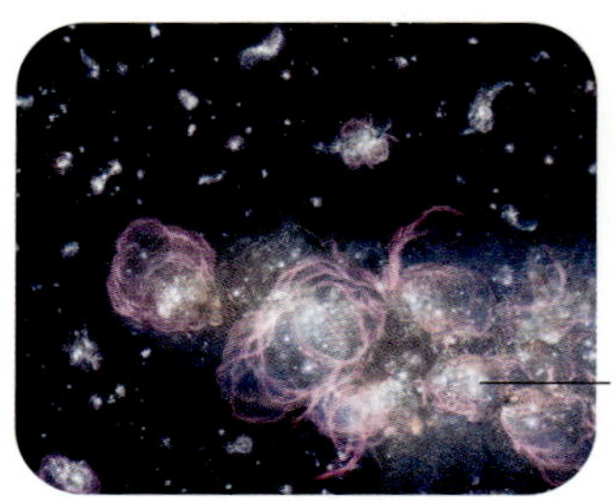

Die Explosionen beim Tod *der ersten Sterne verstreuten die schwereren Elemente, die in ihnen entstanden waren.*

Erste Sterne entstehen ❯ Die ersten Sterne entstanden einige Hundertmillionen Jahre nach dem Urknall. Anfangs gab es im Universum nur die leichtesten Elemente, daher bestanden diese riesigen Kugeln aus Wasserstoff und Helium.

Fliehende Galaxien ❯ Je weiter wir ins All hinausblicken, desto schneller bewegen sich die Galaxien von uns weg, weil der Raum selbst sich ausdehnt und die Galaxien auseinandertreibt wie Rosinen in einem Hefeteig.

Frühe Wolken aus Gas und Sternen *lagerten sich zu Galaxien zusammen.*

Das Universum *dehnt sich weiterhin aus.*

Das Multiversum

Wie es zum Urknall kam, weiß niemand, aber eine Theorie besagt, dass unser Universum nur eins von vielen ist, die wie Blasen aus einem gemeinsamen Hintergrundmaterial heraustraten. Weil in jedem Universum andere physikalische Gesetze herrschen, entwickelt sich jedes anders. Fachleute nennen diese Paralleluniversen das „Multiversum“.

Das Universum

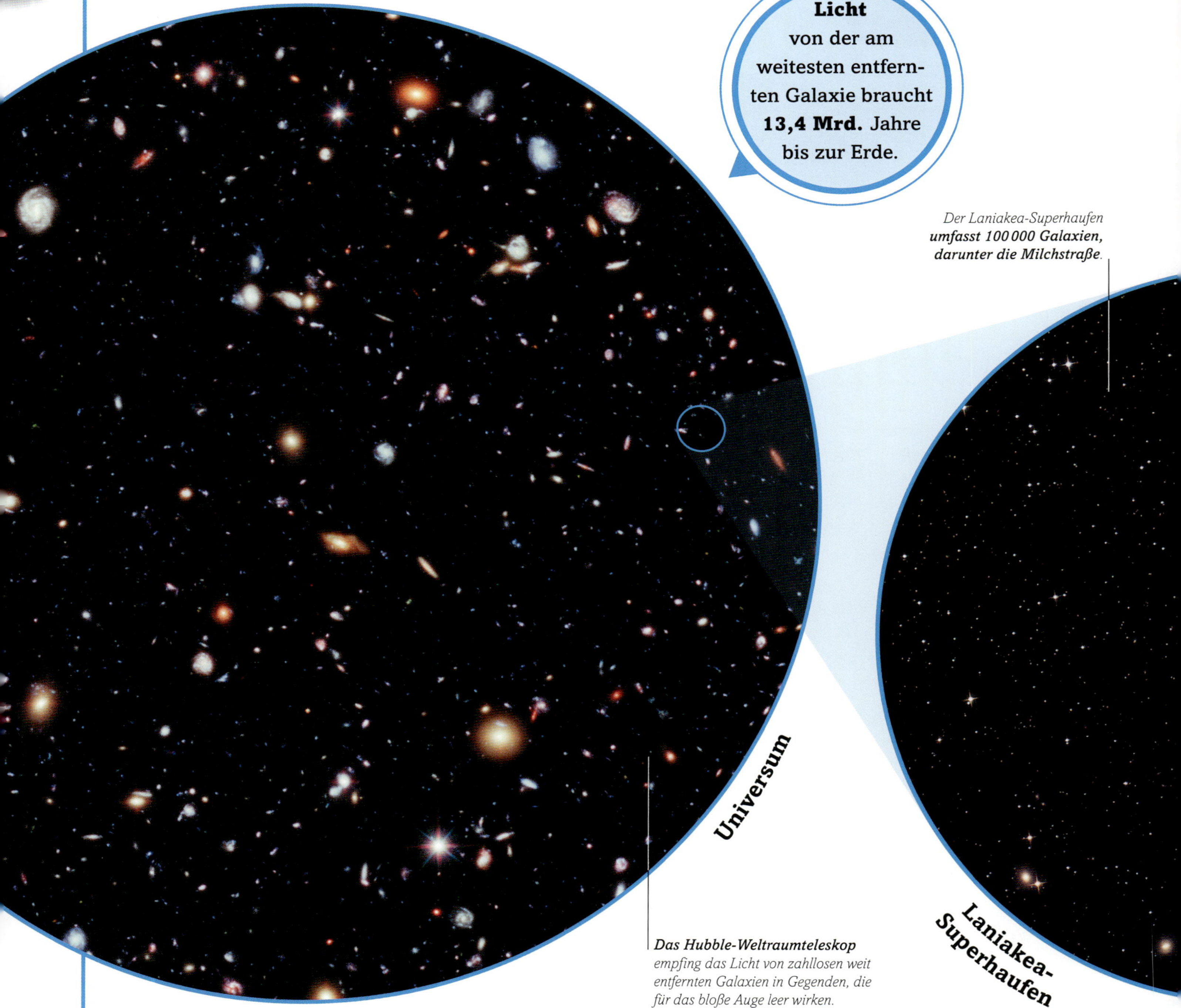

Der Laniakea-Superhaufen ***umfasst 100 000 Galaxien, darunter die Milchstraße.***

Das Hubble-Weltraumteleskop *empfing das Licht von zahllosen weit entfernten Galaxien in Gegenden, die für das bloße Auge leer wirken.*

Das Universum schließt alles ein, was wir kennen. Es umfasst den Raum und die Zeit, aber auch alle Materie und Energie, die darin in Form von Galaxien, Sternen, Planeten und Strahlung wie Licht enthalten sind. Wir wissen nicht, wie groß das Universum ist, jedoch dass es sich ausdehnt und wächst.

Das Universum ist unvorstellbar, sowohl im Kleinen mit seinen winzigsten Teilchen als auch im Großen mit seinen riesigen Galaxien, die durch gigantische Leerräume getrennt sind. Die Strukturen im Universum werden vor allem von der Schwerkraft geschaffen, die alle Objekte, die eine Masse haben, zueinander zieht. Die

STRUKTUREN IM UNIVERSUM

Die Materie ist ungleichmäßig im Universum verteilt. Die Galaxien sammeln sich in dichten, fadenähnlichen „Filamenten“ um dunkle, leere Hohlräume, die „Voids“.

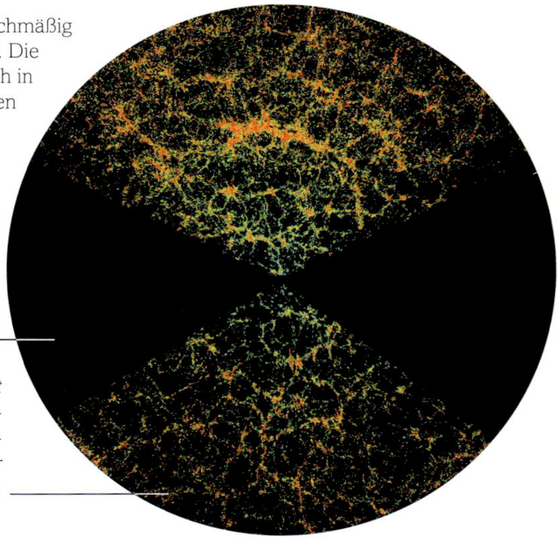

Hier verdeckt uns Staub in der Milchstraße den Blick ins Universum.

Jeder Farbpunkt ist eine Galaxie, eingezeichnet nach Entfernung und Lage von der Erde im Zentrum aus.

Karte der Galaxien

Erde

*Die Erde ist rund **150 Mio. km von der Sonne entfernt.***

Sonnensystem

***Das Licht von der Sonne braucht vier Stunden** bis zum Neptun. Er ist der am weitesten von ihr entfernte Planet. Bis zum nächsten Stern ist das Sonnenlicht vier Jahre lang unterwegs.*

*Die Milchstraße enthält zwischen **100 und 400 Mrd. Sterne und Planetensysteme**.*

Milchstraße

Schwerkraft zieht Materieklumpen zusammen, sodass Sterne wie die Sonne und Planeten wie die **Erde** entstehen. Sie hält die Himmelskörper auch in ihren Umlaufbahnen, sodass sie Planetensysteme, Galaxien wie die **Milchstraße** und Galaxienhaufen bilden, die sich in gigantischen Gruppen, den Superhaufen, bewegen. Einer von ihnen ist der **Laniakea-Superhaufen**. Da die Geschwindigkeit des Lichts zwar sehr hoch, aber begrenzt ist, erreicht es unsere Teleskope oft erst nach Millionen oder gar Milliarden Jahren. Das Universum ist also eine riesige Zeitmaschine: Wir sehen weit entfernte Galaxien so, wie sie viel früher in ihrer Entwicklung ausgesehen haben.

Sterne

Die beiden Sterne umkreisen einander *alle 68 Stunden.*

Algol im Perseus

Der Pulsar im Krebsnebel, dem Überrest einer Supernova, *sendet starke Strahlung aus.*

Pulsar im Krebsnebel

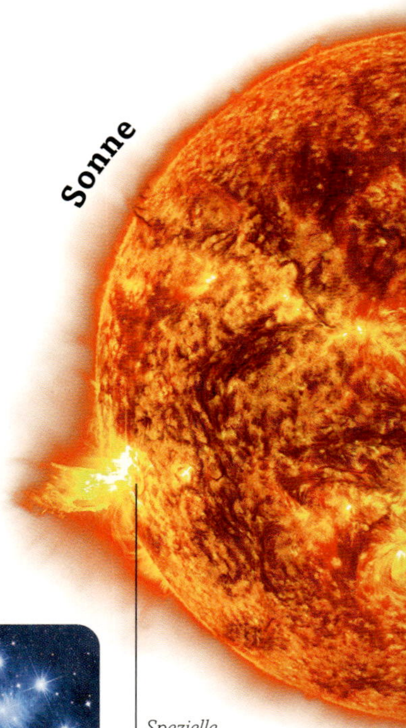

Spezielle Kameras zeigen die ***turbulente Sonnenoberfläche****.*

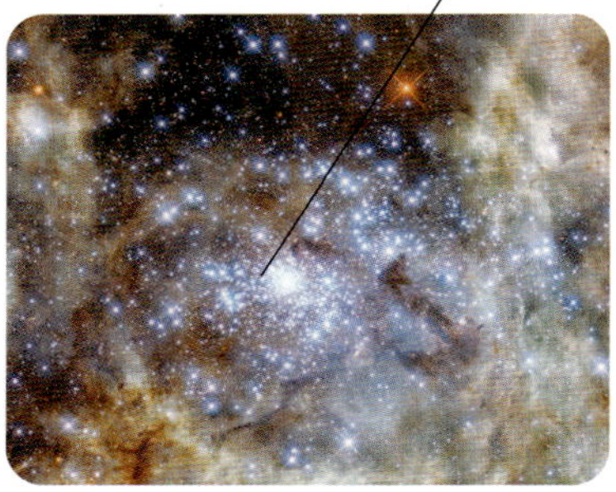

Mit rund 220 Sonnenmassen ***einer der massereichsten Sterne****, die wir kennen*

R136a1

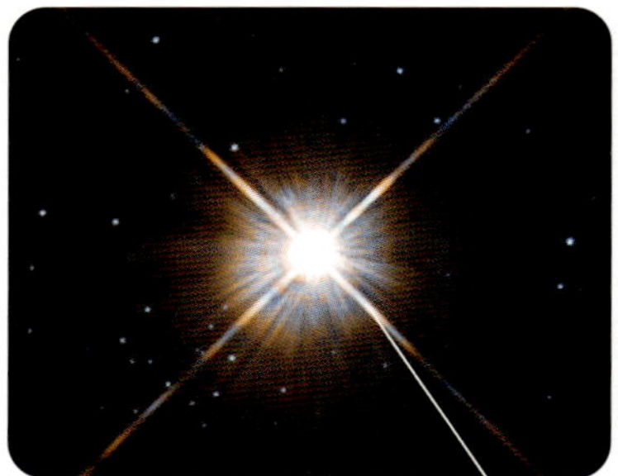

Proxima Centauri ist der ***nächste Stern zur Sonne****.*

Proxima Centauri

Der offene Sternhaufen *ist rund 100 Mio. Jahre alt.*

Plejaden

Die äußeren Hüllen des sterbenden Sterns *werden nach außen geschoben.*

Dieser **sterbende Stern** ist mehr als **10 000** Lichtjahre entfernt.

NGC 2818

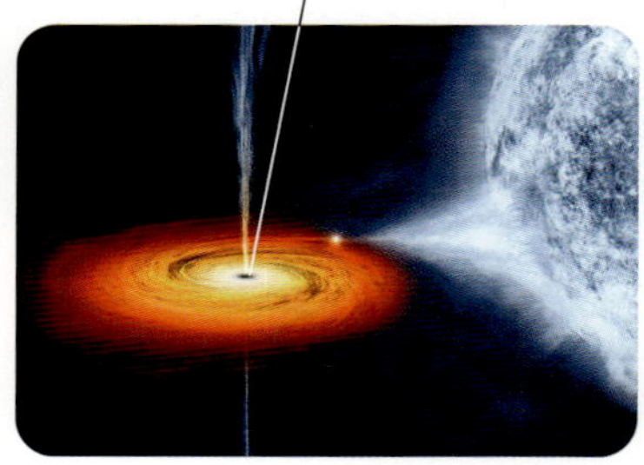

Das unsichtbare Schwarze Loch *saugt Material von einem umkreisenden Stern ab.*

Cygnus X-1

Sterne sind riesige Gaskugeln, die vor allem aus dem leichten Element Wasserstoff bestehen. Das Gewicht des Gases erzeugt im Zentrum so viel Hitze und Druck, dass dort Kernreaktionen stattfinden. Die Energie, die entsteht, lässt den Stern leuchten und verhindert, dass er in sich zusammenstürzt.

Alle Sterne beginnen ihren Lebenszyklus in einer Wolke aus Staub und Wasserstoffgas, die Nebel genannt wird. Wie lange ein Stern lebt und wie hell er strahlt, hängt von der Menge des Wasserstoffs und anderer Elemente ab. Die massereichsten Sterne (Beispiel **R136a1**) sind sehr hell, leben aber nur wenige Millionen

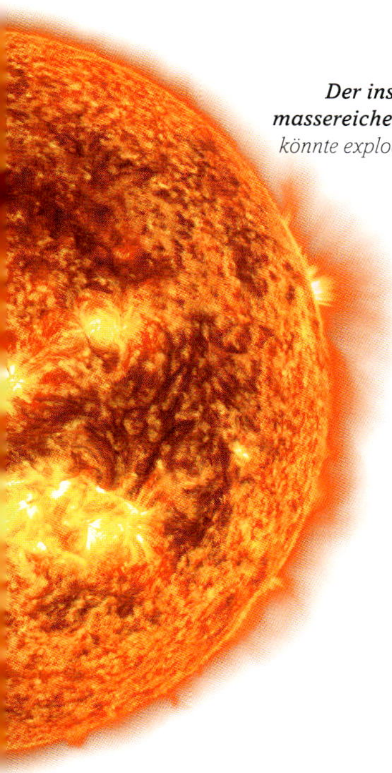

Der instabile ***massereiche Stern*** *könnte explodieren.*

Eta Carinae

Cassiopeia A

Superheiße Überreste *einer Supernova*

KLASSIFIZIERUNG DER STERNE

Das Hertzsprung-Russell-Diagramm setzt Helligkeit und Temperatur der Sterne in Beziehung. Die Abbildung zeigt Masse und Stadium im Lebenszyklus. Die meisten Sterne liegen in der Hauptreihe.

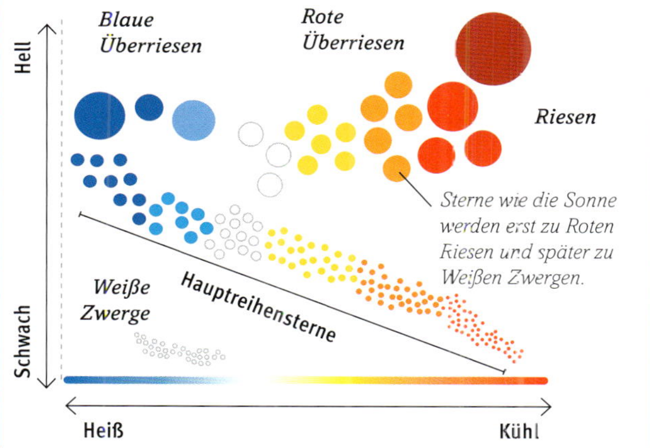

Der Stern leuchtet 3,3 Mio. Mal *heller als die Sonne.*

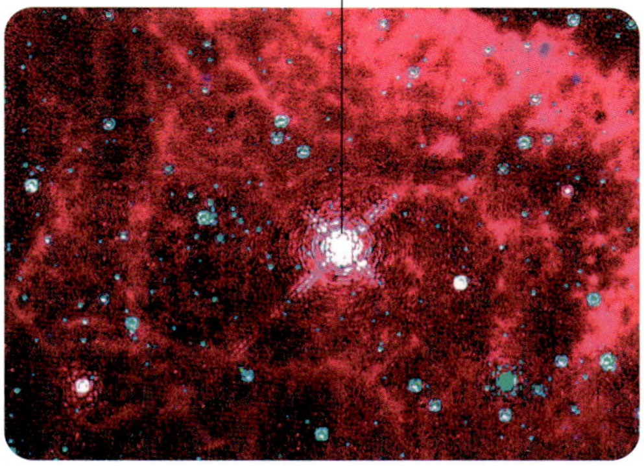

Pistolenstern

Der junger Stern, der von Staub umgeben ist, *bildet vielleicht Planeten.*

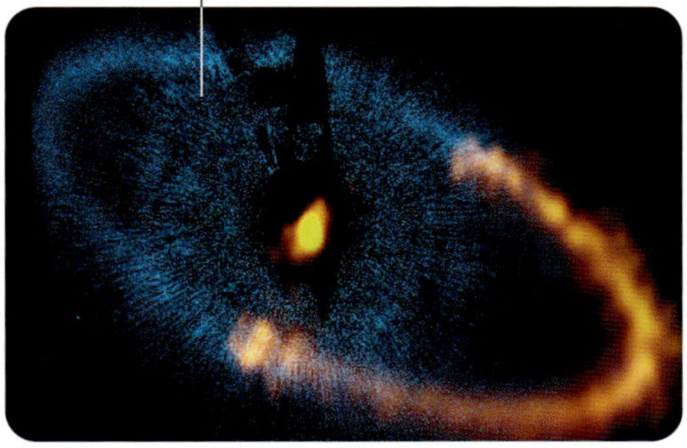

Fomalhaut

Der riesige Kugelsternhaufen *enthält 10 Mio. uralte Sterne.*

Omega Centauri

Jahre. Sterne mit geringer Masse wie **Proxima Centauri** leuchten nur schwach, überdauern dafür aber einige Dutzend Milliarden Jahre. Mit einer Lebensdauer von 10 Mrd. Jahren liegt die **Sonne** irgendwo dazwischen. Wenn einem Stern der Brennstoff ausgeht, wird er instabil. Sterne wie die Sonne blähen sich zu Roten Riesen auf und werfen ihre äußeren Hüllen ab, sodass ein planetarischer Nebel wie **NGC 2818** entsteht. Massereiche Sterne wie **Eta Carinae** enden in einer gewaltigen Explosion, genannt Supernova. Im Zentrum der verbleibenden, zerfaserten Gaswolke (Beispiel **Cassiopeia A**) liegt ein Pulsar oder ein Schwarzes Loch wie **Cygnus X-1**.

Galaxien

Galaxien bestehen aus sehr vielen Sternen sowie Wolken aus Gas und Staub. Die Schwerkraft hält alles zusammen. Sie haben verschiedene Größen und Formen, aber einige der schönsten und komplexesten sind Spiralgalaxien wie die Milchstraße.

Weitere Arten von Galaxien

Elliptische Galaxie
Diese beinahe kugelförmigen Galaxien wie Messier 87 enthalten vor allem ältere rote sowie gelbe Sterne und nur wenig Staub oder Gas. Man glaubt, dass sie bei Zusammenstößen von Spiralgalaxien entstehen, die dabei verschmelzen.

Spiralarme ❯ Spiralarme sind eine Art Stau, in dem das Material, das den Kern der Galaxie auf einer Scheibe umkreist, steckt. Die Sterne drängen sich zusammen und in zusammengepressten Gaswolken entstehen leuchtende neue Sterne.

Messier 51

Kugelsternhaufen ❯ Diese dichten Sternansammlungen entstanden vor vielen Milliarden Jahren. Sie kreisen meist über oder unter dem Kern einer Galaxie und enthalten hauptsächlich sehr alte Sterne.

Messier 80

Milchstraße

Irreguläre Galaxie
Formlose Galaxien wie die Kleine Magellansche Wolke werden als irregulär bezeichnet. Sie enthalten sehr viel Gas, aus dem Sterne entstehen, und daher auch viele junge Sterne. Forschende halten diese Galaxien für die Bausteine der Spiralgalaxien.

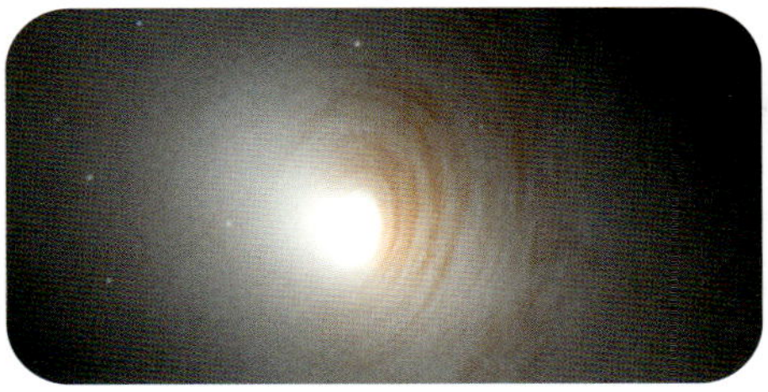

Linsenförmige Galaxie
Die Art ist relativ selten. Sie hat einen Kern, der von einer abgeflachten Scheibe aus Sternen umgeben ist. Innerhalb der Scheibe sind aber keine Spiralstrukturen zu erkennen. Die Galaxie NGC 2787 ist ein Beispiel für eine linsenförmige Galaxie.

Besondere Galaxien
Bei Zusammenstößen oder wenn Galaxien dicht aneinander vorbeistreifen, bilden sich neue Sternentstehungsgebiete. Oft treten auch starke Schwerkräfte auf, die die Strukturen der Galaxien verzerren, sodass ungewöhnliche Formen wie die Antennengalaxien zustande kommen.

Du bist hier.

Zentraler Balken ❯ Bei einigen Spiralgalaxien treten die Arme direkt aus dem flachen, ovalen Zentrum aus. Andere, wie die Milchstraße und NGC 1300, haben im Kern einen langen Balken aus Sternen.

NGC 1300

Supermassives Schwarzes Loch ❯ Ein Schwarzes Loch ist ein Gebiet, in dem Materie auf engstem Raum verdichtet ist. Im Zentrum vieler Galaxien liegen Supermassive Schwarze Löcher. Sie haben die Masse von vielen Millionen Sonnen und ziehen alles an, was ihnen zu nahe kommt: Sterne, Gas, Staub und sogar Licht.

Sternbilder

Himmelsscheibe von Nebra

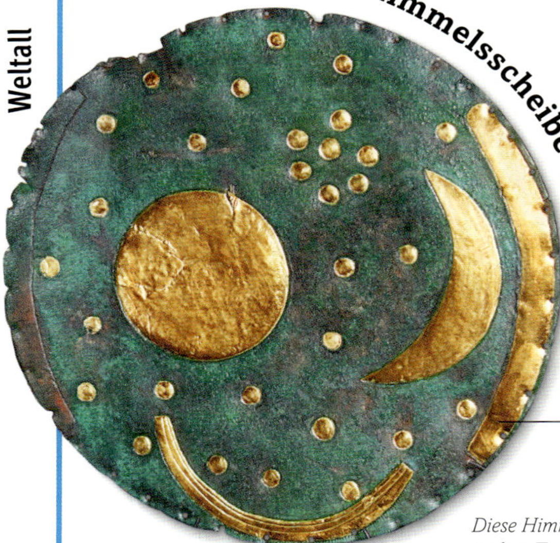

***Diese uralte Bronzescheibe** aus Nebra im heutigen Deutschland ist die älteste bekannte Himmelsdarstellung.*

Felis

***Das Sternbild Felis (Katze)** wurde 1799 eingeführt, gilt aber nicht mehr offiziell.*

***Eine Armillarsphäre** ist eine Art Himmelsglobus.*

Armillarsphäre

Armillarsphären wurden schon vor mindestens **2000 Jahren** benutzt.

*Diese Himmelskarte an der Decke eines altägyptischen Tempels zeigt die **zwölf Tierkreiszeichen**.*

Tierkreis

Schon in vorgeschichtlicher Zeit glaubten Menschen überall auf der Erde, in den Sternen Muster zu erkennen, und ordneten sie zu Sternbildern. So konnten sie ihre eigene Position besser zuordnen und die Bahnen von Sonne, Mond und den Planeten verfolgen und aufzeichnen.

Die Menschen beobachteten den Himmel und verbanden die Sterne mit gedachten Linien zu Figuren und Gegenständen aus Legenden und der echten Welt. So entstanden in vielen Kulturen wie in **China** oder bei den **Inka** in Südamerika unterschiedliche Sternbilder. Die heute anerkannten Sternbilder, auch Konstellationen genannt,

WAS IST EIN STERNBILD?

Mithilfe von Sternbildern orientieren sich Astronomen am Nachthimmel. Die Sterne stehen zwar im All meist nicht nahe beieinander, aber von der Erde aus gesehen bilden sie scheinbar Muster, die man leicht erkennt und im Kopf behält.

Orions „Fuß“ ist der blau-weiße Stern Rigel. Er ist 1,5-mal weiter entfernt als der rote Stern Beteigeuze, der die „Schulter“ bildet, aber sie wirken beinahe gleich hell.

In der Antike verbanden Astronomen einige Sterne zum Sternbild des Orion, eines Jägers mit Schild und Keule. Die drei hellen Sterne in der Mitte bilden den „Gürtel“.

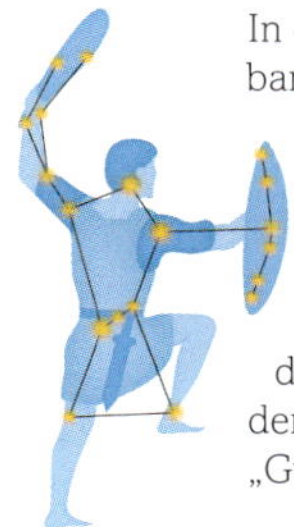

Das Kreuz des ***Südens*** *auf einer Karte aus Gold aus dem 17. Jh.*

Sternkarte der Inka

Der Steinbock ist ***eins der ältesten Sternbilder.***

Steinbock

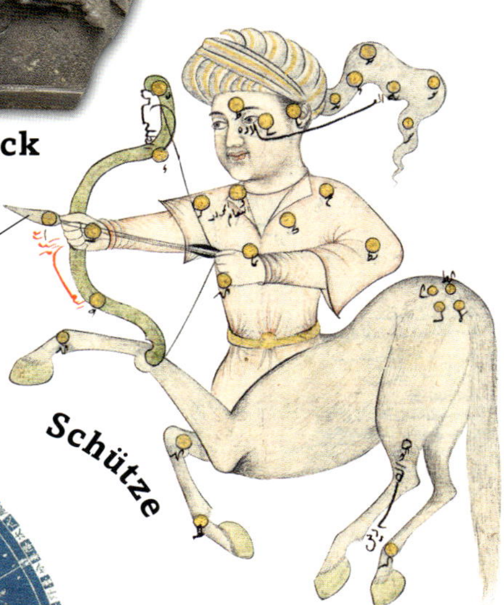

Darstellung des Schützen *auf einer islamischen Sternkarte*

Schütze

Dieses Kartenspiel mit Sternbildern von 1825 hat ***Löcher an den Positionen der hellsten Sterne.***

Sternbild-Karten

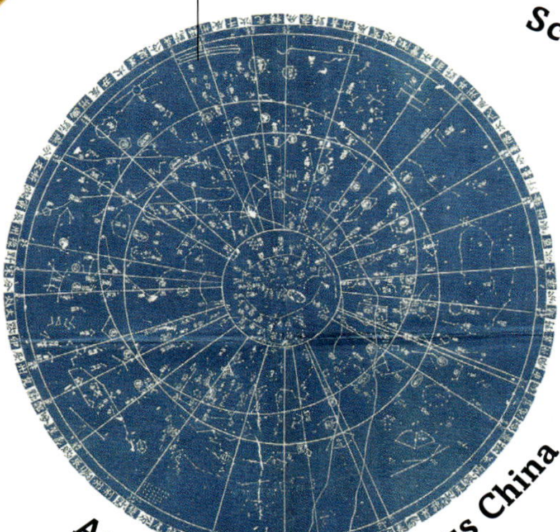

Die runde Sternkarte aus dem 13. Jh. *teilt den Nachthimmel in verschiedene Gruppen ein.*

Astronomische Karte aus China

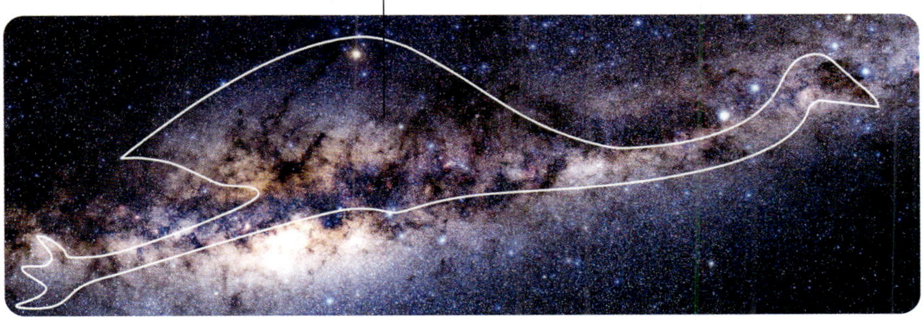

Die indigenen Bewohner Australiens erkannten in den dunklen Flecken der Milchstraße ***die Gestalt eines riesigen Emus.***

Himmels-Emu

gehen vor allem auf Astronomen im alten Mesopotamien (heute Irak) und in Griechenland zurück. Zu den ätesten zählt der **Tierkreis** aus zwölf Sternbildern, durch die Sonne und Planeten im Jahresverlauf wandern, darunter **Steinbock** und Jungfrau. Viel später etablierten europäische Entdecker und Forschende neue Sternbilder am Nachthimmel über der Südhalbkugel, aber auch am Nordhimmel, wo es noch viele Lücken gab. Einige wie **Felis** werden heute nicht mehr verwendet. 1930 einigten sich die Astronomen weltweit auf 88 Sternbilder, die jeweils einen Himmelsbereich kennzeichnen. Die Bereiche passen ineinander wie Puzzleteile.

MILCHSTRASSE In klaren, dunklen Nächten sieht man mit bloßem Auge bis zu 2500 Sterne. Das sind sehr wenige, wenn man bedenkt, dass es in der Milchstraße zwischen 100 und 400 Milliarden Sterne gibt. Dieses Weitwinkelfoto wurde mit Langzeitbelichtung an der Küste des Schwarzen Meers aufgenommen. Es enthüllt zahllose Sterne, die sich in einem Band dichter Sternwolken über den Himmel ziehen.

Dass die Milchstraße am Himmel wie ein Band aussieht, liegt an der Position des Sonnensystems. Unsere Galaxie ist eine flache Spirale mit einem zentralen Wulst, der von einer relativ dünnen Scheibe aus kreisenden Sternen umgeben ist. Die Sonne und ihre Planeten liegen in dieser äußeren Scheibe, sodass wir weniger Sterne sehen, wenn wir „nach oben" oder „nach unten" blicken, aber sehr viele Sterne hintereinander, wenn wir innerhalb der Scheiben-Ebene den Blick „nach innen" oder „nach außen" richten. Dunkle Bereiche bedeuten, dass Staubwolken das Licht der dahinter liegenden Sternwolken verdecken. Am dichtesten stehen die Sterne in Richtung des zentralen Wulstes. Er liegt im Sternbild Schütze.

Die Planeten

Weltall

DAS SONNENSYSTEM

Die Sonne ist bei Weitem der massereichste Himmelskörper im Sonnensystem: Sie enthält 99,8 Prozent der gesamten Masse. So gut wie den kompletten Rest umfasst Jupiter. Er hat beinahe 2,5-mal so viel Masse wie alle anderen Planeten zusammen.

Merkur hat eine dünne Gesteinskruste *mit vielen Hügeln und Bergketten.*

Merkurs Kruste

Venus hat mehr als 1600 Vulkane*, der höchste ist der Maat Mons.*

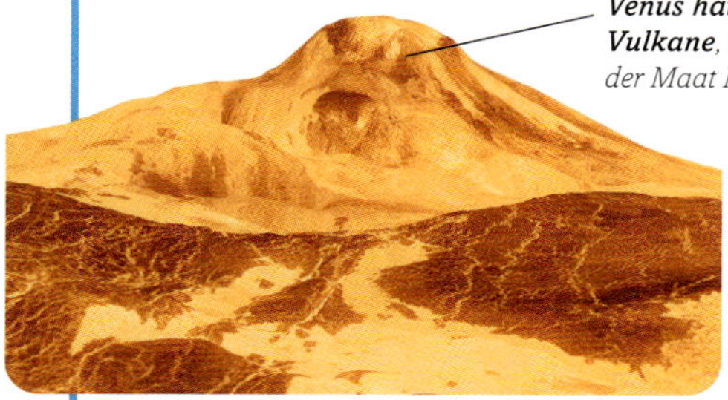

Vulkane auf der Venus

71 Prozent der **Erdoberfläche** sind mit **Wasser** bedeckt.

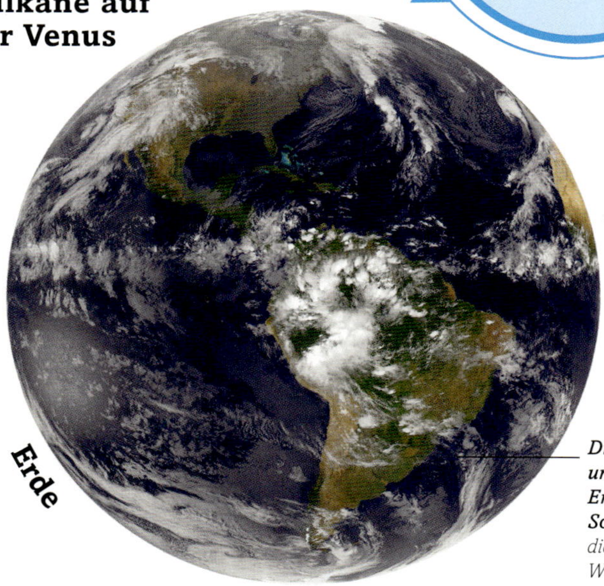

Erde

Die Schwerkraft und die richtige Entfernung zur Sonne *ermöglichten die Entstehung eines Wasserozeans.*

Valles Marineris auf dem Mars

Das ausgedehnte Schluchtensystem *besteht aus Spalten in der Oberfläche.*

Planeten wachsen in den Scheiben mit Material, die neu gebildete Sterne umgeben. Staub klumpt sich zu Gesteinsbrocken zusammen, die aneinanderreiben, sodass sie sich erwärmen. Irgendwann werden sie so heiß, dass sie verschmelzen und eine Kugel aus verschiedenen Schichten bilden.

Keine zwei Planeten haben die gleiche Zusammensetzung oder Entstehungsgeschichte. Die vier inneren Planeten im Sonnensystem, **Merkur**, **Venus**, **Erde** und **Mars**, sind Gesteinsplaneten und kreisen in engem Abstand um die Sonne. Weiter draußen, wo nach der Entstehung der Sonne große Mengen Gas übrig geblieben waren,

Hitze aus dem Inneren des Jupiters *treibt den Sturm im Großen Roten Fleck an.*

Jupiter

Die Ringe des Saturns *bestehen aus Milliarden von Eisstücken.*

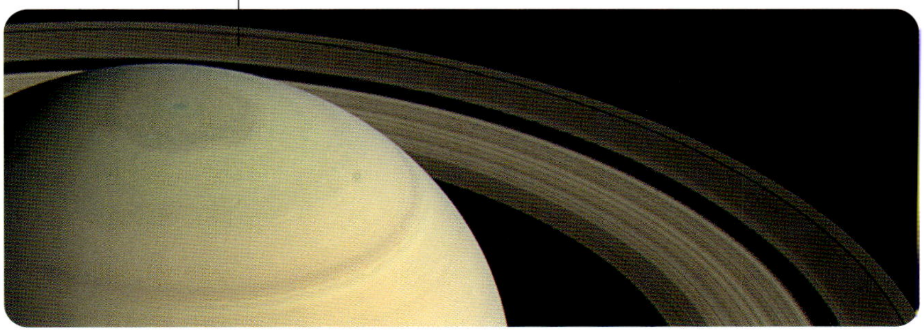

Saturn

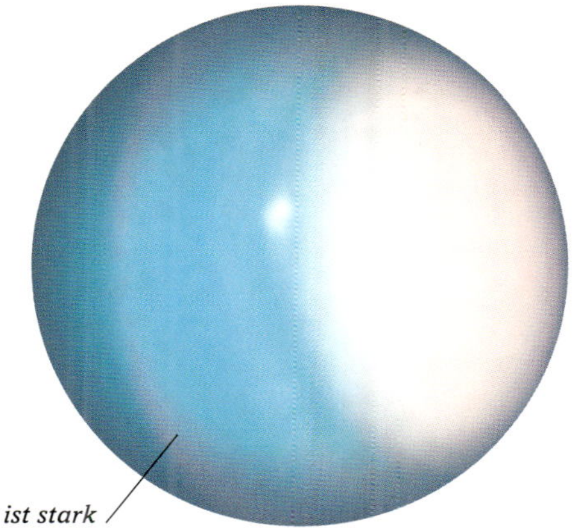

Uranus ist stark geneigt*, sodass er auf seiner Bahn um die Sonne „rollt“.*

Uranus

Auf Neptun wurde 1989 der Sturm *des Großen Dunklen Flecks entdeckt.*

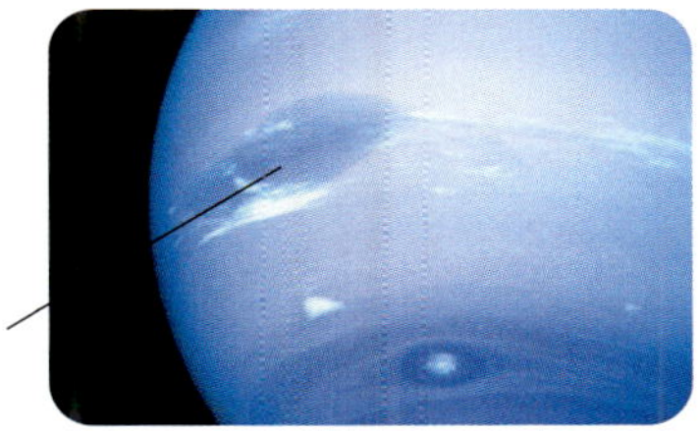

Neptun

EXOPLANETEN

1995 wurde 51 Pegasi b als erster Exoplanet entdeckt, seither wurden knapp 5000 weitere bestätigt. Wir können sie nicht direkt sehen. Diese Animation zeigen, wie sie aussehen könnten.

51 Pegasi b

Proxima Centauri b

bildeten sich vier Riesenplaneten. Der stürmische **Jupiter** und der Ringplanet **Saturn** sind sehr groß und bestehen vor allem aus Wasserstoff und Helium. **Uranus** und **Neptun** sind kleiner. Auch andere Sonnen haben Planeten, wir nennen sie Exoplaneten (Planeten außerhalb unseres Sonnensystems). Sie können größer als Jupiter sein, aber auch erdähnlich, und sie kreisen in unterschiedlichen Abständen um unterschiedliche Sterne, sodass auf ihrer Oberfläche sehr unterschiedliche Bedingungen herrschen. **51 Pegasi b** zum Beispiel ist so massiv wie Jupiter, aber sehr heiß, weil er den Stern 51 Pegasi in geringem Abstand umrundet.

Monde

Weltall

Phobos

Krater und Furchen übersäen die Oberfläche dieses Marsmonds.

Phobos bewegt sich in einer **Spirale** auf den **Mars** zu.

Io

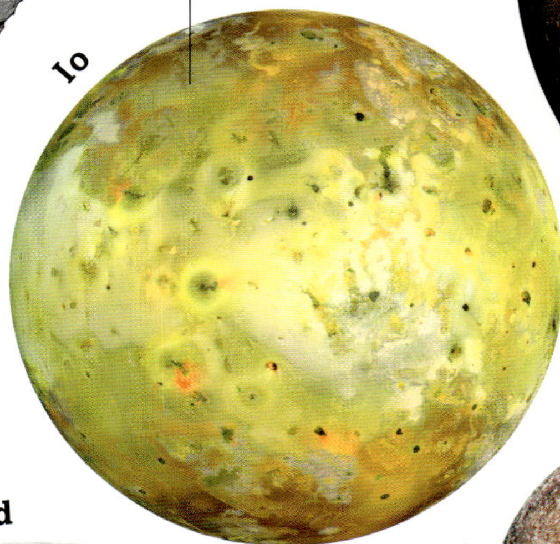

Die leuchtend gelbe Farbe stammt von ***schwefelreichen Chemikalien, die bei Vulkanausbrüchen entstehen***.

Ganymed

Dunkle und helle Flecken zeigen die unterschiedliche Bodenbeschaffenheit.

Kallisto

Krater, die vielleicht mit Eis bedeckt sind, sehen auf diesem Jupitermond wie helle Flecken aus.

Titan

Das Infrarotbild zeigt, was unter Titans ***dichter, verschleierter Atmosphäre*** liegt.

Mond

Immer dieselbe Seite des Monds zeigt zur Erde.

Der Mond ist der ständige Begleiter der Erde. Er bewegt sich um sie, während sie gleichzeitig um die Sonne wandert. Der Mond ist einer von mindestens 150 natürlichen Satelliten, die in unserem Sonnensystem um die Planeten kreisen.

Enceladus

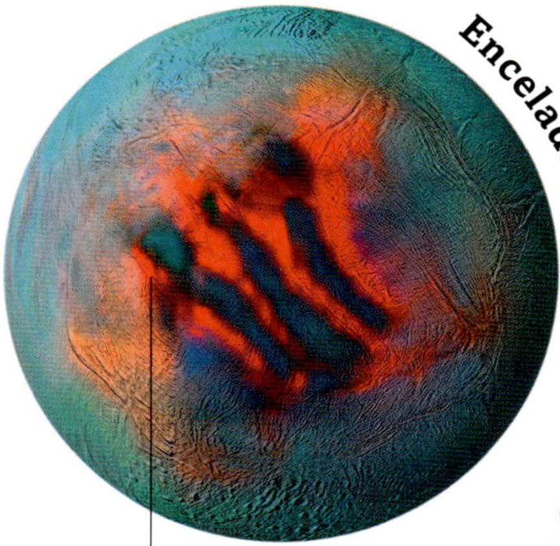

Die roten Gebiete auf diesem Infrarotbild *weisen auf frisches Eis hin. Vielleicht dringt dort Wasser durch Spalten heraus.*

Hyperion ist ein Saturnmond und vielleicht ein ***Teil eines älteren Monds, der bei einer Kollision zerbrach****.*

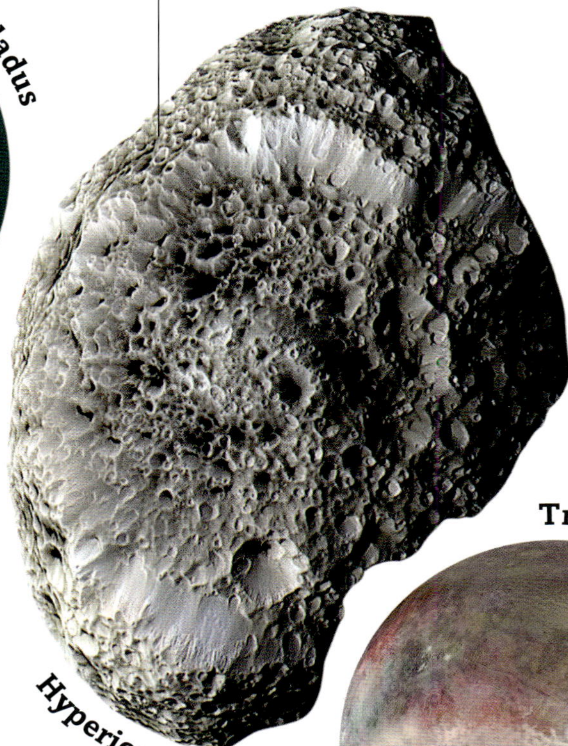

Hyperion

Miranda

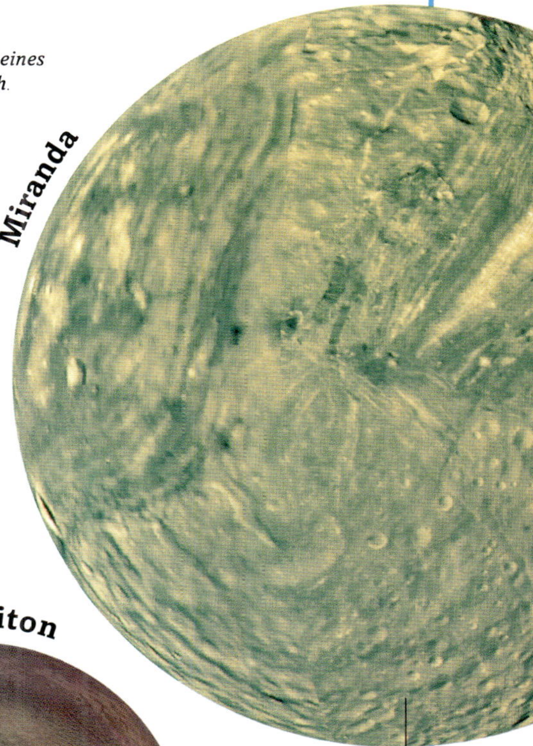

Miranda hat viele Schluchten. Die tiefste hat etwa ***20 km hohe Wände****.*

Triton

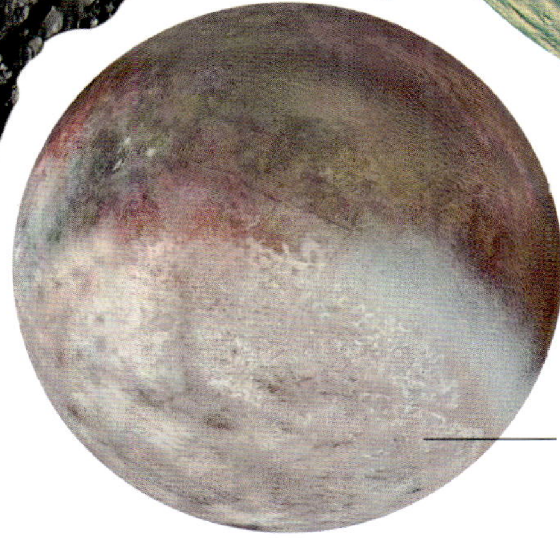

Hervorbrechende Geysire schleudern Stickstoffgas *in die dünne Atmosphäre.*

Kleine Monde wie Epimetheus *formen die Ringe des Saturns.*

Hirtenmonde

SO ENTSTAND UNSER MOND

Der Mond ist so groß, dass er wohl nicht nur aus Material besteht, das nach der Entstehung der Erde übrig blieb. Er formte sich wahrscheinlich aus dem Schutt, der in die Erdumlaufbahn geschleudert wurde, als ein riesiger Gesteinsbrocken auf der noch jungen Erde einschlug.

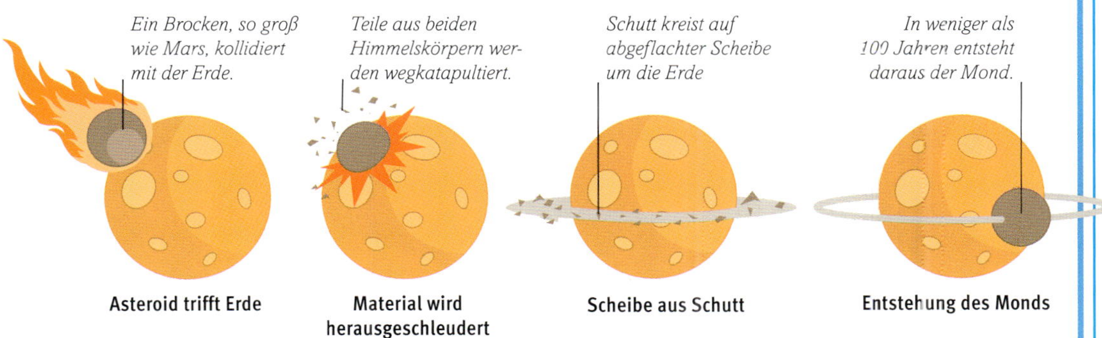

Jeder Planet im Sonnensystem hat mindestens einen Mond, mit Ausnahme von Venus und Merkur. Einige bildeten sich nach der Entstehung der Planeten aus dem übrigen Material, andere waren Kometen, Asteroiden oder Zwergplaneten, die von der Schwerkraft der Planeten eingefangen wurden. **Phobos**, einer von zwei Marsmonden, war wohl ein Asteroid, während der Neptunmond **Triton** ein ehemaliger Zwergplanet ist.

Jupiter, Saturn und Uranus haben viele Monde. Bei einigen wurde die Oberfläche von der starken Schwerkraft der großen Planeten geformt. Die eisige Oberfläche des Uranusmonds **Miranda** war vielleicht in früheren Zeiten geschmolzen und ist wieder gefroren. Der Jupitermond **Io** hat viele aktive Vulkane und auf dem Saturnmond **Enceladus** ist es so warm, dass es unter der Oberfläche möglicherweise flüssiges Wasser gibt.

Felsbrocken

Eris

Eris braucht 560 Erdenjahre für eine Umkreisung der Sonne.

Pluto

***Der eiskalte Pluto wurde 1930 entdeckt** und war bis 2006 als Planet eingestuft.*

Ceres

***Der Zwergplanet ist der größte Körper** im Asteroidengürtel zwischen Mars und Jupiter.*

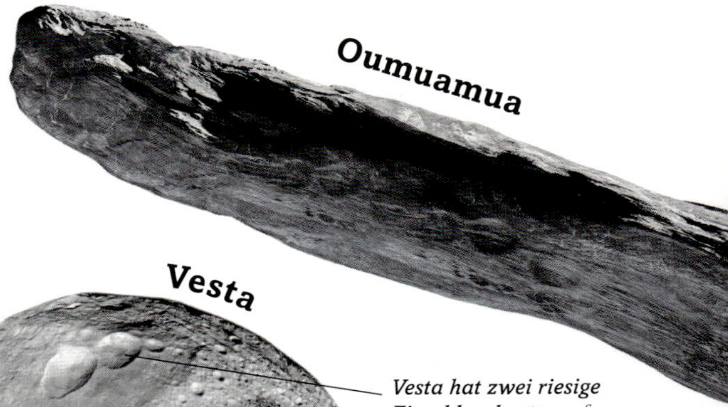

Oumuamua

Vesta

***Vesta hat zwei riesige Einschlagskrater** auf der Oberfläche.*

Doppel-asteroid

***Asteroiden-paare bilden sich**, wenn eine Kollision oder die Schwerkraft eines Planeten einen Brocken spalten.*

Apophis

*Dieser Asteroid wird 2029 **in weniger als 32 000 km Entfernung an der Erde vorbeifliegen.***

Komet Hale-Bopp

***Kometen ziehen zwei lange Schweife** aus Gas und Staub hinter sich her.*

Neben den Planeten gibt es im Sonnensystem viele kleinere Körper, darunter Zwergplaneten (kleiner als echte Planeten), Asteroiden in einer relativ nahen Bahn um die Sonne sowie eisige Brocken, die oft weit außerhalb der Planetenbahnen kreisen. Dazukommen Gesteinsteilchen: Meteore, Meteoroide und Meteoriten.

Asteroiden sind Steinbrocken, die bei der Planetenentstehung übrig blieben. Die meisten kreisen im Asteroidengürtel um die Sonne, der zwischen Mars und Jupiter liegt. Der größte von ihnen, **Ceres**, wird heute als Zwergplanet eingestuft und hat vielleicht ein wenig Salzwasser unter der äußeren Kruste. Der zweitgrößte, **Vesta**, zeigt Anzeichen früherer vulkanischer Aktivität. Die meisten Asteroiden sind mit

Bei einem Meteorschauer sieht man viele „Sternschnuppen" am Nachthimmel: lauter kleine Steinbrocken, die in der Atmosphäre verglühen.

Meteorschauer

Viele **frühe Kulturen** verarbeiteten das **Eisen** aus Meteoriten.

Chondriten sind die häufigste Art *von Meteoriten.*

Chondrit

Der Metallbrocken *stammt aus dem Kern eines großen Asteroiden.*

Eisenmeteorit

Das längliche Objekt unbekannter Herkunft *stammt wahrscheinlich von außerhalb des Sonnensystems.*

Der Krater in den USA ist etwa 1,2 km breit. *Vor etwa 50 000 Jahren schlug hier ein Meteorit ein.*

Barringer-Krater

Auf dem Teppich von Bayeux, *der die Geschichte der Schlacht von Hastings (1066) erzählt, ist der Halleysche Komet zu sehen.*

Halleyscher Komet

AUSSERHALB DER NEPTUNBAHN

Zahllose kleine, eisige Himmelskörper von Zwergplaneten bis zu Kometen kreisen jenseits der Neptunbahn am Rand des Sonnensystems. Es ist ein ausgedehnter Bereich, der den Namen Kuipergürtel erhielt.

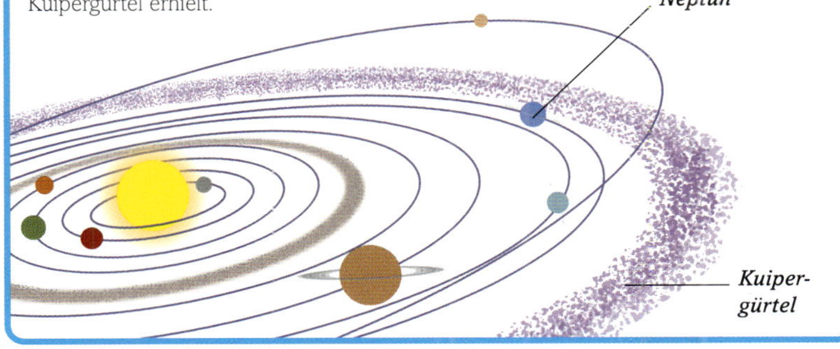

Kratern und Einschnitten aus Kollisionen übersät. Bei solchen Zusammenstößen können Asteroiden zerbrechen oder sie werden in Richtung der Planeten des inneren Sonnensystems von ihrer Bahn abgelenkt. Kleine Brocken, sogenannte **Meteoriten**, landen ständig auf Planeten und die größten hinterlassen Einschlagskrater wie den berühmten **Barringer-Krater** auf der Erde. Viele kleine, eisige Körper kreisen jenseits von Neptun im Kuipergürtel, darunter Kometen und Zwergplaneten wie **Pluto** und **Eris**. Die meisten Kometen kommen aus dem Kuipergürtel oder der Oortschen Wolke, die das Sonnensystem umgibt. In der Nähe der Sonne verlieren sie durch Wärme und Sonnenwind Gas und Staub, die sie als große Wolke mit zwei langen Schweifen hinter sich herziehen.

MARS Für diese Ansicht, die vom NASA-Rover *Curiosity* auf dem Mars stammt, wurden Fotos vom frühen Morgen (blau) mit anderen vom späten Nachmittag (orange) kombiniert. Der vierte Planet des Sonnensystems war früher erdähnlich. Es gab Ozeane, aktive Vulkane und eine dichte, schützende Atmosphäre. Heute ist die Marsoberfläche eine kalte, trockene, staubbedeckte Wüste, doch im Boden gibt es noch sehr viel gefrorenes Wassereis.

Der Rover *Curiosity* landete 2012 beinahe in der Mitte des 154 km breiten Gale-Kraters. Nachdem der Krater bei dem Einschlag eines uralten Asteroiden entstanden war, sammelten sich an seinem Grund Sedimentschichten an – vielleicht weil Schlamm in einem See zu Boden sank oder Vulkanasche das gesamte Gebiet bedeckte. Später wurde das weiche Gestein vom Wind abgetragen, wobei in der Mitte des Kraters ein etwa 5500 m hoher Berg stehen blieb. Er heißt Aeolis Mons. *Curiosity* und andere Mars-Rover liefern uns viele Informationen über den Nachbarplaneten. Forschende wollen verstehen, wie aus dem Mars im Lauf der Zeit ein so unwirtlicher Ort wurde.

Teleskope

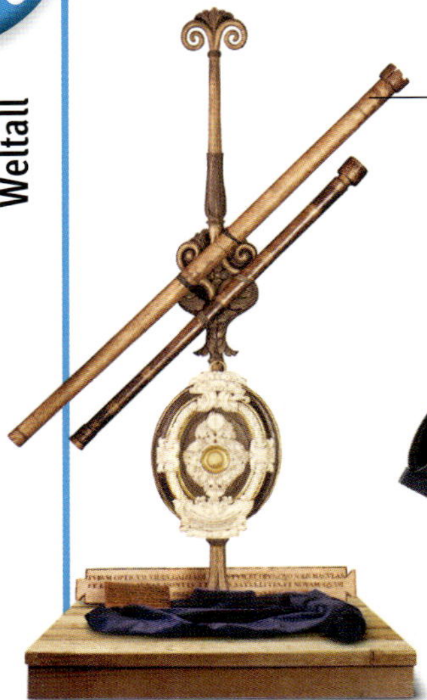

Der italienische Astronom Galileo Galilei baute seine Teleskope ***selbst****, nachdem er von dieser Erfindung aus den Niederlanden gehört hatte.*

Galileis Fernrohre

Newton-Teleskop

Das Teleskop hatte zwei Teile: *Rohr und Okular.*

Hevelius richtete 1641 das erste Observatorium mit Teleskopen ein.

Johannes Hevelius

Herschel-Teleskop

Das Okular des riesigen Spiegelteleskops war nur über ***eine Leiter zu*** *erreichen.*

Die zwei Linsen des Teleskops in den USA haben jeweils einen ***Durchmesser von 1 m und wiegen zusammen 227 kg****.*

Yerkes-Observatorium

Säulen der Schöpfung

Very Large Array

In diesem Radio-Observatorium werden die Signale, die ***27 aktive Antennen empfangen, zu einer Karte des jeweiligen Himmelsausschnitts kombiniert.***

Hubble-Weltraumteleskop

Das mit Solarenergie betriebene Teleskop nahm Bilder von Galaxien auf, die ***mehrere Milliarden Lichtjahre entfernt sind****.*

Die Entfernungen im Weltraum sind so gewaltig, dass wir womöglich niemals zu fremden Sternen oder Galaxien reisen werden. Aber wir können das Licht und andere Strahlungsarten, die diese Himmelskörper und Sterne aussenden, mit Teleskopen untersuchen. So lernen wir das Universum immer besser kennen und verstehen.

Die ersten Teleskope, wie sie **Galileo Galilei** im Jahr 1609 baute, empfingen mit ihren Linsen viel mehr Licht als das Auge und erzeugten zudem vergrößerte Bilder. Das **Newton-Teleskop** fing später das Licht bereits mit einem gekrümmten Hauptspiegel ein. Linsenteleskope stießen im **Yerkes-Observatorium** um 1890 an ihre Grenze, aber Spiegelteleskope erreichten enorme Größen.

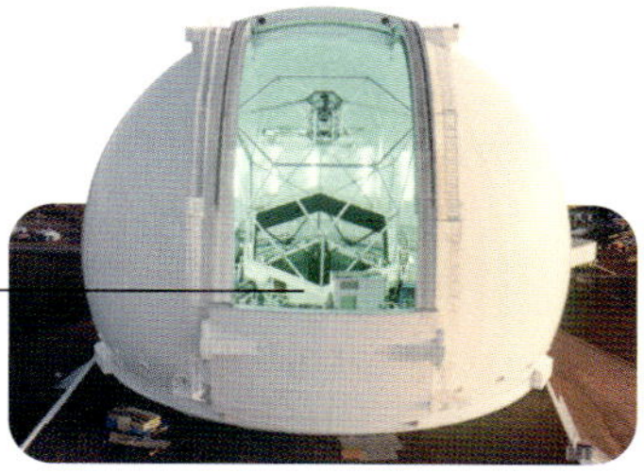

Der Hauptspiegel dieses Teleskops in Hawaii (USA) hat **36 sechseckige Segmente**.

Keck-II-Teleskop

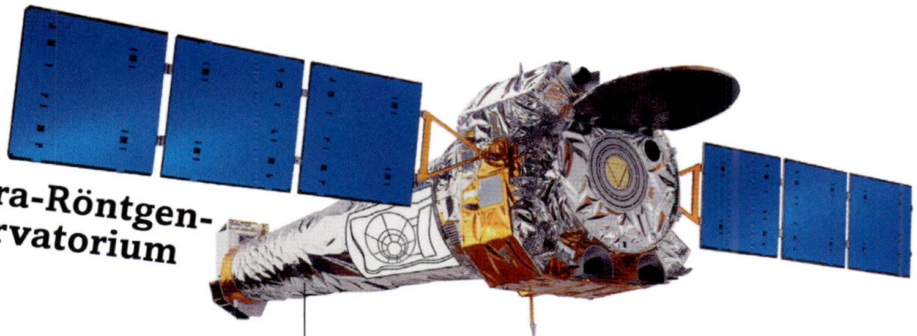

Chandra-Röntgen-Observatorium

Das leistungsfähigste Röntgenteleskop liefert Bilder, die viel schärfer sind als die von gleichartigen Teleskopen.

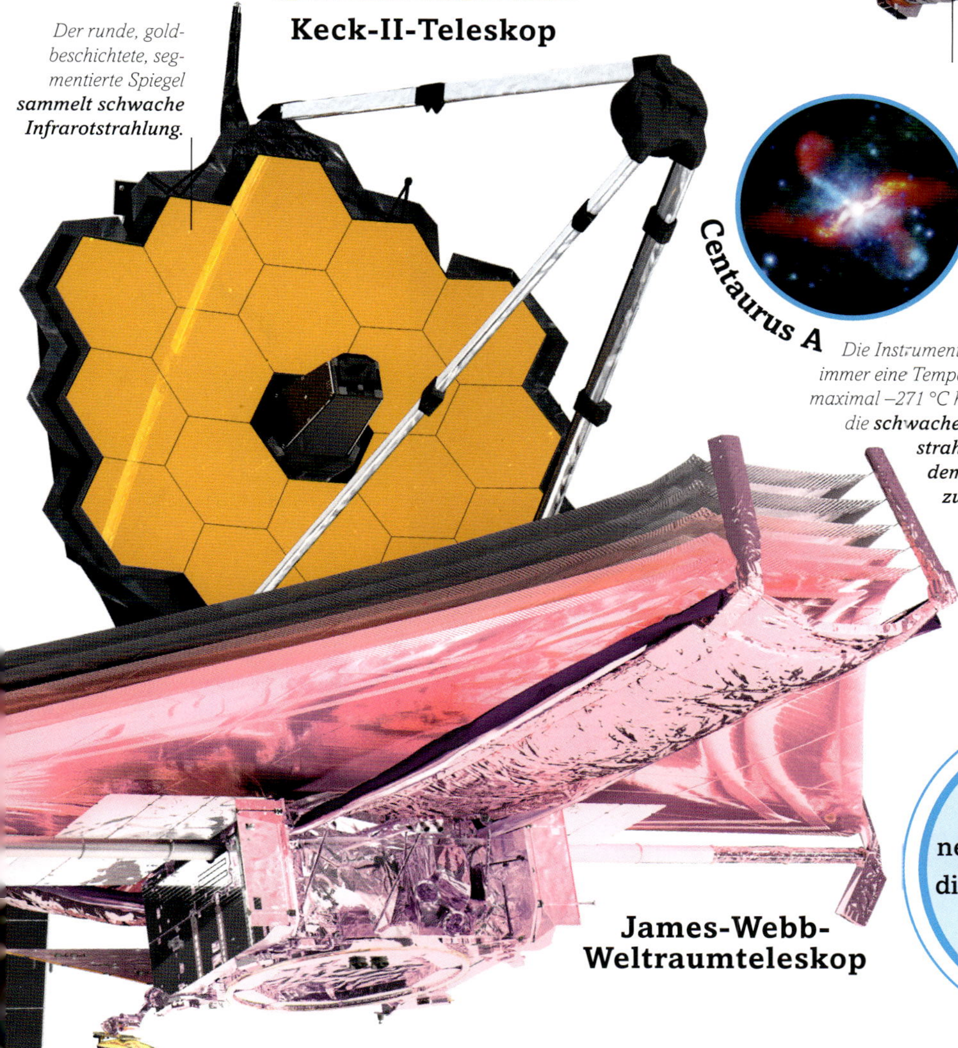

Der runde, goldbeschichtete, segmentierte Spiegel **sammelt schwache Infrarotstrahlung.**

James-Webb-Weltraumteleskop

Centaurus A

Herschel-Weltraumteleskop

Die Instrumente mussten immer eine Temperatur von maximal –271 °C haben, um die **schwache Wärmestrahlung aus dem All aufzunehmen**.

Kepler-Weltraumteleskop

Das Teleskop wurde speziell für die **Entdeckung von Planeten in anderen Sternsystemen entwickelt.**

Kepler entdeckte in den neuneinhalb Jahren, die es in Betrieb war, mehr als **2600** Exoplaneten.

FAST (Five-hundred-metre Aperture Spherical Telescope) ist eine **riesige Radio-Antennenschüssel in China**.

FAST-Radioteleskop

Extremely Large Telescope

Wenn er einmal fertig ist, wird der **Hauptspiegel des Teleskops in Chile 39,3 m Durchmesser** haben.

Ihre Spiegel kann man, wie beim **Keck-II-Teleskop**, aus vielen Segmenten zusammensetzen. Im 20. Jahrhundert führte die Entdeckung von Radiosignalen aus dem All zum Bau großer Radioteleskope wie dem **Very Large Array**. Mit Raketen brachte man Teleskope später sogar in eine Erdumlaufbahn. Heute erzeugt beispielsweise das **James-Webb-Weltraumteleskop** gestochen scharfe Bilder von extrem weit entfernten Objekten im All.

Sterne beobachten

Schon mit bloßem Auge lassen sich am Nachthimmel viele Beobachtungen machen. Aber Geräte wie ein Fernrohr oder Teleskop eröffnen wunderbare Ausblicke auf das Universum, vor allem auf lichtschwächere Objekte wie die Jupitermonde oder die Ringe des Saturn.

Astronomie-Apps

Halte das Handy vor den Nachthimmel *und lerne Sterne und Sternbilder kennen.*

Himmelsfotografie

Mit Langzeitbelichtung *erhält man ein solches Bild mit den Bewegungsspuren der Sterne.*

Linsenteleskop

Licht fällt von der Hauptlinse *durch das Rohr auf das Okular.*

Spiegelteleskop

Das Teleskop lenkt das Licht *zu einem Okular seitlich vom Rohr.*

Teleskop-Okulare

Verschiedene Okulare erzeugen *unterschiedliche Vergrößerungen.*

Computergestütztes Teleskop

Mit dem Handcontroller *lässt sich das Teleskop bedienen.*

Schmidt-Cassegrain-Teleskop

Der sekundäre Spiegel *wirft das Licht zum Okular am hinteren Ende zurück.*

Mit computergestützten **Teleskopen** sind **Sterne** und andere Objekte leichter zu finden.

Amateurastronomie ist ein sehr beliebtes Hobby. Damit du dich am Himmel zurechtfindest, brauchst du lediglich eine leicht präparierte **Taschenlampe**, einen **Kompass**, der die Richtungen zeigt, und eine Sternkarte – egal ob **gedruckt** oder als **App**. Mit einem **Fernglas** siehst du mehr als mit bloßem Auge. Es besteht aus zwei kleinen, verbundenen Fernrohren. Sie vergrößern das Bild ein wenig und nehmen mehr Licht auf als die Augen, sodass die Himmelsobjekte heller erscheinen. Mehr Einzelheiten erkennst du mit dem **Fernrohr** oder **Linsenteleskop** mit Stativ. Ernsthaft Interessierte kaufen sich oft ein **computergestütztes Teleskop**, mit dem sie auch lichtschwache, sehr weit entfernte Objekte auffinden und verfolgen können. Viele nehmen mit einer Kamera **Fotos** vom Nachthimmel auf.

SO FUNKTIONIEREN TELESKOPE

Es gibt zwei Arten von Teleskopen. Fernrohre haben eine konvexe Linse, die das Licht sammelt und fokussiert, Spiegelteleskope benutzen dazu Spiegel. Fernrohre sind meist günstiger und einfacher zu bedienen, aber sie sind auch zerbrechlicher.

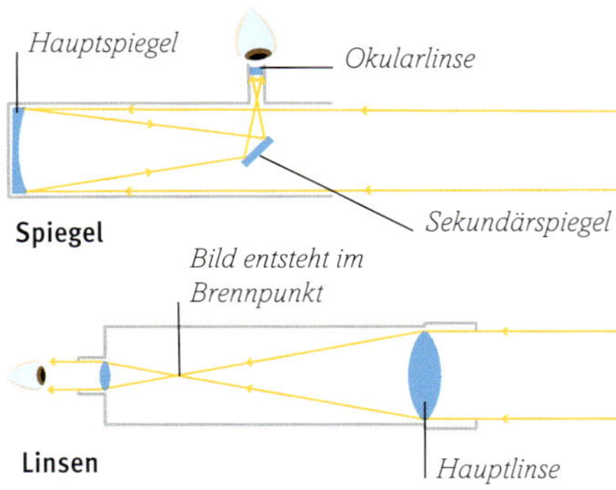

Taschenlampe mit rotem Zellophan

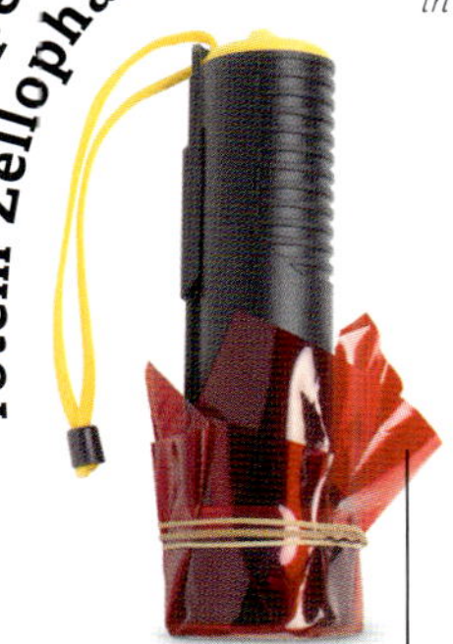

***Ein Filter aus rotem Zellophan** hilft den Augen bei der Anpassung an die Dunkelheit.*

Kompass

***Mit dem Kompass** kannst du bestimmen, in welche Richtung du blickst.*

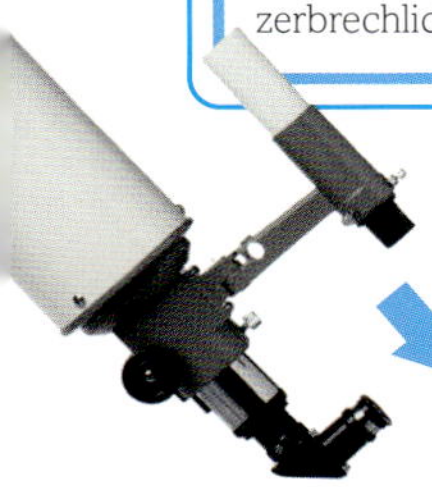

Anblick im Teleskop

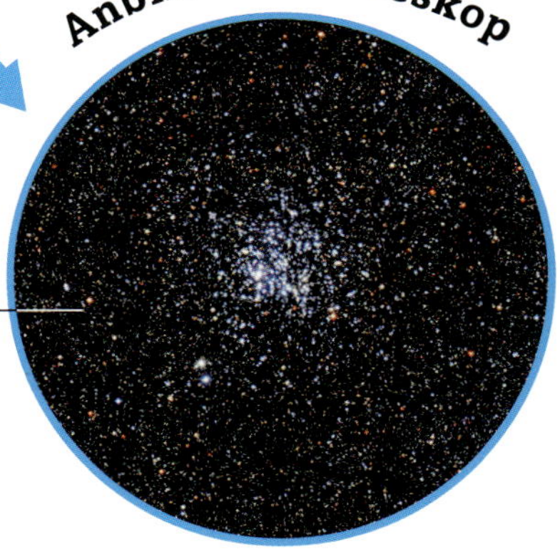

***Teleskope bieten eine helle, stark vergrößerte Sicht** auf einen kleinen Ausschnitt des Himmels.*

Anblick im Fernglas

***Das Fernglas bietet einen breiten Ausblick** auf den Nachthimmel.*

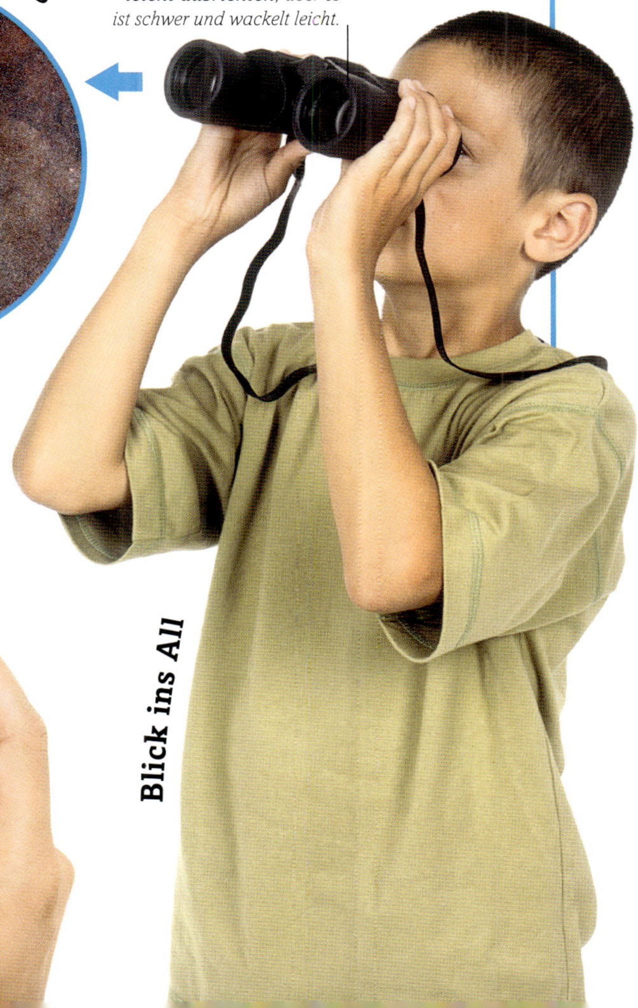

***Das Fernglas lässt sich leicht ausrichten**, aber es ist schwer und wackelt leicht.*

Sternkarte

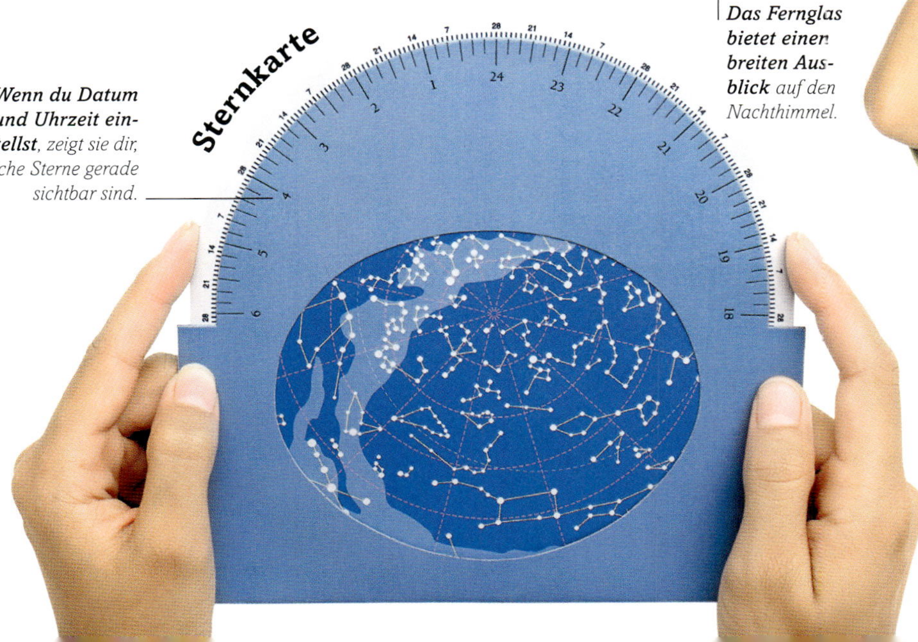

***Wenn du Datum und Uhrzeit einstellst**, zeigt sie dir, welche Sterne gerade sichtbar sind.*

Raketen

Eine Rakete ist ein Geschoss, das seinen Treibstoff mit sehr hoher Geschwindigkeit in eine Richtung ausstößt und so eine Reaktionskraft erzeugt, die sie selbst in die entgegengesetzte Richtung schiebt. Dieser in sich geschlossene Aufbau ermöglicht es, dass Raketen vom Boden abheben können. Daher eignen sich Raketen wie die hier abgebildete *Ariane 5* dafür, Dinge in den Weltraum zu bringen.

Haupttriebwerk › Die meisten Raketenantriebe beruhen auf Verbrennung. Im Raketentriebwerk läuft eine kontrollierte Explosion ab, weil der Treibstoff mit einem sogenannten Oxidator gemischt wird. Die Abgase, die bei der Explosion entstehen, werden durch eine speziell geformte Düse geleitet, die sie mit möglichst hoher Geschwindigkeit nach hinten ausstößt.

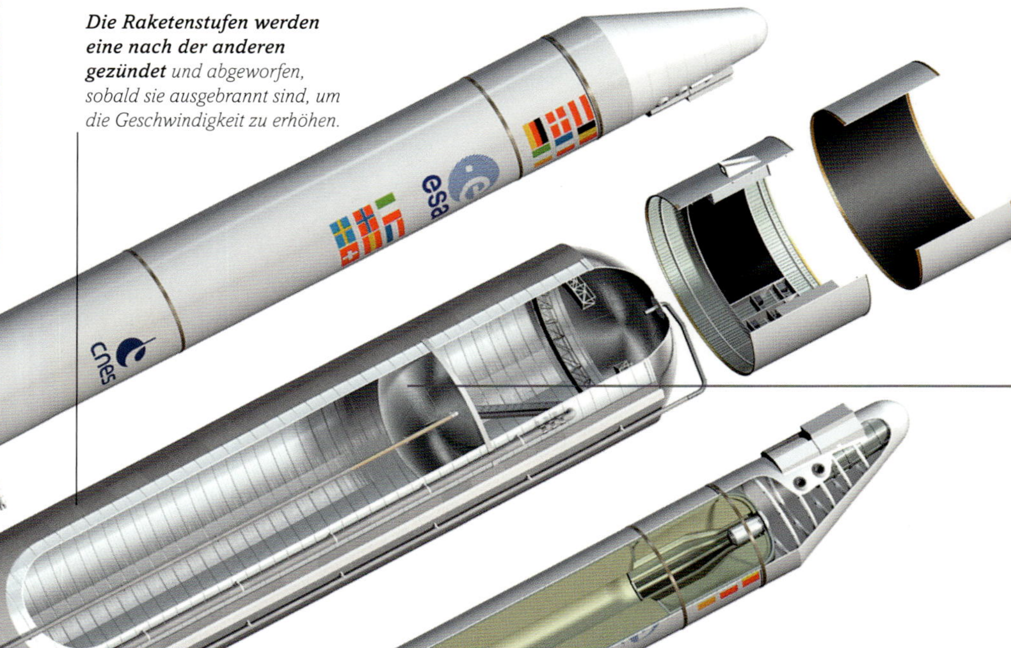

Die Raketenstufen werden eine nach der anderen gezündet *und abgeworfen, sobald sie ausgebrannt sind, um die Geschwindigkeit zu erhöhen.*

Feststoff-Booster › Die Booster-Raketen enthalten eine feste Mischung aus Treibstoff und Oxidator, die nach der Zündung ununterbrochen brennt. Sie unterstützen das Haupttriebwerk der untersten Raketenstufe.

Nutzlast ❯ Die Ladung oder Nutzlast – etwa ein Satellit – steckt in der Raketenspitze. Sie wird beim Start durch eine stabile Verkleidung vor Hitze und Luftwiderstand geschützt.

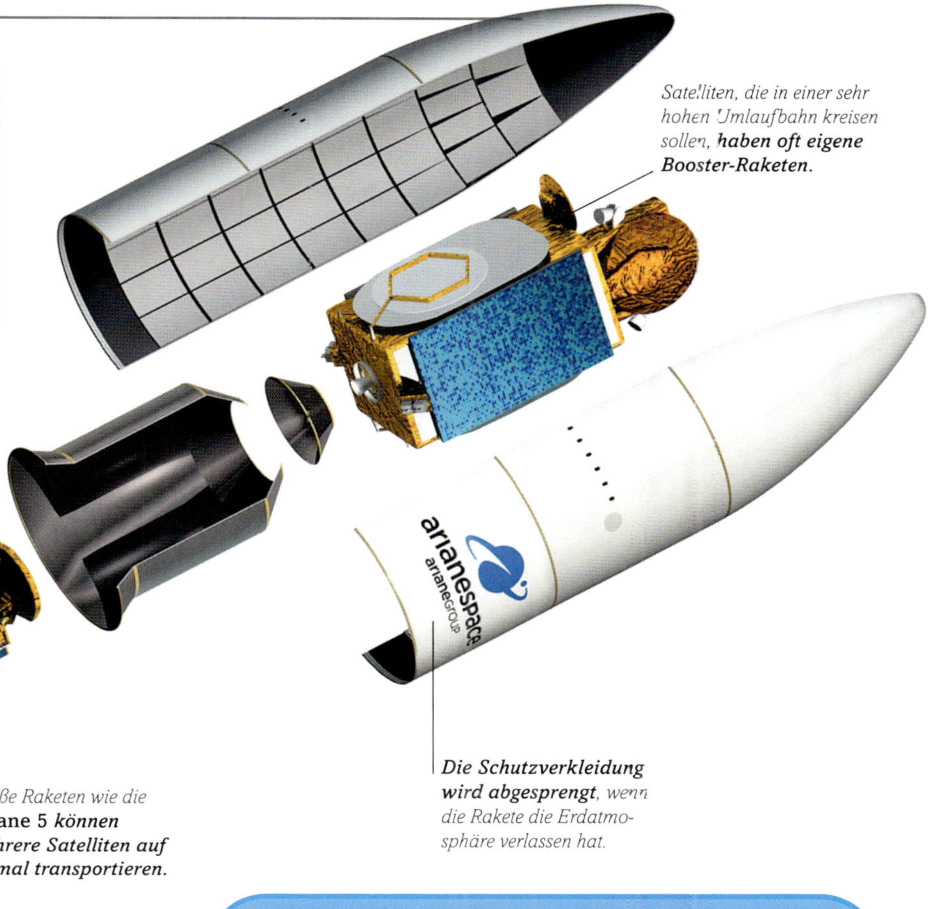

Kryogenbehälter ❯ Die wirkungsvollsten Treibstoffe und Oxidatoren sind Gase wie Wasserstoff und Sauerstoff, die bei sehr tiefen Temperaturen in flüssiger Form gespeichert werden. Jede Raketenstufe hat daher riesige, isolierte Flüssiggastanks.

Wiederverwendbare Raketen

Bis vor Kurzem konnte man Raketen nur einmal starten, aber inzwischen gibt es Modelle, bei denen die untere Stufe kontrolliert zur Erde zurückkehrt. Sie landet aufrecht und kann wiederverwendet werden. Das reduziert die Kosten, um eine Nutzlast in die Erdumlaufbahn zu befördern.

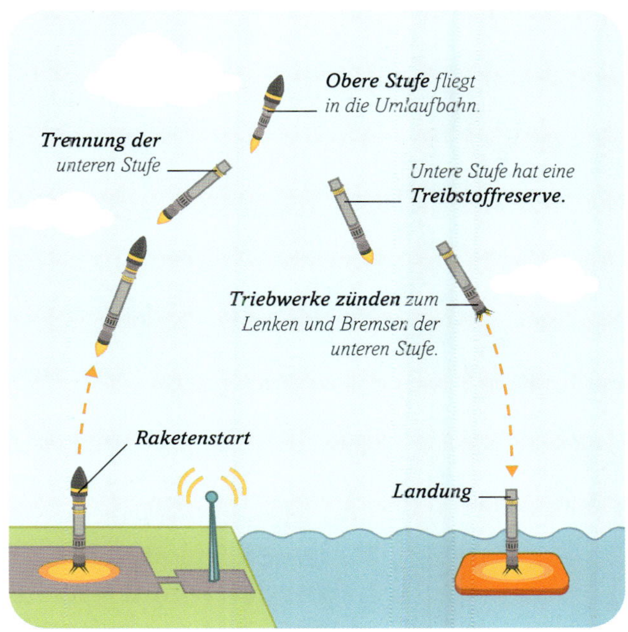

Rückkehr zur Erde

Weltraum-forschung

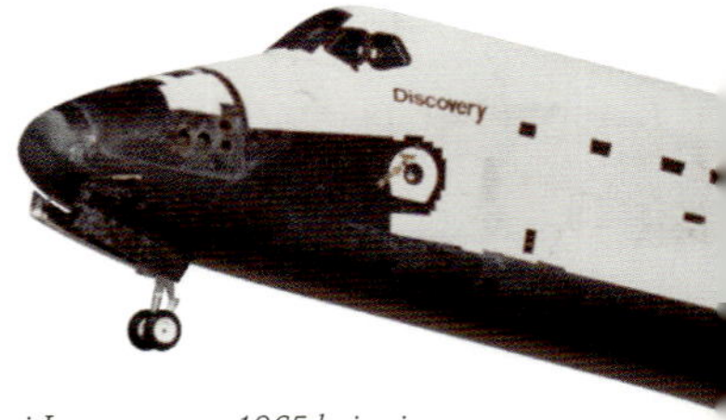

Kosmonaut Alexei Leonow war 1965 bei seinem **12-minütigen Außenbordeinsatz** per Leine mit dem Raumfahrzeug verbunden.

Außenbordeinsatz

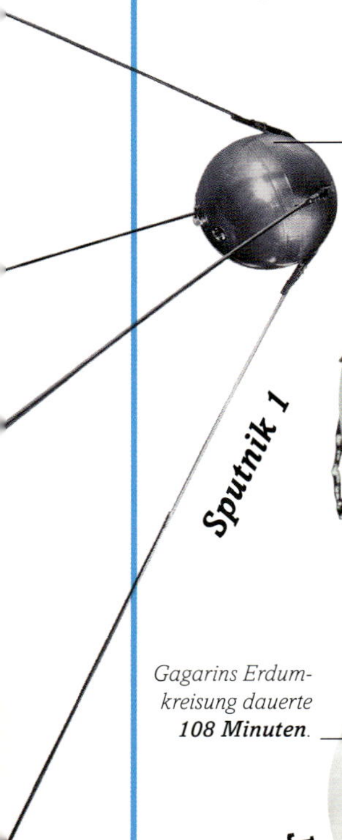

Der Satellit war eine 83,6 kg schwere Metallkugel *mit einem Funkübertragungsgerät an Bord.*

Sputnik 1

Die Hündin Laika kreiste in Sputnik 2 ***1957 als erstes Lebewesen im Erdorbit.***

Laika

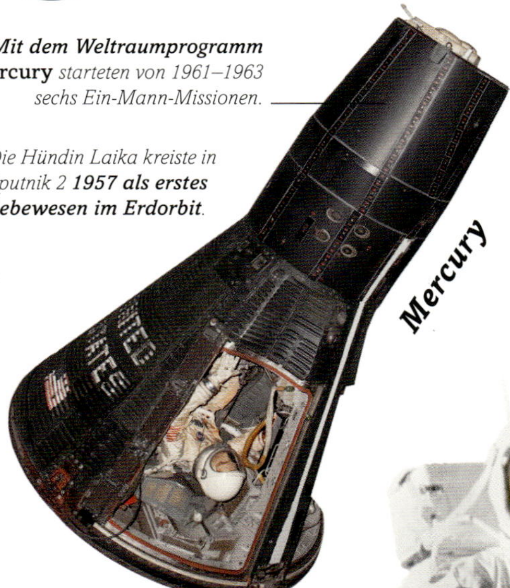

***Mit dem Weltraumprogramm* Mercury** *starteten von 1961–1963 sechs Ein-Mann-Missionen.*

Mercury

Gagarins Erdumkreisung dauerte ***108 Minuten.***

Juri Gagarin

Der Moon-Buggy *wurde bei den Apollo-Missionen 15, 16 und 17 verwendet.*

Mondfahrzeug (Apollo-Missionen)

Mission *Apollo 11*

Astronaut Edwin Aldrin *war nach Neil Armstrong der zweite Mensch, der den Mond betrat.*

Seit 1957 das Weltraumzeitalter begann, flogen bereits mehr als 500 Menschen mit immer leistungsfähigeren Raketen ins All. Menschen haben den Mond betreten und unbemannte Sonden erforschen das Sonnensystem und seine Grenzen.

Die Erforschung des Weltraums begann 1957 mit dem Start des ersten künstlichen Satelliten, ***Sputnik 1***. Im April 1961 flog der Kosmonaut (Russisch für Astronaut) **Juri Gagarin** als erster Mensch ins All. Kurz darauf folgten die Astronauten des ***Mercury-***

Die Raumfähre war wie ein Flugzeug geformt und **landete im Gleitflug.**

Space-shuttle *Discovery*

Curiosity

*Der unbemannte Rover **erforscht den Mars** seit 2012.*

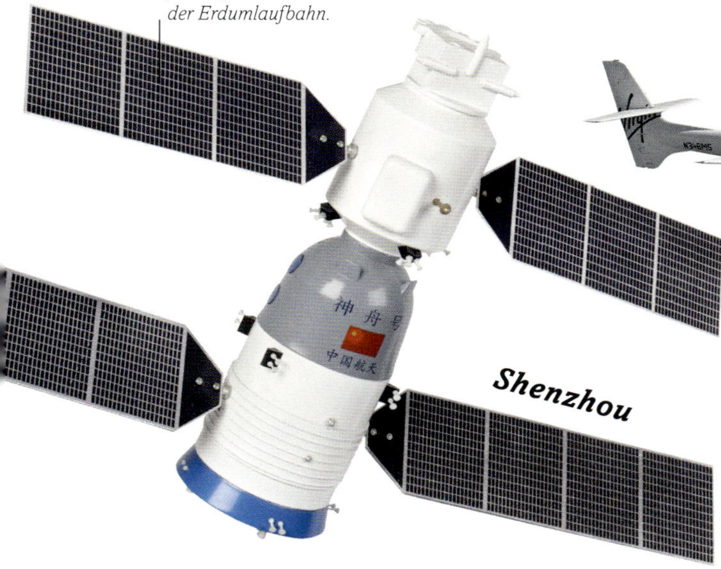

***Zwei Paar Solarmodule liefern Energie** für längere Missionen in der Erdumlaufbahn.*

Shenzhou

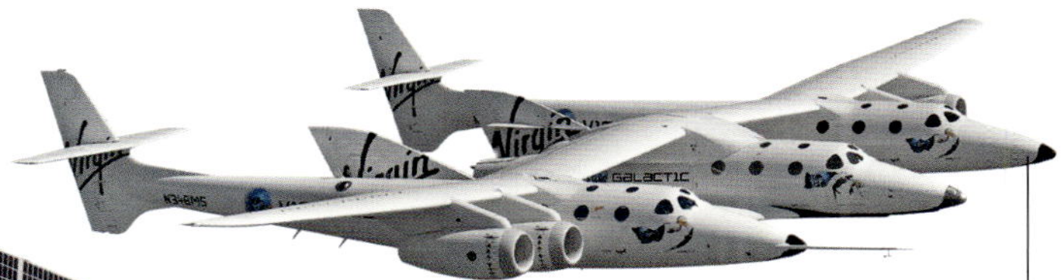

SpaceShipTwo

***Trägerflugzeuge** bringen das Raumflugzeug in die Luft und von dort aus startet es ins All.*

Die *Falcon 9* ist nach dem ***Millennium Falcon*** aus den *Star-Wars*-Filmen benannt.

*Nach der Trennung landet die untere Stufe **aufrecht und kann erneut verwendet werden.***

Falcon-9-Rakete

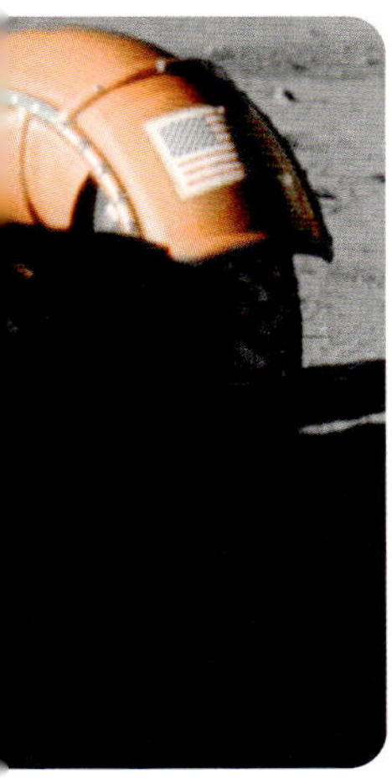

MEHRSTUFIGE RAKETEN

Die meisten Raketen haben mindestens zwei Stufen. Auf diese Weise wird keine Energie dafür verschwendet, ausgebrannte Raketenbestandteile bis in die Umlaufbahn zu befördern.

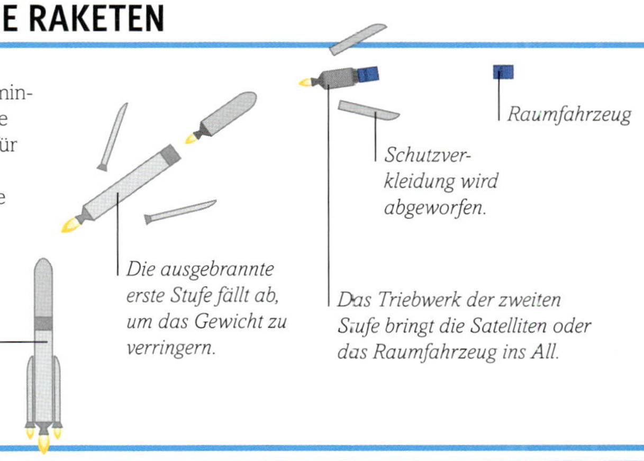

Raumfahrzeug

Schutzverkleidung wird abgeworfen.

Die ausgebrannte erste Stufe fällt ab, um das Gewicht zu verringern.

Das Triebwerk der zweiten Stufe bringt die Satelliten oder das Raumfahrzeug ins All.

Das Triebwerk der ersten Stufe und die Booster heben die Rakete vom Boden ab.

Programms (USA). Im Juli 1969 landeten mit der Mission ***Apollo 11*** (USA) zum ersten Mal Menschen auf der Mondoberfläche. Die Raketen waren damals nur einmal verwendbar, aber spätere Raumfahrzeuge wie der **Spaceshuttle**, die ***Falcon-9*-Rakete** und ***SpaceShipTwo*** waren teilweise oder vollständig wiederverwendbar. Seit 2000 ist China mit den ***Shenzhou***-Raumfahrzeugen die dritte Nation, die eigene Besatzungen ins All entsendet. In China nennt man sie Taikonauten. Roboter-Missionen wie der Mars-Rover ***Curiosity*** dringen weiter ins Sonnensystem vor und erweitern unser Wissen über die anderen Planeten.

Roboter im All

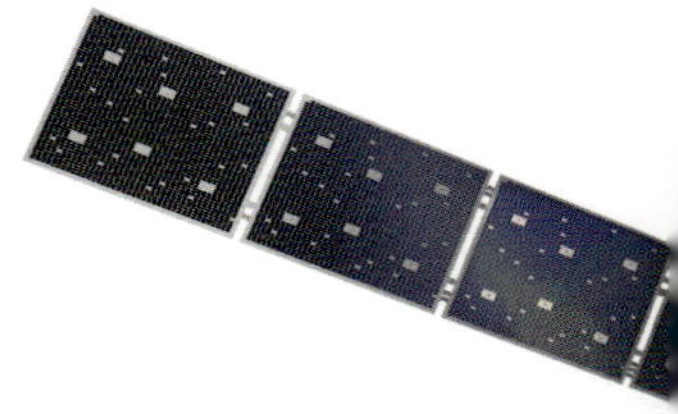

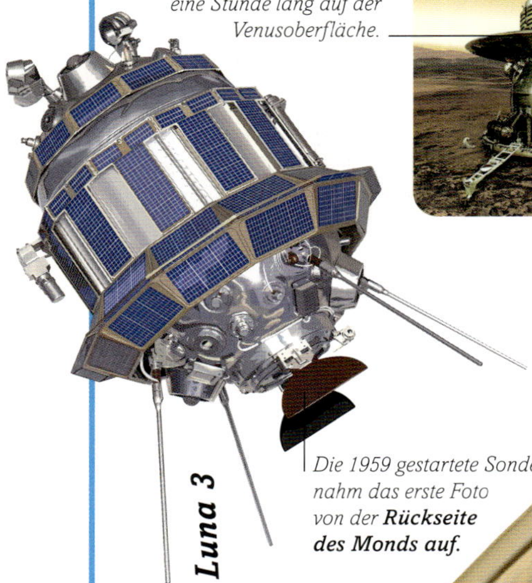

Luna 3

Die 1959 gestartete Sonde nahm das erste Foto von der ***Rückseite des Monds auf.***

Venera 9 ***arbeitete*** *fast eine Stunde lang auf der Venusoberfläche.*

Venera

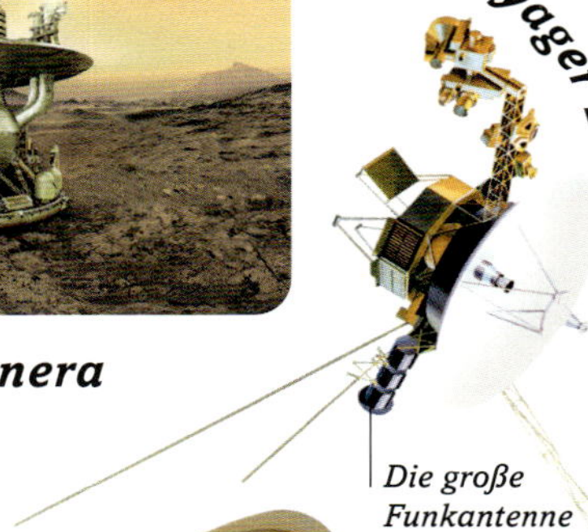

Voyager 2

Die große Funkantenne *ermöglicht die Langstreckenkommunikation mit der Erde.*

SCHWERKRAFTUMLENKUNG

Beide *Voyager*-Missionen nutzten die Schwerkraft zur Beschleunigung und zur Richtungsänderung, um Kurs auf den nächsten Planeten zu nehmen. Man nennt das „Swing-by-Manöver".

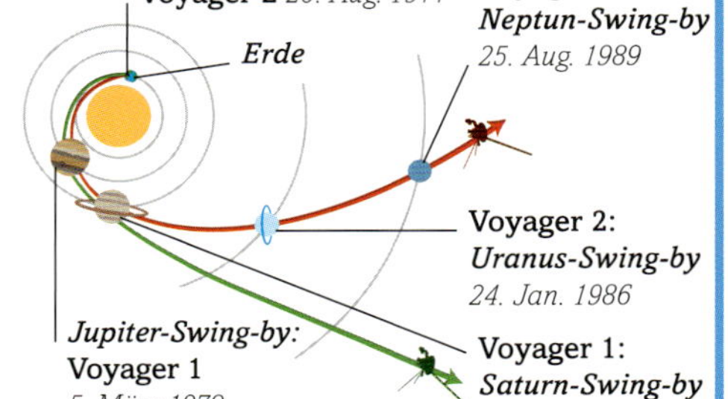

Cassini ***umkreiste Saturn*** *von 2004 bis 2017.*

Cassini **nahm die Landesonde** ***Huygens*** **mit, die per Fallschirm auf dem Saturnmond Titan landete.**

Cassini

Seit etwa 1960 werden unbemannte Sonden zur Erforschung des Sonnensystems ausgesandt. Von der Erde aus gesteuert besuchten sie bereits alle Planeten und sogar kleinere Objekte wie Kometen und Monde. Dort nehmen sie Bilder auf und senden Daten zur Analyse zur Erde.

Raumsonden wie ***Luna 3*** flogen an ihrem Ziel vorbei und schickten dabei Bilder zur Erde. Durch solche kurzen Missionen erhielten wir die ersten Nahaufnahmen von anderen Planeten. ***Voyager 1*** und ***Voyager 2*** wurden 1977 von der NASA gestartet, um an den äußersten Planeten des Sonnensystems vorbeizufliegen. Bei lang

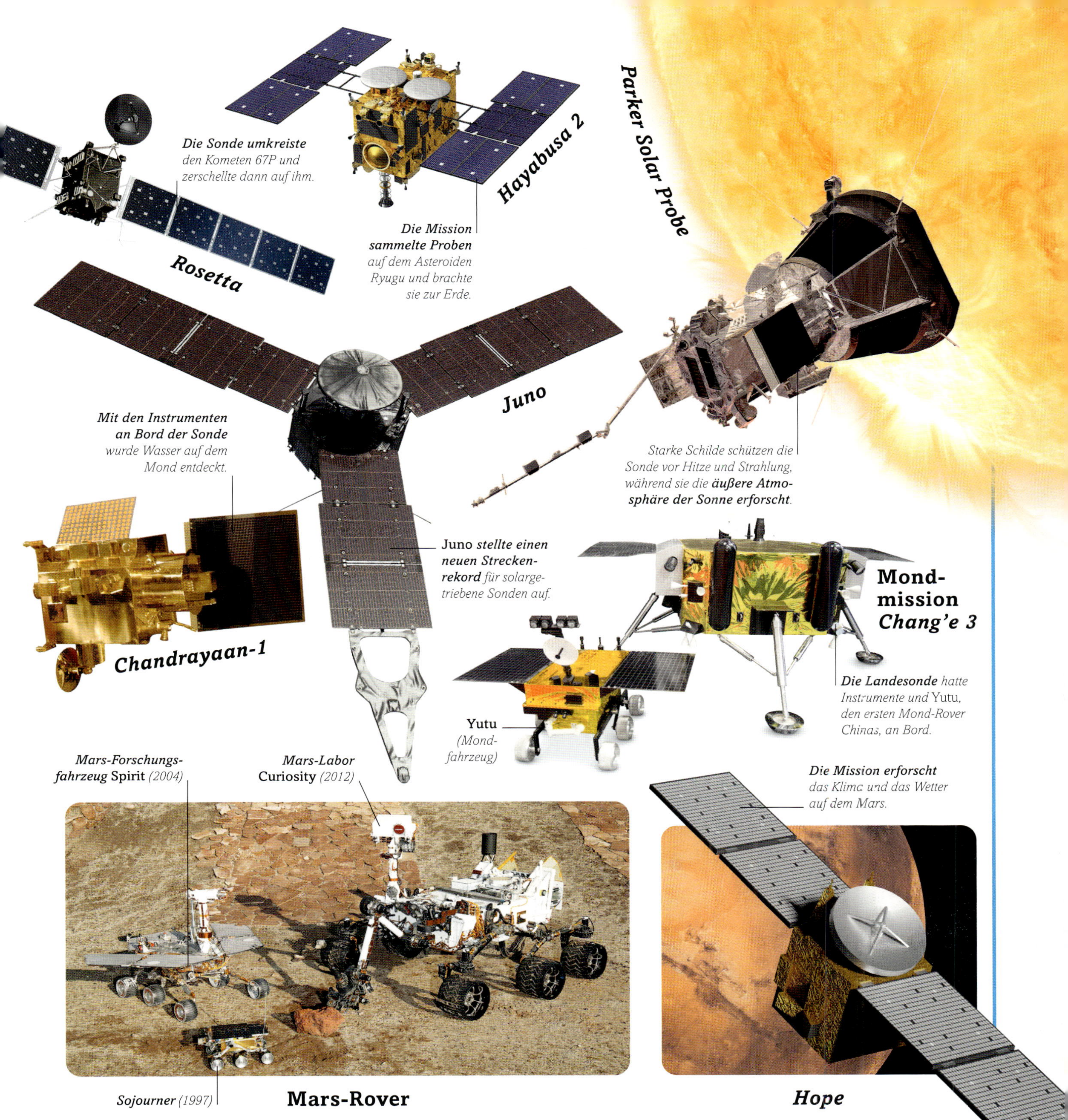

dauernden Missionen wie ***Cassini*** zum Saturn und ***Rosetta*** zum Kometen 67P schwenkten die Sonden in eine Umlaufbahn um das Zielobjekt ein. Einige ließen auch kleine Sonden auf der Oberfläche landen, doch das ist oft sehr schwierig – die ***Venera***-Sonden auf der Venus blieben nur einige Minuten intakt, weil dort extreme Hitze und Druck herrschen. Auch **Rover** wurden entstandt, die auf der Oberfläche des Zielobjekts umherfahren. Die meisten Missionen werden von den USA geleitet, aber auch andere Länder erforschen das All, wie Indien mit dem Mondorbiter ***Chandrayaan-1*** oder die VAE mit der Marsmission ***Hope***.

BAU DER ISS Weltraumspaziergänge (offiziell heißen sie Außenbordeinsätze oder EVAs, von „Extravehicular Activities“) sind bei jeder Mission zur Internationalen Weltraumstation (ISS) etwas ganz Besonderes. Meist werden sie monate- oder sogar jahrelang geplant und von zwei Astronauten in speziellen Raumanzügen durchgeführt. Hier arbeiten 2006 Robert L. Curbeam Jr. (USA) und Christer Fuglesang (Schweden) hoch über Neuseeland.

Die Internationale Raumstation (ISS) war das ehrgeizigste Projekt in der Geschichte der Raumfahrt bisher. Von Baubeginn 1998 bis 2011 wurden bei rund 160 einzelnen EVAs Module zusammengebaut, die von unbemannten Raumfahrzeugen oder mit dem Spaceshuttle der NASA ins All transportiert worden waren. Bei der hier gezeigten Mission montierten die Astronauten Curbeam und Fuglesang ein neues Segment des Außengerüsts – des langen, zentralen „Rückgrats", an dem die anderen Module, Solaranlagen und Bauteile befestigt sind. Doch auch nachdem die Hauptbauphase abgeschlossen war, wurden immer neue Module hinzugefügt, mit denen die Raumstation erweitert und verbessert wurde.

Leben im All

Ausbildung

***Auszubildende** können die Schwerelosigkeit im Flugzeug trainieren.*

EMU-Anzug

Der EMU-Anzug (Extravehicular Mobility Unit) **wiegt** auf der Erde bis zu **145 kg**.

*Der EMU-Anzug ist speziell für Außenbordeinsätze konstruiert und hat mindestens **14 Schichten**.*

Canadarm2 (Roboterarm)

***In ihrer Freizeit** gehen die Astronaut*innen Hobbys nach. Sie machen zum Beispiel Musik oder lesen ein Buch.*

Hobbys

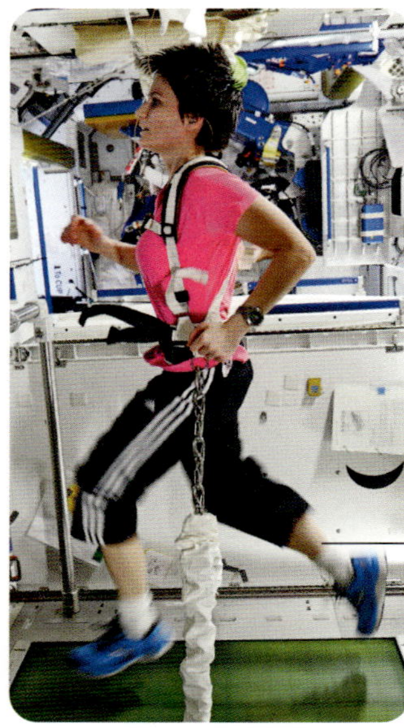

***Da die Muskeln in der Mikrogravitation schnell schwächer werden**, müssen Astronaut*innen im All täglich mehrere Stunden Sport treiben.*

Sport

Essen

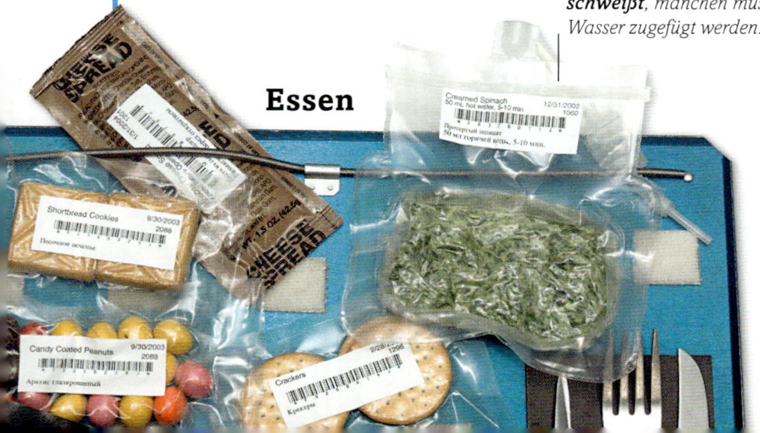

***Die Mahlzeiten sind verschweißt**, manchen muss Wasser zugefügt werden.*

Der Weltraum stellt die Astronaut*innen vor einzigartige Herausforderungen, für die sie etwa zwei Jahre lang trainieren. Die meisten bemannten Raumflüge gehen zur ISS. Dort leben und arbeiten seit 2000 ständig wechselnde Teams. Sie führen wissenschaftliche Experimente durch und erforschen, wie sich ein Aufenthalt im All auf den Körper auswirkt, was für zukünftige Missionen wichtig ist.

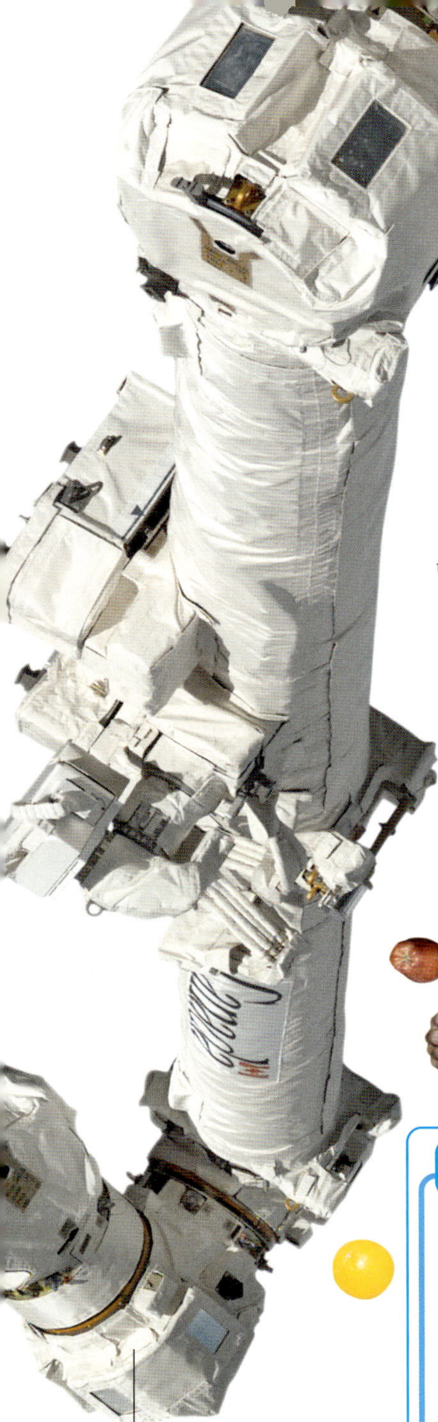

Pflanzenzucht

In diesem „Garten" auf der ISS *wird beobachtet, wie Pflanzen in der Mikrogravitation wachsen.*

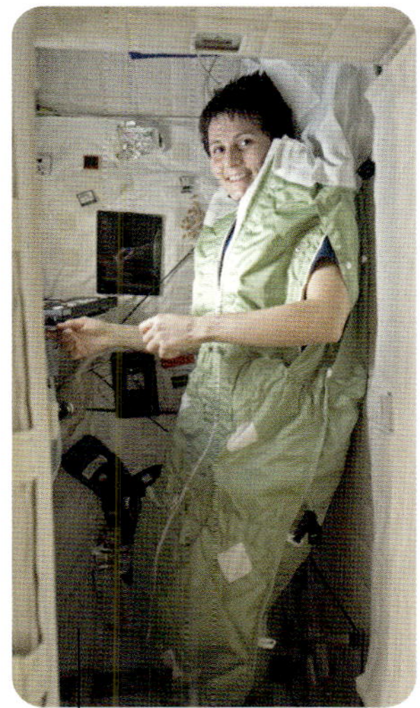

Schlafen

Die Schlafsäcke *sind an der Wand befestigt, damit die Astronaut*innen nicht im Schlaf wegschweben.*

Mikrogravitation

Mikrogravitation macht Spaß, *aber sie macht vieles auch schwieriger.*

LANGE GENUTZTE STATIONEN

Insgesamt gab es 12 bemannte Raumstationen in der Erdumlaufbahn, in denen Astronaut*innen lebten und Experimente durchführten. Eine der neuesten und am längsten benutzten ist die ISS.

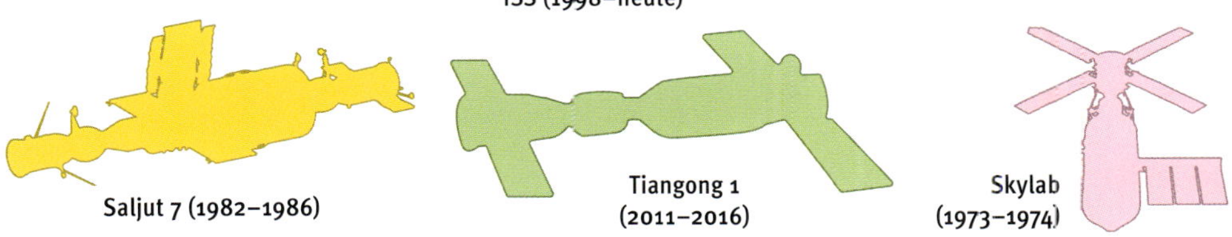

Der in Kanada gebaute Roboterarm *kann außen an der ISS entlang bewegt werden.*

Im Weltraum lebt man ständig in der **Mikrogravitation**, in der alles schwerelos erscheint. Das ist schwierig für die Menschen, aber auch für den Transport ausreichender Mengen an Luft, Wasser und Nahrung von der Erde. Bei der Arbeit kann die Schwerelosigkeit sehr hilfreich sein, zum Beispiel wenn die Besatzung mit **Canadarm2** Reparaturen vornimmt. Aber Muskeln und Knochen werden mit der Zeit schwächer, daher müssen die Astronaut*innen regelmäßig **Sport** treiben. Alltägliche Dinge sind in Raumfahrzeugen schwierig. Die **Nahrung** darf nicht krümeln, weil Krümel davontreiben und Geräte beschädigen könnten. Zum **Schlafen** muss man sich festgurten, weil man sonst umherschweben und irgendwo anstoßen könnte. Immerhin ist Zeit für **Hobbys** – und zum Genießen der herrlichen Aussicht auf die Erde.

ERDE

Planet Erde

Von der Erdoberfläche bis zum Mittelpunkt der Erde ist es unglaublich weit – fast 6400 km. Dazwischen liegen mehrere Schichten aus hartem Gestein und flüssigem Metall. Ganz im Zentrum befindet sich ein Kern, der ebenfalls aus Metallen besteht.

Innerer Kern ❯ Der innere Kern im Zentrum der Erde ist eine feste Kugel aus Eisen und Nickel, die Temperaturen von bis zu 6000 °C erreicht. Das ist so heiß wie die Oberfläche der Sonne.

Äußerer Kern ❯ Der äußere Kern ist eine Schicht aus geschmolzener Materie, darunter Metalle wie Eisen und Nickel sowie Nichtmetalle wie Schwefel. Sie sind bis zu 5500 °C heiß.

Unterer Mantel ❯ Die Schicht aus festem Gestein reicht bis in eine Tiefe von 2900 km und ist sehr heiß. Sie ist deshalb so gut wie fest, weil der Druck von außen so stark ist.

Weniger als ein Drittel der Erdoberfläche *ist Festland.*

Kontinentale Kruste ❯ Die Kontinente, die die Landflächen bilden, bestehen aus Gestein, das bis zu 70 km dick ist und auf dem oberen Mantel treibt.

Ozeanische Kruste ❯ Die Gesteinskruste am Grund der Ozeane und zwischen den Kontinenten ist bis zu 11 km dick. Sie ist in der Regel jünger als die kontinentale Kruste und wird laufend zerstört und neu gebildet.

Aufbau der Erde

Meere bedecken mehr als zwei Drittel der Erdoberfläche ***und gaben ihr den Namen „blauer Planet“.***

Oberer Mantel ❯ Der obere Mantel besteht aus teils festem, teils flüssigem Gestein, das immer in Bewegung ist. Deshalb bewegen sich auch die darauf liegenden tektonischen Platten der Erdkruste.

Tektonische Platten

Die Erdkruste besteht aus kontinentaler und ozeanischer Kruste. Sie ist in einzelne Gesteinsplatten zerbrochen, die sich langsam bewegen. Es gibt sieben große, acht kleinere und viele sehr kleine sogenannter tektonischer Platten. Sie bewegen sich mit dem flüssigen Gestein des oberen Mantels.

Die großen tektonischen Platten der Erdkruste

So bewegen sich die tektonischen Platten

Die tektonischen Platten sind ständig in Bewegung. Einige drücken gegeneinander, andere werden auseinandergezogen oder gleiten aneinander vorbei. Durch diese Bewegungen werden Gebirge aufgetürmt oder es entsteht neuer Meeresboden, manchmal kommt es auch zu Erdbeben.

Gegeneinanderpressen
An einer „konvergenten“ Plattengrenze schiebt sich eine Platte unter die andere. Dadurch wird oft Landmasse stark nach oben gedrückt, sodass sich Gebirge bilden. Die nach unten sinkende Kruste wird geschmolzen und „recycelt“.

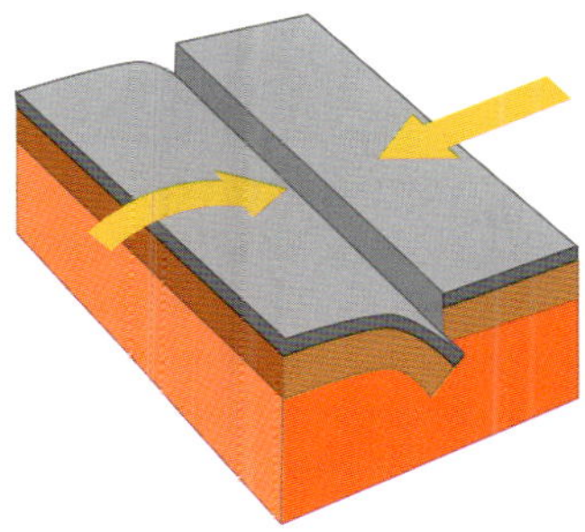

Auseinanderziehen
An einer „divergenten“ Plattengrenze driften zwei Platten auseinander. Meist geschieht dies am Grund der Ozeane. Dort dringt flüssiges Gestein heraus, wird hart und bildet neuen Meeresboden.

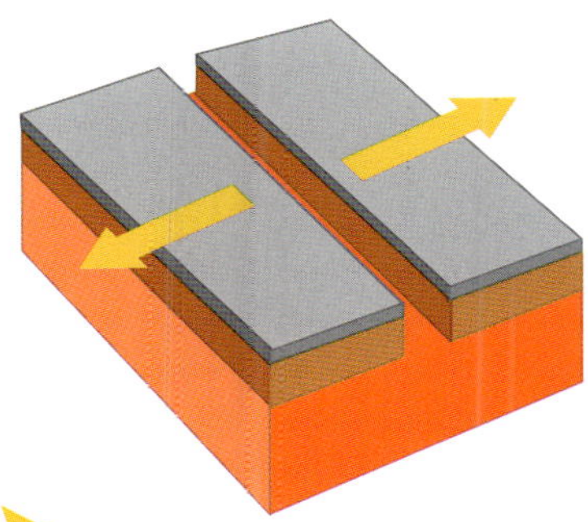

Aneinander vorbeigleiten
Sogenannte Transformstörungen treten auf, wenn sich zwei Platten aneinander vorbeischieben. Die dabei entstehende Reibung kann Erdbeben verursachen.

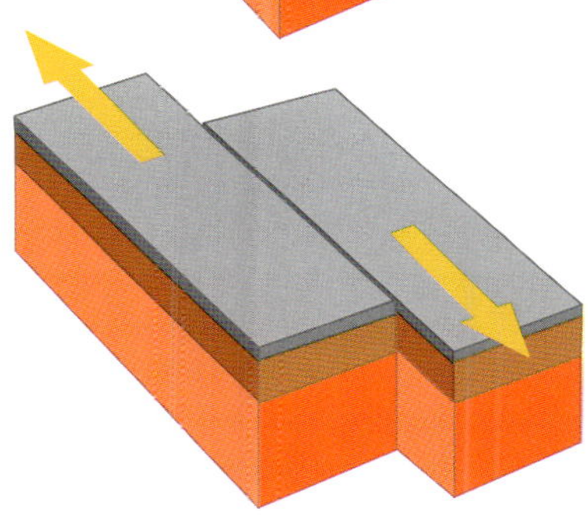

Unsere Welt

Die Landmasse der Erde verteilt sich auf sieben Kontinente – Nordamerika, Südamerika, Europa, Afrika, Asien, Australien und Ozeanien sowie Antarktika. Die Natur auf den Kontinenten ist sehr vielfältig. Es gibt Gebirge, Wälder, Dschungel, Wüsten, Grasländer, Küstenstreifen und Tundra.

Eine gedachte Linie, der Polarkreis, markiert den Beginn der Nordpolregion. *Alle Landmassen in dieser Region sind vom Nordpolarmeer umgeben, in dem riesige Eisberge treiben. Sie bilden sich an Land, brechen ab und treiben aufs Meer.*

Nordamerika ❯ Von der arktischen Tundra in Kanada bis zum Dschungel von Panama entfalten sich wechselnde Landschaften aus Gebirgen, Wäldern und Seen. Die majestätischen Niagarafälle und der Grand Canyon zählen zu den zahlreichen Naturschönheiten.

Südamerika ❯ Der viertgrößte Kontinent hat sehr vielfältige Landschaften, darunter Gletscher, Wasserfälle und Dschungel. Der Amazonas schlängelt sich durch den größten Regenwald der Erde, der Tausenden von Tier- und Pflanzenarten eine Heimat bietet.

Kontinentalverschiebung

Wenn du genau hinsiehst, erscheint die Weltkarte wie ein Puzzle, dessen Teile recht genau aneinanderpassen. Vor rund 335 Millionen Jahren bildete die gesamte Landmasse einen Superkontinent namens Pangäa. Als er nach etwa 160 Millionen Jahren zerbrach, begannen die Teile auseinanderzudriften und nach und nach entstanden die heutigen Kontinente.

Vor 225 Mio. Jahren
Pangäa war 160 Mio. Jahre lang ein massiver Kontinent, brach dann aber auseinander.

Vor 150 Mio. Jahren
Der Superkontinent zerbrach zuerst in zwei Teile, die durch ein Meer getrennt waren. Mit der Zeit brachen weitere Teile ab.

Heute
Vor etwa 20 Mio. Jahren erreichten die sieben Kontinente ihre heutige Form und Position.

NORDPOLARMEER

Asien ❯ Der größte Kontinent reicht vom Polarkreis bis knapp über den Äquator und vom Westen Russlands bis nach Japan. Der höchste Berg auf dem Festland der Erde, der Mount Everest, erhebt sich aus dem Himalaja-Gebirge in Asien.

Europa ❯ Die Landschaften in Europa, das von Asien durch das Uralgebirge und das Schwarze Meer getrennt ist, kennzeichnen weiche Hügel und flache Ebenen, die sich vom Polarkreis bis zum Mittelmeer erstrecken. Das Klima ist von Jahreszeiten geprägt, es gibt warme Sommer und kalte Winter.

INDISCHER OZEAN

Australien und Ozeanien ❯ Australien, Neuseeland und knapp 10 000 Inseln bilden den kleinsten Kontinent. Das größte Korallenriff der Erde, das Great Barrier Reef, liegt in den Gewässern vor Nordost-Australien.

Afrika ❯ Auf diesem Kontinent herrschen die höchsten Temperaturen, an vielen Orten scheint das ganze Jahr über die Sonne. In Afrika liegen die größte Wüste der Erde, die Sahara, und der längste Fluss, der Nil.

Antarktika ❯ Der abgelegene Kontinent ist der kälteste, windigste und trockenste von allen. Fast die ganze Landmasse ist eisbedeckt, es gibt kaum Leben und hier wohnen keine Menschen, Besatzungen einiger Forschungsstationen ausgenommen.

SÜDPOLARMEER

Die Jahreszeiten

Bestäubung

Blumen locken mit Pollen und Nektar *einige Säugetiere, Vögel und Insekten wie Bienen an.*

Eisvogel

Mit dem langen Schnabel *fängt der Eisvogel langsam schwimmende Fische aus den Flüssen.*

Sommer

Im Sommer haben die Bäume *besonders dichtes grünes Laub.*

Frühling

Junge grüne Blätter und neue Blüten *wachsen an den Bäumen.*

Frisches Obst

Früchte wie diese Äpfel *reifen in der Sommersonne an den Bäumen.*

Kirschbaum

Bunte Blüten *verwandeln im Frühling die Bäume.*

Lamm

Lämmer *können im Frühling auf üppigen, grünen Weiden grasen.*

Kaulquappen

Kaulquappen schlüpfen aus Froschlaich *in Teichen und Flüssen.*

Während die Erde um die Sonne kreist, fällt das Sonnenlicht in unterschiedlichen Winkeln auf die Erdoberfläche. In den mittleren Breiten entstehen so vier Jahreszeiten mit unterschiedlichen Niederschlägen und Temperaturen. Auf der Nord- und der Südhalbkugel sind die Jahreszeiten entgegengesetzt.

Mit dem Ende des Winters beginnt der **Frühling** und die Tage werden heller und wärmer. Es wachsen neue Sprösslinge, Blumen und Blüten, zum Beispiel an den **Kirschbäumen**. Viele Tierbabys werden geboren, darunter **Lämmer**, und andere wie die **Kaulquappen** schlüpfen. Im **Sommer** ist die Sonneneinstrahlung am stärks-

Erntezeit

Kürbisse sind im Herbst ***reif für die Ernte****.*

Maus

Zwergmäuse sammeln Samen und Beeren*, damit sie den Winter überstehen.*

Herbst

Die Blätter färben sich braun, rot oder orange*, bevor sie zu Boden fallen.*

Wilde Pilze

Wilde Pilze ***gedeihen an feuchten, dunklen Orten****.*

Zugvögel

Kraniche ziehen vor dem Winter los *in wärmere Regionen.*

Winterschlaf

Manche Tiere wie der Igel halten einen Winterschlaf, bei dem ***Herzschlag, Körpertemperatur und Stoffwechsel verlangsamt werden****.*

Winter

Die kahlen Äste dieses Baums ***sind im Winter mit Schnee bedeckt****.*

Winterpelz

Mit dem weißen Fell *ist der Polarfuchs auf der Jagd nach Beute im Winter kaum zu sehen.*

ANDERE JAHRESZEITEN

In einigen tropischen Gebieten wechseln sich Regen- und Trockenzeiten ab. Auf lange Monate mit sehr viel Regen folgt eine Trockenzeit ohne Niederschläge.

In der Regenzeit gibt es fast täglich starke Regenfälle.

Monsunregen in Indien

Die pralle Sonne trocknet einige Gebiete völlig aus.

Trockenzeit in Nordaustralien

ten und die Tage sind am längsten. Laubbäume tragen **frische Früchte** und Insekten und Schmetterlinge saugen Nektar aus den Blumen, die sie dabei **bestäuben**. Im Lauf des **Herbsts** geht die Sommerhitze in kühleres, feuchteres Wetter über. Jetzt sind die meisten Feldfrüchte reif und es beginnt die **Erntezeit**. Tiere wie Bären und **Mäuse** stocken ihre Vorräte für den nahenden Winter auf. Der **Winter** bringt Kälte, kürzere Tage und wenig Sonnenlicht. Die Bäume sind kahl, Früchte werden knapp und es fällt oft Schnee. Einige Lebewesen halten **Winterschlaf**, um Energie zu sparen, und **Zugvögel** fliegen weit weg an wärmere Orte.

Erdbeben

Die Erdkruste besteht aus Gesteinsteilen, den tektonischen Platten, die sich bewegen. Jedes Jahr ereignen sich Zehntausende von Erdbeben, weil sie aneinanderreiben. Die meisten spüren wir kaum, aber einige verursachen große Schäden.

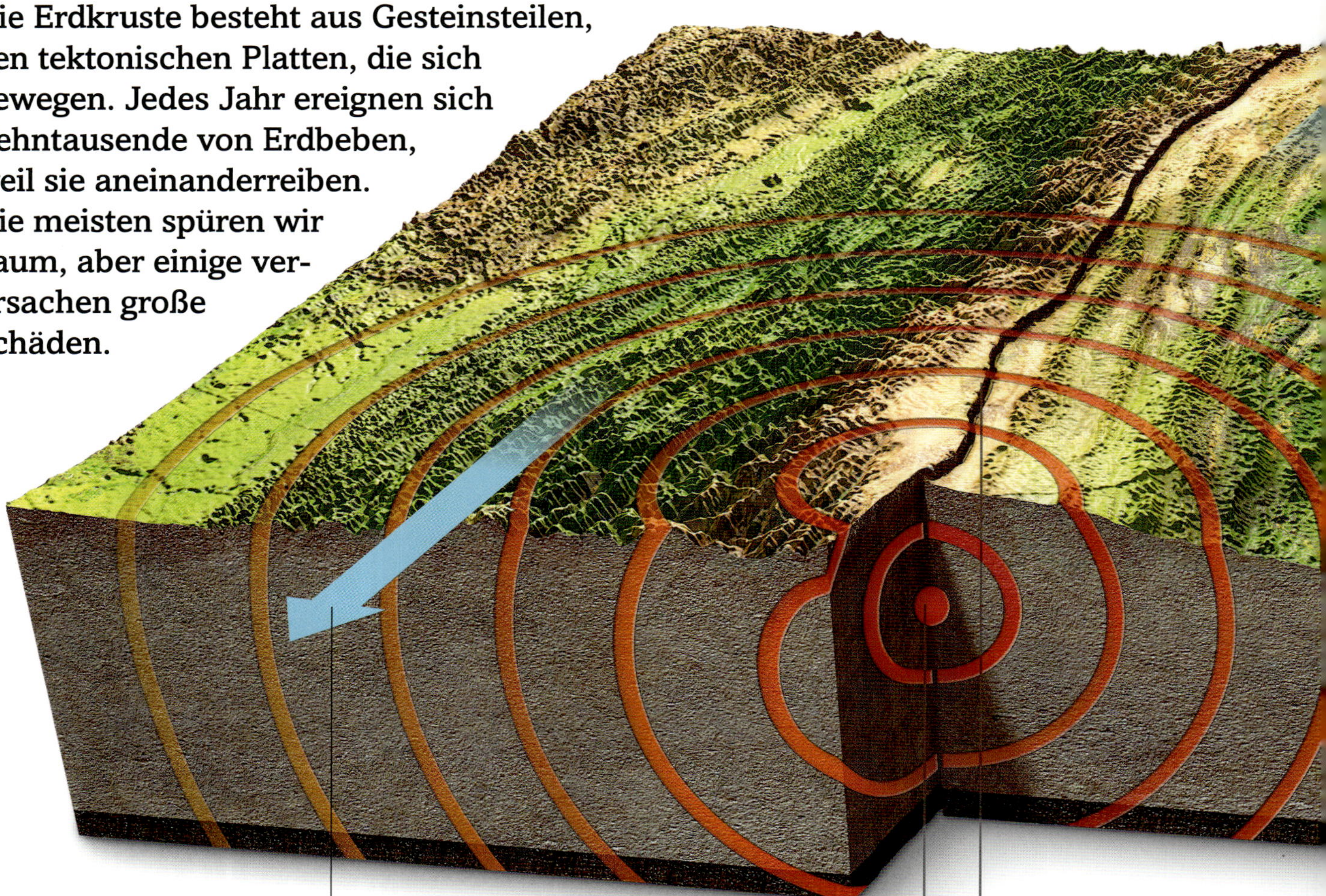

***Die tektonischen Platten** gleiten plötzlich ein Stück weiter, sodass die Erde erschüttert wird.*

Erdbebenherd ❯ Der genaue Punkt, von dem ein Erdbeben ausgeht, wird Erdbebenherd genannt. Dort baut sich Druck auf, bis sich an der Oberfläche ruckartig etwas bewegt.

Verwerfungslinie ❯ So nennt man die Plattengrenzen. Einige, wie die San-Andreas-Verwerfung (Kalifornien, USA), sind aus dem All sichtbar.

Die Stärke von Erdbeben messen

Seit etwa 1970 nutzen Forschende die Momenten-Magnituden-Skala, die von kaum messbar (0) bis extrem stark (9) reicht, um festzuhalten, welche Energie ein Erdbeben freisetzt.

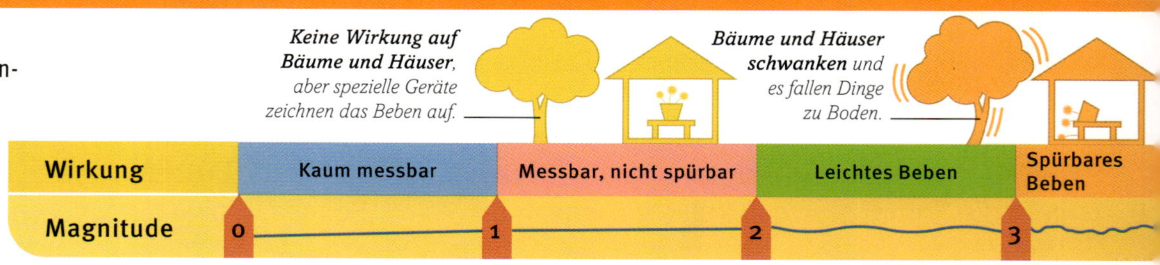

Plattenbewegung ❯ Tektonische Platten gleiten sehr langsam aneinander vorbei. Wenn sie sich dabei verhaken, baut sich Druck auf, bis sie sich plötzlich ruckartig fortbewegen.

Schockwellen ❯ Ein Erdbeben erzeugt starke Schwingungen. Diese Schockwellen breiten sich sehr schnell vom Herd in alle Richtungen aus und erschüttern das umliegende Gestein.

Tsunami

Wenn sich Erdbeben am Meeresgrund ereignen, erzeugen die Schockwellen eine ungeheure Wasserwelle. Dann rasen hohe Wasserwände über das Meer, die immer höher und stärker werden. Wenn sie auf die Küste treffen, können extreme Zerstörungen die Folge sein.

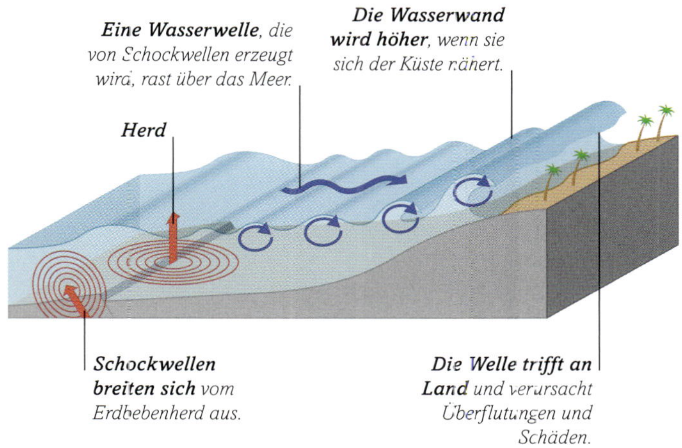

Rücken

Rücken bilden sich dort, wo tektonische Platten auseinandergedrückt werden. Island liegt auf dem Mittelatlantischen Rücken, an dem die Eurasische und die Nordamerikanische Platte in entgegengesetzte Richtungen auseinanderdriften. Teile des Rückens ragen aus dem Meer heraus, dort ist die Plattengrenze deutlich sichtbar.

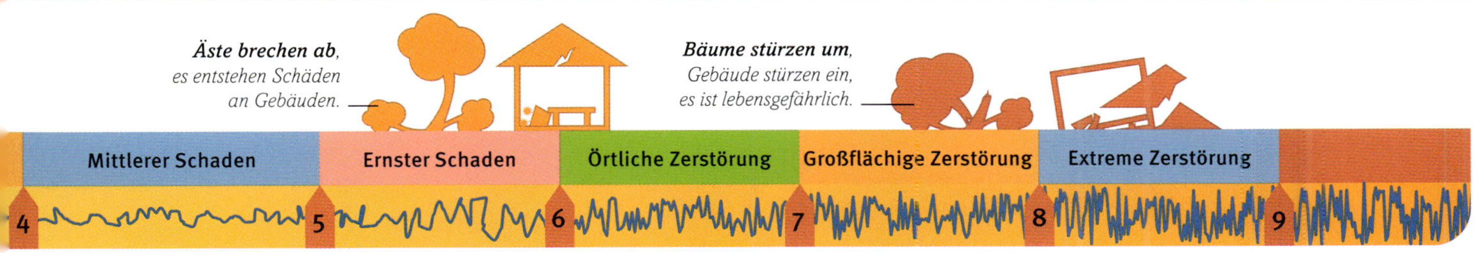

Gebirge

Etwa ein Viertel der Landfläche der Erde ist mit Gebirgen bedeckt. Die meisten von ihnen entstanden im Verlauf von vielen Millionen Jahren an Orten, wo Teile der Erdkruste, die tektonischen Platten, zusammenstoßen und gegeneinanderpressen.

***Der Name dieses Bergs in Alaska** stammt aus dem Athapaskischen und bedeutet „der Hohe".*

Denali

***Der riesige Vulkan auf Hawaii** brach zuletzt vor rund 4500 Jahren aus.*

Mauna Kea

***Der Aconcagua (Argentinien) ist der höchste Berg in den Anden**, der längsten Gebirgskette auf dem Festland.*

Aconcagua

***Der höchste Berg der Antarktis** ist Teil eines 185 km langen Gebirgszugs, der Sentinel Range.*

Mount Vinson

***Der höchste der drei Vulkankegel**, die gemeinsam den Kilimandscharo (Tansania) bilden, heißt Kibo.*

Kilimandscharo

***Der Mount Everest** auf der Grenze zwischen Nepal und China wurde 1953 erstmals bestiegen. Seither standen mehr als 4000 Bergsteiger auf dem Gipfel.*

Der Himalaja ist rund **2400 km** lang und zieht sich durch fünf Länder.

Faltengebirge kommen auf der Erde am häufigsten vor. Sie bilden sich, wenn tektonische Platten gegeneinanderdrücken und das Land auffalten, sodass es sich nach oben schiebt. Der **Himalaja** ist ein Beispiel für diese Art von Gebirge. Andere Berge entstehen, wenn bei Vulkanausbrüchen Lavaströme abkühlen und sich nach und nach um den Krater auftürmen wie beim Gipfel des **Fuji**. Bergkuppen wie der **Puy de Dôme** bilden sich, wenn heißes Magma unter der Erdoberfläche das Gestein nach oben schiebt, aber abkühlt, bevor es ausbricht. Der höchste Berg auf dem Festland ist der **Mount Everest** mit 8849 m. Vom Meeresboden aus gemessen ist jedoch der **Mauna Kea** der höchste Berg der Erde: Bis zum Gipfel misst er 10 210 m.

__Der flache Berg__ überragt die Stadt Kapstadt (Südafrika).

Tafelberg

HÖCHSTE BERGE AUF DEM FESTLAND

Jeder dieser fünf Berge ist vom Meeresspiegel aus gemessen mehr als 8000 m hoch. Vier von ihnen liegen im Himalaja.

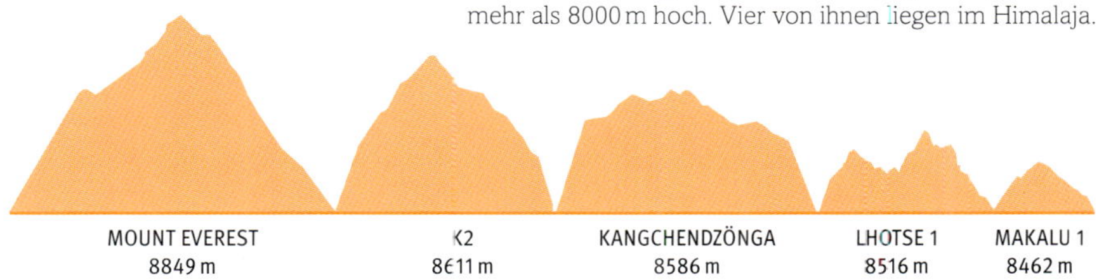

__Die einzigartigen Felsen dieses Bergs__ sind nach Figuren aus chinesischen Legenden benannt.

Huangshan

__Auf der Lavakuppel (Frankreich)__ stehen ein Physiklabor und eine Fernsehantenne.

Puy de Dôme

__Der Vulkan mit Doppelgipfel (Russland)__ ist der höchste Berg Europas.

Elbrus

Bis zu 400 000 Menschen besteigen jedes Jahr den __heiligen Berg Japans__.

Fuji

__Der höchste Berg Neuseelands__ ist 3724 m hoch.

Aoraki (Mount Cook)

Vulkane

Bei einem Vulkanausbruch lassen Explosionen tief im Inneren der Erde flüssiges Gestein an die Oberfläche aufsteigen. Aus dem Krater schießen feurige Brocken und glühend heiße Lava fließt die Hänge hinunter. Aktive Vulkane brechen immer wieder aus, ruhende selten und erloschene gar nicht mehr.

Aschewolke ❯ Gase, die im Magma gelöst sind, entweichen kraftvoll und oft explosiv. Sie bilden über dem ausbrechenden Vulkan große Wolken aus Wasserdampf, Kohlendioxid und Schwefeldioxid.

Die Stärke von Ausbrüchen messen

Die Stärke von Vulkanausbrüchen wird auf dem Vulkanexplosivitätsindex (VEI) gemessen. Die stufenlose Skala beginnt bei 0 (nicht explosiv) und reicht bis zu Stärke 8 (maximale Intensität).

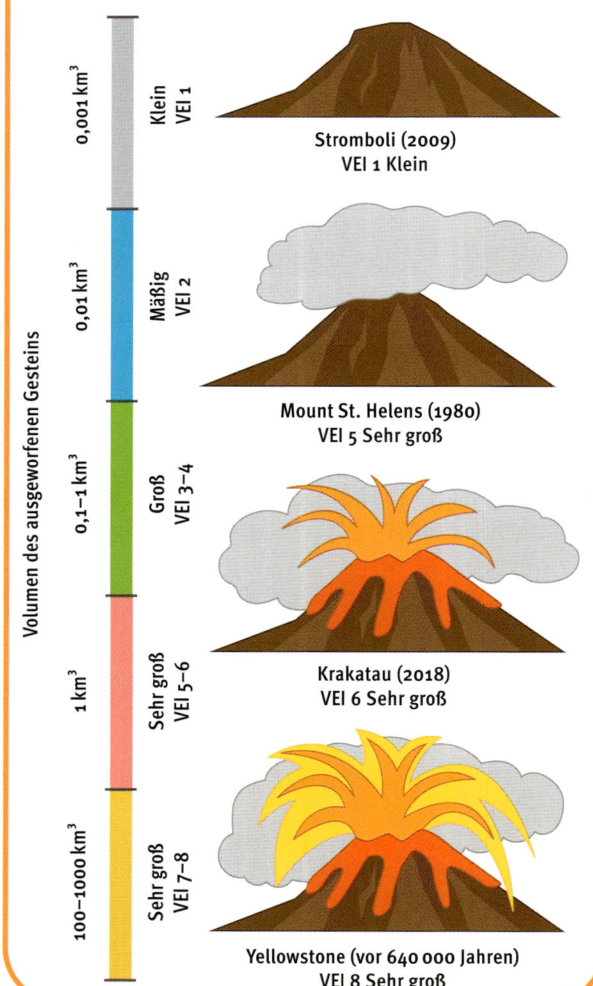

Magma ❯ Eine Mischung aus heißen Gasen und geschmolzenem Gestein nennt man Magma. Bei sehr starkem Druck und großer Hitze schiebt sich das Magma durch Spalten im Erdboden und explodiert mit zerstörerischer Kraft.

Hauptschlot ❯ Der Hauptschlot des Vulkans verläuft durch die Mitte bis zur Öffnung an der Spitze. Ein Eruptionskanal erstreckt sich aus der Tiefe des Erdinneren bis zur Schlotöffnung an der Oberfläche. Durch den Kanal steigt Magma auf und bricht aus dem Schlot aus.

Nebenschlot ❯ Oft gibt es weitere Öffnungen an den Seiten (Flanken) des Vulkans. Magma kann auch diese Spalten oder Risse füllen oder aus ihnen austreten, sodass es zu Flankeneruptionen kommt.

Aufbau eines Vulkans

Vulkanische Gesteinsschichten ❯ Die heiße Lava kühlt ab und härtet zu Gestein aus. Mit der Zeit lagern sich bei weiteren Ausbrüchen weitere Gesteins- und Ascheschichten ab und der Vulkan wächst.

Eruption

Jeden Tag werden weltweit etwa 20 Vulkanausbrüche beobachtet. Der Ätna (unten) ist der aktivste Vulkan in Europa. Sein letzter Ausbruch war Anfang 2022. Die meisten Vulkane der Erde sind jedoch Unterwasservulkane. Ihre Aktivität wird von uns nicht wahrgenommen.

Vulkanische Bomben ❯ Unter sehr hohem Druck werden manchmal Kugeln aus geschmolzenem Gestein wie Bomben in die Luft geschleudert. Sie sind sehr gefährlich, schlagen irgendwo am Boden auf und kühlen ab.

Lavastrom ❯ Flüssige Lava ist glühend heiß, etwa 1000 °C. Sie fließt bergab und zerstört alles, was ihr im Weg liegt. In der Regel fließt sie langsam, aber der Geschwindigkeitsrekord liegt bei 100 km/h.

Gesteine und Minerale

Jadeit

Heute wird aus Jadeit Schmuck hergestellt, doch ***in alter Zeit wurden daraus wohl Waffen wie Dolche geschliffen****.*

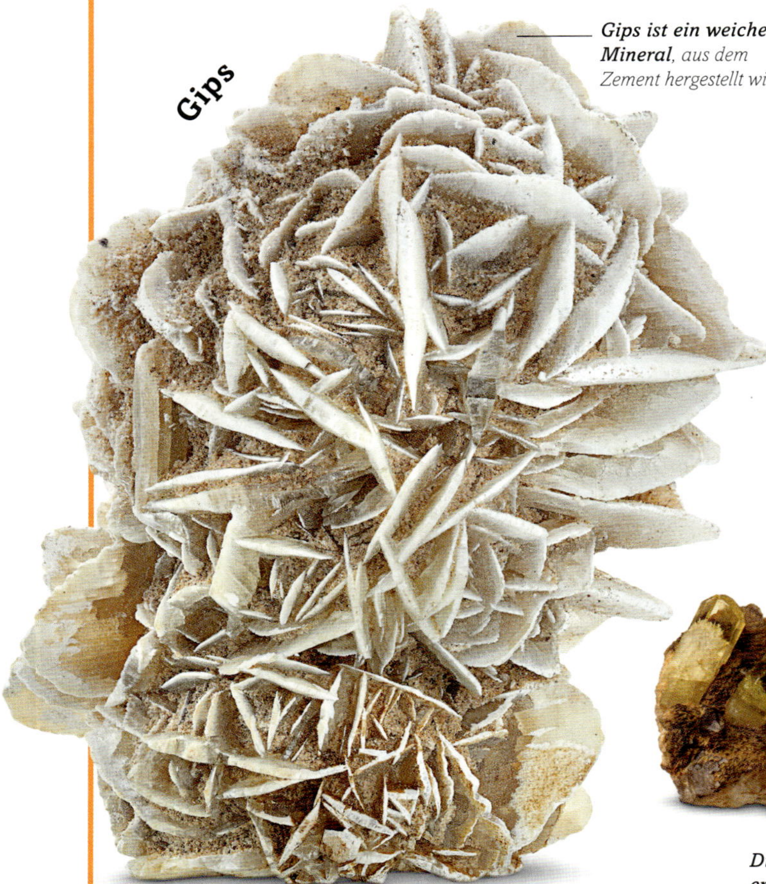
Gips

Gips ist ein weiches Mineral*, aus dem Zement hergestellt wird.*

Kalzit

Stalaktiten und Stalagmiten in Kalksteinhöhlen ***bestehen vor allem aus dem Mineral Kalzit****.*

Diamant

Diamant ist ***das härteste natürliche Mineral****.*

Beryll

Das Mineral Beryll gibt es in vielen Formen*, darunter Smaragd und Aquamarin.*

Eis

Eis in natürlicher Form ist ein Mineral*, weil die Moleküle in einer festen Struktur angeordnet sind.*

Malachit

Dieses Mineral enthält Kupfer*, das ihm die typische grüne Farbe verleiht.*

Die Welt um uns herum besteht größtenteils aus Gestein in allen möglichen Formen und Größen. Darin enthalten sind chemische Verbindungen, die Minerale genannt werden. Wenn man sie aus dem Boden gewinnt, kann man sie zu schönen und nützlichen Dingen verarbeiten.

Die Erdkruste enthält viele Minerale, vom auffälligen **Türkis** über den glänzenden **Pyrit** bis zum harten **Diamanten**. Auch **Eis** ist ein Mineral, eins der häufigsten der Erde. Gesteine sind Kombinationen aus einem oder mehreren Mineralen. Je nachdem, wie sie entstehen, lassen sich Gesteine in drei Arten einteilen: magmatisches, meta-

Türkis

Türkise sind namensgebend für die gleichnamige Farbe *und werden häufig zu Schmuckstücken verarbeitet.*

Pyrit

Pyrit wird oft als „Narrengold" bezeichnet*, weil es leicht mit Gold zu verwechseln ist.*

Kalk

Kalk enthält winzige Überreste von Meereslebewesen*, die viele Millionen Jahre alt sind.*

MINERALE UND GESTEINE

Alle Minerale bestehen aus einem oder mehreren Elementen. Wenn sie zusammenwachsen, bilden sie magmatisches oder Sedimentgestein. Diese werden durch Hitze und Druck in metamorphes Gestein umgewandelt.

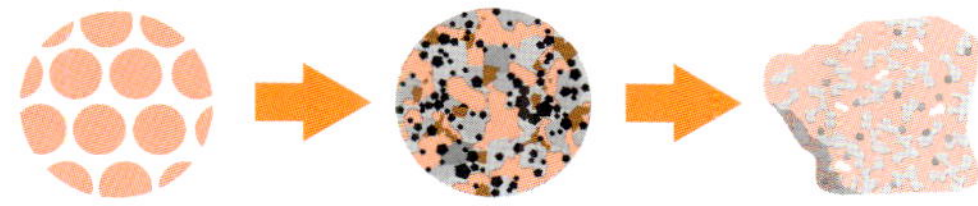

Element → Mineral → Gestein

Schiefer

Abdrücke von frühen Lebewesen *findet man oft zwischen Schichten aus Schiefergestein.*

Granit

Granit ist das häufigste Gestein *in der Erdkruste.*

Sandstein

Sandstein wird seit Jahrhunderten *zum Bauen verwendet.*

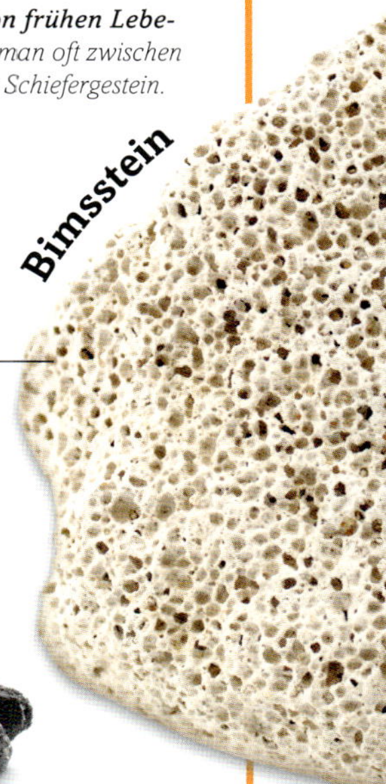

Bimsstein

Bims ist ein vulkanisches Gestein*, das so löchrig ist, dass es auf Wasser schwimmt.*

Basalt

Basalt entsteht aus vulkanischer Lava, die abkühlt und aushärtet. *Große Teile des Meeresbodens bestehen daraus.*

Kohle

Kohle ist ein Sedimentgestein*, das als Brennstoff dient.*

morphes oder Sedimentgestein. Etwa 90 Prozent der Gesteine der Erde sind magmatisch, darunter **Basalt** und **Granit**. Sie bilden sich, wenn geschmolzenes Gestein im Erdinneren abkühlt und hart wird. Sedimentgestein findet sich an Land und auf dem Grund von Seen, Flüssen und Meeren. Es besteht aus verwitterten Gesteinsteilchen, die sich schichtweise ansammeln. **Sandstein**, **Kalkstein** und **Gips** sind Beispiele. Starke Hitze und Druck können magmatisches und Sedimentgestein in metamorphes Gestein wie **Schiefer** und **Jadeit** verwandeln. In einem ewigen Kreislauf wandeln Hitze, Wasser, Wind und Druck alles Gestein immer wieder um.

Kristalle

Lapislazuli besteht aus **winzigen mineralischen Kristallen**.

Lapislazuli

Der Kristall hat seinen Namen von der **Farbe des Meerwassers**.

Aquamarin

Bergkristall

Bergkristall ist **durchsichtig und farblos**.

Amethyst

Die scharfen Kristalle sind pyramidenförmig.

Rosenquarz gibt es in den Farben blassrosa bis dunkelrosa.

Rosenquarz

Die bräunlich-gelben Bänder ähneln der Augenfarbe eines Tigers.

Tigerauge

Bunte Kristalle sind ein wundervolles Schauspiel der Natur. Die meisten Minerale haben Kristallform und einige dieser Kristalle sind groß und glitzern. Minerale lassen sich schneiden und polieren und in funkelnde, wertvolle Edelsteine verwandeln.

Mineralkristalle bilden sich in mineralreichen Wasserlösungen oder beim Abkühlen von Magma. Sie sind Bestandteil des Gesteins und sehen oft wie Adern oder Hohlräume aus. Manche Kristalle sind mehrere Milliarden Jahre alt – ein **Zirkon**, der auf 4,4 Mrd. Jahre datiert wird, gilt als der älteste Kristall der Erde. Eins

Turmalin

*Turmalin ist ein **farbenfroher, harter Kristall**.*

Cordierit

***Er hieß früher Iolith** von Ios, dem griechischen Wort für lila.*

Tansanit

***Der blaue Kristall** wird manchmal für einen Saphir gehalten.*

Zirkon

***Zirkon ist ein schwerer Kristall** in Granitgestein.*

Rhodonit

***Die Farben in dem Kristall** reichen von Rot bis Pink.*

Peridot

Leuchtend grüne Kristalle

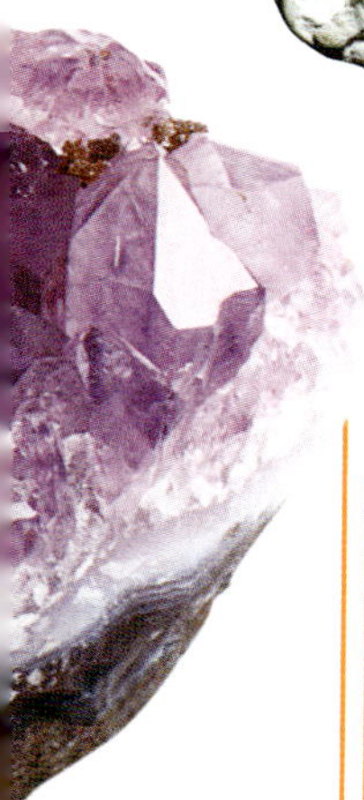

WAS IST EIN KRISTALL?

Kristalle sind Feststoffe, in denen die Atome in einer bestimmten Struktur angeordnet sind, die sich milliardenmal wiederholt. Die Form eines Kristalls wird von dieser inneren Anordnung der Atome bestimmt.

Atome verbinden sich und bilden unterschiedliche Formen.

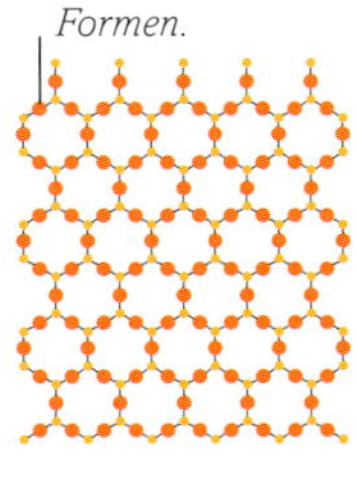

Topas

***Die tiefe rotbraune Farbe** ist ungewöhnlich für einen Topas, meist ist er gelb.*

Hämatit

***Hämatit ist schwer und hart** und besteht zu mehr als zwei Dritteln aus Eisen.*

der häufigsten Minerale, der **Quarz**, kommt in Steinen, Sand und zahlreichen Bodenarten vor. Verschiedene Verunreinigungen sind oft für die auffälligen Farben verantwortlich. Eisenverunreinigungen verleihen dem **Aquamarin** seine blaugrüne Farbe, Spuren von Mangan erzeugen das zarte Rosa des **Rosenquarz**. Kristalle faszinieren die Menschen. Adlige im alten Griechenland trugen **Amethyst** zum Schutz vor Krankheiten. Edelsteine schmücken Königskronen. Der größte jemals gefundene Diamant, der 1905 entdeckt wurde, ist Teil der britischen Kronjuwelen. Manche glauben, dass Kristalle positive Energie spenden, **Topas** zum Beispiel soll Freude bringen.

Metalle

Titan

Titan ist hart wie Stahl, *aber etwa 40 Prozent leichter.*

Platin

Das dichte und silbrig glänzende Platin *findet man in der Natur in Form von Nuggets aus meist reinem Metall.*

Wolfram

Wolfram hat den höchsten Schmelzpunkt aller Metalle. *Es wird erst bei 3414 °C flüssig!*

Kupfer

Kupfer in natürlicher Form *hat eine rötlich-braune Farbe.*

Zink

Das weiße Metall *wird oft mit Stahl kombiniert, damit er nicht rostet.*

Nickel

Nickel ist vielseitig einsetzbar, *von Münzen bis zu Smartphone-Akkus.*

Zinn

Zinn ist eins der ersten Metalle, die der Mensch benutzte. ***Es wurde vor mehr als 4000 Jahren entdeckt.***

Die meisten Metalle sind fest und glänzend. Wir können sie mischen und bearbeiten und für ganz verschiedene Zwecke einsetzen. Sie werden beim Bau hoher Wolkenkratzer verwendet, aber auch zur Herstellung winziger Mikrochips, ohne die kein Computer funktionieren würde.

Metalle haben in der Regel ähnliche Eigenschaften: Sie sind glänzend, formbar und leiten Strom sowie Wärme gut. Da man Metalle schmieden kann, werden viele nützliche Dinge aus ihnen hergestellt. **Platin** ist sehr fest und rostet nicht, daher eignet es sich für Schmuckstücke. Weil **Kupfer** gut Strom leitet, sind die meisten Drähte

Blei

Blei ist weich und leicht formbar *und es ist giftig, wenn es in den Körper gelangt.*

Scandium gibt es auf der Erde nur sehr wenig, *weshalb es sehr teuer ist.*

Scandium

Osmium

Reines Osmium ist hart, *aber spröde.*

Gold

Gold findet man oft in Form von glänzenden Flocken *in Quarzgestein.*

Eisen

Das häufigste Metall der Erde *ist auch im Blut zu finden.*

Aluminium

Das Metall lässt sich *zu papierdünner Folie pressen.*

EIGENSCHAFTEN DER METALLE

Die Atome – die kleinsten Bestandteile – eines Metalls sind dicht gepackt, sodass es Wärme und Elektrizität gut leitet, glänzt und formbar ist. Die meisten Metalle lassen sich zu dünnen Blechen pressen oder auch zu Drähten formen und viele sind sehr hart und fest.

Silber

Silber verfärbt sich *an der Luft.*

Quecksilber

Quecksilber ist das einzige Metall, *das bei Raumtemperatur flüssig ist.*

aus Kupfer. **Titan** ist extrem fest, aber gleichzeitig sehr leicht, daher wird es zum Bau von Flug- und Raumfahrzeugen sowie von Tiefsee-Tauchbooten verwendet. Ein Metall, das sehr vielseitig einsetzbar ist, von Dosen bis hin zu Flugzeugteilen, ist **Aluminium**. Die meisten Metalle werden in Erzen aus der Erde geholt, also vermischt mit anderen Elementen; manche, wie **Gold**, findet man oft in Reinform. Gold und **Silber** werden seit Jahrtausenden als Edelmetalle geschätzt. Oft werden Metalle zu Legierungen mit besonders guten Eigenschaften vermischt. Rostfreier Stahl besteht aus **Eisen**, Chrom und Kohlenstoff. Eine Mischung aus **Zinn** und Kupfer ergibt Bronze.

HÖHLEN Ein einsamer Abenteurer bestaunt die riesige unterirdische Kammer des Höhlensystems von Tham Lod in Thailand. Hohlräume wie diese gehören zu den interessantesten Orten auf der Erde. Sie können auf verschiedene Weise natürlich entstehen, aber meist entstehen sie durch Wasser, das langsam über Hunderttausende von Jahren das Gestein auswäscht. Die Höhlen von Tham Lod erschuf ein Fluss, der durch weichen Kalkstein fließt.

Höhlen findet man auch in Eis, in vulkanischer Lava oder in Küstenklippen, aber die Mehrzahl von ihnen bildet sich, wenn Regenwasser in Gesteinsrisse eindringt und Kalkstein zersetzt. Im Lauf der Zeit bröselt der Stein und es entstehen Hohlräume, die oft lange Netzwerke aus Gängen bilden. Das Regenwasser, das hereintropft, enthält Minerale, sodass Tropfen für Tropfen erstaunliche Gesteinsstrukturen wachsen. Eiszapfenförmige Steine, die von der Höhlendecke hängen, heißen Stalaktiten. Auf dem Bild der Höhle von Tham Lod sieht man beeindruckende Beispiele. Zapfen, die vom Boden emporwachsen, nennt man dagegen Stalagmiten. Manchmal verschmelzen Stalaktiten und Stalagmiten zu ganzen Säulen.

Flüsse

Flüsse bilden sich im Bergland, wo Süßwasserbäche von oben herabfließen und sich vereinen, bis sie schließlich ins Meer münden. Unterwegs werden sie immer wieder von kleineren Nebenflüssen gespeist und vergrößert. Die Kraft des Wassers formt die Landschaft. Es trägt Gestein ab und gräbt Täler aus. Flüsse tragen Material aus dem Hochland ins Flachland.

Der längste Fluss in Indien *führt Wasser vom Gangotri-Gletscher bei Gaumukh bis in die Bucht von Bengalen.*

Ganges

Der Zanskar ist einer von etwa 20 Nebenflüssen *des großen Flusses Indus in Asien.*

Zanskar

Der 979 m hohe ***Salto Ángel (Venezuela) ist auf dem Festland der höchste Wasserfall der Erde****.*

Rio Churún

Abenteuerliche Fahrt über die Stromschnellen *der Tara (Montenegro)*

Tara

Dieser Fluss in Neuseeland *spaltet sich in ein Netz kleiner Kanäle auf.*

Rakaia

Diese drei Flüsse in Mosambik und Simbabwe *vereinen sich und münden gemeinsam in den Indischen Ozean.*

Der Ursprung liegt immer in großer Höhe wie beim Fluss **Zanskar** im Himalaja. Das Wasser stammt aus einer Quelle, einem See oder einem schmelzenden Gletscher. Der Gangotri-Gletscher bei Gaumukh zum Beispiel ist einer der Ursprünge des **Ganges** (Indien). Im Oberlauf eines Flusses strömt das Wasser schnell und es gibt oft Wasserfälle wie den Salto Ángel im **Rio Churún** (Venezuela) oder wirbelnde Strömungen wie in der **Tara** (Montenegro). Der Unterlauf fließt dann ruhiger. Er windet sich in Kurven, sogenannten Mäandern, durch das Land wie der **Uvac** (Serbien). Flüsse fließen durch sehr verschiedene Landschaften, zum Beispiel durch den dichten Dschungel am **Amazonas** (Südamerika) oder die Wüstendünen am **Nil** (Afrika). Am Ende seiner Reise mündet der Fluss in ein Meer oder einen großen See.

Buzi, Pungwe und Save

Der Ort, an dem sich Flüsse treffen, *wird Zusammenfluss genannt.*

Dreiflüsseeck Passau

Der Uvac fließt 114 km lang *durch Serbien.*

Uvac

Amazonas

Im breitesten Fluss der Welt *leben 2500 Fischarten.*

Nil

Der Nil erstreckt sich 6648 km lang und ist damit ***der längste Fluss der Welt****.*

Die Tower Bridge ist eine von 35 Brücken, *die in London (Großbritannien) über die Themse führen.*

Themse

Der Santa Ana River fließt 154 km lang durch Kalifornien (USA) *und mündet in den Pazifik.*

Santa Ana

LEBEN IM OZEAN Ein hungriger Galapagos-Seelöwe schwimmt mitten durch einen Schwarm Schwarzstreifen-Salemas im Pazifischen Ozean. Als Fischräuber steht er in seiner Nahrungskette aber nicht an der Spitze. Er selbst muss sich vor noch größeren Jägern wie Haien oder Orcas in Acht nehmen. In den Meeren der Welt gibt es zahlreiche ähnliche Nahrungsketten.

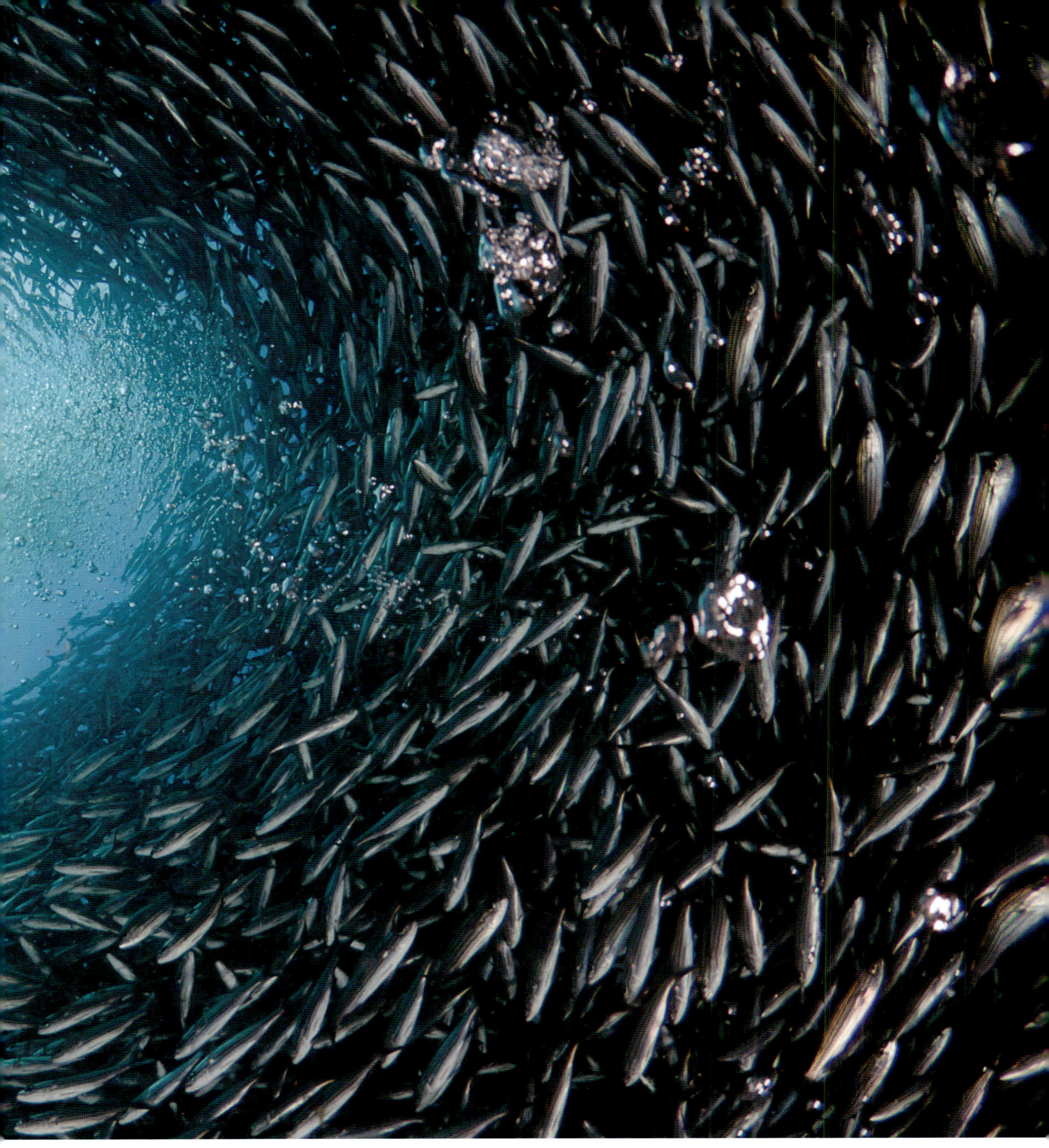

Unser blauer Planet ist eine Wasserwelt: Über 70 Prozent der Erdoberfläche sind von einem globalen Ozean bedeckt, der in fünf Bereiche aufgeteilt ist: den Pazifik, den Atlantik, den Indischen Ozean, das Süd- sowie das Nordpolarmeer. Darüber hinaus gibt es zahlreiche kleinere Meere. Das Wasser ist in einigen Regionen mehr als 10 km tief. Obwohl es in der Tiefe dunkel und kalt ist, wimmelt es im Meer vor Leben. Am Meeresgrund gibt es hohe Berge, tiefe Rinnen, Korallenriffe und Kelpwälder, in denen Millionen unterschiedliche Wesen leben. Es wurden schon viele Expeditionen mit Forschungsschiffen und Tauchbooten durchgeführt, dennoch sind nicht einmal 20 Prozent der Ozeane erforscht.

Wetter

*Über Wüstendünen ist der Himmel **meist klar**, denn es fehlt die Feuchtigkeit zur Wolkenbildung.*

Klarer Himmel

***Tiefe Nebelbänke** liegen oft wie eine Decke über der Bucht von San Francisco (USA).*

Nebel

*Vom Meer weht oft ein starker **Wind**, gegen den ein Regenschirm kaum schützen kann.*

Wind

*Wolken entstehen, wenn sich **aufsteigender Wasserdampf in flüssige Wassertröpfchen verwandelt.***

Wolken

*Jede **Schneeflocke ist sechseckig** und bildet ein einzigartiges Muster.*

Schnee

***Starker Regen** kann in der Stadt die Straßen schnell überfluten.*

Regen

***Ein Regenbogen entsteht**, wenn die Sonne durch Regentropfen scheint, die das Licht in sein Farbspektrum aufspalten.*

Regenbogen

DAS WETTER MESSEN

Die Meteorologie erforscht das Wetter. Mit wissenschaftlichen Geräten werden Veränderungen und Muster bei den Wettererscheinungen gemessen und beobachtet.

Das Barometer misst den Luftdruck in der Atmosphäre.

Barometer

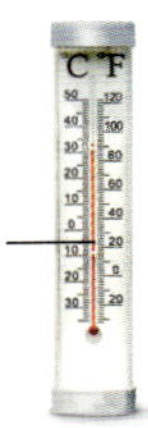

Thermometer messen die Lufttemperatur in Grad Celsius (°C) oder Fahrenheit (°F).

Thermometer

Anemometer

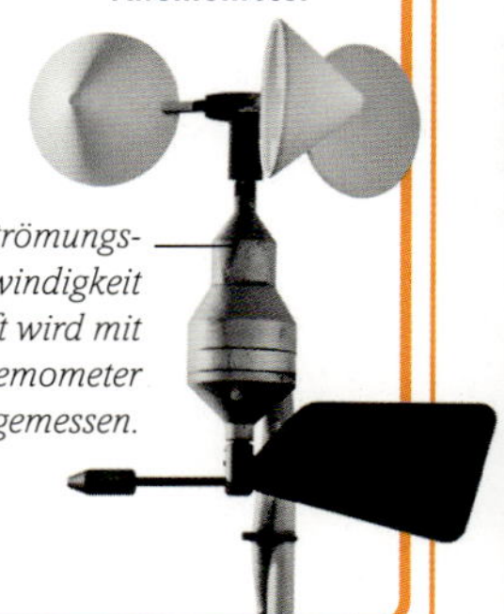

Die Strömungsgeschwindigkeit der Luft wird mit dem Anemometer gemessen.

Das Wetter wird von Abläufen in der Atmosphäre bestimmt. Durch das Zusammenspiel verschiedener Faktoren wie Luftfeuchtigkeit, Niederschlag, Temperatur, Bewölkung und Windstärke ändert sich das Wetter von Tag zu Tag oder je nach Jahreszeit. Aber es folgt dabei meistens vorhersehbaren Mustern.

An sonnigen Tagen erwärmt die Sonne die Luft und erzeugt einen **klaren Himmel**. Die Sonnenstrahlen erwärmen aber auch die Flüsse und Meere, sodass Wasser verdunstet und in die Luft aufsteigt, wo die winzigen Tröpfchen **Wolken** bilden. Zuerst sehen sie weiß und flauschig aus, aber wenn sich mehr Wasser sammelt, werden sie größer und dunkler, bis aus ihnen **Regen** fällt.

***Hagelkörner sind harte Eisklumpen**, die so groß wie Golfbälle sein können.*

***Dichter Schnee und peitschender Wind** ergeben einen Schneesturm (Blizzard).*

Blizzard

***Gewitter mit dunklen Regenwolken und starken Blitzen** bilden sich, wenn warme, feuchte Luft und kalte, trockene Luft aufeinandertreffen.*

Gewitter

***Das Auge des Hurrikans** ist sein ruhiger Mittelpunkt.*

Hurrikan

An kalten Tagen gefrieren die Tröpfchen in der Luft zu Eiskristallen, die als **Schnee** zu Boden fallen. Luft, die sich bewegt, erzeugt **Wind**. Der kann als sanfte Brise wehen, aber auch in Tropenstürmen wie **Hurrikans** wüten oder in **Tornados** über Land rasen. Die wirbelnden Trichter aus warmer Luft erreichen Geschwindigkeiten von bis zu 486 km/h.

Tornado

***Tornados** entstehen aus wirbelnden Luftströmen im Inneren von riesigen Gewitterwolken.*

Globale Erwärmung

***Die Erde nimmt nicht die gesamte Sonnenenergie auf**, die sie erreicht. Etwa 30 Prozent werden von der Atmosphäre und der Erdoberfläche in den Weltraum zurückgeworfen.*

Im vergangenen Jahrhundert nahmen die Verbrennung fossiler Brennstoffe zur Energiegewinnung und die Luftverschmutzung durch Verkehr und Industrie stark zu. Beides führte zum Ausstoß von Abgasen, die Wärmeenergie von der Sonne in der Atmosphäre festhalten. Aus diesem Grund wird es immer wärmer und das bereitet allen Lebewesen Probleme. Die Temperatur auf der Erde schwankte schon immer, aber selten so schnell und stark.

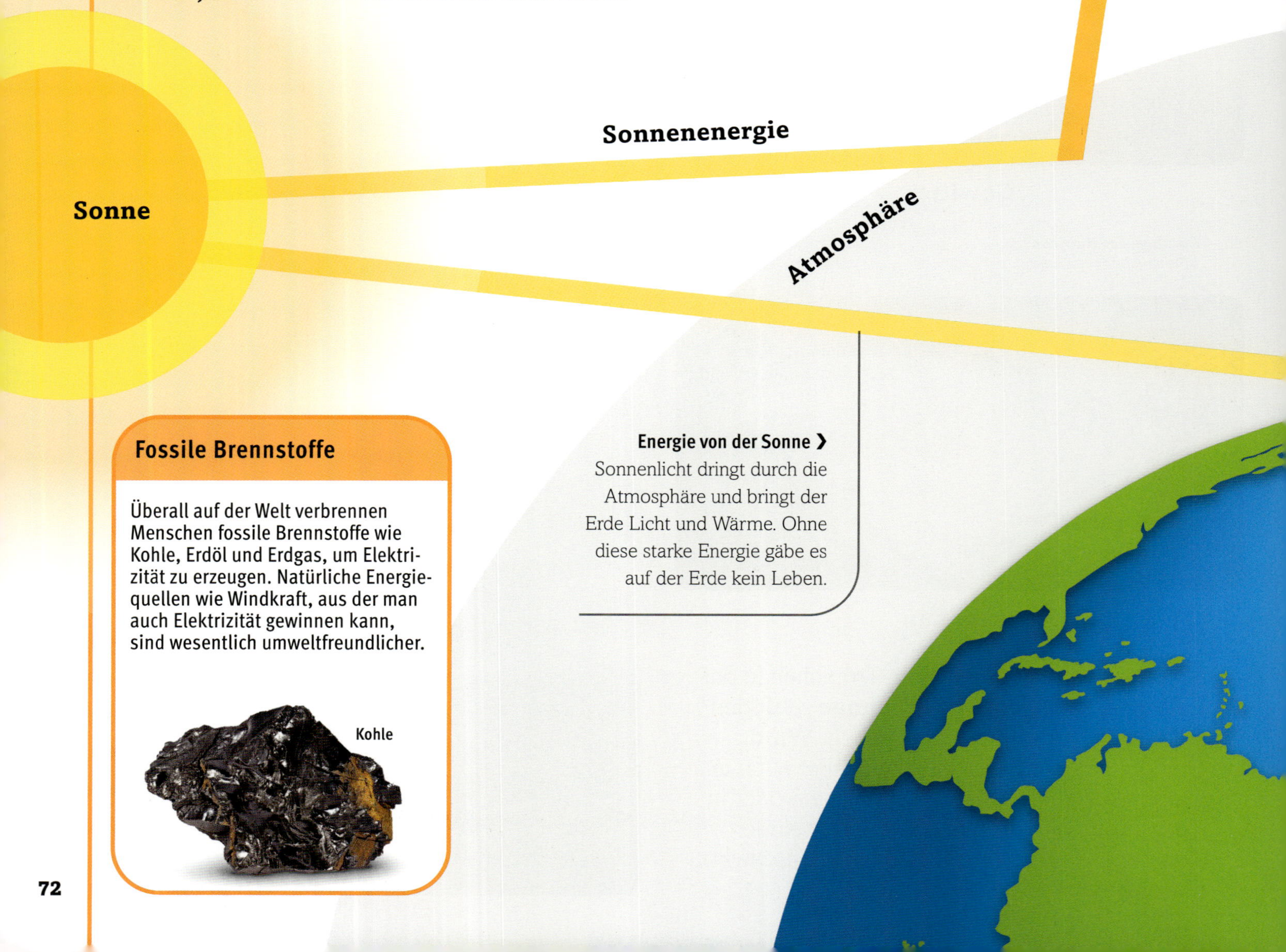

Energie von der Sonne ❯ Sonnenlicht dringt durch die Atmosphäre und bringt der Erde Licht und Wärme. Ohne diese starke Energie gäbe es auf der Erde kein Leben.

Fossile Brennstoffe

Überall auf der Welt verbrennen Menschen fossile Brennstoffe wie Kohle, Erdöl und Erdgas, um Elektrizität zu erzeugen. Natürliche Energiequellen wie Windkraft, aus der man auch Elektrizität gewinnen kann, sind wesentlich umweltfreundlicher.

Kohle

Zerstörung von Lebensräumen

Durch die gobale Erwärmung schmelzen die Eismassen in der Arktis und Antarktis. Dabei verlieren viele Lebewesen ihren Lebensraum und ihre Nahrungsquellen. Die Adeliepinguine in der Antarktis finden nicht mehr genug Krill zu fressen, weil das Eis, unter dem sich der Krill versteckt, wegschmilzt.

Sonnenenergie auf der Erde ❯ Die Erdoberfläche nimmt den größten Teil der Wärmeenergie der Sonne auf. Sie erwärmt sich und gibt wieder Wärme an die Erdatmosphäre ab.

Globale Erwärmung ❯ „Treibhausgase", die vor allem durch menschliche Aktivitäten entstehen, halten die vom Boden abgestrahlte Wärme teilweise fest und werfen sie auf ihn zurück, sodass sich die Erde stärker erwärmt. Je mehr Treibhausgase es gibt, desto mehr Wärme wird festgehalten. Die Durchschnittstemperaturen steigen weltweit und die globalen Wettermuster verändern sich. Das nennen wir „Klimawandel".

Lebensräume

***Tropische Inseln** haben oft Sandstrände und sind dicht bewachsen.*

Tropische Insel

***Tropische Regenwälder** gedeihen in heißen Regionen mit viel Niederschlag.*

Tropischer Regenwald

***In diesem Lebensraum, der auch Taiga genannt wird,** wachsen hauptsächlich Nadelbäume.*

Borealer Nadelwald

***Große Eisblöcke** bewegen sich hier in der Glacier Bay (Alaska, USA) langsam vom Gebirge ins Tal.*

Gletscher

*Wenn der Schnee im Sommer taut, kommt **in der Tundra Grasland zum Vorschein**.*

Tundra

***Wüstendünen** entstehen, wenn der Wind den Sand zu Hügeln auftürmt.*

Wüste

Nicht einmal ein Drittel der Erdoberfläche ist Festland, aber dennoch gibt es dort viele verschiedene Lebensräume. Jede Landschaft wird von bestimmten Faktoren geprägt, zu denen Lage und Höhe, der Pflanzenbewuchs, die Temperatur und die Niederschlagsmenge gehören.

Sehr hohe oder tiefe Temperaturen und wenig Regenfall verwandeln Gebiete in **Wüsten**. In den ausgedehnten Sand-, Geröll- oder Schneegebieten leben angepasste Tiere und Pflanzen, die mit sehr wenig Wasser auskommen. Tropische Regionen mit viel Sonne, klarem Himmel und ausgeprägten Regenzeiten werden oft zu **Savannen** – flachen

Pflanzen, die in der Savanne wachsen, *müssen lange Trockenzeiten überstehen.*

Savanne

Zwei Drittel der Erdoberfläche sind Meere. *Darin leben etwa eine 1 Mio. Arten von Lebewesen.*

Meere

Viele Gipfel sind schneebedeckt, *aber an den tiefer gelegenen Hängen wachsen Sträucher und Gras.*

Gebirge

Großstadt

Hochhäuser *sorgen für mehr Wohnraum in den Städten.*

Mehr als die **Hälfte** der **Erdbevölkerung** lebt in **Städten**.

Ackerland

Die Landschaft besteht oft aus einem ***Fleckenteppich aus Nutzflächen, auf denen verschiedene Getreide und Gras wachsen****.*

Grasländern mit kleinen Bäumen und Sträuchern. **Tropische Regenwälder** gibt es entlang des Äquators. Die üppigen Pflanzen gedeihen, weil es dort regelmäßg regnet. In Polnähe gibt es **Tundren**, eisige **Gletscher** und schneebedeckte **Berge**. Der Winter in der Tundra ist für Lebewesen hart, denn es ist kalt und die Sonne scheint kaum. Zwischen den heißen und kalten Extremen schaffen die Menschen **Ackerland** und Weideflächen. Sie säen Getreide und züchten Viehherden, die Milch und Fleisch liefern. Am sichtbarsten ist der menschliche Einfluss jedoch in den **Großstädten**. Überall auf der Erde ziehen jedes Jahr viele Millionen Menschen in die Stadt.

LICHTER DER NACHT

Wenn es dunkel wird, erstrahlen in Großstädten überall auf der Welt künstliche Lichtquellen. Das Leuchten ist aus dem All klar zu sehen. Je heller, desto größer und dichter bevölkert ist das Gebiet. Künstliches Licht ist ein deutliches Zeichen menschlicher Aktivität auf der Erde. Die moderne Welt und das Leben, das wir führen, verbrauchen große Mengen Elektrizität.

Seit im 18. Jahrhundert in Europa die Industrielle Revolution begann, ziehen immer mehr Menschen vom Land in die Stadt, weil sie dort mehr Arbeitsmöglichkeiten finden. Doch die großen Gemeinschaften bringen viele Probleme mit sich. Pro Jahr nimmt die künstliche Beleuchtung weltweit um etwa zwei Prozent zu. Sogenannte Lichtverschmutzung ist oft ein Zeichen für Energieverschwendung; der damit verbundene Stromverbrauch ist nicht immer notwendig. Viele Menschen, auch Astronom*innen, sehen keine Sterne mehr, weil die künstlichen Lichter den Nachthimmel aufhellen. Sie stören auch den Schlaf und die nächtlichen Aktivitäten vieler Tiere, die die Orientierung verlieren.

Mensch und Umwelt

*Fabriken nutzen **fossile Brennstoffe** und stoßen Kohlendioxid aus.*

Luftverschmutzung

*30 Prozent der Landfläche der Erde ist bewaldet. **Abholzung gibt es überall**.*

Abholzung

*Durch die **globale Erwärmung schmelzen Eisberge** und das bringt die Lebensräume vieler Tiere in Gefahr.*

Lebensraumverlust

Waldbrände entstehen durch große Hitze und zerstören oft ganze Wälder.

Waldbrände

*Tausende Meereslebewesen **sterben, weil sie Plastik fressen**.*

Plastikmüll

Immer mehr Menschen verbrauchen heute immer mehr natürliche Rohstoffe. Pflanzen und Tiere verlieren durch Landwirtschaft und Klimawandel ihre Lebensräume, Chemikalien verschmutzen Luft und Wasser. Wir können unsere negativen Einflüsse verringern, indem wir umweltfreundlicher leben.

Abgase von Fabriken und Kraftwerken **verschmutzen die Luft**. Flugzeuge und Fahrzeuge stoßen Schmutzteilchen in die Luft aus, die wir einatmen. An Land werden Wälder abgeholzt, weil Menschen mehr Holz und Nutzflächen brauchen. Durch die **Abholzung** verlieren viele Pflanzen- und Tierarten ihre **Lebensräume**,

Ein Treibhausdach aus Plastikflaschen *zeigt den Nutzen von Recycling.*

Abfall-Recycling

Solarmodule wandeln Sonnenenergie *in umweltfreundliche Elektrizität um.*

Solaranlagen

Bäume zu pflanzen *ist gut für das Klima, auch an Orten, wo es vorher keine gab.*

Aufforstung

Das Fahrrad ist ein günstiges und umweltfreundliches *Verkehrsmittel.*

Sauberer Verkehr

Dieses Gebäude mit Grasdach und Solaranlage *ist ein Beispiel für umweltfreundliche Architektur.*

Grüne Gebäude

In diesem Nationalpark in Sri Lanka gibt es ***Schutzgebiete für Elefanten****.*

Naturschutzgebiete

sodass ein Teil von ihnen ausstirbt. Auch **Waldbrände**, die aufgrund des heißen, trockenen Wetters außer Kontrolle geraten, sind eine Bedrohung. Im Meer wird das Wasser durch Abwässer und chemische Abfälle verschmutzt. Der meiste Müll besteht aus **Plastik**, das für Meereslebewesen oft tödlich ist. Wir können die Lebensbedingungen wieder verbessern. Mit alternativen Energiequellen wie **Sonnen-**, Wind- oder Wellenenergie können wir den Kohlenstoffausstoß verringern. **Recycling** von Abfällen wie Plastik, Glas und Papier verkleinert die Mülldeponien. **Aufforstung** und **Naturschutzgebiete** helfen der Natur, sich zu erholen.

NATUR

Lebewesen

Auf der Erde gibt es äußerst vielfältige Lebewesen. Die Wissenschaft teilt sie anhand von gemeinsamen Merkmalen in sieben Hauptgruppen oder „Reiche“ ein. Man kann sich diese Reiche als Zweige eines „Lebensbaums“ vorstellen. Dieses Bild zeigt gut, wie die Lebewesen untereinander verbunden sind.

PROTOZOEN
Mikroskopisch kleine, einzellige Wesen, die andere Lebewesen verzehren. Die „Arme“ (Pseudopodia) dieser Amöbe, einer Protozoen-Art, dienen zur Fortbewegung und zum Beutefang.

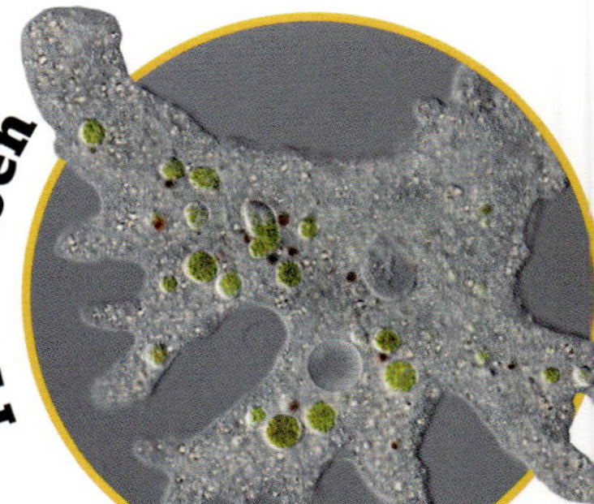

Protozoen

Chromisten

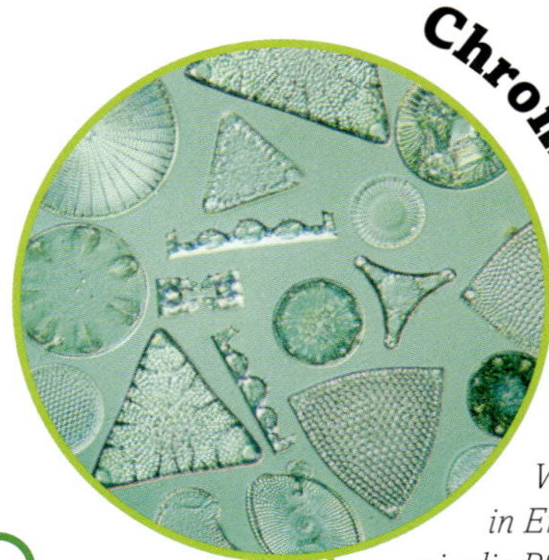

CHROMISTEN
Sie können Sonnenlicht, Wasser und Kohlendioxid in Energie umwandeln, ebenso wie die Pflanzen, aber sie können die Energie nicht in Form von Stärke speichern. Die Bandbreite reicht von einzelligen Mikroorganismen wie Kieselalgen (hier im Bild) bis zu mehrzelligen Lebewesen wie Kelp.

Bedecktsamer (Blütenpflanzen)

Ginkgo und Verwandte

Nadelbäume

Farne

Hornmoose

Bärlappe

Laubmoose

Lebermoose

PFLANZEN
Wichtige Kennzeichen der Pflanzen sind ihre Zellen, die feste Wände aus Zellulose besitzen, und ihre Wurzeln, die sie im Boden verankern. Einige haben Blüten, andere nicht, manche wachsen sehr niedrig, andere baumhoch – wie die Grau-Tanne, ein immergrüner Nadelbaum.

Pflanzen

Archäen

ARCHÄEN
Diese Organismen kommen vor allem in extremen Umgebungen vor. Pyrococcus furiosus *(rechts) zum Beispiel lebt in heißen Tiefseespalten, in denen es kaum Sauerstoff gibt, hoher Druck herrscht und das Wasser fast siedend heiß ist.*

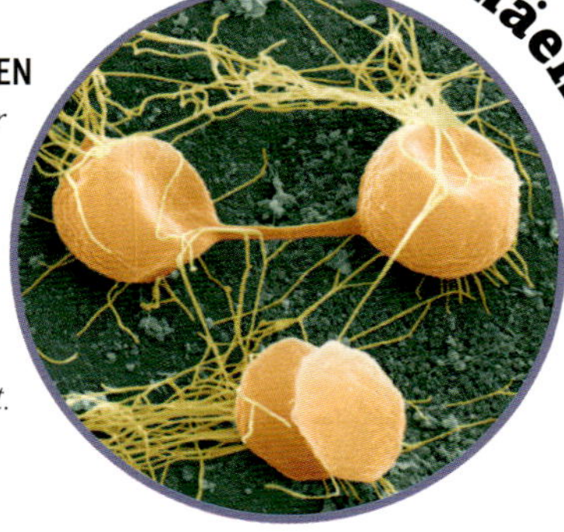

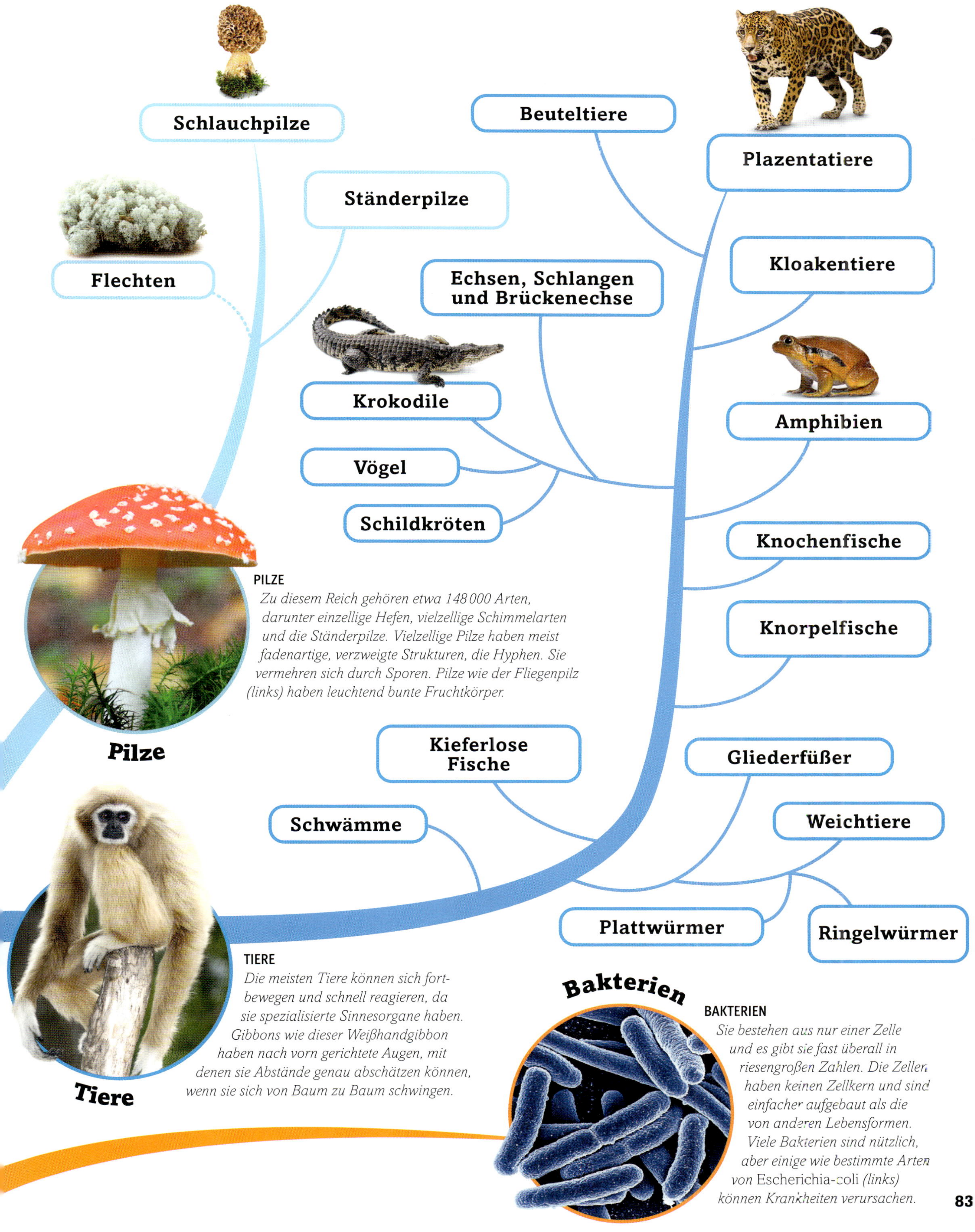

PILZE

Zu diesem Reich gehören etwa 148 000 Arten, darunter einzellige Hefen, vielzellige Schimmelarten und die Ständerpilze. Vielzellige Pilze haben meist fadenartige, verzweigte Strukturen, die Hyphen. Sie vermehren sich durch Sporen. Pilze wie der Fliegenpilz (links) haben leuchtend bunte Fruchtkörper.

TIERE

Die meisten Tiere können sich fortbewegen und schnell reagieren, da sie spezialisierte Sinnesorgane haben. Gibbons wie dieser Weißhandgibbon haben nach vorn gerichtete Augen, mit denen sie Abstände genau abschätzen können, wenn sie sich von Baum zu Baum schwingen.

BAKTERIEN

Sie bestehen aus nur einer Zelle und es gibt sie fast überall in riesengroßen Zahlen. Die Zellen haben keinen Zellkern und sind einfacher aufgebaut als die von anderen Lebensformen. Viele Bakterien sind nützlich, aber einige wie bestimmte Arten von Escherichia-coli *(links) können Krankheiten verursachen.*

Frühe Lebewesen

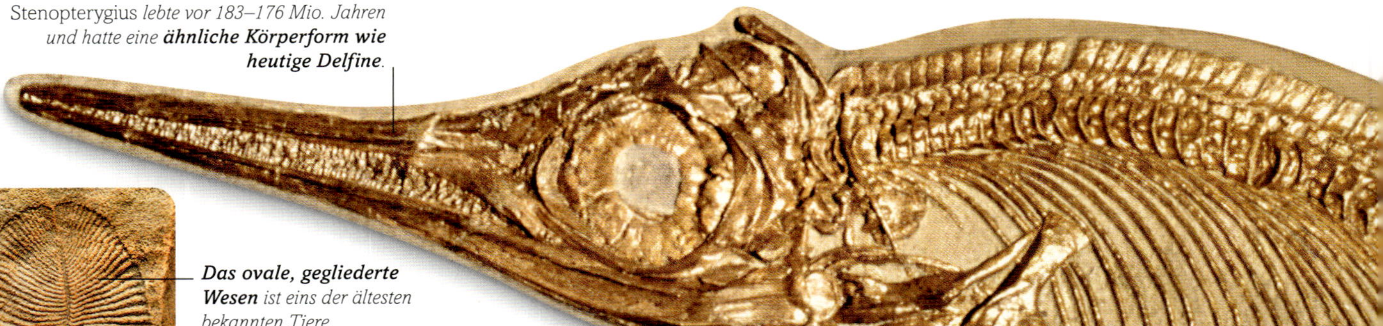

Stenopterygius lebte vor 183–176 Mio. Jahren und hatte eine ***ähnliche Körperform wie heutige Delfine****.*

Dickinsonia

Das ovale, gegliederte Wesen *ist eins der ältesten bekannten Tiere.*

Monograptus

Solche Kolonien von Tieren mit armähnlichen Strukturen *lebten einst in allen Weltmeeren.*

Paradoxides

Dieser große Trilobit *wurde bis zu 45 cm lang.*

Plateosaurus

Diese Hinterfußknochen *gehörten einem Dinosaurier, der vor 216–204 Mio. Jahren lebte.*

Ein **ausgewachsener** *Plateosaurus* konnte bis zu **10 m** lang sein.

Coccosteus

Dieser gepanzerte Fisch *war vor etwa 380–350 Mio. Jahren weit verbreitet.*

Lepidodendron

Lepidodendron bildete dichte Wälder*, die sehr viel Kohlendioxid aus der Atmosphäre aufnahmen.*

Unser Planet durchlebte im Lauf der Erdgeschichte viele Veränderungen, die sich stark auf die Entwicklung des Lebens auswirkten. Bei jedem Wandel starben manche Tier- und Pflanzenarten aus, während andere neue Methoden zum Überleben fanden.

Als das Leben entstand, existierten zunächst 3 Mrd. Jahre lang nur winzig kleine Lebewesen, und zwar nur im Wasser. Dann erschienen größere Tiere wie ***Dickinsonia***. Verwandte heutiger Tiergruppen entwickelten sich erst vor etwa 541 Mio. Jahren, darunter

Pelanomodon

***Das Reptil** sah einem Schwein ähnlich, hatte aber einen Schnabel wie eine Schildkröte.*

Rhamphorhynchus

***Der kleine Pterosaurier** (Flugsaurier) konnte gut fliegen.*

Acrocanthosaurus

*Der Schädel des Dinosauriers zeigt **scharfe, messerähnliche Zähne**.*

Araliopsoides

Das dreigliedrige Blatt von Araliopsoides ***ist ein Vorläufer von heutigen Ahornblättern**.*

Stenopterygius

Proconsul

***Dies ist der Schädel eines der ersten Affen**, die vor etwa 20 Mio. Jahren lebten.*

Eurotamandua

***Das Säugetier ist ein Verwandter der heutigen Schuppentiere**. Es war zahnlos und ernährte sich wohl von Ameisen.*

Mammut

***Das 42 000 Jahre alte Mammutkalb** wurde im sibirischen Permafrost gefunden.*

wurmähnliche Wesen wie ***Monograptus*** und Tiere mit harten Skeletten wie ***Paradoxides***. An Land entwickelten sich zuerst die Pflanzen, die mit der Zeit auch sehr hoch wuchsen, wie der baumähnliche ***Lepidodendron***. Später wurde die Erde von Reptilien wie dem Dinosaurier ***Acrocanthosaurus***, dem fliegenden ***Rhamphorhynchus*** oder dem schwimmenden ***Stenopterygius*** bewohnt. Viele dieser Reptilien starben aus, als vor rund 66 Mio. Jahren ein Asteroid auf der Erde einschlug. Ohne sie konnten sich die Säugetiere besser entwickeln – zu so vielfältigen Formen wie ***Proconsul***, ***Eurotamandua*** und **Mammuts**.

Natur

Evolution

Die verschiedenen Arten von Lebewesen passen sich im Lauf langer Zeiträume an die Veränderungen in ihrer Umgebung an. Diese Veränderung durch Anpassung nennt man Evolution. Sie entsteht durch natürliche Auslese. Neue Arten entwickeln einzigartige körperliche Merkmale und Verhaltensweisen. Die Gründe dafür sind vielfältig, zwei werden hier erklärt.

Wenn Tiergruppen isoliert werden

1. Eine Eichhörnchenart ❯ Eine einzelne Eichhörnchenart ist über ein weites Gebiet verbreitet. Alle Männchen und Weibchen in dem ganzen Gebiet können sich miteinander fortpflanzen, weil sie köperlich und genetisch gleich sind.

2. Geografische Isolation ❯ Steigt der Wasserspiegel, werden die Gruppen getrennt. Die Eichhörnchen, die in dem neuen Lebensraum am besten überleben, geben ihre Gene an ihre Nachkommen weiter. So entstehen mit der Zeit zwei Arten.

Wenn Tiergruppen verschiedene Nahrung fressen

1. Eine Fischart ❯ In einem See lebt nur eine Art von Fischen, die sich hauptsächlich von kleinen Wassertierchen ernähren, die in der Nähe des Grunds im offenen Wasser leben.

2. Neue Fressgewohnheiten ❯ Einige Fische ändern ihre Gewohnheiten. Sie fressen nur noch Tiere, die im Wasser schwimmen, die anderen spezialisieren sich auf Tiere am Grund. Alle leben weiterhin im selben Lebensraum.

CHARLES DARWIN
Die Theorie der Evolution durch natürliche Selektion (Auslese) stammt von dem britischen Naturforscher Charles Darwin (1859). Darwin fiel auf, dass sich vorgeschichtliche Tiere von denen unterschieden, die er auf seiner Expedition mit der HMS Beagle *antraf, und dass sich jede Art auf eigene Weise an ihren Lebensraum anpasst.*

__Beide Arten konkurrieren__ miteinander im selben Lebensraum.

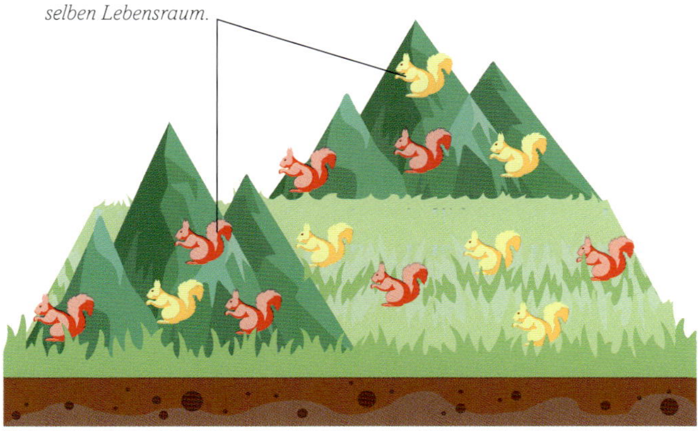

3. Gemeinsamer Lebensraum ❯ Trocknet die Ebene aus, können beide Arten dort wieder zusammenleben. Aber sie können sich nicht mehr miteinander fortpflanzen, weil sie zu zwei verschiedenen Arten geworden sind.

Diese Fische sind __Planktonfresser__.

Diese Fische sind __Jäger am Seegrund__.

3. Zwei Arten ❯ Mit der Zeit vermischen sich die Planktonfresser nicht mehr mit den Jägern, die die Tiere am Grund verzehren, und die zwei Gruppen entwickeln sich zu getrennten Arten. Sie pflanzen sich nicht mehr miteinander fort.

Natürliche Selektion

Evolution wird von dem Prozess der natürlichen Auslese angetrieben: Die Lebewesen, die in einer Umgebung am besten überleben können, geben ihre Gene am wahrscheinlichsten an die folgende Generation weiter.

Variation der Eigenschaften
Die leicht variierenden Farben dieser Käfer bewirken, dass einige besser überleben als andere: Die blasseren sind besser getarnt.

Auslese durch Räuber
Die Käfer werden von Vögeln gefressen. Die stärker gefärbten Käfer werden öfter gefangen, weil die Vögel sie besser sehen können.

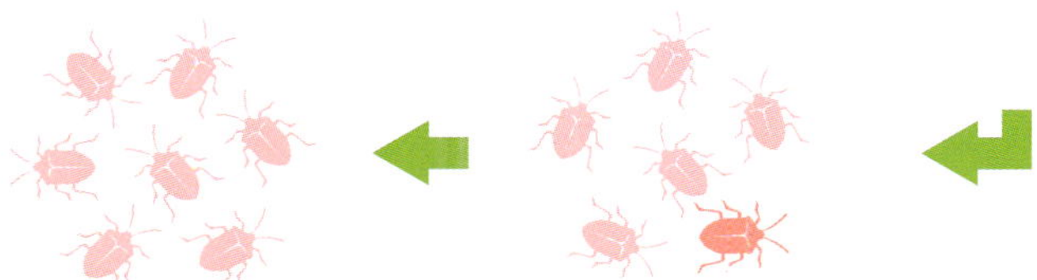

Veränderung der Tiere
Es gibt immer mehr blasse Käfer, denn ihre Gene haben sich gegen die Gene der auffälliger gefärbten Käfer durchgesetzt.

Aussterben
Wenn die Räuber weiterhin die stark gefärbten Käfer fressen, verschwinden sie ganz und ihre Gene werden überhaupt nicht mehr weitergegeben.

Arten der natürlichen Auslese

Natürliche Auslese findet auf drei Arten statt: Die gerichtete Selektion begünstigt ein Merkmal, die spaltende Selektion begünstigt extreme Merkmalsausprägungen und die stabilisierende Selektion begünstigt durchschnittliche Merkmale.

__Giraffen mit längerem Hals__ finden mehr Nahrung.

Gerichtete Selektion

__Pfauen mit langen Federn__ werden von Jägern getötet, aber Pfauen mit kurzen Federn finden keine Partnerin.

Stabilisierende Selektion

__Die Schnecke mit hellerem Gehäuse__ ist im Gras besser getarnt.

__Die Schnecke mit dunklerem Gehäuse__ lebt im Wald.

Spaltende Selektion (Bänderschnecken)

Dinosaurier

Stegosaurus

Zwei versetzte Reihen aus spitzen ***Knochenplatten*** *zierten den Rücken dieses Dinosauriers aus dem Jura.*

Ankylosaurus

Am Ende des Schwanzes war eine ***große, knochige Keule****.*

Giraffatitan

***Der Hals des* Giraffatitan** *war mehr als 8 m lang.*

Mit **23 m** war *Giraffatitan* einer der größten Dinosaurier im Zeitalter des Juras.

Iguanodon

Der Pflanzenfresser hatte ***große Hinterfüße mit drei Zehen****.*

Dieser Pflanzenfresser aus der Kreidezeit hatte einen ***Schnabel wie ein Papagei****.*

Psittacosaurus

Die ***Hörner auf der Stirn*** *waren länger als das Horn auf der Nase.*

Triceratops

Pachycephalosaurus

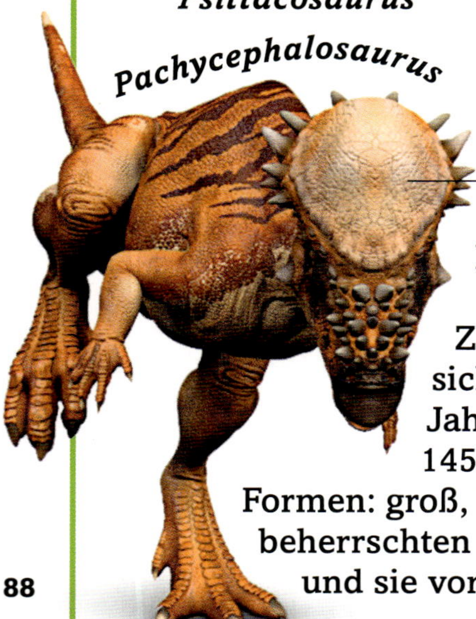

Eine 23 cm dicke Knochenplatte *schützte den Kopf des Pflanzenfressers.*

Landreptilien erschienen vor etwa 233 Millionen Jahren im Zeitalter des Trias und entwickelten sich im Jura (vor 201–145 Millionen Jahren) und in der Kreidezeit (vor 145–66 Millionen Jahren) zu vielfältigen Formen: groß, klein, gepanzert und gefiedert. Sie beherrschten die Erde, bis ein Asteroid einschlug und sie vor etwa 66 Millionen Jahren ausstarben.

WAS IST EIN DINOSAURIER?

Alle Dinosaurier lebten an Land. Sie standen aufrecht auf geraden Gliedmaßen, die sich unter dem Körper befanden, und nicht an den Seiten wie bei anderen Reptilien.

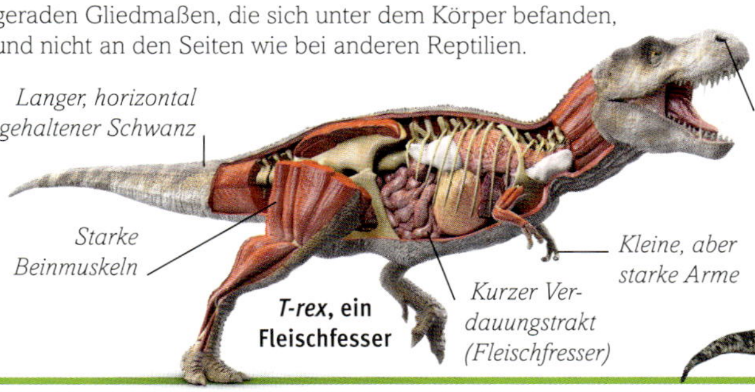

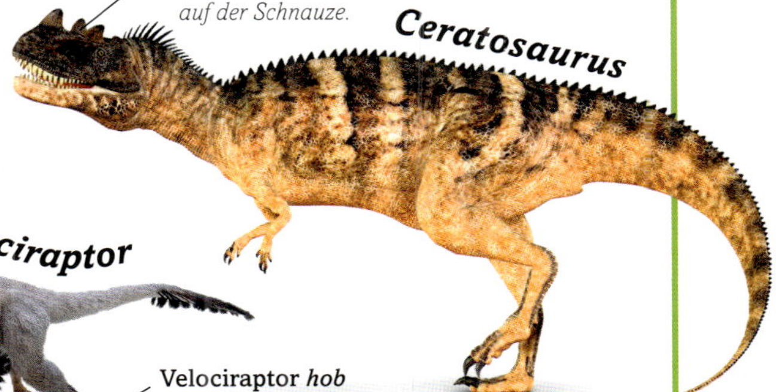

Viele pflanzenfressende Dinosaurier wie ***Stegosaurus*** und ***Ankylosaurus*** waren zum Schutz vor Raubtieren gepanzert. Ihren Schwanz, der oft eine Keule oder Stacheln an der Spitze hatte, setzten sie als Waffe ein. Andere Dinosaurier wie ***Triceratops*** und ***Ceratosaurus*** kämpften mit ihren Hörnern. Nützlich war auch der sehr lange Hals des ***Giraffatitan***, mit dem er an Blätter an hohen Bäumen herankam, die für alle anderen Tiere unerreichbar waren. Fleischfresser schreckte er durch seine Größe ab. Die meisten Fleischfresser, darunter ***Giganotosaurus***, ***Tyrannosaurus rex***, ***Gallimimus*** und ***Baryonyx***, bewegten sich geschickt und schnell auf zwei Beinen. Kleinere Fleischfresser wie ***Velociraptor*** waren entfernt mit den heutigen Vögeln verwandt und trugen auch bereits Federn.

FOSSILIEN Ein Großteil unseres Wissens über urzeitliche Lebewesen stammt aus der Untersuchung von Fossilien – erhaltenen Überresten von Pflanzen und Tieren. Manchmal werden beinahe vollständige Exemplare gefunden, wie dieser Knochenfisch namens *Scheenstia maxima*. Er lebte vor etwa 150 bis 125 Millionen Jahren. Sein Körper war schon mit glänzenden, rautenförmigen Schuppen bedeckt, wie wir sie von heutigen Fischen kennen.

Es ist nicht leicht, gut erhaltene Fossilien zu finden und Informationen aus ihnen zu beziehen. Sie werden von Sedimenten bedeckt und oft durch natürliche Vorgänge zerstört. Die ältesten Fossilien stammen aus der Zeit vor 3,7 bis 4,3 Mrd. Jahren, aber einen lückenlosen Nachweis für das Leben auf der Erde haben wir noch nicht. Jede neue Entdeckung ist wichtig. In der Regel versteinern nur harte Körperteile wie Zähne, Knochen, Schalen und Schuppen, aber sehr selten bleibt auch weiches Gewebe erhalten. DNA, die sich bei lebenden Tieren gut untersuchen lässt, zersetzt sich mit der Zeit und wird daher in Fossilien selten entdeckt. Die älteste fossile DNA wurde einem 1,65 Mio. Jahre alten Mammut entnommen.

Urzeitwesen

Dunkleosteus

Der gepanzerte, räuberische Fisch *war das größte Wirbeltier seiner Zeit.*

Sigillaria *war eine baumähnliche Pflanze im Paläozoikum. Sie wurde* ***bis zu 30 m hoch.***

Sigillaria

Confuciusornis *war so groß wie eine* ***Elster und lebte vor 125 Mio. Jahren im heutigen China.***

Confuciusornis

Der Vogel erschien im Känozoikum und ***legte riesige Eier.***

Elefantenvogel

Otodus

Der gigantische Hai starb aus, *weil die Erde vor etwa 3,5 Mio. Jahren abkühlte.*

Das spiralige Gehäuse *mit Zickzackmuster beherbergte ein Meereslebewesen.*

Goniatiten

Archaeanthus *war ein* ***Bedecktsamer*** *in Nordamerika, der einer Magnolie ähnelte.*

Archaeanthus

Große, gebogene Mundwerkzeuge

Seit etwa 3,7 Milliarden Jahren gibt es Leben auf der Erde. Alles, was älter als 6000 Jahre ist, heißt urzeitlich oder vorgeschichtlich, weil es darüber keine geschichtlichen Aufzeichnungen gibt. Viele Lebewesen lebten und starben aus, bevor es Menschen gab.

Die Meere im Paläozoikum (vor 541–252 Mio. Jahren) wurden zu verschiedenen Zeiten von vielen seltsamen Tieren bewohnt. ***Anomalocaris*** war ein Räuber mit großen Augen, ***Pterygotus*** ein Meeresskorpion aus derselben Gruppe wie heutige Skorpione und Spinnen

und ***Dunkleosteus*** war ein langer, gepanzerter Fisch mit klingenartigen Zahnplatten. Schwimmende Weichtiere wie ***Goniatiten*** und die frühe Amphibie ***Amphibamus*** füllten die Meere. Im Mesozoikum (vor 252–66 Mio. Jahren) gedieh das Leben an Land und in der Luft. Reptilien wie die Dinosaurier (Beispiel ***Herrerasaurus***) und die Pterosaurier (Beispiel ***Dimorphodon***) erschienen, aber auch der Vogel ***Confuciusornis*** oder die Blütenpflanze ***Archaeanthus***. Zuletzt, im Känozoikum (vor 66 Mio. Jahren bis heute), begann die Zeit der Säugetiere, zu denen die Fledermaus ***Icaronycteris*** und der Säbelzahntiger ***Smilodon*** zählen.

Pflanzen ohne Blüten

Einhäusiges Braunhornmoos

Die „Hörner" der Hornmoose **enthalten Sporen und dienen der Fortpflanzung**.

*Männliche und weibliche Pflanzen produzieren **stachlige, dunkelgrüne Zapfen**.*

Burrawang

*Der **Stängel** wächst vor allem unterirdisch.*

Brotpalmfarn

*Er wächst in den **kalten Gebieten der nördlichen Erdhalbkugel**.*

Acker-Schachtelhalm

*Das Moos wächst in **Sümpfen, Mooren und Heideflächen**.*

Torfmoos

Torfmoose saugen mehr als **8-mal** ihr Eigengewicht an Wasser auf.

***Die wasserabstoßenden Blätter** haben eine wachsartige Oberfläche.*

Gemeiner Schwimmfarn

Gemeines Weißmoos

*Die typischen rundlichen Buckel sehen aus wie **Nadelkissen**.*

*Er wächst schnell und **meidet Sonnenlicht**.*

Gewöhnlicher Frauenhaarfarn

Die ersten Pflanzen erschienen vor etwa 470 Millionen Jahren auf dem Festland. Sie hatten keine Blüten und wuchsen an feuchten, schattigen Orten wie die meisten heutigen Lebermoose und Hornmoose. Solche Pflanzen vermehren sich sehr häufig mit winzigen Zellen, den Sporen. Nur die Nacktsamer, zu denen auch die Nadelbäume gehören, produzieren Zapfen, in denen ihre Samen enthalten sind.

Leber-, Horn- und andere Moose wachsen dicht über dem Boden und haben kein Xylem (ein spezielles Gewebe in vielen Pflanzen), sodass sie nicht gut Wasser leiten können. Es gibt rund 9000 Lebermoosarten, darunter das **Brunnenlebermoos** und das **Gemeine Beckenmoos**, 220 Hornmoosarten wie das **Einhäusige Braunhornmoos** und 11 000 Laubmoosarten, darunter das **Torfmoos** und das **Gemeine Weißmoos**. Farne sind die vielfältigsten nicht

SPOREN UND ZAPFEN

Die meisten kleinen Pflanzen ohne Blüten pflanzen sich mit wasserbeständigen Sporen fort, die vom Wind getragen werden. Größere haben dagegen Zapfen, in denen Samenkörner stecken.

Sporen sind in Sporenbehältern angeordnet.

Die Schuppen der weiblichen Zapfen öffnen sich bei trockenem Wetter und setzen Samen frei.

***Die vertikalen, sporentragenden Sprosse** entwickeln sich im Herbst.*

Bärlapp

*Im Gegensatz zu anderen Nadelbäumen hat die Eibe **rote, beerenähnliche Früchte statt Zapfen**.*

Europäische Eibe

*Diese Pflanze hat charakteristische **schirmförmige Fortpflanzungskörper**.*

Brunnenlebermoos

*Diese bänderartige Pflanze **wächst an feuchten Orten**.*

Gemeines Beckenmoos

blühenden Pflanzen. Die meisten leben in tropischen Gebieten, aber einige wie den **Gewöhnlichen Frauenhaarfarn** findet man auch in der gemäßigten Klimazone. Zapfen gibt es in allen möglichen Formen und Größen. Beim australischen Palmfarn **Burrawang** ist eine Pflanze entweder männlich oder weiblich, aber Nadelbäume wie der **Riesenmammutbaum** produzieren Zapfen beiderlei Geschlechts.

*Die Stämme des Riesenmammutbaums haben bis zu **8 m Durchmesser**.*

Riesenmammutbaum

Blüten

Cantuta

Die Röhrenform *macht es Vögeln mit langen Schnäbeln wie dem Kolibri leicht, an den Nektar zu gelangen.*

Känguru-Pfötchen

***Eine Reihe röhrenförmiger Blüten** wächst an der Spitze eines blattlosen Stängels.*

Frühlings-Enzian

Die fünf zusammenhängenden, leuchtend blauen Blütenblätter ***haben einen weißen Mittelpunkt**.*

Kokardenblume

Die Blume ist nach den bunten Mustern in den Decken *benannt, die die indigenen Völker Amerikas weben.*

Weiße Seerose

***Blüten und Blätter treiben** auf der Wasseroberfläche.*

Schafgarbe

Kleine weiße Blüten bilden ***flache Dolden**.*

Rafflesie

Sie ist mit einem Durchmesser von 1 m die ***größte Blüte der Welt**.*

Kugelkaktus

***Die gelb-roten Blüten** werden von Kaktusbienen bestäubt.*

Australische Wüstenerbse

***Rote, blattähnliche Blüten** mit schwarzer Mitte*

Blüten stellen Samen her, mit denen die Pflanze sich fortpflanzt. Dazu werden kleine Körnchen oder Sporen, der sogenannte Pollen, zu anderen Blüten gebracht. Diese werden damit befruchtet und können sich dann vermehren. Da sich Pflanzen nicht bewegen können, wird der Pollen durch Wind, Wasser, Vögel und Insekten übertragen.

Mit leuchtenden Farben und süßem Duft locken Blüten Tiere an. Sie bieten Besuchern Nektar und diese tragen dafür den Pollen weiter. Das leuchtende Blau des **Enzians** zieht Hummeln an, während der **Goldmohn** große Mengen an Pollen herstellt, den

WAS IST EINE BLÜTE?

In einer typischen Blüte liegen die weiblichen (Fruchtblätter) und männlichen (Staubblätter) Teile in der Mitte. Rundherum sind farbige Blütenblätter und grüne Kelchblätter angeordnet.

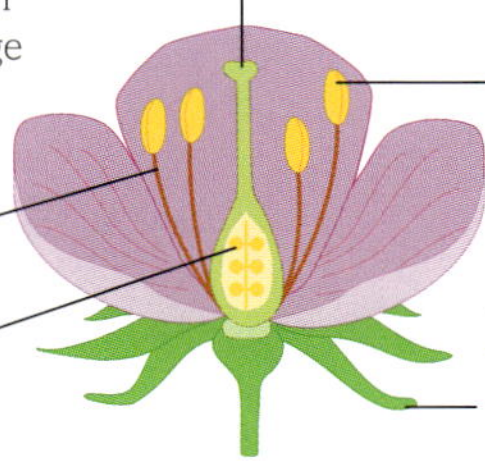

Die Spitze des Fruchtblatts heißt Narbe. An ihr bleiben die Pollenkörner kleben.

Jedes Staubblatt trägt einen Staubbeutel mit Pollen.

Der Stiel des Staubblatts heißt Filament.

Im Fruchtknoten sind unbefruchtete Samenanlagen.

Kelchblätter schützen die Blüte, wenn sie geschlossen ist.

Glockenblume

Die glockenförmigen Blüten *hängen von gebogenen Stängeln.*

Nachtkerze

Der Name kommt daher, dass sich die vierblättrigen Blüten ***erst abends öffnen****.*

Die unterirdischen **Knospen** des Zuckerbuschs überstehen **Waldbrände.**

Goldmohn

Die kelchförmige Blüte *ist tagsüber geöffnet und schließt sich am Abend.*

Zuckerbusch

Diese riesige südafrikanische Blüte hat ***bis zu 30 cm Durchmesser****.*

Kleine Schlauchpflanze

Jede gelbe Blüte steht auf einem ***blattlosen Stängel****.*

Akelei

Diese zarten Blüten gibt es in Farben von ***Rosa bis Dunkellila****.*

Bienen und andere Insekten gern verzehren. **Cantuta-Blumen** wachsen in den südamerikanischen Anden und werden von Kolibris bestäubt, die ihren Nektar trinken. Bei Blumen wie der **Schafgarbe** spazieren die Insekten quer über die kleinen Blüten, sodass sie viele Blüten gleichzeitig bestäuben. **Kokardenblume** und **Zuckerbusch** sehen wie einzelne Blüten aus, sind aber Dolden aus vielen Blüten. Bei der Kokardenblume sind die Blütenblätter flach, sodass Insekten gut landen können. Beim Zuckerbusch sind männliche und weibliche Blüten getrennt. Sie sind von dunkelrosa Deckblättern umringt, die Bestäuber anlocken. ***Rafflesien***, auch Titanwurz genannt, locken Fliegen mit einem starken Geruch nach verwesendem Fleisch.

Bäume

Ginkgo

Ginkgoblätter ändern die Form, wenn sie wachsen und mehr Sonnenlicht bekommen.

Dieser Baum, der Zapfen trägt, wächst auf der Nordinsel von Neuseeland.

Kauri-Baum

Die Blätter dieses immergrünen Baums können 24 Jahre alt werden.

Chilenische Araukarie

Buche

Buchen mit ihrer breiten Krone werden bis zu 40 m hoch.

Diese asiatische Zeder hat nach unten geneigte Äste.

Himalaja-Zeder

Gemeiner Wacholder

Der Gemeine Wacholder ist der häufigste Nadelbaum der Welt.

Die unteren Äste sind länger als die oberen, sodass der Baum eine spitze Form hat.

Douglasie

Bäume gibt es in allen Größen und Formen, aber sie haben immer einen hölzernen Stamm, von dem zahlreiche Äste abzweigen. Die beiden wichtigsten Gruppen sind Laubbäume, die im Winter keine Blätter tragen, und immergrüne Bäume, deren Blätter das ganze Jahr über an den Ästen sitzen.

Laubbäume wie **Buche**, **Ahorn** und **Eiche** wachsen in gemäßigten Gebieten mit kurzen, milden Wintern. Sie verlieren die Blätter im Winter, wenn sie aufhören zu wachsen, und bekommen im Frühling neue. Tropische Laubbäume wie der **Affenbrotbaum** werfen die Blätter in der Trockenzeit ab, wobei oft ungewiss

Der Affenbrotbaum (Baobab) speichert viel Wasser *im Stamm, sodass er Trockenzeiten übersteht.*

Affenbrotbaum

Der blühende Baum trägt Dolden *mit bis zu 20 roten Blüten.*

Baum-Rhododendron

Der langlebige Baum *wird manchmal mehr als 1000 Jahre alt.*

Eiche

Magnolienblüten *werden von Käfern bestäubt.*

Magnolie

Wenn man die Rinde einritzt, *fließt Latex heraus.*

Die glatten Blätter sind spitz, *damit der Regen gut abläuft.*

Gummibaum

Ameisen knabbern Löcher in die Dornen, *sodass sie „pfeifen", wenn der Wind weht.*

Akazie

Die Blätter werden im Herbst *herrlich rot.*

Roter Fächer-Ahorn

ist, wie lange diese dauert. Der aus China stammende **Ginkgo** ist auch ein Laubbaum, aber ungewöhnlich ist, dass die Bäume entweder weiblich oder männlich sind. Die **Douglasie** ist ein immergrüner Nadelbaum aus Nordamerika. Wie viele Nadelbäume, darunter auch der langsam wachsende **Gemeine Wacholder**, hat sie nadelförmige Blätter, die jahrelang am Baum bleiben. Je nach Art können **Baum-Rhododendren** und **Magnolien** laubabwerfend oder immergrün sein.

Pilze

Sternrußtau

Die schwarzen Flecken wachsen *zusammen und bedecken am Ende das ganze Blatt.*

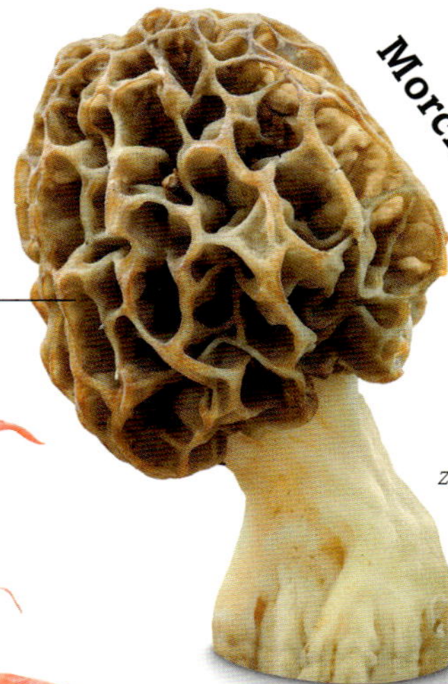

Morchel

Der löchrige Hut *sieht wabenähnlich aus.*

Schwefel-porling

Der Körper des Pilzes *krümelt mit zunehmendem Alter.*

Aseroe rubra

Der Gestank dieser Verwandten der Stinkmorchel *lockt Fliegen an, die die Sporen verbreiten.*

Der Pilz sieht aus wie **abgestorbene Finger**, die aus dem Boden ragen.

Gemeiner Orangebecherling

Der helle orangefarbene Becher *hat keinen Fuß.*

Vielgestaltige Holzkeule

Der Fruchtkörper des Pilzes *wächst in verrottenden Holzstücken.*

Pilze zählten früher zu den Pflanzen. Heute gelten sie als eigenes Reich mit knapp 148 000 Arten. Die meisten wachsen in Form von dünnen Fäden, einige bilden Fruchtkörper. Manche Pilze schaden anderen Lebewesen, andere nutzen tote Tiere und Pflanzen als Nahrung und setzen dabei Nährstoffe frei.

Pilze mit Fruchtkörper gehören, je nach Form, zu einer von zwei Gruppen. Viele größere Vertreter der einen Gruppe wie **Pfifferling** oder **Fliegenpilz** haben Fruchtkörper mit Lamellen. Die Mitglieder der

Fliegenpilz

*Der giftige Pilz hat **leuchtende Warnfarben**.*

Pfifferling

***Der Pilz hat Lamellen** und wächst rund um Baumwurzeln, mit denen er eine Partnerschaft zum gegenseitigen Nutzen pflegt.*

Cookeina tricholoma

*Die Oberfläche des Fruchtkörpers ist **mit Haaren bedeckt**.*

Körnchenröhrling

***Der fleischige Hut hat Poren** an der Unterseite.*

Eingesenkter Erdstern

*Die Außenschicht des rundlichen Fruchtkörpers **öffnet sich sternförmig**.*

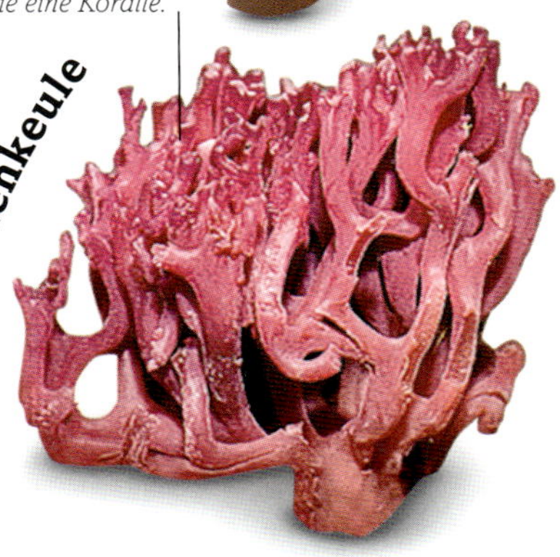

Violette Korallenkeule

***Der Fruchtkörper** sieht aus wie eine Koralle.*

SO WACHSEN PILZE

Pilze haben unterschiedliche Lebenszyklen, aber alle setzen in der Fortpflanzungsphase Sporen frei, die wachsen.

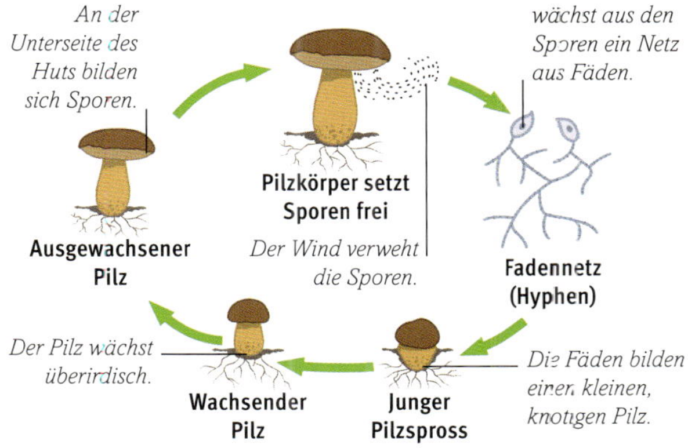

anderen Gruppe, zum Beispiel der **Orangebecherling** und ***Cookeina tricholoma***, haben sackähnliche Behälter am Fruchtkörper. Die meisten Pilze haben einen speziellen Lebensraum oder leben bei bestimmten Pflanzenarten. Die seltene **Violette Korallenkeule** lebt meist auf bestimmten Wiesen, während der schädliche **Sternrußtau** Rosen befällt und ihre Blätter schwarz färbt. Sehr viele Pilze wachsen im Wald, darunter der **Körnchenröhrling**, der Kiefern bevorzugt, die **Vielgestaltige Holzkeule**, die oft unter Laubbäumen wächst, und die **Morchel**, die gerne mit absterbenden Ulmen und Eschen zusammenlebt.

Jungtiere

Alle Tiere verändern sich, wenn sie erwachsen werden. Manche haben als Erwachsene sogar eine ganz andere Körperform und Lebensweise. Jedes Tier durchläuft einen Lebenszyklus mit verschiedenen Stadien, vom Ei bis zum ausgewachsenen Tier, und diese Stadien können ganz unterschiedlich sein.

Admiral (Schmetterling ❯ Nach 7–10 Tagen schlüpft die Raupe. Sie spinnt ein Zelt aus Seide, in dem sie frisst, wächst und sich im Lauf eines Monats mehrmals häutet. Dann verpuppt sie sich und nach 2–3 Wochen schlüpft der Schmetterling.

Hund ❯ Neugeborene Welpen sind blind, taub und haben keine Zähne. Mit 4–6 Wochen erkunden sie ihre nahe Umgebung und als junge Hunde erwerben sie die Fähigkeiten, die sie als ausgewachsene Tiere brauchen werden.

Frosch ❯ Aus Froschlaich schlüpfen nach 3 Wochen viele Kaulquappen ohne Gliedmaßen. Nach 16 Wochen wachsen ihnen Beine, der Schwanz bildet sich zurück und die winzigen Fröschchen beginnen Luft zu atmen. Sie verlassen das Wasser als unreife Jungfrösche.

Fisch ❯ Unterschiedliche Fische haben verschiedene Lebenszyklen. Silberlachse bleiben nach dem Schlüpfen etwa zwei Jahre lang im Süßwasser. Dann wandern die Junglachse flussabwärts ins Meer. Als Erwachsene kehren sie zur Fortpflanzung in den Heimatfluss zurück.

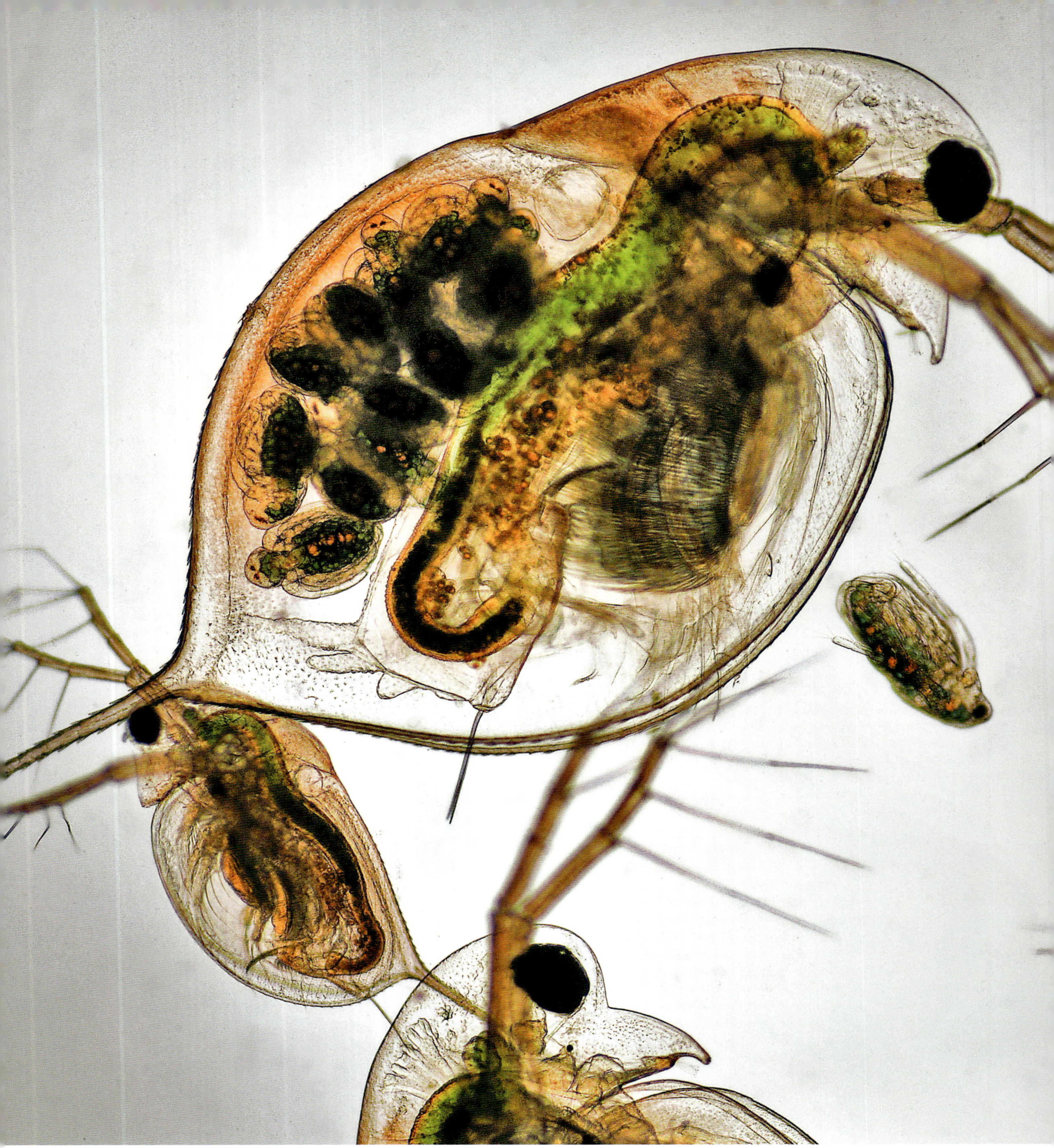

MIKROLEBEN

Einige Lebewesen sind so winzig, dass man sie mit bloßem Auge nicht sieht. Diese Wasserflöhe sind so klein, dass ihre Körperteile nur unter dem Mikroskop erkennbar sind. Sie sind mit Garnelen und Hummern verwandt, aber ihr Körper ist nur 5 mm lang. Es gibt noch kleinere Organismen, zum Beispiel die Bakterien, die nur aus einer Zelle bestehen, oder Viren, die gar keine Zellstruktur haben. Wir nennen sie alle Mikroorganismen.

Mikroorganismen erschienen wohl vor etwa 3,5 Mrd. Jahren auf der Erde. Sie sind sehr klein, einige haben nur 0,0005 mm Durchmesser. Forschende schätzen, dass es rund eine Billion verschiedene Arten von Mikroorganismen gibt. Einige wie Bodenbakterien sind sehr nützlich, denn sie wandeln Stoffe im Boden in Nährstoffe für die Pflanzen um. Hilfreich sind auch die Darmbakterien, die uns beim Verdauen helfen, und die winzigen Algen (Phytoplankton) im Ozean, die für andere Meerestiere eine wichtige Nahrungsquelle sind. Aber es gibt auch schädliche Mikroorganismen wie zum Beispiel Viren. Sie verursachen Krankheiten wie COVID-19 oder die Masern.

Wirbellose

Kaiserskorpion

Mit den großen Scheren *greift er seine Beute.*

Blaugeringelter Krake

Die blauen Ringe sind eine Warnung *für Räuber, da der Krake giftig ist.*

Riffdach-Bohrseeigel

Der Seeigel schützt sich mit ***langen, spitzen Stacheln.***

Ofenrohr-Schwamm

Durch winzige Poren *kann Wasser eindringen.*

Bei Bedrohung hebt die Spinne die Beine *und zeigt ihre Klauen.*

Trichternetz-spinne

Die meisten Seesterne haben fünf Arme, aber einige haben **bis zu 50**.

Brasilianischer Riesenläufer

Mit 30 cm Länge ist er der ***größte Hundertfüßer der Welt.***

Alle Tiere ohne Wirbelsäule werden als Wirbellose bezeichnet. Mehr als 95 Prozent aller heute lebenden Tierarten sind Wirbellose – es ist die größte Gruppe im Tierreich. Daher können sich diese Tiere sehr stark voneinander unterscheiden: in Form und Größe, im Aussehen, im inneren Aufbau und auch in ihrer Art, sich fortzubewegen.

Landbewohner mit Beinen wie der **Kaiserskorpion** und der **Brasilianische Riesenläufer** können schnell laufen. Andere wie die **Große Achatschnecke** und der im Meer lebende **Tiger-Plattwurm** glätten den Boden mit ihrem Schleim und gleiten dann langsam darüber. Unter Wasser lebende Stachelhäuter wie der **Gemeine Seestern** und der **Riffdach-Bohrseeigel** bewegen sich mithilfe vieler Reihen von Röhrenfüßchen fort, die mit Wasserdruck gesteuert werden. Andere Wirbellose wie der **Blaugeringelte Krake** schwimmen per Rückstoß – sie saugen Wasser ein und stoßen es kraftvoll wieder aus, um sich vorwärtszuschieben. Einige Wirbellose bewegen sich sehr wenig. **Ofenrohr-Schwämme** treiben als Larven umher, bleiben als Erwachsene aber an einem Ort. Die **Wachsrose** rührt sich kaum vom Fleck.

Natur

Insekten

Fleischfliege

Mit den großen Facettenaugen hat die Fliege Rundumsicht.

Gottesanbeterin

Der grüne Körper ***ist im Gras und zwischen Blättern gut getarnt.***

Gemeiner Morphofalter

Die leuchtend blauen Flügel *haben bis zu 20 cm Spannweite.*

Eupoecila australasiae

Der Käfer lebt ***in Wäldern und Naturparks im Osten von Australien.***

Siebenpunkt-Marienkäfer

Die Farben Rot und Schwarz *warnen Räuber, dass der Käfer nicht gut schmeckt.*

Blattschneiderameise

Arbeiterinnen *haben starke Kiefer und können Dinge tragen, die bis zu 50-mal schwerer sind als sie selbst.*

Herkuleskäfer

Die Männchen haben Hörner, *mit denen sie miteinander kämpfen.*

WAS IST EIN INSEKT?

Der Körper von Insekten hat drei Teile: Kopf, Brustkorb (Thorax) und Hinterleib (Abdomen). Er wird durch ein hartes Außenskelett geschützt. Außerdem haben alle Insekten sechs Beine und meistens zwei Flügelpaare.

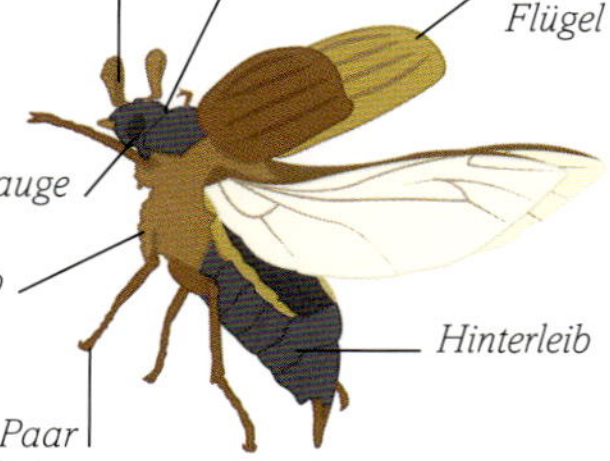

Käfer

Etwa 80 Prozent aller Tierarten der Welt sind Insekten. Sie sind vielfältiger und zahlreicher als alle anderen Tiergruppen. Ihre Entwicklung begann vor rund 480 Millionen Jahren. Sie waren die ersten Tiere, die Flügel hatten, und auch die ersten, die fliegen konnten.

Von den 29 bekannten Insektengruppen bilden Käfer die größte mit rund 387 000 Arten. Diese, darunter der **Herkuleskäfer** und der **Siebenpunkt-Marienkäfer**, haben harte, undurchsichtige Vorderflügel, die die zarten Hinterflügel bedecken, wenn sie ruhen. Schmetterlinge und Nachtfalter gehören zu einer weiteren großen

Dunkle Erdhummel

Mit den Fühlern *kann die Hummel riechen, schmecken und Dinge abtasten.*

Das ist eine neuseeländische ***Langfühlerschrecke.***

Hemideina crassidens

Die Skorpionswanze ergreift ihre Beute *mit dem vorderen Beinpaar.*

Skorpionswanze

Die giftige Wanze ***spießt Beute mit dem gebogenen Schnabel auf.***

Zweifleck-Raubwanze

Die langen Hinterbeine *speichern in gebeugtem Zustand Energie, mit der das flügellose Insekt sehr weit springt, wenn es sie streckt.*

Katzenfloh

Die Zikade hat ***wasserabstoßende Flügel.***

Cyclochila australasiae

Ornithoptera euphorion

Australiens größter Schmetterling *hat eine Flügelspannweite von bis zu 15 cm.*

Augenflecke auf den Vorderflügeln täuschen Räuber. *Sie halten sie für die Augen eines größeren Tiers.*

Actias luna

Gefiederter Fühler

Hyalophora cecropia

Gruppe mit etwa 165 000 Arten, darunter der **Gemeine Morphofalter** und der ***Actias luna***. Ihre bunt gemusterten Flügel sind mit winzigen, überlappenden Schuppen bedeckt. Die meisten ausgewachsenen Schmetterlinge haben einen Saugrüssel, mit dem sie Nektar aufnehmen. Weltweit verbreitet sind auch Wanzen wie die **Zweifleck-Raubwanze** und die **Skorpionswanze**. Mit ihren Mundwerkzeugen stechen sie zu und saugen verflüssigte Tierreste oder Pflanzensaft. Soziale Insekten wie die **Hummel** und die **Blattschneiderameise** leben in großen Kolonien, in denen jedes Tier eine spezielle Aufgabe hat wie Eierlegen oder Nahrungsammeln.

Fische

***Der Fisch hat einen chemischen Stoff im Blut**, der verhindert, dass es in den kalten Gewässern der Antarktis gefriert.*

Schwarzflossen-Eisfisch

Gelbes Ästuarenseepferdchen

***Der Schwanz wird um Seegras gewickelt,** damit es nicht davontreibt.*

Echter Clownfisch

*Das Muster sieht aus wie **die Schminke eines Clowns**.*

Königin-Papageifisch

***Die Zähne sind zu scharfkantigen Platten verbunden**, mit denen der Fisch Algen von Korallen abschabt.*

Mondfisch

*Mit seinem Gewicht von bis zu 2000 kg ist dieser **Knochenfisch einer der schwersten Fische der Welt**.*

Rotlachs

Goldcichlide

*Der Tanganjikasee in Ostafrika ist die Heimat des **winzigen Fischs, der nur 10 cm groß wird**.*

Roter Piranha

***Im Kiefer von Piranhas** sitzt je eine Reihe rasiermesserscharfer Zähne, mit denen sie ihre Beute zerfleischen.*

SO SCHWIMMEN FISCHE

Ein Fisch zieht die Muskeln zusammen und lässt sie dann wieder locker. So erzeugt er eine wellenförmige Bewegung des ganzen Körpers, bei der die Schwanzflosse hin und her schlägt und ihn vorwärtsschiebt.

1. Der Kopf bewegt sich zu einer Seite und der Körper folgt ihm.
2. Der Körper bildet einen Bogen. Wenn der Schwanz umschwingt, bewegt er den Fisch vorwärts.
3. Der Kopf bewegt sich zur anderen Seite und der Körper biegt sich in diese Richtung.
4. Wenn der Schwanz umschwingt, schiebt er den Fisch erneut vorwärts.

Alle Fische leben im Wasser und haben Kiemen, mit denen sie Sauerstoff aus dem Wasser aufnehmen. Die meisten Fische haben Schuppen und schwimmen mithilfe ihrer Flossen. Mit knapp 28 000 bekannten Arten bilden Fische die größte Gruppe der Wirbeltiere. Es gibt drei unterschiedliche Arten: die Kieferlosen, die Knorpelfische und die Knochenfische.

Wasser bedeckt etwa 71 Prozent der Erde und bietet viele verschiedene Lebensräume, in denen Fische in allen Größen, Formen und Farben leben. Einige wie die **Goldcichlide** und der **Rote Piranha** leben im Süßwasser, während andere wie der **Weiße Hai** und das **Seepferdchen** im Meer leben. Einige wenige Fische, darunter der **Rote Lachs** und der **Europäische Aal**, wandern in ihrer Jugend aus den Flüssen und Seen ins Meer und kehren zur Fortpflanzung zu

Braunflecken-Igelfisch

***Wenn er bedroht wird**, bläst er sich auf, um die Räuber zu erschrecken.*

Meerneunauge

*In dem runden Maul des kieferlosen Fischs stehen **viele Zahnreihen hintereinander**.*

Europäischer Aal

*Eine Rückenflosse läuft entlang des **langen, zylindrischen Körpers.***

***Der Fisch ändert die Farbe von Silber zu Rot**, wenn er zur Fortpflanzung ins Süßwasser zurückkehrt.*

Blaupunktrochen

***Die Brustflossen dieses Rochens** sehen wie Flügel aus.*

Weißer Hai

***Dreieckige Zähne mit scharfen, gezackten Kanten** zerfetzen die Beute des Hais.*

ihrem Geburtsort zurück. Anschließend sterben sie. Der **Königin-Papageifisch**, der **Clownfisch** und der **Blaupunktrochen** leben in oder bei Korallenriffen. Entlang einiger Küstenlinien findet man das **Meerneunauge**, einen kieferlosen, parasitischen Fisch. Er kann nicht beißen, aber er hängt sich mit seinem Saugmaul an den Körper größerer Fische und ernährt sich von deren Blut.

Amphibien

Frösche, Salamander und Blindwühlen sind Amphibien. Diese Tiere entwickeln sich vom Ei über die Larve zum ausgewachsenen Tier. Alle Amphibien können über die Lunge und ihre feuchte Haut Sauerstoff aufnehmen. Sie sind wechselwarm und können ihre Körpertemperatur nicht selbst regulieren.

Einige Amphibien wie der **Japanische Riesensalamander**, der **Große Armmolch** und der **Axolotl** leben im Süßwasser, andere halten sich im Waldboden auf wie zum Beispiel die **Blindwühle**. Der **Grasfrosch** verbringt den Anfang seines Lebens als Kaulquappe im Wasser, aber wenn ihm Beine wachsen, entwickelt sich der

Mit dem geringelten Körper *sieht sie fast wie ein Regenwurm aus.*

Blindwühle

Axolotl

Bei dieser Art haben auch ausgewachsene Tiere ***weiterhin gefiederte Kiemen****.*

Amerikanische Kröte

Hinter beiden Augen *befindet sich ein kreisrundes Trommelfell.*

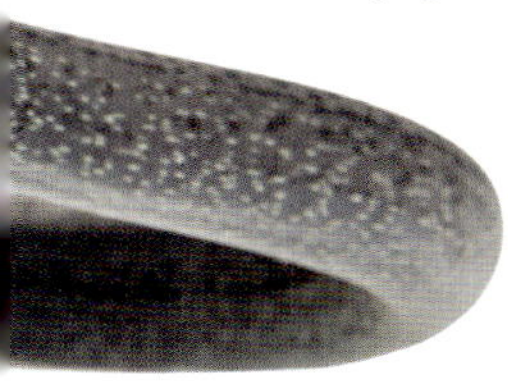

Afrikanischer Ochsenfrosch

Insekten, kleine Reptilien, Nagetiere und sogar Vögel ***gehören zu seinen Beutetieren****.*

Chinesische Rotbauchunke

Die Unke fängt die Beute mit dem Maul*, weil sie die Zunge nicht herausstrecken kann.*

GRÖSSENREKORDE

Der äußerst seltene Chinesische Riesensalamander ist die größte lebende Amphibie, der Engmaulfrosch *Paedophryne amauensis* die kleinste.

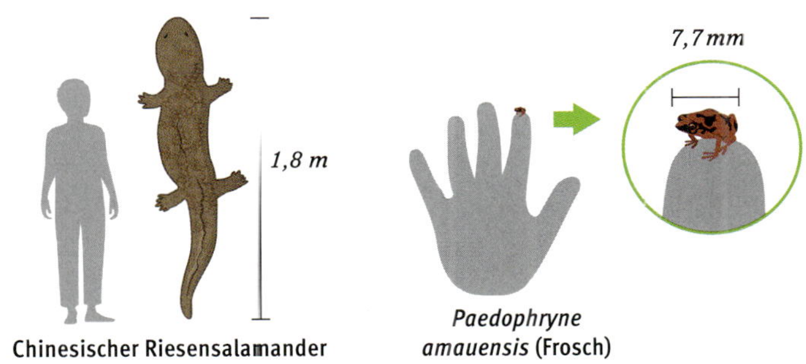

junge Frosch an Land weiter. Zur Fortpflanzung kehrt er im ausgewachsenen Zustand ans Wasser zurück. Männchen locken mit lautem Quaken eine Partnerin an. Einige Frösche stellen sich tot, wenn sie bedroht werden, andere warnen mit ihren leuchtenden Farben Räuber vor ihrem Gift wie das **Erdbeerfröschchen**. Die **Chinesische Rotbauchunke** tut beides: Wenn sie sich auf den Rücken legt, um sich tot zu stellen, werden die leuchtend orangefarbenen Flecken am Bauch sichtbar. Die meisten Frösche kümmern sich nicht um ihren Nachwuchs, aber die Männchen des **Afrikanischen Ochsenfroschs** beschützen die Kaulquappen, bis sie reifen.

Sinne der Tiere

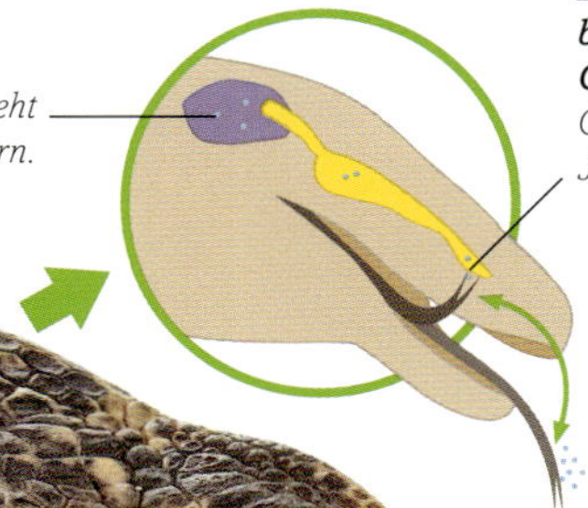

Das Signal geht an das Gehirn.

***Die Zunge befördert die Gerüche** zur Öffnung des Jacobson-Organs.*

*Die großen Facettenaugen der Bremse **nehmen jede kleinste Bewegung wahr**.*

Facettenaugen

***Die gespaltene Zunge des Warans sammelt Duftpartikel** und holt sie ins Maul.*

***Die* Tapetum lucidum *genannte* Schicht** *lässt mehr Licht durch die Netzhaut dringen, sodass die Katze im Dunkeln besser sehen kann.*

Tapetum lucidum

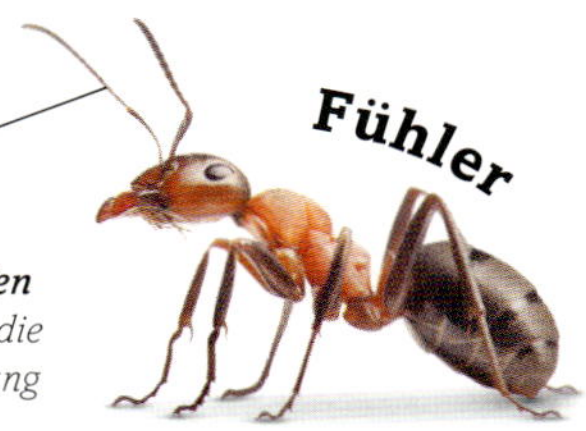

*Die Fühler sind bei Ameisen **Tast-, Geruchs- und Geschmacksorgane**.*

Fühler

***Mit den langen, steifen Schnurrhaaren** kann die Chinchilla ihre Umgebung wahrnehmen.*

Schnurrhaare

*Durch das Öffnen des Mauls gelangt Luft an das **Jacobson-Organ, das den Geruchs- und Geschmackssinn unterstützt**.*

Flehmen

Tiere nehmen die Umgebung über verschiedene Sinnesorgane wahr. Einige haben sehr einfache Sinne, die nur zwischen hell und dunkel oder warm und kalt unterscheiden, bei anderen sind die Sinne sehr empfindlich. Sie erkennen winzige Einzelheiten und melden sie ans Gehirn.

Sinnesorgane wie Augen, Ohren, Nase, Zunge und Haut übertragen die Signale, die sie empfangen, an das Nervensystem, das sie deutet. Nachtaktive Tiere wie Katzen haben in den Augen eine Schicht aus reflek-

Die Barteln rund um das Maul des Gestreiften Korallenwels **helfen bei der Nahrungssuche**.

Die Eimerschen Organe *auf der Rüsselnase des Sternmulls verbessern seinen Tastsinn.*

Die Bambusotter hat Grubenorgane im Gesicht, die ***die Körperwärme von Warmblütern wahrnehmen.***

Winzige Sensoren, die Lorenzinischen Ampullen, *nehmen das elektrische Feld um den Körper eines Beutetiers wahr.*

Elektrische Organe

Mit den Lorenzinischen Ampullen orientieren sich Haie im **Erdmagnetfeld**.

Die meisten Fledermäuse stoßen hohe Klicktöne aus, *die vom Beutetier zurückgeworfen werden, sodass die Fledermaus weiß, wo es ist.*

Zwei Augen, die nach vorn gerichtet sind, *ergeben ein räumliches Bild wie bei uns Menschen.*

SCHALLWELLEN UND GEHÖR

Töne, die über oder unter der menschlichen Hörschwelle liegen, nennt man Ultraschall und Infraschall. Elefanten verständigen sich über weite Entfernungen mithilfe von Infraschall, Fledermäuse senden Ultraschalltöne aus, um nachts per Echoortung zu jagen.

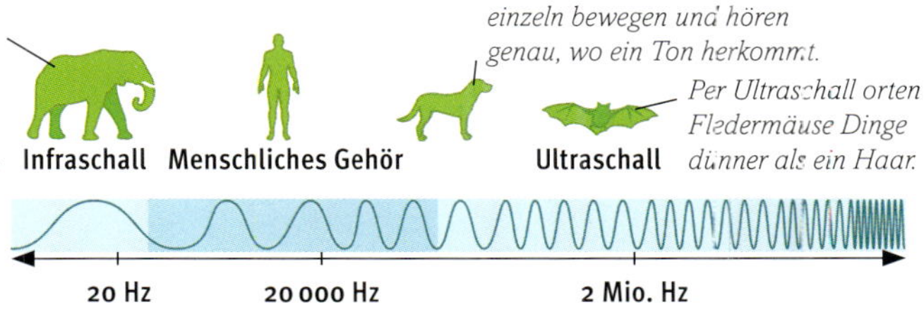

Infraschall-Laute von Elefanten sind bis zu 10 km weit hörbar.

Hunde können jedes Ohr einzeln bewegen und hören genau, wo ein Ton herkommt.

Per Ultraschall orten Fledermäuse Dinge dünner als ein Haar.

tierenden Zellen, das ***Tapetum lucidum***, mit dem sie im Dunkeln besser sehen. Schlangen wie Pythons und Ottern haben **Grubenorgane**, die Wärme (Infrarotstrahlen) wahrnehmen, sodass sie auch im Dunkeln Beute verfolgen können. Fledermäuse jagen dagegen per **Echoortung**. Schlangen und Warane strecken die Zunge heraus, um Geruchsstoffe einzufangen. Sie werden zum **Jacobson-Organ** weitergeleitet, das sie analysiert. Tiere, die mit **zwei Augen** sehen, können Entfernungen gut abschätzen, während die **Facettenaugen** von Insekten zwar unscharfe Bilder liefern, aber dafür eine Rundumsicht ermöglichen.

Reptilien

Leopardgecko

Der Schwanz speichert Fett. *Wenn der Gecko viel frisst, wird er dicker.*

Mit der abgerundeten Schnauze *grast die Echse unter Wasser.*

Meerechse

Grüner Baumpython

Die großen Augen *helfen bei der nächtlichen Jagd.*

Panther-chamäleon

Das Chamäleon kann die Augen *unabhängig voneinander bewegen.*

Kragenechse

Wenn die Echse bedroht wird, faucht sie *und stellt den Kragen auf, um größer zu wirken.*

Komodo-waran

Mit einer Länge von 3,1 m und bis zu 166 kg Gewicht ist dies ***die größte Echse der Welt.***

Die Gila-Krustenechse ist die **giftigste Echse** der Welt.

Gila-Krustenechse

Mit der gespaltenen Zunge *riecht die Echse auf der Jagd die Beute.*

Es gibt mehr als 10 000 Reptilienarten, die alle Luft atmen. Die meisten Reptilien sind Fleischfresser, aber einige verzehren auch Pflanzen, zum Beispiel Schildkröten. Viele haben vier Beine und kriechen am Boden, aber es gibt auch Reptilien ohne Beine, die sich schlängelnd fortbewegen.

Die größte Gruppe der beinlosen Reptilien sind die Schlangen. Sie haben unterschiedliche Jagdmethoden entwickelt. Der **Grüne Baumpython** zum Beispiel erwürgt seine Beute, während andere Schlangen aus ihren Fangzähnen Gift in die gefangenen Tiere spritzen. Die **Rote Speikobra** verwendet ihr Gift zur Selbstverteidigung.

Geierschildkröte

***Sie wackelt** mit dem rosaroten Köder im Unterkiefer, um Beute anzulocken.*

Griechische Landschildkröte

***Der Panzer** ist rund und kuppelförmig.*

***Das Leistenkrokodil kann die Kehle verschließen**, wenn es unter Wasser das Maul öffnet.*

Leistenkrokodil

Brückenechse

***Brückenechsen überleben auch bei Kälte** und können 100 Jahre alt werden.*

Schwarzer Halsring

Rote Speikobra

WAS IST EIN REPTIL?

Die vier Reptiliengruppen – Krokodile, Schildkröten, Schlangen und Echsen sowie die Brückenechse – haben gemeinsame Eigenschaften.

Wirbelsäule Wie andere Wirbeltiere haben Reptilien eine biegsame Wirbelsäule, die das Rückenmark schützt.

Schuppen Schuppen in verschiedenen Größen und Formen bedecken und schützen die wasserdichte Haut.

Wechselwarm Die Körpertemperatur wird durch äußere Einflüsse wie Sonnenbaden oder Schatten reguliert.

Eier legen Die meisten Reptilien legen Eier mit weicher, ledriger oder harter Schale, um sich fortzupflanzen.

Lebende Junge Nur einige wenige Schlangen und Echsen gebären lebende Junge.

Große Anakonda

***Mit hoch am Kopf liegenden Augen und Nasenlöchern** kann die Schlange sehen und atmen, wenn sie fast ganz unter Wasser lauert.*

Panzerschleiche

***Der Fleischfresser** mit dem schlangenähnlichen Körper vergräbt sich gern im Boden.*

Einige Reptilien, darunter der **Komodowaran**, jagen mit Gift, andere wie die **Geierschildkröte** legen sich auf die Lauer und locken die Beute zu sich. Zu den Pflanzenfressern zählt die **Meerechse**, die sich von Rot- und Grünalgen ernährt. Die nur in Neuseeland vorkommende **Brückenechse** ist die einzige Überlebende einer Gruppe von Reptilien, die vor 245 bis 66 Mio. Jahren gleichzeitig mit den Dinosauriern lebte. Solche Tiere nennt man „lebende Fossilien", weil sie ihren ausgestorbenen Verwandten so ähnlich sehen. Auch Krokodile wie das **Leistenkrokodil** sind Reptilien und auch ihr Stammbaum reicht weit zurück.

Vögel

Rotkardinal

Männchen tragen den ***typischen roten Kamm*** *und eine schwarze Maske.*

Indigofink

Er zieht im Winter *von Nordamerika aus nach Süden.*

Der Ruf des Vogels ***klingt wie lautes Gelächter.***

Lachender Hans

Kaiserpinguine ***leben in der Antarktis.***

Kaiserpinguin

Mit dem spektakulären Schweif *lockt er in der Paarungszeit Weibchen an.*

Blauer Pfau

Mandarin-ente

Männchen haben zum Balzen ein ***buntes Federkleid.***

Strauß

Mit dem langen, biegsamen Hals *kann er in der Höhe rundum blicken.*

Vögel sind einzigartige Tiere, weil sie Federn haben und meistens auch fliegen können. Mit den Federn hält der Vogel sich warm, außerdem verleihen sie ihm die Stromlinienform, die das Fliegen begünstigt. Es gibt etwa 18 000 Vogelarten und sie alle legen hartschalige Eier.

Abgesehen von diesen Eigenschaften sind Vögel äußerst verschieden. Einige, darunter der **Strauß**, können nicht fliegen. Er ist mit 2,4 m Höhe und 130 kg Gewicht der größte Vogel. Der **Kaiserpinguin** fliegt auch nicht – er nutzt

Goldfasan

Die Schwanzfedern sind ***doppelt so lang wie Kopf und Körper zusammen.***

__Die rosarote Farbe__ entsteht durch orange-rote Pigmente in der Nahrung.

Rosaflamingo

__Männchen__ (wie dieses) ***sehen ganz anders aus als Weibchen.***

Australischer Königssittich

Die Gesichtsscheibe sammelt Schallwellen *und leitet sie zu den Ohren.*

Schleiereule

Mit dem langen, geraden Schnabel *holt er Nektar aus Blüten.*

Brustband-Andenkolibri

Mit dem Hakenschnabel ***reißt er Fleischstücke aus seiner Beute.***

Steinadler

Andenkondor

Der Andenkondor ist der größte Greifvogel der Welt. *Er kann mehr als 70 Jahre alt werden.*

Mit dem Schnabel ***pflückt er Obst vom Baum und fängt Insekten.***

Riesentukan

Männliche Tukane **werfen** möglichen Partnerinnen **Früchte** zu.

GRÖSSTE SPANNWEITE

Der Wanderalbatros hat unter allen heute lebenden Vögeln die Flügel mit der größten Spannweite – sie übertrifft sogar die Länge eines kleinen Autos!

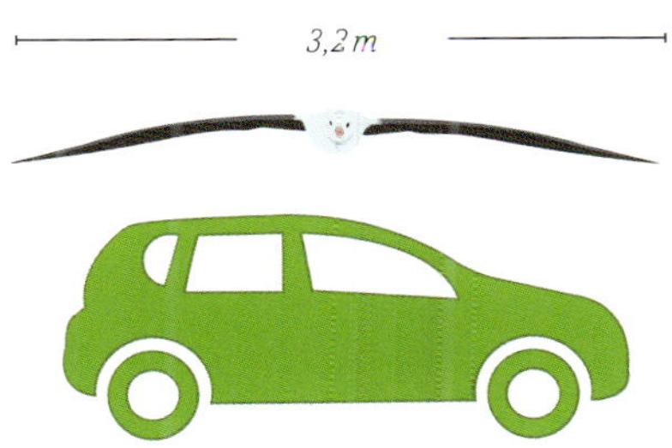

die steifen Flügel stattdessen als Flossen zum Schwimmen. Der **Blaue Pfau** und der **Goldfasan** können gut fliegen. Sie scharren mit dem kurzen Schnabel und den kräftigen Füßen am Boden nach Samen und Kleintieren. Der **Brustband-Andenkolibri** mit seinem langen, schmalen Schnabel ernährt sich von Blütennektar. Die **Schleiereule** und der **Steinadler** fressen andere Tiere; die Eule jagt nachts, der Adler tagsüber. Beide haben hervorragende Augen und Ohren sowie starke Klauen. Die meisten Sperlingsvögel, zu denen auch der **Indigofink** und der **Rotkardinal** gehören, ernähren sich von Samen, kleinen Insekten oder beidem.

Wanderung der Tiere

Streifengans

***Die Gänse können mehr als 8000 m hoch fliegen**, etwa über den Himalaja.*

*Jedes Jahr laufen 40–50 Mio. dieser an Land lebenden Krabben **8 km zum Meer, um sich fortzupflanzen**.*

Weihnachtsinsel-Krabbe

*In über einer Woche fliegen die Vögel 11 680 km **ohne Pause von Alaska bis Neuseeland**.*

Pfuhlschnepfe

*Im Winter wandern manche Wale **8300 km weit von der Antarktis bis nach Mittelamerika**.*

Buckelwal

*Eine Lederschildkröte schwamm 20 558 km von **Indonesien bis zu den USA**.*

Lederschildkröte

Manche Tiere legen aus verschiedenen Gründen unglaublich weite Strecken zurück. Einige wollen kaltem Wetter oder zu großen Ansammlungen entkommen, andere sind auf der Suche nach Nahrung oder einem sicheren Ort zur Fortpflanzung.

Viele Tiere, darunter der **Buckelwal**, wandern in Fortpflanzungsgebiete, die ihnen die besten Bedingungen zum Aufziehen ihrer Jungen bieten. Andere wie **Monarchfalter**, **Pfuhlschnepfe** und **Karibu** wollen dem eiskalten Winter entfliehen. **Gnus** wandern auf der Suche nach

Monarch-falter

Über mehrere Generationen fliegen diese Schmetterlinge ***von Mexiko nach Nordamerika****.*

Lemminge wandern in riesigen Herden aus*, wenn sie zu zahlreich geworden sind.*

Berglemming

Die Herden wandern unterschiedlich weit. ***Die längste Strecke beträgt etwa 640 km.***

Karibu

Schwärme mit mehr als 100 Mrd. Tieren *bilden sich, wenn die Nahrung knapp wird.*

Wüstenheuschrecke

Ein weiblicher Weißer Hai schwamm ***neun Monate von Afrika nach Australien und wieder zurück****.*

Weißer Hai

Jedes Jahr fliegen Küstenseeschwalben ***zur Antarktis und wieder zurück****.*

Küstenseeschwalbe

Diese Gnuherden wandern jedes Jahr 480 km umher*. Sie folgen dem jahreszeitlich bedingten Regen in Tansania und Kenia.*

Gnu

frischem Gras umher, das nur wächst, wenn Wasser und Nährstoffe vorhanden sind. **Berglemminge** und **Wüstenheuschrecken** haben einen ganz anderen Grund, sich auf den Weg zu machen: Wenn sie sich zu stark vermehren, werden Lebensraum und Nahrung knapp und sie müssen sich einen anderen Ort zum Leben suchen. Die **Küstenseeschwalbe** fliegt von den Brutgebieten am nördlichen Polarkreis bis zum Winterquartier in der Antarktis und wieder zurück bis zu 50 000 km pro Jahr. Das ist ein Rekord unter den Zugvögeln.

HARTES LEBEN Die arktische Tundra ist unwirtlich und die dort lebenden Tiere sind sehr gut angepasst, so wie diese Rentiere. Sie haben ein dichtes, feines Unterfell und darüber längeres, isolierendes Haar, das sie warm hält. Mit Hufen und Geweih graben sie unter dem Schnee nach Nahrung. Der Pelz rund um die Nase erwärmt die Luft beim Einatmen und kühlt sie beim Ausatmen, sodass möglichst wenig Körperwärme verloren geht.

Die weite, kalte Tundra bedeckt mehr als zehn Prozent der Erdoberfläche. Dort wachsen kaum Pflanzen und nur sehr wenige Tiere leben das ganze Jahr über dort. Sie müssen im Winter bei sehr tiefen Temperaturen, schneebedecktem Boden und fast ununterbrochener Dunkelheit existieren. Zudem müssen sie in dieser Zeit mit wenig Nahrung und fast ohne flüssiges Trinkwasser auskommen. Der Klimawandel erschwert ihnen das Überleben zusätzlich. Der Permafrost, die gefrorene Bodenschicht unter der Oberfläche, beginnt aufgrund der globalen Erwärmung zu schmelzen und die Gräser und Flechten, die die Rentiere fressen, weichen anderen Pflanzen wie Sträuchern, die sie nicht vertragen.

Säugetiere

Roter Panda

Er hat sehr ***bewegliche Gelenke*** *und kann kopfüber Bäume hinunterklettern.*

Hausratten stammen aus Indien, aber es gibt sie heute ***auf allen Kontinenten außer in der Antarktis****.*

Hausratte

Dreifinger-faultier

Die grüne Fellfarbe *kommt von Algen, die darauf wachsen.*

Rotes Riesenkänguru

Das Rote Riesenkänguru erreicht eine Geschwindigkeit von über **60 km/h**.

Mit den starken Hinterbeinen *macht das Känguru weite Sprünge.*

Tiger

Jeder Tiger hat ein ***einzigartiges Streifenmuster****.*

Männliche Schnabeltiere *sind giftig – eine Ausnahme bei Säugetieren.*

Schnabeltier

Nördliches Kugelgürteltier

Dies ist die einzige Gürteltierart, die sich ***bei Bedrohung einrollt****.*

Es gibt drei große Gruppen von Säugetieren: Die größten sind die Plazentatiere, die ihre Jungen vor der Geburt im Körper der Mutter ernähren. Bei den Beuteltieren entwickeln sich die Jungen nach der Geburt im Beutel der Mutter noch fertig. Die eierlegenden Kloakentiere bilden die kleinste Gruppe.

Säugetiere erschienen vor rund 220 Mio. Jahren und heute gibt es weltweit etwa 6000 Arten. Das ungewöhnliche **Schnabeltier** ist ein Kloakentier, das hauptsächlich im Wasser lebt. Seine Heimat ist Australien. Hier lebt auch das **Rote Riesenkänguru**, ein Beuteltier, das in heißen Wüstengebieten gut gedeiht. Plazentatiere gibt

MERKMALE

Zu dieser Gruppe gehören sehr verschiedene Tierarten, aber Säugetiere haben auch gemeinsame Eigenschaften. Wir Menschen sind ebenfalls Säugetiere.

Milch Säugetiere – und nur diese – füttern ihre Jungen mit Milch, die in Milchdrüsen (abgewandelten Schweißdrüsen) produziert wird.

Lebende Junge Alle Säugetiere gebären ihre Jungen. Eine Ausnahme bilden nur die eierlegenden Schnabeltiere und Ameisenigel.

Fell oder Haare Die meisten Säugetiere haben mehr oder weniger Haare. Wenige nennt man Haare oder Borsten, dichte Haare sind ein Fell.

Warmblüter Säugetiere halten ihre Körpertemperatur meist konstant und unabhängig von ihrer Umgebung.

Das dominante Alpha-Männchen einer Gruppe hat das bunteste Gesicht.

Mandrill

***Seelöwen** schwimmen mithilfe ihrer Vorderflossen.*

Kalifornischer Seelöwe

Braunbär

*Braunbären sind Allesfresser: **Sie fressen Fleisch und Pflanzen**.*

Afrikanischer Elefant

*Ausgewachsene Afrikanische Elefanten **fressen etwa 135 kg pro Tag**.*

Europäischer Maulwurf

***Mit den paddelförmigen Vordergliedmaßen** gräbt er unterirdische Gänge.*

Kleine Hufeisennase

***Mit den großen Ohren** nimmt die Fledermaus ihre Umgebung wahr.*

Orca

***Die schwarz-weiße Zeichnung** ist im Meer von oben wie von unten eine gute Tarnung.*

es in zahlreichen Lebensräumen und sie ernähren sich sehr unterschiedlich. Das größte Landsäugetier, der **Afrikanische Elefant**, frisst nur Pflanzen. Andere große Säugetiere wie **Tiger** und **Orcas** sind Fleischfresser und stehen jeweils an der Spitze ihrer Nahrungskette. Viele Säugetiere haben gute Methoden entwickelt, sich zu schützen. Das **Kugelgürteltier** rollt sich ein und bildet eine gepanzerte Kugel und das **Dreifinger-Faultier** ist mit einem grünen Fell im Dschungel bestens getarnt.

Nahrungs-netze

Der Energiefluss von der Sonne über die Pflanzen und die Pflanzenfresser bis zu den Fleischfressern heißt Nahrungskette. Da aber die meisten Tiere ein Teil von mehreren Nahrungsketten sind und darin verschiedene Rollen einnehmen können, ist der Begriff „Nahrungsnetz“ besser geeignet. Er macht deutlich, dass alle Lebewesen voneinander abhängig sind. Hier siehst du ein Beispiel für ein Nahrungsnetz im Amazonas-Regenwald.

PRODUZENTEN

An Land sind die Pflanzen die wichtigsten Produzenten. Durch Fotosynthese stellen sie aus Sonnenlicht, Wasser und Kohlendioxid Nährstoffe (einfache Zucker) her. Die Nährstoffe, die sie zusätzlich benötigen, holen sie aus dem Boden.

Pflanzen

PRIMÄRKONSUMENTEN

Tiere sind in Nahrungsketten und -netzen die Verbraucher. Pflanzenfresser wie Tapir und Faultier sind Primärkonsumenten (die ersten Verbraucher), weil sie Nährstoffe nur aus Blättern, Rinde, Früchten und Samen gewinnen. Auch einige Insekten wie Ameisen sind Primärkonsumenten.

Tapire

Insekten

Faultiere

Abfallverwerter

Lebewesen wie Bakterien, Pilze und einige wirbellose Tiere wie Würmer ernähren sich von verrottenden Pflanzen und Tieren. Dabei recyceln sie die Nährstoffe und setzen sie erneut frei. Sie sind für alle Ökosysteme unverzichtbar.

PRIMÄR- UND SEKUNDÄRKONSUMENTEN
Totenkopfäffchen und Tukane sind Allesfresser: Sie fressen Pflanzen und Tiere. Wenn sie Pflanzen fressen, sind sie Primärkonsumenten, und wenn sie Fleisch verzehren, sind sie Sekundärkonsumenten.

SEKUNDÄR- UND TERTIÄRKONSUMENTEN
Auf dieser Ebene gibt es nur Fleischfresser wie Großkatzen und Greifvögel, die alle Tiere verzehren, die sie erjagen können. Zu ihren Beutetieren zählen sowohl Primär- als auch Sekundärkonsumenten.

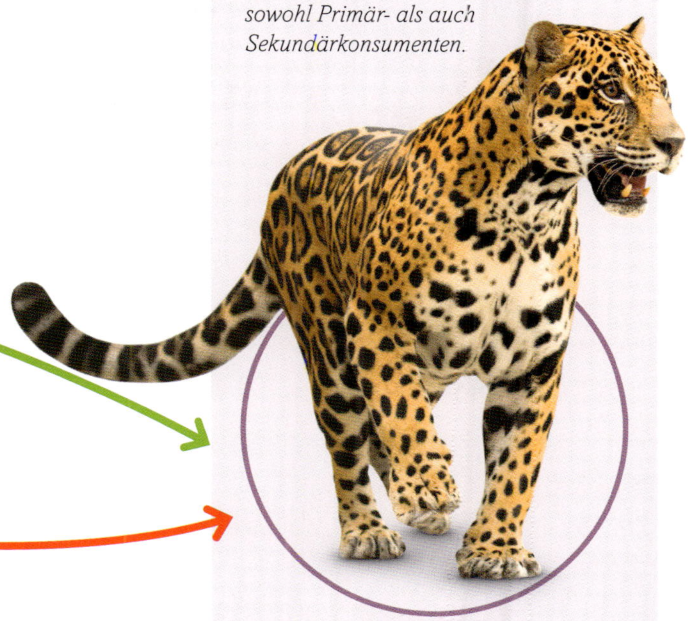

Jaguare

Totenkopfäffchen

Harpyien

Tukane

Nahrungsnetz am Amazonas

Ökosysteme

Besondere Federn und ein schützendes drittes Augenlid ***helfen Emus, in der heißen, sandigen Wüste zu überleben.***

Wüste

Bergziegen haben Hufe mit Sohlen, ***die an steilen Felshängen nicht abrutschen.***

Gebirge

Kaiserpinguine sind die einzigen Vögel, ***die das ganze Jahr über am eiskalten Südpol bleiben.***

Polargebiet

Korallenriff

Korallen sehen aus wie Pflanzen, aber sie sind ***Tiere, die immer am selben Ort bleiben.***

Lachse müssen viel Kraft haben, weil sie zur Fortpflanzung ***gegen den Strom schwimmen müssen.***

Fluss

Rote Klippenkrabben ***fressen tote Hautschuppen und Parasiten von den Meerechsen.***

Felsenküste

Der Ort, an dem ein Lebewesen lebt, ist sein Lebensraum. Ökosysteme bestehen aus vielen Lebensräumen und allen Organismen, die dort leben und miteinander sowie mit ihrer Umgebung in Wechselwirkung treten. Ökosysteme können so klein wie Pfützen sein, aber auch so groß wie ein riesiger Wald.

Es gibt Ökosysteme an Land und im Wasser. Im Wasser werden Salzwasser- (wie **Korallenriffe**), Süßwasser- (wie **Flüsse**) und Brackwasser-Ökosysteme (Mischung aus Salz- und Süßwasser) unterschieden. Die Küstenbereiche zählen zu den Land-Ökosystemen. Im Ökosystem **Felsenküste** herrschen schwierige Bedingungen für Lebe-

Der Ara knackt Nüsse mit seinem kräftigen, spitzen Schnabel.

Tropischer Regenwald

Nadelwald

Schwarzbären sind Allesfresser. Sie verzehren Früchte und Honig, aber auch Insekten und Fische.

Eichhörnchen sind ganzjährig aktiv. Sie lagern Futter für den Winter ein.

Laubwald

Rund die Hälfte aller Arten lebt in **tropischen Regenwäldern**.

Obwohl der Amerikanische Bison sehr groß ist, kann er beim Laufen 60 km/h erreichen.

Gemäßigtes Grasland

Mit dem langen Hals kann die Giraffe die Blätter von hohen Bäumen fressen und Gefahren frühzeitig erkennen.

Tropisches Grasland

wesen, weil die Gezeiten die Felsen oft zweimal pro Tag überspülen und wieder freigeben. Im **tropischen Grasland**, auch Savanne genannt, regnet es sehr unregelmäßig und in den Trockenzeiten gibt es immer wieder Flächenbrände. Regen und Feuer erhalten die Landschaft, ebenso wie die Tierherden, die sie abgrasen. Wald-Ökosysteme lassen sich in drei Gruppen einteilen: In den **tropischen Regenwäldern** rund um den Äquator ist die Artenvielfalt am größten. **Laubwald** gedeiht in gemäßigten Zonen mit mildem Klima und **Nadelwälder** findet man in den hohen Breitengraden von Nordeuropa und Nordasien, wo es eher kalt ist.

NATURWISSENSCHAFT

Physik

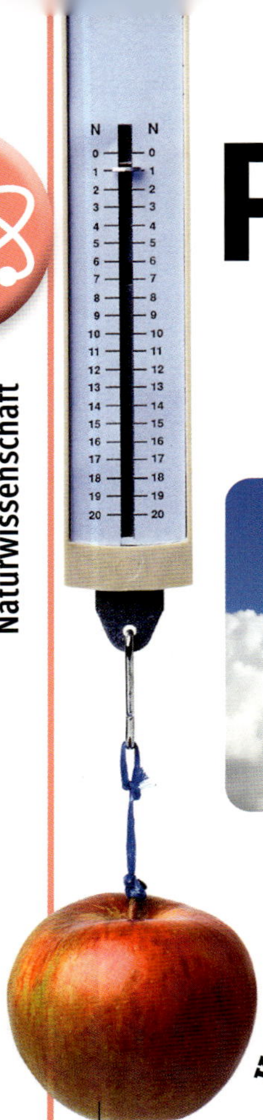

Da der Fallschirm großen Luftwiderstand erzeugt, *bremst er den Flug des Fallschirmspringers.*

Luftwiderstand

Wenn die Kugel auf die Reihe der anderen Kugeln trifft, *wird der Impuls von einer Kugel zur nächsten weitergegeben.*

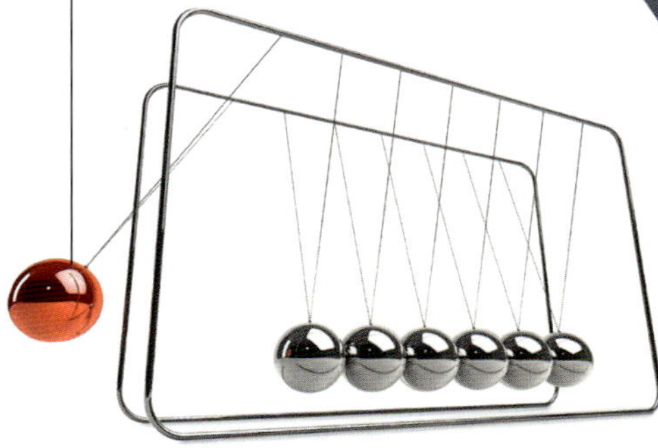

Stoß und Impuls

Die **Saturn-V-**Rakete erzeugte **34,5 Millionen Newton** Schubkraft.

Die Schubkraft der Rakete *ist größer als ihre Gewichtskraft, daher hebt sie ab.*

Schwerkraft

Kraft

Ein Kraftmesser *misst, wie groß die Schwerkraft ist, die auf einen Gegenstand wie diesen Apfel einwirkt.*

Atommodell

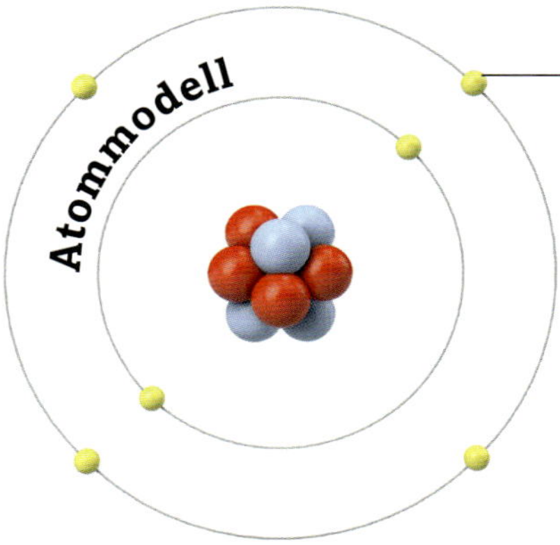

Ein Kohlenstoffatom hat sechs Elektronen *(gelb), die den Kern in der Mitte umkreisen.*

Weil Kork, Öl und Kunststoff *nicht so dicht sind wie Wasser, schwimmen sie.*

Da der Stein dichter ist als Wasser, *sinkt er zu Boden.*

Schwimmen und sinken

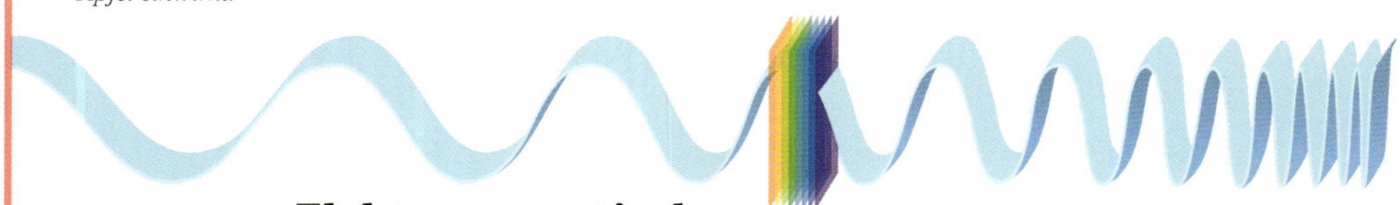

Elektromagnetisches Spektrum

Die Antennenschüssel *sendet und empfängt Radiowellen.*

Radiostrahlung

Das Very Large Telescope (VLT) *nimmt eine Milliarde Mal schwächeres Licht auf als unsere Augen.*

Sichtbares Licht

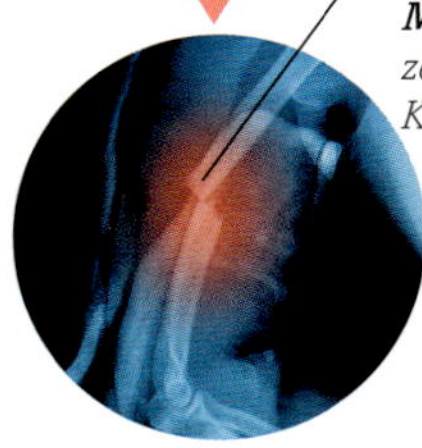

Röntgenstrahlen durchdringen Muskeln *und zeigen den Knochenbruch.*

Röntgenstrahlung

Alles, was Volumen und Masse hat, nennt man „Materie". Physik untersucht, wie sich Materie bewegt und verhält. Das umfasst Energie, Kräfte, Magnetismus, Licht, Wärme, Wellen und Schall. Physiker*innen studieren alles, von den winzigsten Teilchen bis zu Galaxien im Universum.

Die Physik beschäftigt sich mit der materiellen Welt – mit **Atommodellen** und den Eigenschaften der verschiedenen Stoffe wie **Elastizität**. Sie misst und erforscht **Kräfte** wie **Schwerkraft**, **Magnetismus** und **Luftwiderstand** und beobachtet deren Wirkung auf Dinge. Es wurden schon viele bahnbrechende Erkenntnisse über

BERÜHMTE PERSÖNLICHKEITEN

Dank der Beobachtungen und Erkenntnisse vieler bedeutender Wissenschaftler*innen hat die Physik große Fortschritte gemacht. Diese vier gehören dazu.

Isaac Newton formulierte Gesetze zu Bewegung und Schwerkraft und Theorien über Licht.

Michael Faraday erforschte Magnetismus und Elektrizität und baute den ersten Elektromotor.

Marie Curie entdeckte die Radioaktivität und die Elemente Radium und Polonium.

Albert Einstein erstellte bedeutende Theorien über Materie, Energie, Zeit und Raum.

Magnetismus

Eisenspäne *werden von beiden Polen des Magneten angezogen.*

Elastizität

Die Stange biegt sich *und schnellt wieder zurück, sodass der Hochspringer hochgehoben wird.*

Schraube (einfache Maschine)

Der rotierende Bohrer *bohrt sich in das Holz und erzeugt ein Loch.*

Beschleunigung

Positive Beschleunigung *bedeuet, dass der Rennwagen schneller wird.*

Riesige Mengen von heißem Gas *erzeugen durch extrem schnelle chemische Reaktionen einen starken Schub.*

Elektrischer Strom

Elektronen fließen vom negativen Anschluss der Batterie *durch den Stromkreis zum positiven Anschluss.*

Statische Elektrizität

Der negativ geladene Ballon *zieht die positiv geladenen Haare an.*

Materie, Energie und Kräfte gewonnen: Wir wissen, wie **Beschleunigung** (die Änderung der Geschwindigkeit in eine Richtung) funktioniert und wie durch die Bewegung von Elektronen **Strom** entsteht. Physiker*innen entdeckten, dass das **sichtbare Licht** nur einer von vielen Wellenbereichen im **elektromagnetischen Spektrum** ist. Gemeinsam mit Ingenieur*innen erkannten sie, wie man andere elektromagnetische Wellen wie **Radio-** und **Röntgenstrahlen** einsetzen kann.

SONNE UND WIND Ein riesiger Wind- und Solarenergiepark bedeckt in der Provinz Ninh Thuan (Vietnam) ein Gebiet, das größer ist als 10 000 Tennisplätze. Mit der Energie von Wind und Sonne wird hier Elektrizität erzeugt, die sich heute sehr gut über weite Strecken transportieren lässt. Elektrischer Strom besteht aus geladenen Teilchen, den Elektronen. Er kann in Wärme, Licht, Bewegung und Schall umgewandelt werden.

In dem Solarpark Phan Rang-Tháp Chàm stehen Windturbinen, die Windenergie in Elektrizität umwandeln, sowie 700 000 Solarmodule aus Halbleiter-Werkstoffen, die Elektrizität aus Sonnenlicht erzeugen. Wenn der Park mit voller Kapazität arbeitet, produziert er bis zu 258 Megawatt elektrische Energie und das ist genug für mehrere Tausend Haushalte. Unser Bedarf an Elektrizität ist seit Jahren sehr hoch, aber er wird meist durch die Verbrennung fossiler Brennstoffe gedeckt. Dabei werden schädliche Treibhausgase wie Kohlendioxid freigesetzt, die zur Erwärmung der Erdatmosphäre beitragen. Für die Umwelt ist es wesentlich besser, wenn Elektrizität aus Wind und Sonnenlicht gewonnen wird.

Atome und Moleküle

***Gold ist ein glänzendes Metall**, das nur mit wenigen Elementen reagiert.*

Gold

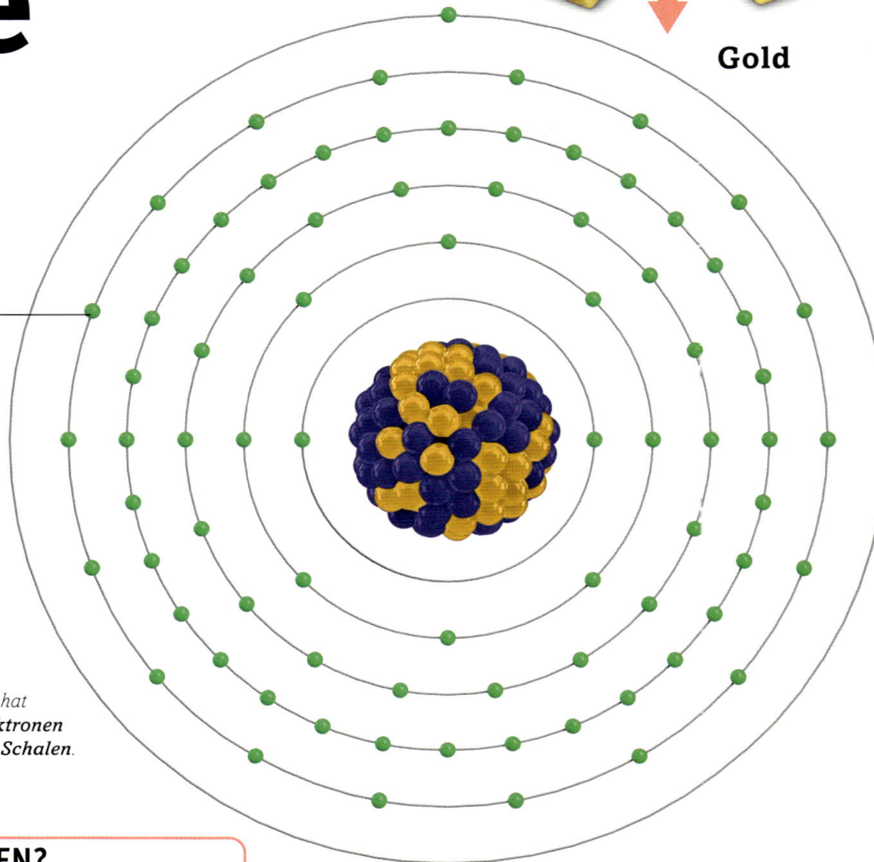

*Die 79 Elektronen im Goldatom sind **in sechs Schalen angeordnet**.*

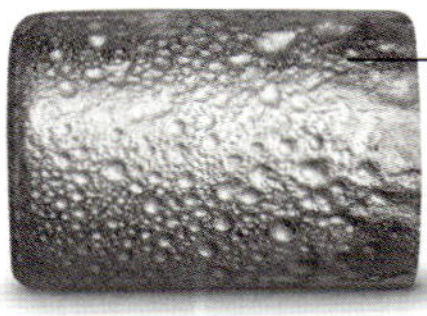

***Reines Kalium ist ein silbrig-weißes Metall**, das sich bei Kontakt mit Wasser entzündet.*

Kalium

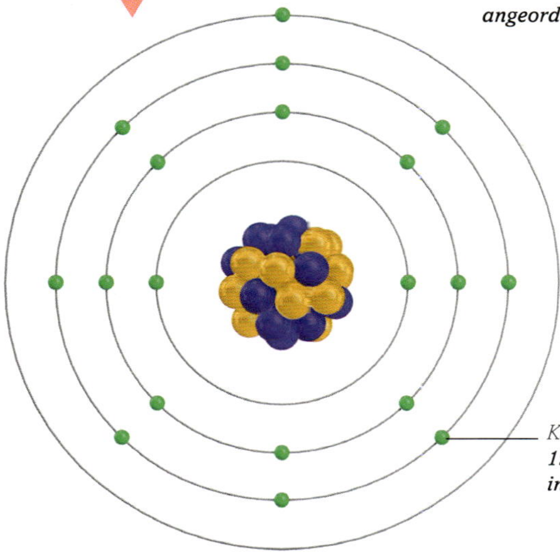

*Kalium hat **19 Elektronen in vier Schalen**.*

WAS IST IM INNEREN VON ATOMEN?

Ein Atom hat in der Mitte einen Kern aus Protonen mit positiver elektrischer Ladung und ungeladenen Neutronen. Um diesen Kern schwirren negativ geladene Elektronen. Atome, die ein oder mehrere Elektronen gemeinsam nutzen, verbinden sich zu Molekülen.

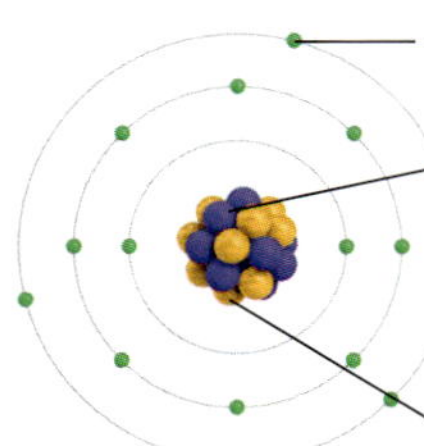

Atom

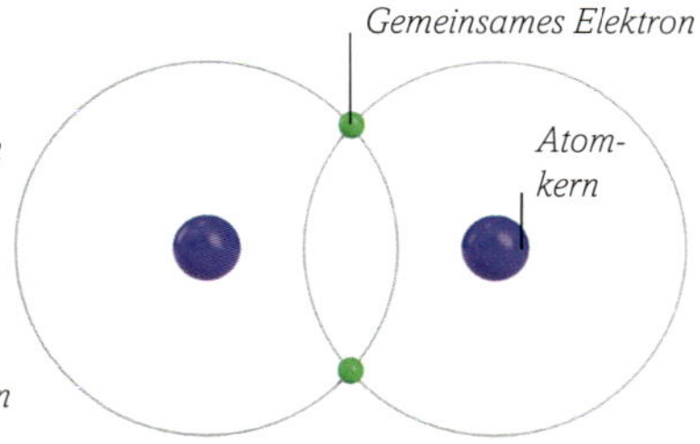

Molekül

*Graphit ist ein weicher, dunkler Feststoff und eine natürlich vorkommende **Form reinen Kohlenstoffs**.*

Kohlenstoff

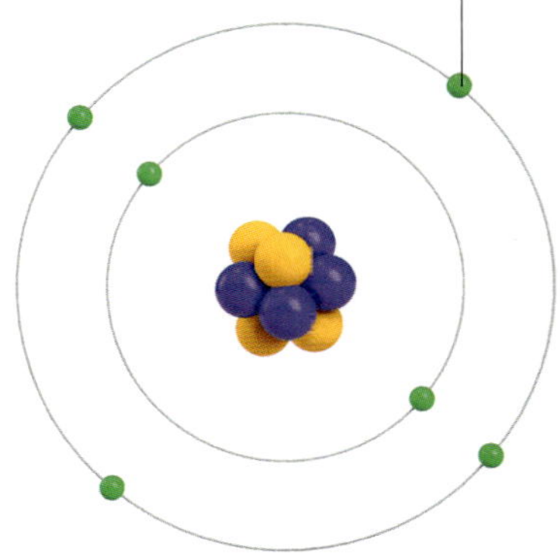

***Die Außenschale mit vier Elektronen** kann vier weitere aufnehmen, sodass Kohlenstoff gut Moleküle bilden kann.*

Ein Atom ist der kleinste, weiter teilbare Teil eines Elements. Atome sind die winzigen Bausteine, aus denen alles im Universum besteht – auch du! Oft verbinden sich mehrere Atome zu einem Molekül, das sich dann ganz anders verhält als die einzelnen Teile, aus denen es besteht.

Bisher sind 118 Elemente bekannt und jedes hat eine andere Anzahl von Protonen, Neutronen und Elektronen und auch eigene Eigenschaften. Jedes Atom hat positiv geladene Protonen: **Kohlenstoff** hat 6, **Kalium** 19 und **Gold** hat 79. Die positive Ladung der Protonen wird ausgeglichen durch die gleiche Zahl von Elektronen

*Ein **Wassermolekül** hat ein Sauerstoffatom und zwei Wasserstoffatome.*

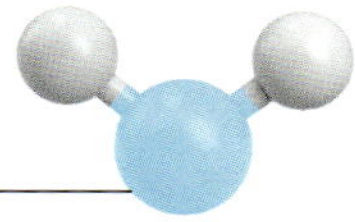

Wasser

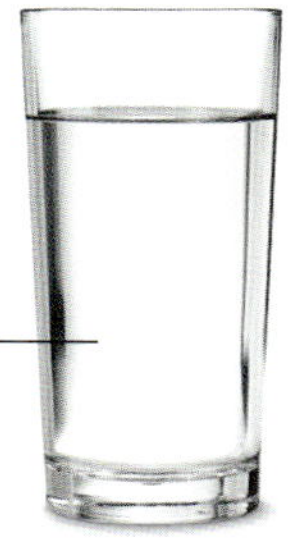

***Ohne Wasser gäbe es kein Leben**. Es ist bei Raumtemperatur flüssig und durchsichtig.*

ZEICHENERKLÄRUNG

- **Kohlenstoff**
- **Wasserstoff**
- **Sauerstoff**
- **Stickstoff**

Diamant

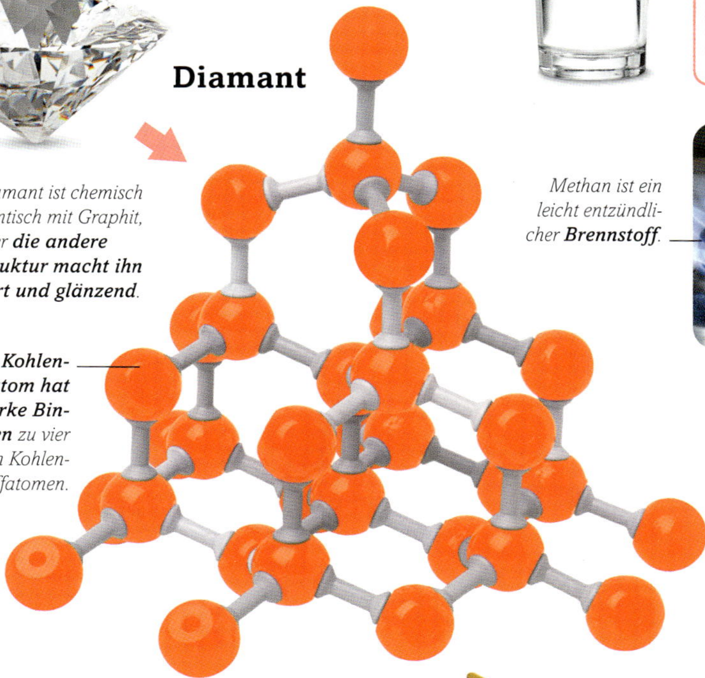

*Diamant ist chemisch identisch mit Graphit, aber **die andere Struktur macht ihn hart und glänzend**.*

***Jedes Kohlenstoffatom hat starke Bindungen** zu vier anderen Kohlenstoffatomen.*

Mit Diamanten kann man **Stahl schneiden und polieren.**

*Methan ist ein leicht entzündlicher **Brennstoff**.*

Methan

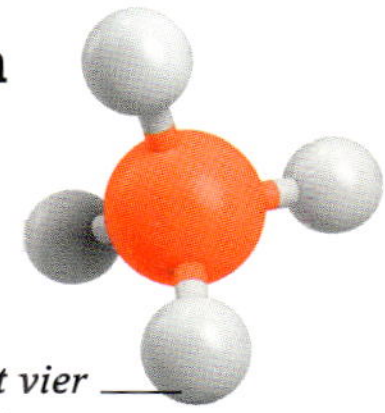

***Methan hat vier Wasserstoffatome** und ein zentrales Kohlenstoffatom.*

***Das Kohlendioxid aus einem Feuerlöscher** erstickt das Feuer, da es den Sauerstoff bindet, ohne den nichts brennen kann.*

Honig

*Honig ist klebrig und süß, denn er besteht vor allem aus den Zuckerarten **Fruktose und Glukose**.*

*Ein Glukosemolekül im Honig hat **6 Kohlenstoff- und 6 Sauerstoffatome sowie 12 Wasserstoffatome**.*

Kohlendioxid

*In Kohlendioxid sind **zwei Sauerstoffatome mit einem Kohlenstoffatom verbunden**.*

*Nylon war die erste Faser, die **künstlich hergestellt wurde**.*

Nylon

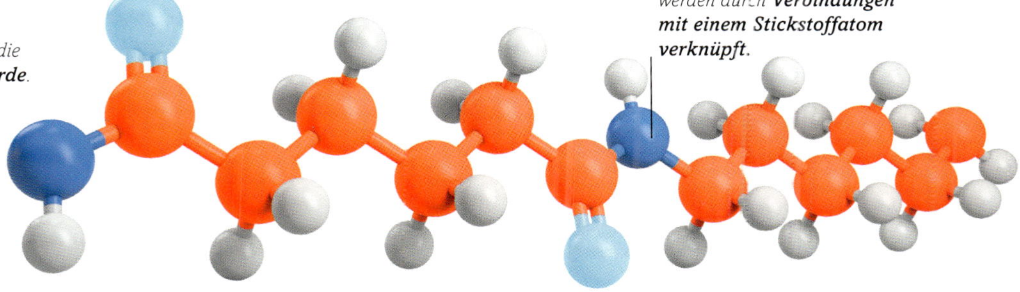

*Gleiche Molekülketten werden durch **Verbindungen mit einem Stickstoffatom verknüpft**.*

mit negativer elektrischer Ladung. Elektronen umkreisen den Atomkern in mehreren Schalen. Die Zahl der Elektronen in der Außenschale bestimmt, wie leicht sich das Atom mit anderen zu Molekülen verbindet. Manche Moleküle enthalten nur gleiche Atome wie **Diamant** (Kohlenstoffatome) oder Ozon (drei Sauerstoffatome).

Wenn sich zwei oder mehr unterschiedliche Arten von Atomen miteinander verbinden, wie es bei **Wasser**, **Methan** oder **Kohlendioxid** der Fall ist, kann man auch von einer Verbindung sprechen. Stoffe wie **Nylon** und andere Kunststoffe sind Verbindungen aus bestimmten Molekülketten, die sich laufend wiederholen.

Materie-zustände

Alles um uns herum besteht aus Materie, die fast immer einen von drei Zuständen einnimmt: fest, flüssig oder gasförmig. Ein Stoff hat in jedem Zustand dieselben chemischen Bestandteile, aber er sieht anders aus und verhält sich auch anders. Er bleibt so lange in einem Zustand, bis so viel Energie aufgewendet oder entzogen wird, dass er sich ändert.

Feststoff ❯ Feststoffe wie diese Eiswürfel haben eine feste Form. Man kann sie halten und schneiden. Wenn die Moleküle den Zustand von fest (Eis) zu flüssig (Wasser) ändern sollen, muss man Energie zuführen, um die Bindung zwischen den Molekülen zu lockern.

*Wasser gefriert bei **0 °C**.*

Schmelzen

***Wird ein Feststoff erwärmt**, lockert die zugeführte Energie die Bindungen zwischen den Molekülen, sodass sie sich trennen und aneinander vorbei bewegen können. Wenn der Schmelzpunkt erreicht ist, wird der Stoff flüssig.*

Gefrieren

***Wenn eine Flüssigkeit abkühlt**, verlieren die Moleküle Energie (Wärme) und lagern sich wieder zu einem Feststoff zusammen.*

Flüssigkeit ❯ In einer Flüssigkeit können sich die Moleküle bewegen, sodass Flüssigkeiten schwer zu fassen sind und sich der Form ihres Behälters anpassen. Flüssigkeiten haben in jeder Form dasselbe Volumen (Materiemenge).

Kondensieren

***Kühlt ein Gas ab**, verlieren die Moleküle Energie und haften aneinander. Das Gas kondensiert (wird zu einer Flüssigkeit).*

Aufbau der Materie

In Feststoffen sind die Atome und Moleküle in einem regelmäßigen Muster angeordnet. In Flüssigkeiten lockern sich manche Bindungen, sodass sie fließen können. In Gasen sind die Moleküle nicht gebunden, sie bewegen sich frei.

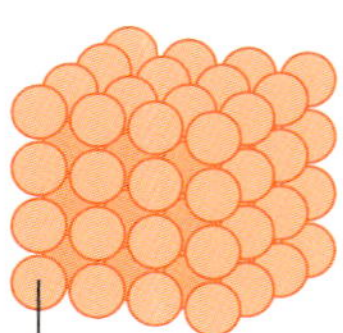

Feststoff

***Die Moleküle schwingen**, sind aber aneinandergebunden.*

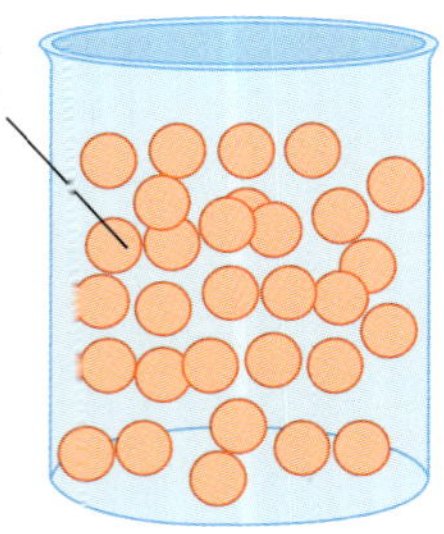

Flüssigkeit

***Die Moleküle sind weiter voneinander entfernt** als in einem Feststoff.*

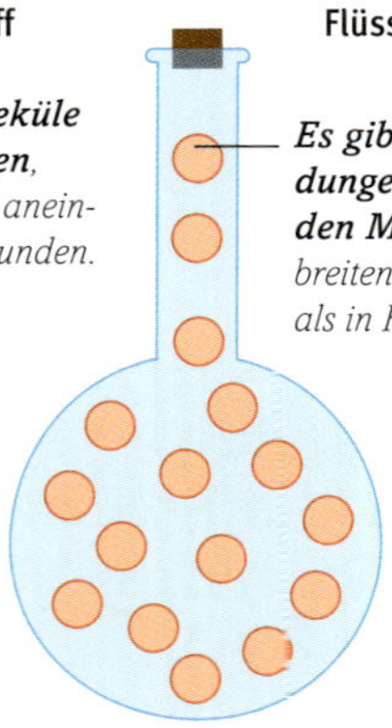

Gas

***Es gibt keine Bindungen zwischen den Molekülen**, sie breiten sich weiter aus als in Flüssigkeiten.*

Unter besonderen Bedingungen kann sich ein Gas direkt in einen Feststoff verwandeln, ohne vorher flüssig zu werden.

Deposition

Sublimation

Einige Stoffe wechseln direkt vom festen in den gasförmigen Zustand, ohne zuerst flüssig zu werden.

Plasma

Plasma wird oft als vierter Materiezustand bezeichnet. Es handelt sich dabei um erhitztes Gas, in dem sich freie Elektronen befinden. Die Sonne schleudert Plasma ins Weltall. Wenn sogenannte Sonnenwinde in die Erdatmosphäre eintreten, rufen sie oft spektakuläre Lichterscheinungen am Himmel in den Polarregionen hervor. Im Norden heißen sie Nordlicht und im Süden Südlicht.

Polarlichter

*Wasser siedet bei **100 °C**.*

Gas ❯ Gasmoleküle sind nicht aneinandergebunden und bewegen sich frei in alle Richtungen. Daher können sich Gase in Form und Volumen immer ihrem Behälter anpassen und ihn ganz ausfüllen. Je nach Größe des Behälters dehnen sie sich aus oder werden gepresst.

Sieden

Wird eine Flüssigkeit erhitzt (Energie zugeführt), bewegen sich die Moleküle auseinander. Sie verliert ihre Form und wird gasförmig. Die Temperatur, bei der das geschieht, nennt man Siedepunkt.

Energie

Strahlungsenergie

Glühlampen geben Wärme und ***Strahlungsenergie in Form von sichtbarem Licht ab.***

Chemische Energie

Bei Feuerwerksexplosionen *erzeugen chemische Reaktionen Strahlungs- und Schallenergie.*

Wärmeenergie

Brennendes Holz *erzeugt auch Licht (Strahlungsenergie).*

Elastische Energie

Beim Loslassen *verwandelt sich die potenzielle Energie in Bewegungsenergie.*

Wenn die Stangen parallel zum Boden sind, *fährt man am schnellsten.*

Ein Skifahrer bei der Abfahrt nutzt *Bewegungsenergie.*

Bewegungsenergie

Beim Aufladen der Autobatterie wird die potenzielle elektrische Energie wiederhergestellt, *die das Auto in Bewegungsenergie verwandelt.*

Elektrochemische Energie

Der **Rekord** auf Skiern liegt bei einem Tempo von **254,9 km/h.**

Ohne Energie wäre die Welt kalt, dunkel und leblos. Alle Lebewesen brauchen Energie zum Leben. Man kann Energie weder herstellen noch vernichten, aber sie lässt sich von einem Objekt auf ein anderes übertragen oder von einer Energieform in eine andere umwandeln.

Energie, die ein Gegenstand aufgrund seines chemischen Aufbaus, seiner Lage oder seines Zustands speichert, nennt man potenzielle Energie. Ein Achterbahnwagen am höchsten Punkt hat **potenzielle Lageenergie**, weil die Schwerkraft ihn nach unten ziehen und dabei die potenzielle in **Bewegungsenergie** umwandeln wird.

VERSCHIEDENE ENERGIEFORMEN

Wissenschaftlich ausgedrückt ist Energie die Fähigkeit, Arbeit zu verrichten. Es gibt verschiedene Formen. Kernenergie wird freigesetzt, wenn Atome sich verbinden oder gespalten werden. Sichtbares Licht, Röntgen- oder Radiostrahlung sind Strahlungsenergie.

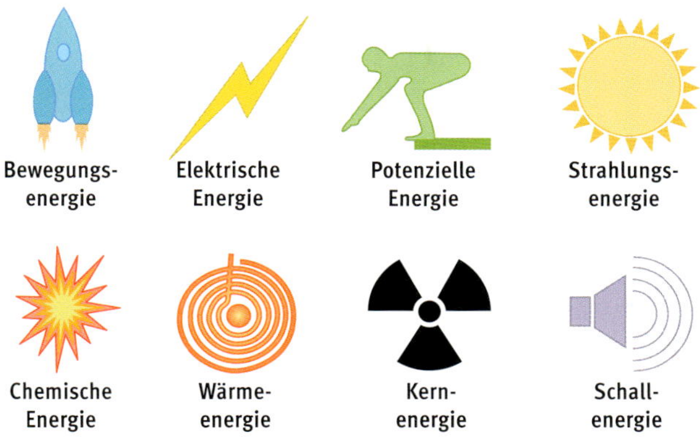

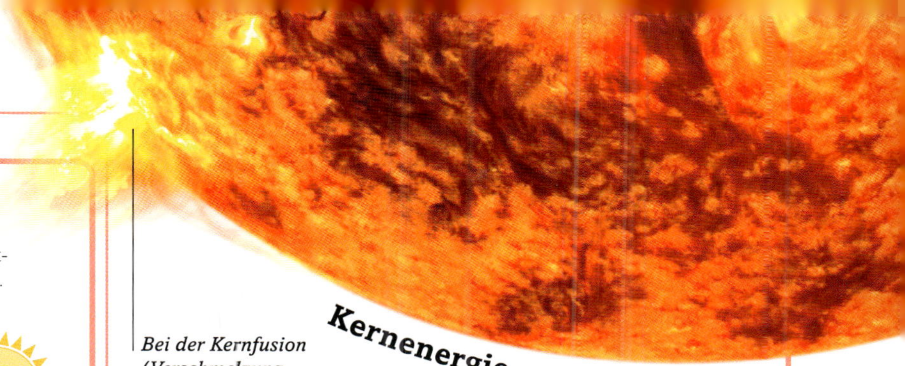

Kernenergie

Bei der Kernfusion (Verschmelzung von Atomkernen) in der Sonne *wird sehr viel Energie frei – vor allem in Form von Strahlungs- und Wärmeenergie.*

Wenn sich in Wolken elektrische Ladung aufbaut, ***entlädt sich die Energie in spektakulären Blitzen.***

Elektrische Energie

Die straff gespannte Trommelhaut schwingt beim Schlagen *und ein Teil der Bewegungsenergie wird in Schallenergie umgewandelt, die sich in Wellen fortpflanzt.*

Schallenergie

Potenzielle Lageenergie

Der Achterbahnwagen *wandelt seine potenzielle Lageenergie in Bewegungsenergie um.*

Batterien speichern **elektrochemische Energie**, die sich in **elektrische Energie** umwandeln lässt. Lebewesen setzen beim Verdauen ihrer Nahrung die darin enthaltene **chemische Energie** frei. **Wärmeenergie** wird freigesetzt, wenn Holz oder ein anderer Stoff verbrannt wird. Energie lässt sich zwischen Dingen übertragen, wenn zum Beispiel bei einem Kick der Fuß Bewegungsenergie auf einen Ball überträgt. Bewegungsenergie kann in Wärme- oder in **Schallenergie** umgewandelt werden, wenn die Bewegung einer Trommelhaut oder Gitarrensaite schwingende Schallwellen erzeugt, die sich durch die Luft fortpflanzen.

Licht und Farben

Das Licht von der ***Sonne*** *braucht zur Erde etwas über acht Minuten.*

Sonnenlicht

Die Flamme über dem Kerzendocht *erzeugt Licht.*

Brennende Kerzen

LEDs geben ***Licht ab,*** *wenn Strom durch einen Halbleiter fließt.*

Licht emittierende Dioden (LEDs)

Glühlampe

Der Glühdraht aus ***Wolfram (Metall)*** *in einer Halogenlampe glüht und erzeugt so Licht.*

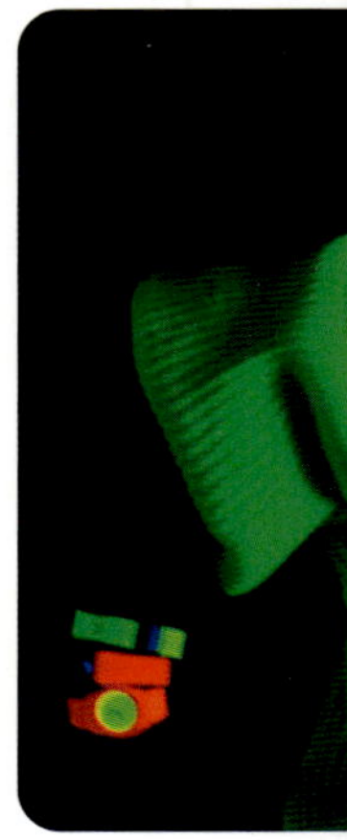

Farbkreis

Aus Rot, Grün und Blau, wie sie vom Auge wahrgenommen werden, lassen sich alle Farben mischen.

Bunte Neonlichter *sind Glasröhren, die mit Neon und anderen Gasen gefüllt sind.*

Neonlichter

Im Körper der ***Glühwürmchen*** *erzeugt eine chemische Reaktion das Licht.*

Biolumineszenz

Licht ist die einzige Form von elektromagnetischer Energie, die wir sehen können. Leuchtende Objekte wie die Sonne oder elektrische Lichter geben Lichtenergie ab. Lichtwellen verbreiten sich mit hoher Geschwindigkeit. Die verschiedenen Wellenlängen nehmen wir als Farben wahr.

Manche Lebewesen, darunter Quallen, können durch eine chemische Reaktion im Körper Licht erzeugen. Das nennt man **Biolumineszenz**. Unsere wichtigste Lichtquelle ist jedoch die **Sonne**. Auch Menschen können auf vielerlei Weise Licht erzeugen: Wir zünden **Kerzen** an, nutzen elektrischen Strom für **Neonlichter** und

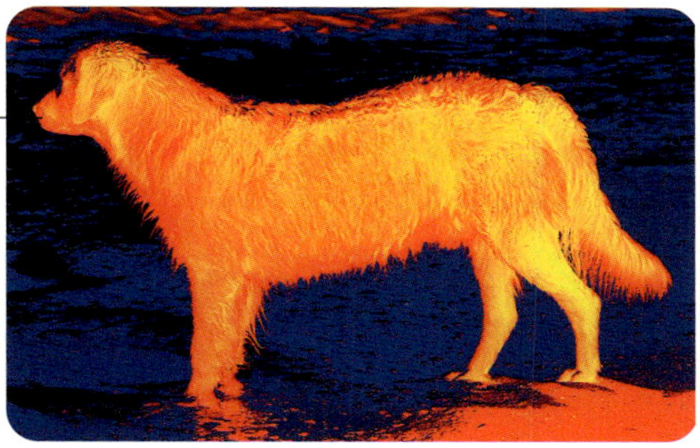

***Die Körperwärme, die der Hund ausstrahlt**, wird mit einem Infrarotlichtsensor empfangen.*

Infrarotlicht

***Besondere Farben in der Kleidung** nehmen UV-Licht auf und geben sichtbares Licht ab.*

Fluoreszenz

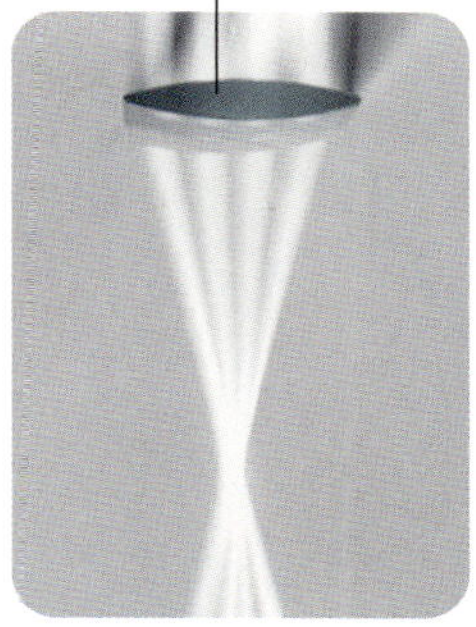

***Die Linse ist in der Mitte dicker**, sodass das Licht im Brennpunkt gebündelt wird.*

Konvexe Linse

***Die Linse ist am Rand dicker** und lenkt die Lichtstrahlen nach außen.*

Konkave Linse

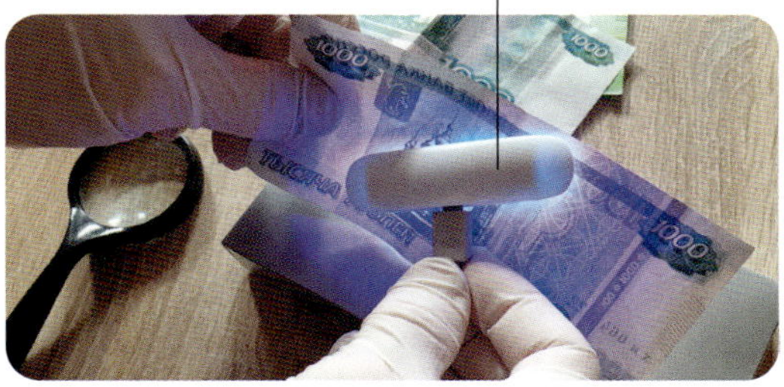

***Im UV-Licht erkennt man die** Sicherheitsmerkmale.*

Ultraviolettes (UV) Licht

***Der undurchsichtige Rahmen** wirft das Licht zurück und lässt es nicht hindurch.*

***Das halb durchsichtige Glas** lässt einen Teil des Lichts hindurch.*

***Das durchsichtige Glas** lässt das Licht hindurch.*

Lichtdurchlässigkeit

***Die konvexe Spiegelfläche** zeigt einen möglichst breiten Bildausschnitt.*

Seitenspiegel

WAS IST LICHT?

Die verschiedenen Wellenlängen des Lichts, die unsere Augen und Gehirne wahrnehmen können, werden erkennbar, wenn weißes Licht in einem dreieckigen Glasprisma aufgespalten wird.

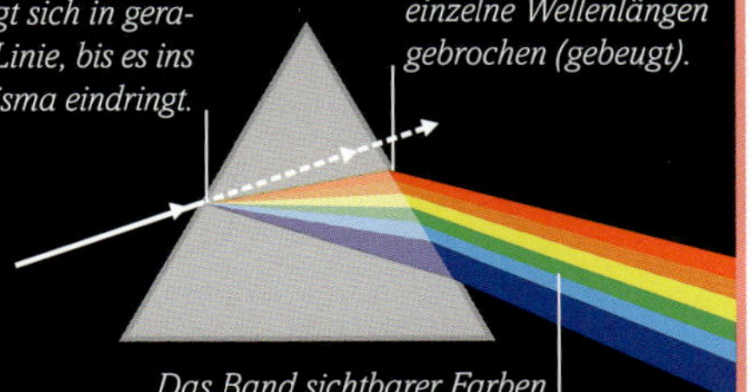

Weißes Licht bewegt sich in gerader Linie, bis es ins Prisma eindringt.

Das Licht wird in einzelne Wellenlängen gebrochen (gebeugt).

Das Band sichtbarer Farben nennt man Farbspektrum.

***Wo das Licht aus der Luft ins Wasser übergeht**, sieht der Strohhalm gebrochen aus.*

Brechung

***Der ruhige See** wirft das Licht des Himmels zurück und erzeugt ein Spiegelbild.*

Spiegelung

Lupe

***Eine konvexe Linse** lässt die **Dinge** größer wirken, als sie sind.*

LEDs oder erwärmen einen Metalldraht, der in **Glühlampen** leuchtet. **Licht durchdringt** verschiedene Gegenstände oder Medien auf unterschiedliche Weise. Trifft es auf einen undurchsichtigen Gegenstand, wird es zurückgeworfen bzw. **gespiegelt**. Wenn es von einem Medium in ein anderes eindringt, zum Beispiel aus der Luft ins Wasser, wird es **gebrochen** bzw. gebeugt. In **konvexen** und **konkaven Linsen** wird das Licht so gebeugt, dass Dinge **größer** oder **schärfer** erscheinen. Andere elektromagnetische Wellen wie **Infrarot** und **Ultraviolett** erzeugen Licht außerhalb des sichtbaren Bereichs. Sie lassen sich aber mit geeigneten Geräten sichtbar machen.

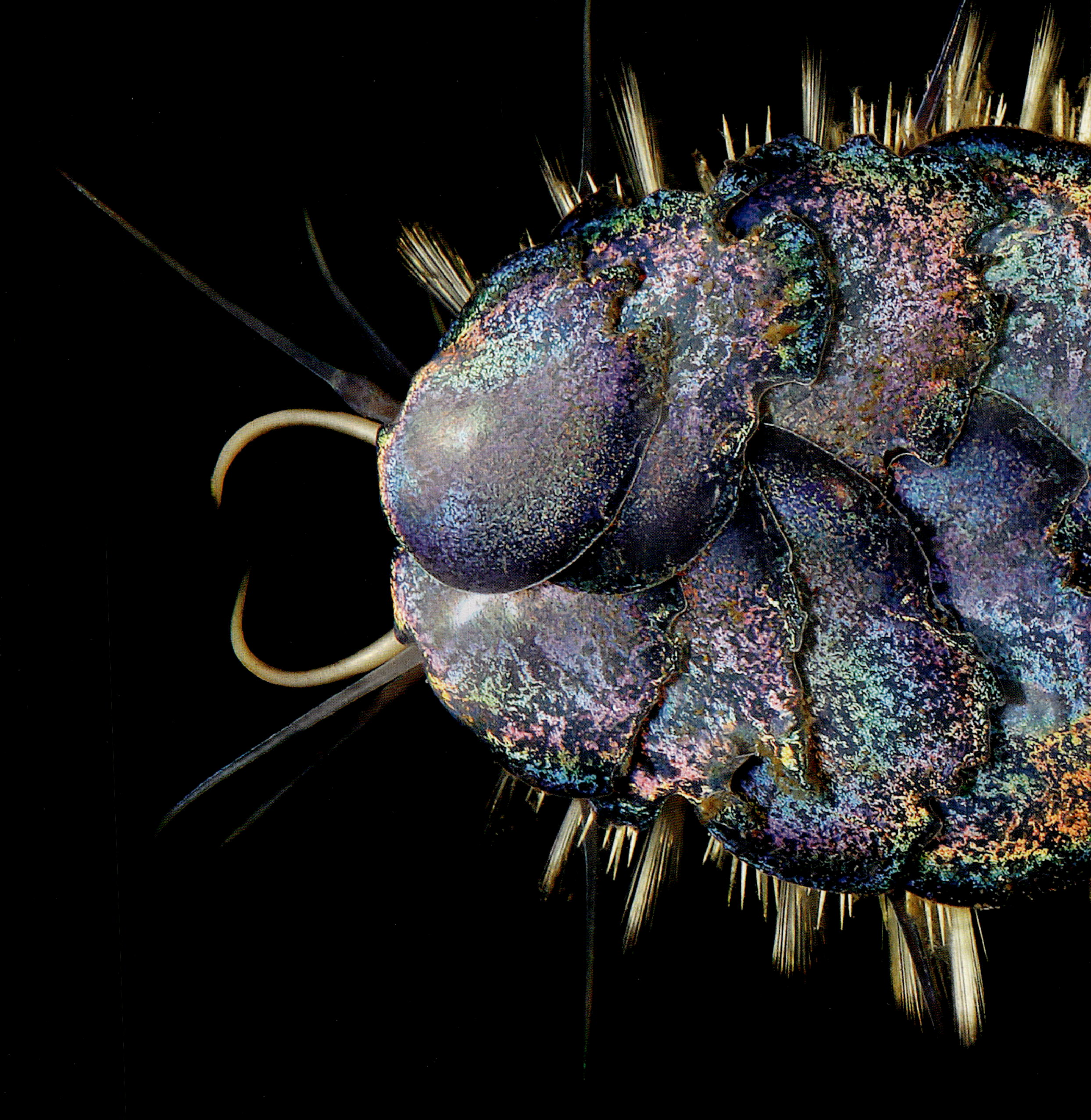

NEUE ARTEN Schimmernd und eindrucksvoll: Dieser Wurm aus der Tiefsee wurde wegen seiner schillernden Hautschuppen *Peinaleopolynoe elvisi* getauft, denn sie sehen aus wie die funkelnden Pailletten auf den Anzügen, die der amerikanische Sänger Elvis Presley trug. *P. elvisi* ist eine von vier neuen Arten räuberischer Vielborster, die im Jahr 2020 in den Tiefen des Pazifischen Ozeans entdeckt wurden.

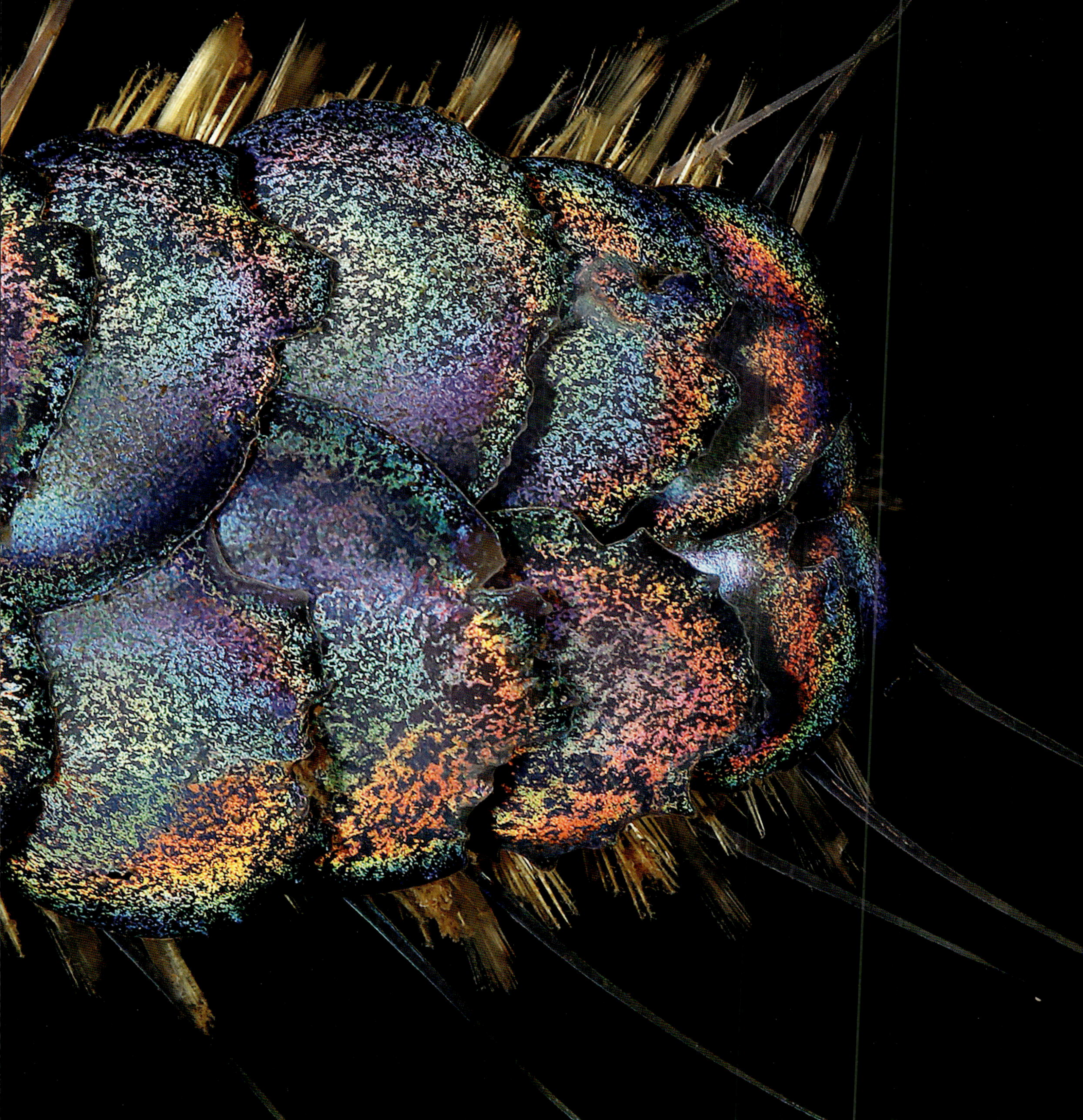

Die Würmer sind Teil einer langen Liste von Lebensformen, die 2020 neu entdeckt wurden. Allein die Teams aus dem Museum für Naturgeschichte in London (Großbritannien) entdeckten unglaubliche 503 neue Arten, darunter neun Schlangen, mehr als 70 Wespenarten und das Äffchen Popa-Langur, eine Langurenart, die nur in einem erloschenen Vulkan in Myanmar lebt. *P. elvisi* und seine Verwandten wurden mit einem bemannten Tiefsee-Tauchboot und mit Roboter-U-Booten entdeckt. Dank wissenschaftlicher und technischer Fortschritte können Forschende neue Lebensformen aufspüren und identifizieren. Sie kommen zu den mehr als 1,6 Mio. bereits beschriebenen Arten hinzu.

Biologie

Orang-Utans schwingen sich an den langen, starken Armen **von Ast zu Ast**.

Bewegung

Wahrnehmung

Der Geruchssinn von Hunden ist um ein Vielfaches empfindlicher als der von Menschen.

Fortpflanzung

Löwenzahnsamen werden vom Wind über ein weites Gebiet verstreut.

Fortpflanzung

Pantherschildkröten schlüpfen aus dem Ei, indem sie die Schale durchbrechen.

Wahrnehmung

Junge Sonnenblumen bewegen sich mit der Sonne.

Bewegung

Ein Krake saugt Wasser in seine Körperhöhle und presst es heraus, **um sich vorwärtszubewegen.**

Biologie ist die Wissenschaft des Lebens. Sie befasst sich mit Pflanzen und Tieren, vom kleinsten Bakterium bis zum Blauwal, dem größten heute lebenden Tier der Welt. Alle Lebensformen haben sieben Merkmale, an denen man erkennt, dass es sich um Lebewesen handelt.

Alle Lebewesen **nehmen Nahrung zu sich**. Sie liefert ihnen den nötigen Brennstoff für die **Atmung**, also für chemische Reaktionen, die Energie erzeugen. Ein Teil dieser Energie wird für das **Wachstum** verwendet, das ebenfalls ein Merkmal von Lebewesen ist. Einige Arten wachsen sogar sehr stark. Ein ausgewachsenes

***Wombat-Kot ist würfelförmig** und markiert das Territorium des Tiers.*

Ausscheidung

***Meerechsen niesen Salz aus**, nachdem sie unter Wasser Nahrung aufgenommen haben.*

Ausscheidung

***Die Samen der Rosskastanie** stecken in einer stacheligen Hülle.*

Wachstum

*Rosskastanien werden **bis zu 40 m hoch**.*

Meerechsen können unter Wasser über eine **halbe Stunde** lang den Atem anhalten.

***Der Butterfly-Koi nimmt über Kiemen** Sauerstoff aus dem Wasser auf.*

Atmung

*Die Raupe des Abendpfauenauges hat Tracheenöffnungen, **durch die sie Sauerstoff aus der Luft aufnimmt**.*

Atmung

***Ein Großer Panda ernährt sich fast nur von Bambus**. Er frisst täglich bis zu 16 Stunden.*

Ernährung

*Venusfliegenfallen fangen und verdauen Insekten, **weil sie Nährstoffe brauchen**.*

Nahrung

*Ein Kängurubaby, in Australien „Joey" genannt, **wächst im Beutel der Mutter heran**.*

Wachstum

Rotes Riesenkänguru zum Beispiel ist 96 000-mal so schwer wie bei seiner Geburt. Im Inneren aller Lebewesen laufen Vorgänge ab, bei denen Abfälle entstehen, die **ausgeschieden** werden müssen. Die Arten können nur erhalten bleiben, wenn sie sich **fortpflanzen**, also Nachkommen haben. Viele Pflanzen erzeugen dazu Samen, die sich verbreiten und aus denen neue Pflanzen wachsen. Tiere legen oft Eier oder gebären lebende Junge. Alle Lebewesen **bewegen sich** und können Veränderungen in ihrer Umgebung **wahrnehmen**. Pflanzen können beispielsweise bestimmte Teile dem Licht zuwenden und ihre Blüten öffnen und schließen.

Zellen

Zellen sind die winzigen Bausteine, aus denen alle Lebewesen bestehen. Ein Bakterium hat meist nur eine Zelle, ein Mensch dagegen viele Billionen. Zellen haben mehrere Aufgaben: Sie zersetzen Nahrung, nehmen die Umgebung wahr, wachsen und reparieren sich selbst.

Die Zellmembran umschließt das Zellplasma *in der Zelle und lässt bestimmte Stoffe hinein und hinaus.*

Das weiche endoplasmatische Retikulum *ist ein Netz aus Schläuchen und Taschen, in dem Fette transportiert werden.*

Zellkern › Er sitzt meist im Zentrum der Zelle und steuert alle Vorgänge, auch die chemischen Reaktionen. Zudem enthält er die genetischen Informationen der Zelle.

Lysosom › Lysosomen sind kleine Taschen, die zersetzende Enzyme enthalten. Sie werden freigesetzt, wenn unerwünschte Stoffe oder Angreifer in die Zelle gelangen.

Zellplasma › Eine dünne, geleeartige Flüssigkeit, die vor allem aus Wasser und gelösten Proteinen und Zuckern besteht. Viele der chemischen Reaktionen finden im Zellplasma statt.

Zellenarten

In mehrzelligen Lebewesen entwickeln sich zahlreiche Zellen zu spezialisierten Formen, die ganz bestimmte Eigenschaften haben und spezielle Funktionen erfüllen. Diese Zellen bilden zusammen Gewebe, wie zum Beispiel Muskel- oder Nervenfasern.

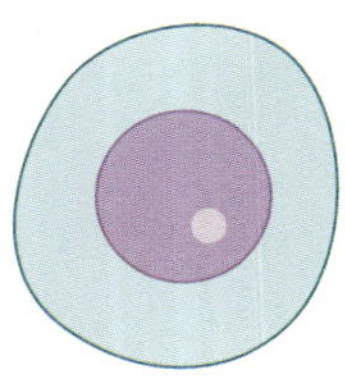

Stammzelle
Diese einfachen Zellen können sich zu jeweils einer bestimmten Form spezialisierter Zellen entwickeln.

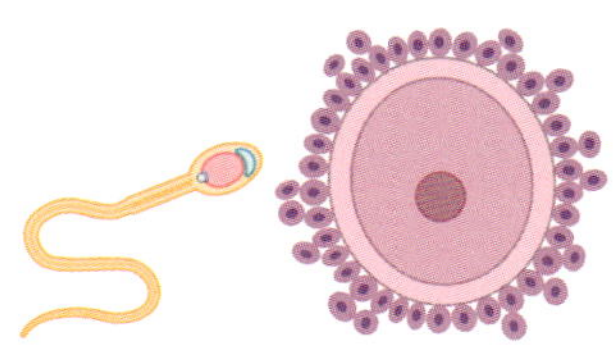

Fortpflanzungszellen
Es gibt weibliche (Ei) und männliche (Spermium) Zellen. Wird eine Eizelle von einer Spermienzelle befruchtet, kann sich ein Embryo entwickeln.

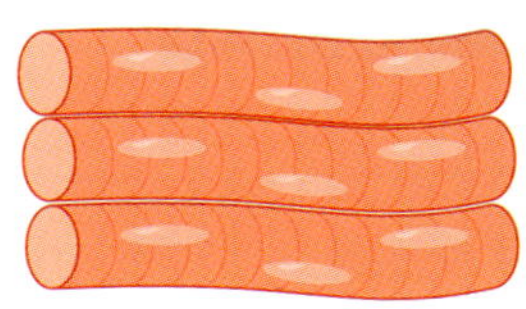

Skelettmuskelzelle
Die langen, fadenförmigen Zellen sind in Bündeln angeordnet. Sie bilden Muskeln, die mit dem Skelett verbunden sind.

Golgi-Apparat ❯ Die gefalteten Membranen verarbeiten Proteine und manche Fette. Sie verpacken sie so, dass sie gespeichert oder in der Zelle transportiert werden können.

Mitochondrium ❯ Ein Mitochondrium ist ein stabförmiges „Kraftwerk“, das Zucker in Moleküle namens ATP umwandelt, die wiederum Energie für die Zellfunktionen bereitstellen. In aktiven Zellen wie Muskelzellen gibt es besonders viele Mitochondrien (Mehrzahl von Mitochondrium).

Ribosom ❯ Diese mikroskopisch kleinen „Fabriken“ sind überall in der Zelle verstreut. Sie stellen überlebenswichtige Proteine her.

Tierische Zelle

Pflanzenzellen

Pflanzenzellen haben eine Zellwand, die fester und härter ist als die Zellmembran der tierischen Zelle. Sie enthalten auch zusätzliche Strukturen, die Wasser speichern, und den chemischen Stoff Chlorophyll. Bei der sogenannten Fotosynthese nimmt das Chlorophyll Energie aus dem Sonnenlicht auf und erzeugt damit Wasser und Zucker.

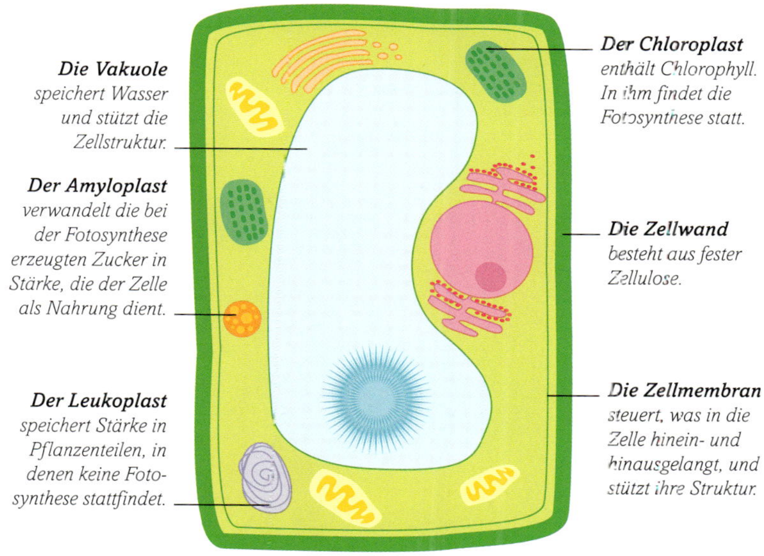

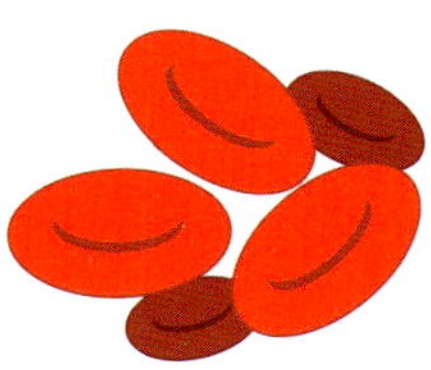

Rote Blutkörperchen
Diese Zellen transportieren den Sauerstoff durch den Körper. Sie haben keinen Zellkern und werden laufend neu gebildet.

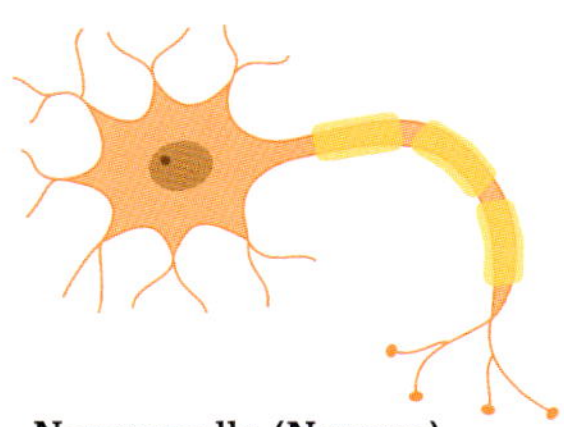

Nervenzelle (Neuron)
Neuronen empfangen und senden elektrische Impulse und bilden zusammen das Nervensystem, das alle Teile des Körpers steuert.

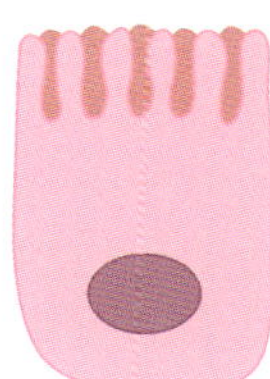

Epithelzelle
Sie bilden gemeinsam eine Schutzschicht auf der Oberfläche von Organen, Blutgefäßen und im Rachen.

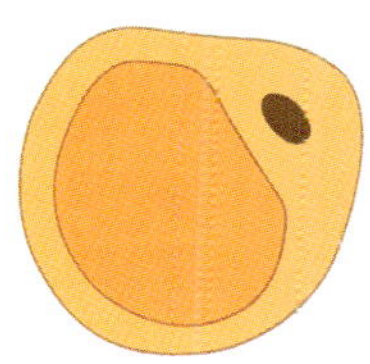

Fettzelle
Die bauchige Kugel dient als Fettspeicher und kann dem Körper Energie zur Verfügung stellen.

Der Körper

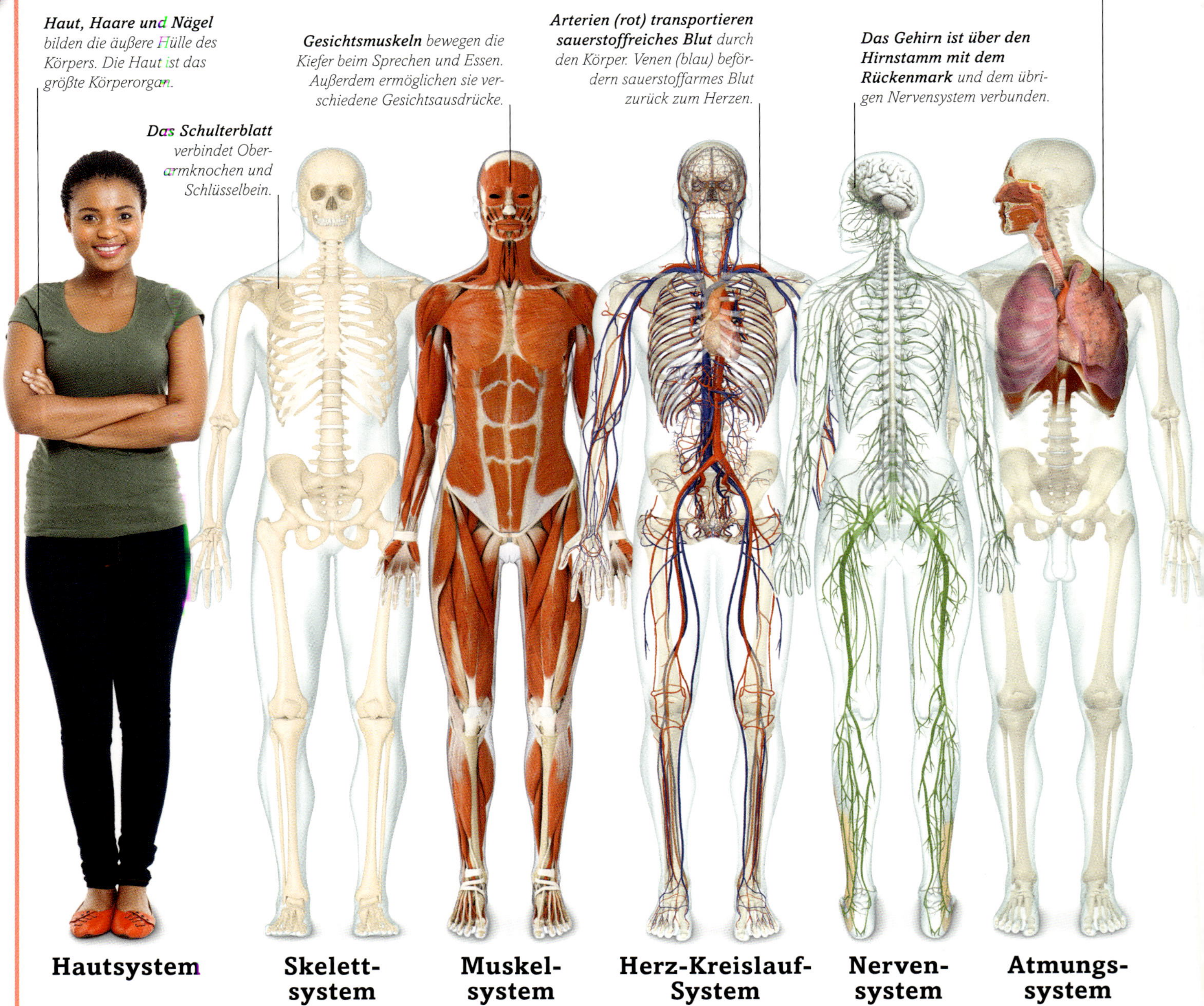

Der menschliche Körper ist eine große Ansammlung von Teilen, die alle zusammenarbeiten, damit er funktioniert. Die Teile bilden gemeinsam elf verschiedene Körpersysteme, in denen Organe komplizierte Aufgaben erledigen. Einige Systeme unterstützen und schützen bestimmte Körperteile. Andere sorgen dafür, dass der Körper sich bewegen, wachsen, fortpflanzen, selbst heilen und gegen Krankheiten verteidigen kann.

Mehr als 200 Knochen bilden das **Skelettsystem**, das den Körper stützt und gleichzeitig die empfindlichen Organe schützt wie die Schädelknochen das Gehirn. Das Skelettsystem ist mit dem **Muskelsystem** verbunden und beide sorgen dafür, dass wir uns bewegen können. Dazu braucht der Körper Energie, die das **Verdauungssystem** liefert, denn es holt die Nährstoffe aus unserer Nahrung. Außerdem braucht der Körper Sauerstoff, den er über die Lunge und andere Teile des **Atmungssystems** aus der

Die erbsengroße Hypophyse steuert das Hormonsystem.

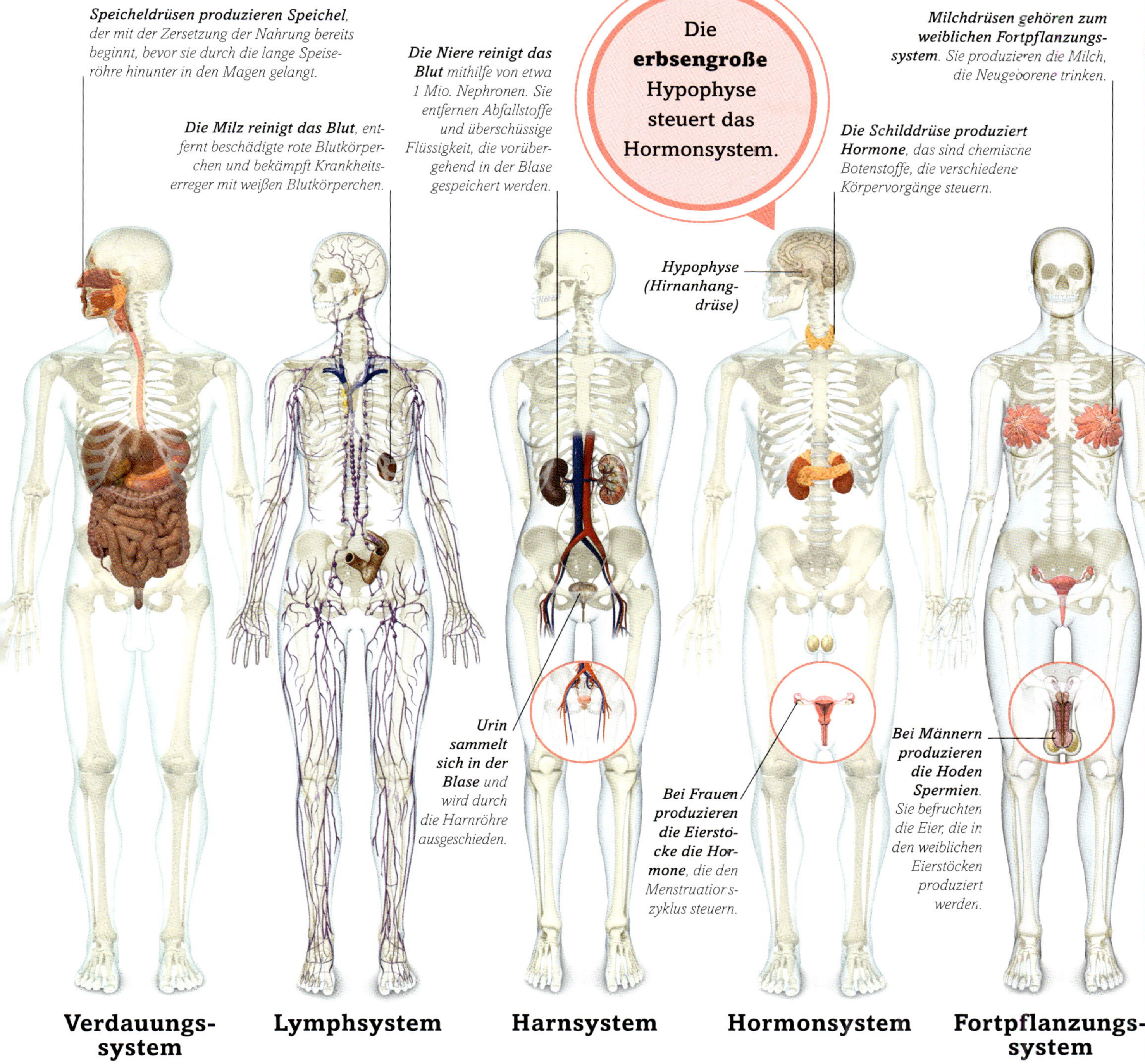

Luft holt. Sauerstoff und Nährstoffe werden im Blut durch den Körper transportiert. Das Herz pumpt das Blut durch die Adern und zusammen bilden sie das **Herz-Kreislauf-System**. Darüber hinaus befördert das Blut Abfallstoffe, die zum Teil vom **Harnsystem** ausgefiltert und als Urin ausgeschieden werden. Die Anweisungen an die verschiedenen Systeme werden vom **Nervensystem** übermittelt, dem Netzwerk aus Nerven, das mit dem Gehirn verbunden ist.

AUFBAU DES KÖRPERS

Etwa 37 Billionen Zellen sind die Bausteine des menschlichen Körpers. Ähnliche Zellen bilden jeweils ein Gewebe, das eine bestimmte Funktion erfüllt: Muskelgewebe ermöglicht zum Beispiel Bewegung. Mehrere Gewebe, zum Beispiel Muskel- und Nervengewebe, bilden zusammen ein Organ wie das Herz, das wiederum Teil eines Organsystems ist.

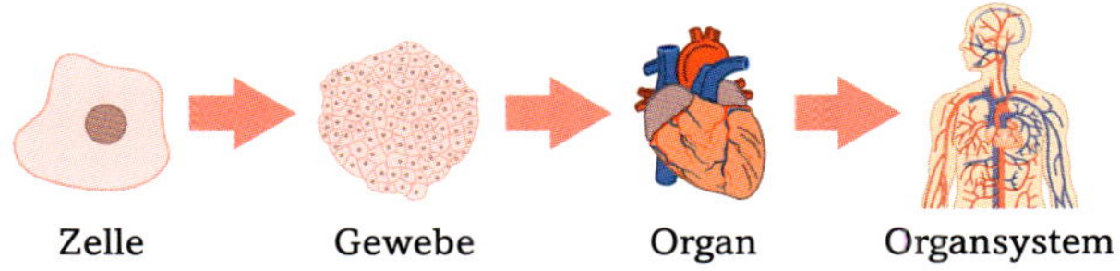

Das Gehirn

Das menschliche Gehirn liegt geschützt innerhalb des Schädelknochens und schwimmt in der sogenannten Gehirnflüssigkeit. Es verbraucht rund ein Fünftel der gesamten Energie des Körpers. Das gefaltete Großhirn ist der größte Teil des Gehirns. Es ist in vier sogenannte Lappen geteilt, die jeweils unterschiedliche Funktionen erfüllen.

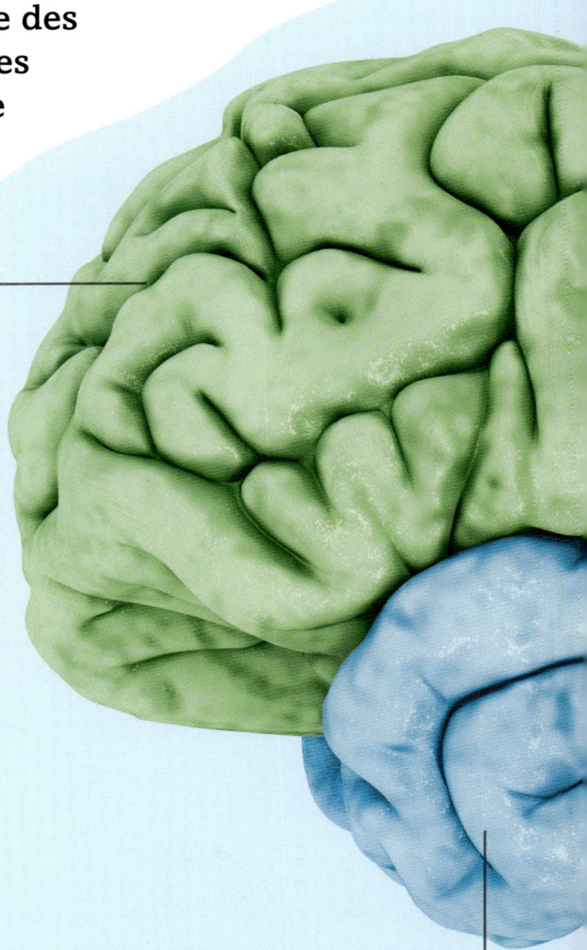

Frontallappen ❯ Planung, logisches Denken und Lernen sowie Argumentation und Problemlösung finden hier statt. Dieser Lappen verarbeitet auch komplexe Gefühle und steuert die Verständigung mit anderen Menschen.

Schläfenlappen ❯ Hier wird das Gehör gesteuert, sodass eine Person Geräusche, ihre Lautstärke und die Tonlage erkennt. Wichtig ist die Region aber auch für das Sprechen und das Verstehen von Gesprochenem. Sie spielt auch für das Langzeitgedächtnis eine Rolle.

Links und rechts

Das Gehirn hat zwei Hälften oder Hemisphären: die rechte und die linke. Die beiden Hälften sind über ein dickes Nervenfaserbündel verbunden, das als Gehirnbalken bezeichnet wird.

__Die linke Gehirnhälfte__ steuert die rechte Körperseite.

__Die rechte Gehirnhälfte__ ist für die linke Körperseite zuständig.

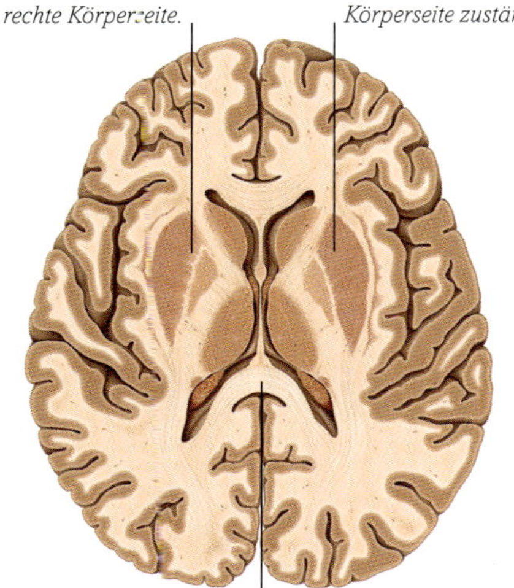

__Der Gehirnbalken__ umfasst etwa 200 Mio. Nervenfasern.

Scheitellappen ❯ Der Lappen steuert den Tastsinn, erkennt Temperaturen und Schmerzen und kombiniert die Signale, die von allen Sinnen ankommen. Er „beobachtet" auch die Stellung der Muskeln und Gelenke zueinander, sodass eine Person jederzeit die Position ihrer Körperteile kennt. Das nennt man Selbstwahrnehmung.

Das limbische System

Unterhalb des Großhirns liegen eine Reihe von Teilen, die das limbische System bilden. Es steuert grundlegende Körperfunktionen wie den Herzschlag und Instinkte und Impulse, etwa Wut, die das Überleben sichern.

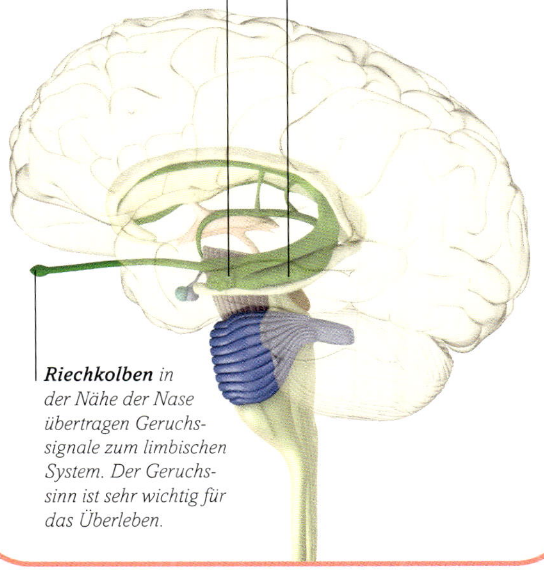

Die Amygdala *verarbeitet einfache Gefühle und Stimmungen und beeinflusst das Verhalten.*

Der Hippocampus *hilft bei der Bildung von Erinnerungen, beim Lernen und beim Verarbeiten neuer Erfahrungen.*

Riechkolben *in der Nähe der Nase übertragen Geruchssignale zum limbischen System. Der Geruchssinn ist sehr wichtig für das Überleben.*

Seitenansicht des Gehirns

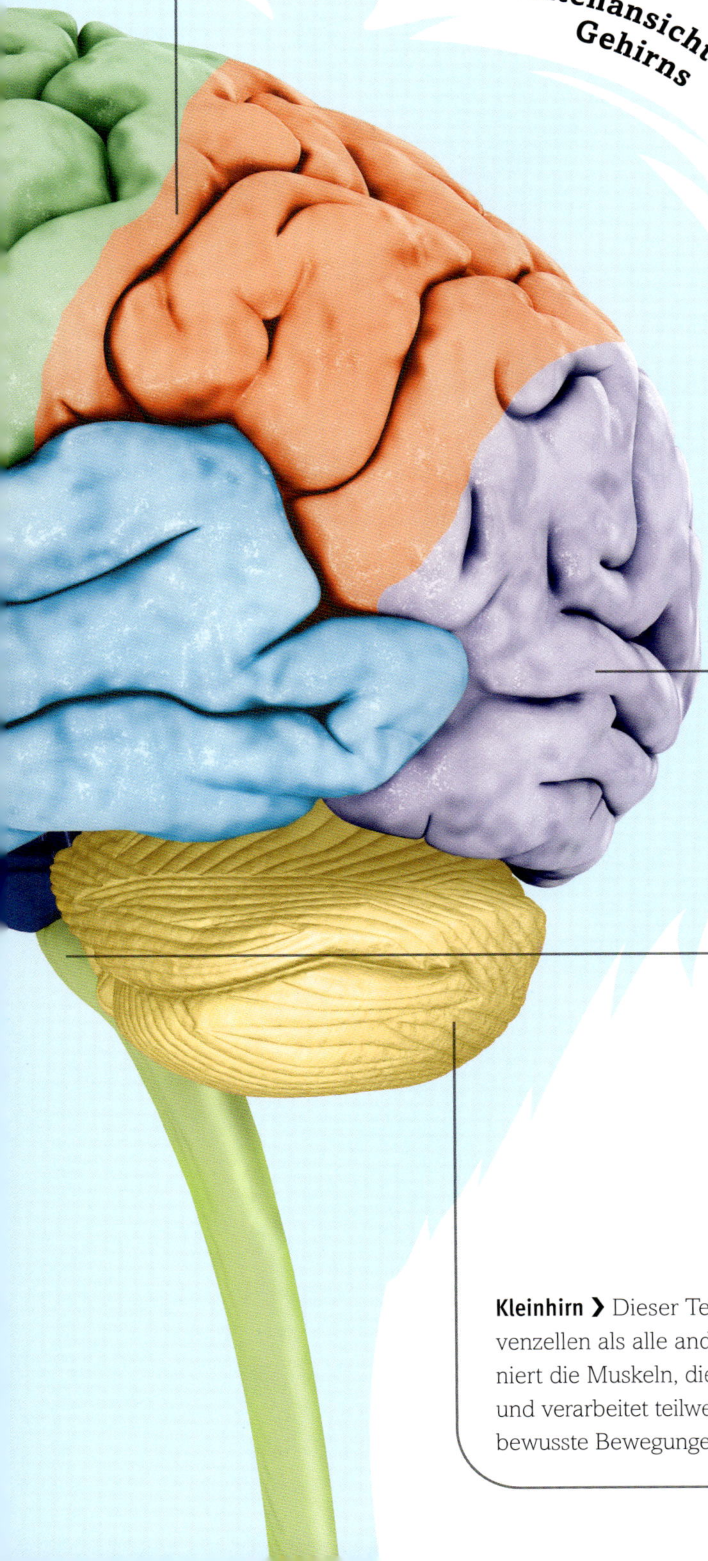

Hinterhauptslappen ❯ Hier strömen über den Sehnerv ständig die Signale von den Augen ein. Dieser Lappen erkennt Dinge und Gesichter und verarbeitet die Bilder, wobei er Größe, Entfernung und Bewegung von Objekten einschätzt und verfolgt.

Stammhirn ❯ Dieser Teil verbindet das Gehirn mit dem Rückenmark, von dem die Nerven in alle Körperteile ausgehen. Er kontrolliert viele lebenswichtige, unbewusste Körperfunktionen wie Atmung, Verdauung und Blutkreislauf.

Kleinhirn ❯ Dieser Teil des Gehirns enthält mehr Nervenzellen als alle anderen Teile zusammen. Er koordiniert die Muskeln, die Haltung und das Gleichgewicht und verarbeitet teilweise auch Gefühle. Zudem steuert er bewusste Bewegungen wie Gehen oder Augenreiben.

Skelette

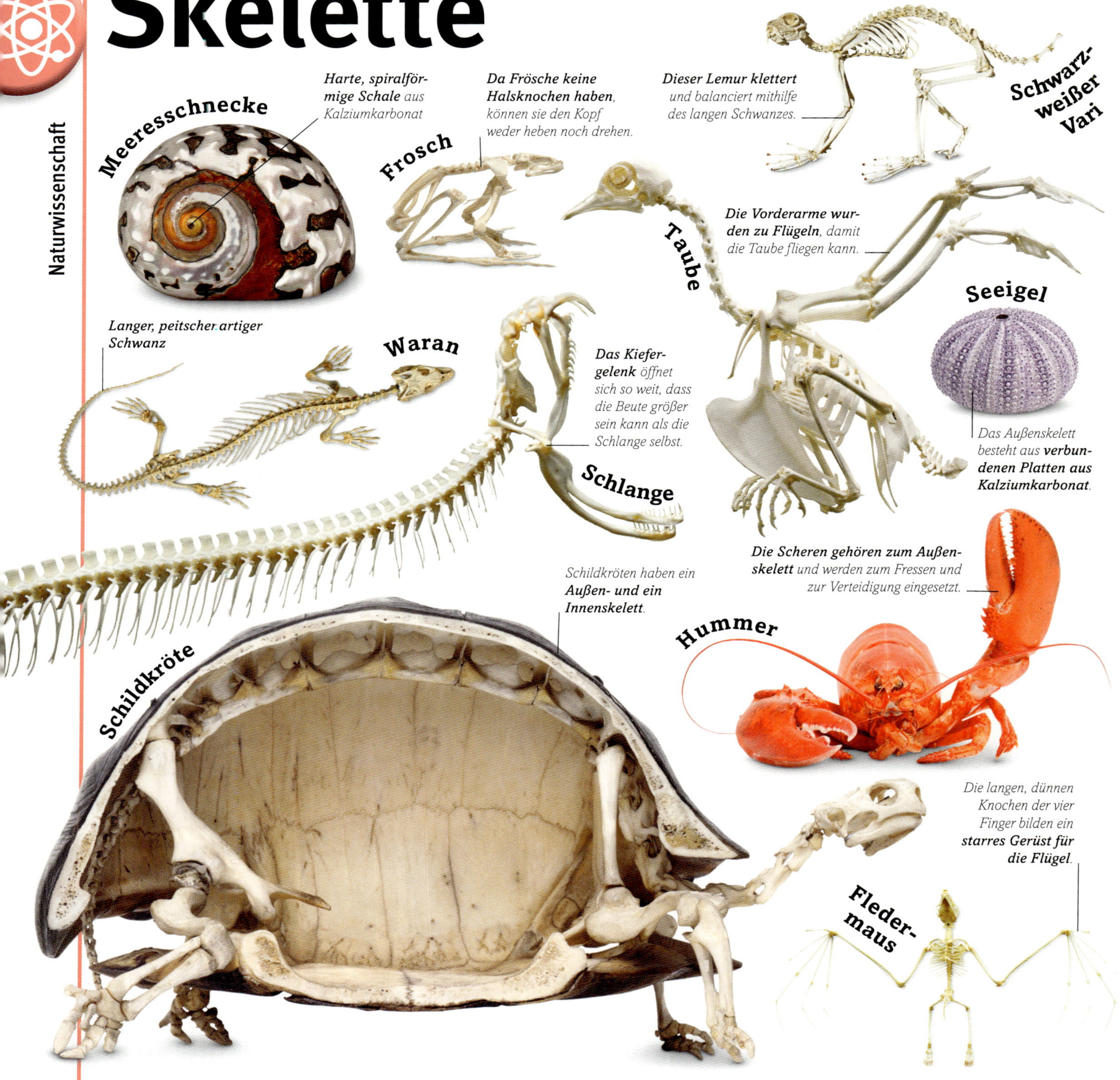

Das Skelett ist ein Gerüst, das den Körper trägt, die inneren Organe schützt und oft bei der Bewegung hilft. Es kann sich entweder außen am Körper (Exoskelett) oder im Inneren (Endoskelett) befinden. Einige Wirbellose haben Außenskelette, aber viele Tiere haben ein Innenskelett.

Insekten und Spinnen haben ein Außenskelett und **Meeresschnecken** und **Landschnecken** eine entsprechende Schale. Außenskelett und Schale sind in der Regel hart und starr. Daher werfen Tiere wie Zikaden, wenn sie wachsen, ihr altes Außenskelett ab. Junge **Hummer** häuten sich bis zu 25-mal, bis sie ausgewachsen sind.

Zikade

Das neue Außenskelett einer gehäuteten Zikade ***härtet mit der Zeit aus.***

Mensch

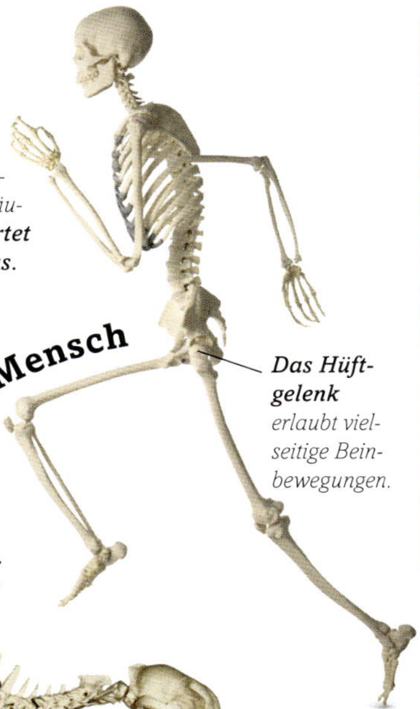

Das Hüftgelenk *erlaubt vielseitige Beinbewegungen.*

HYDROSKELETT

Einige Wirbellose wie Regenwürmer und Quallen haben mit Wasser gefüllte Hohlräume, die von einer Muskelwand umgeben sind. Diese Flüssigkeitspolster funktionieren wie ein Skelett.

Das Hydroskelett gibt dem Körper eine Form und ermöglicht Bewegung.

Schneeleopard

Mit den langen Hinterbeinen *springt der Schneeleopard in einem Sprung bis zu 15 m weit.*

Igelfisch

Igelfische können so viel Wasser schlucken, dass sie **3–4-mal** größer werden.

Knochenstacheln *stellen sich auf, wenn der Fisch sich größer macht.*

Mantarochen

Flossenstrahlen aus Knorpel *stützen die breiten Flossen der Rochen.*

Das spiralförmige Gehäuse stützt und schützt *die weichen Körperteile im Inneren.*

Landschnecke

Der lange Knorpelschwanz *lässt sich fast an den Körper anlegen.*

Katzenhai

Die meisten Lebewesen mit Innenskelett, darunter der **Schwarz-weiße Vari** und der **Waran**, haben ein Rückgrat (Wirbelsäule) aus vielen einzelnen Wirbelknochen. Die **menschliche** Wirbelsäule hat 33 Wirbel, aber bei **Schlangen** können es sogar 500 Wirbel sein, damit sie sich schlängelnd fortbewegen können. Bei Flugtieren wie der **Taube** oder der **Fledermaus** sind die Skelette außerordentlich leicht. Und es gibt auch Skelette, die nicht aus Knochen bestehen. Haie und Rochen, beispielsweise der **Katzenhai** und der **Mantarochen**, haben ein Knorpelskelett. Knorpel ist ein biegsames und dennoch festes Material.

WAS TUN GENE? Diese neun Wochen alten Havaneser-Welpen, die alle in einem Wurf von derselben Mutter geboren wurden, sehen unterschiedlich aus. Entweder hat die Mutter mehrere Eizellen gleichzeitig gebildet, die dann von verschiedenen Rüden befruchtet wurden, sodass die Welpen verschiedene Väter haben, oder die Welpen haben von ihrem gemeinsamen Elternpaar jeweils verschiedene Merkmale geerbt.

Die Zellen aller Lebewesen enthalten chemische Moleküle, die Gene, die Anweisungen zum Aufbau des Körpers in sich tragen. Sie sind in einem langen, verschlungenen Molekül, der DNA (Desoxyribonukleinsäure), gespeichert. Jedes Merkmal, zum Beispiel die Ohrenform oder die Fellfarbe, wird von einem oder mehreren Genen beeinflusst. Eltern geben durch Vererbung ihre Gene an die Nachkommen weiter. Aber die DNA jedes Kinds enthält jeweils nur die Hälfte der Gene jedes Elternteils. Da einige Gene dominant (stärker) sind und andere nicht, haben Kinder eines Elternpaars oft unterschiedliche Merkmale. Obwohl diese Welpen nicht gleich aussehen, können sie also dieselben Eltern haben.

Periodensystem

Der russische Chemiker Dmitri Mendelejew ordnete 1869 die chemischen Elemente nach ihrer Atommasse in eine Tabelle ein. Im Lauf der Zeit wurde seine Tabelle verbessert und heute sind die Elemente im Periodensystem nach ihren Ordnungszahlen in aufsteigender Reihenfolge von links nach rechts und von oben nach unten geordnet.

	1	2	3	4	5	6	7	8	9
1	1 **H** 1.0079								
2	3 **Li** 6.941	4 **Be** 9.0122							
3	11 **Na** 22.990	12 **Mg** 24.305							
4	19 **K** 39.098	20 **Ca** 40.078	21 **Sc** 44.956	22 **Ti** 47.867	23 **V** 50.942	24 **Cr** 51.996	25 **Mn** 54.938	26 **Fe** 55.845	27 **Co** 58.933
5	37 **Rb** 85.468	38 **Sr** 87.62	39 **Y** 88.906	40 **Zr** 91.224	41 **Nb** 92.906	42 **Mo** 95.94	43 **Tc** (96)	44 **Ru** 101.07	45 **Rh** 102.91
6	55 **Cs** 132.91	56 **Ba** 137.33	57-71 **La-Lu**	72 **Hf** 178.49	73 **Ta** 180.95	74 **W** 183.84	75 **Re** 186.21	76 **Os** 190.23	77 **Ir** 192.22
7	87 **Fr** (223)	88 **Ra** (226)	89-103 **Ac-Lr**	104 **Rf** (261)	105 **Db** (262)	106 **Sg** (266)	107 **Bh** (264)	108 **Hs** (277)	109 **Mt** (268)
				57 **La** 138.91	58 **Ce** 140.12	59 **Pr** 140.91	60 **Nd** 144.24	61 **Pm** (145)	62 **Sm** (150.36)
				89 **Ac** (227)	90 **Th** 232.04	91 **Pa** 231.04	92 **U** 238.03	93 **Np** (237)	94 **Pu** (244)

***Wasserstoff ist das leichteste Element**. Es hat nur ein Proton in seinem Kern.*

*Magnesium ist in Gruppe 2, also **ein Erdalkalimetall**.*

ZEICHENERKLÄRUNG

- Wasserstoff
- Alkalimetalle
- Erdalkalimetalle
- Übergangsmetalle
- Lanthanoide
- Actinoide
- Borgruppe
- Kohlenstoffgruppe
- Stickstoffgruppe
- Sauerstoffgruppe
- Halogene
- Edelgase

Lanthanoide und Actinoide ❯ Diese Elemente stehen ganz unten in der Tabelle. Lanthanoide sind 15 natürlich vorkommende Metalle. Die Actinoide umfassen Uran (U), Plutonium (Pu) und einige künstlich erzeugte Elemente.

Die Tabelle lesen

Elemente
Jedes Element hat einen bestimmten Platz in der Tabelle, der von seinen chemischen Eigenschaften festgelegt wird. Manchmal ist sein vollständiger Name angegeben, immer aber die Ordnungszahl, das Elementsymbol und die Atommasse.

3 **Li** 6.941

- **Ordnungszahl:** *Anzahl der Protonen im Atomkern* (3)
- **Elementsymbol:** *Kurzschreibweise für jedes Element* (Li)
- **Atommasse:** *durchschnittliche Atommasse der verschiedenen Isotope eines Elements* (6.941)

Gruppen
Die Elemente sind auf 18 Spalten verteilt, die als Gruppen bezeichnet werden. Alle Elemente in einer Gruppe haben gleich viele Elektronen in der Außenschale und reagieren daher auf ähnliche Weise mit anderen Stoffen.

Perioden
Jede Zeile (Periode) der Tabelle enthält Elemente mit gleich vielen Elektronenschalen. Eisen (Fe) hat zum Beispiel 26 Elektronen in vier Schalen, während Helium (He) nur eine Elektronenschale hat, die mit zwei Elektronen besetzt ist.

Helium ist das leichteste Edelgas.

*Bor ist ein graues, glänzendes **Halbmetall**.*

***Kupfer ist in einer Gruppe mit sehr reaktionsträgen Elementen** wie Gold (Au) und Silber (Ag).*

10	11	12	13	14	15	16	17	18
								2 **He** 4.0026
			5 **B** 10.811	6 **C** 12.011	7 **N** 14.007	8 **O** 15.999	9 **F** 18.998	10 **Ne** 20.180
			13 **Al** 26.982	14 **Si** 28.086	15 **P** 30.974	16 **S** 32.065	17 **Cl** 35.453	18 **Ar** 39.948
28 **Ni** 58.693	29 **Cu** 63.546	30 **Zn** 65.39	31 **Ga** 69.723	32 **Ge** 72.64	33 **As** 74.922	34 **Se** 78.96	35 **Br** 79.904	36 **Kr** 83.80
46 **Pd** 106.42	47 **Ag** 107.87	48 **Cd** 112.41	49 **In** 114.82	50 **Sn** 118.71	51 **Sb** 121.76	52 **Te** 127.60	53 **I** 126.90	54 **Xe** 131.29
78 **Pt** 195.08	79 **Au** 196.97	80 **Hg** 200.59	81 **Tl** 204.38	82 **Pb** 207.2	83 **Bi** 208.96	84 **Po** (209)	85 **At** (210)	86 **Rn** (222)
110 **Ds** (281)	111 **Rg** (272)	112 **Cn** 285	113 **Nh** 284	114 **Fl** 289	115 **Mc** 288	116 **Lv** 293	117 **Ts** 294	118 **Og** 294
63 **Eu** 151.96	64 **Gd** 157.25	65 **Tb** 158.93	66 **Dy** 162.50	67 **Ho** 164.93	68 **Er** 167.26	69 **Tm** 168.93	70 **Yb** 173.04	71 **Lu** 174.97
95 **Am** (243)	96 **Cm** (247)	97 **Bk** (247)	98 **Cf** (251)	99 **Es** (252)	100 **Fm** (257)	101 **Md** (258)	102 **No** (259)	103 **Lr** (262)

Elemente

Hydrogen

Wasserstoff ist ein farbloses Gas, *das violett leuchtet, wenn Elektrizität hindurchgeleitet wird.*

Natrium

Natrium bildet viele bekannte Verbindungen, *zum Beispiel Speisesalz.*

Kalium

Das weiche silbrige Metall *wird stumpf und grau, wenn es mit Luft reagiert.*

Magnesium

Aus Magnesium werden oft leichte Legierungen *für den Bau von Flugzeugen und Elektronikgeräten hergestellt.*

Strontium

Coelestin-Kristalle enthalten Spuren von Strontium, *das in Feuerwerken für die hellroten Flammen sorgt.*

Im alten Ägypten fand **Bismut** Verwendung als **Schminke**.

Vanadium

Vanadium findet man *in mehr als 60 Mineralen auf der Erde.*

Das Metall hat einen sehr niedrigen Schmelzpunkt *von nur 29,8 °C.*

Gallium

Gold

Das weiche Metall *lässt sich gut verformen und wird meist zu Schmuckstücken verarbeitet.*

Ytterbium

Winzige Mengen des Metalls werden rostfreiem Stahl beigemengt, *um ihn zu verbessern.*

Uran

Uran ist ein hoch radioaktives Metall, *das in Atomreaktoren als Brennstoff dient.*

Ein Element ist ein Stoff, der sich nicht weiter in andere Stoffe zerlegen lässt. Elemente sind die Bausteine aller Objekte im Universum. Wir kennen 118 Elemente, aber nur rund 90 kommen auf der Erde natürlich vor, die übrigen wurden im Labor erzeugt.

Jedes Element hat andere Eigenschaften und wird entsprechend verwendet. **Gold** wird wegen seiner Seltenheit, Verformbarkeit und für seinen Glanz geschätzt. Andere wie **Vanadium** und **Magnesium** bilden starke Legierungen mit anderen Metallen. Die weitaus meisten Elemente, darunter **Bismut**, **Strontium** und

Kohlenstoff

***Diamanten sind meist farblos**, aber es gibt auch seltene farbige Exemplare.*

Phosphor

***Rotes Phosphorpulver** wird in Düngern und Sprengstoffen verwendet.*

Sauerstoff

*Das **transparente Gas** macht ein Fünftel der Erdatmosphäre aus.*

Bismut

***Bismut bildet regenbogenfarbene Kristalle** in Treppenstruktur.*

Schwefel

***Blassgelbe Schwefelkristalle** findet man selten in der Natur.*

Tellur

***Tellur ist ein Halbmetall** und vereint daher Eigenschaften von Metallen und Nichtmetallen.*

Selen

***Das graue Selen ist hart** und hat einen silbrigen Glanz.*

WAS IST EIN ELEMENT?

Jedes Element besteht nur aus einer Art von Atomen. Die meisten Elemente können aber mit anderen Elementen reagieren und dabei entstehen Moleküle eines neuen Stoffs – einer sogenannten Verbindung.

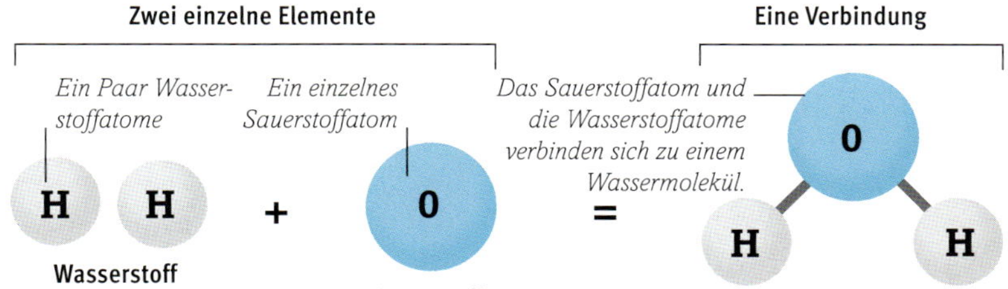

Neon

***Wenn Elektrizität durch das Gas** geleitet wird, leuchtet es.*

Iod

***Beim Erhitzen** verwandelt sich festes Iod in ein dunkelviolettes Gas.*

Gallium, sind Metalle, aber das Element, das am häufigsten vorkommt, ist kein Metall, sondern **Wasserstoff**. Er bildet 75 Prozent der gesamten bekannten Materie im Universum. In Gegenwart von **Sauerstoff** verbrennt er sehr heftig. Einige Metalle wie **Natrium** und **Kalium** reagieren stark mit Luft und Wasser. **Neon** reagiert mit keinem anderen Element. Man nennt diese Eigenschaft reaktionsträge. Jedes Element ist einzigartig, aber einige, zum Beispiel **Phosphor** und **Schwefel**, kommen in mehreren Formen vor. Jedes sogenannte Allotrop hat andere Eigenschaften. Diamanten, Graphit und Graphen sind Allotrope von **Kohlenstoff**.

STARKE REAKTION

Die „Schlange des Pharao“ ist das Ergebnis einer chemischen Reaktion zwischen zwei Haushaltsprodukten. Im Labor werden Zucker und Natron (Natriumhydrogenkarbonat) vermischt und in einem tiefen Teller verbrannt. Wenn sich Natron und Zucker erhitzen, entstehen Natriumkarbonat, Wasserdampf und Kohlendioxidgas. Sie dehnen sich rasch aus und erzeugen diese lange schwarze „Schlange“.

Das bekannte Experiment zeigt eine von Tausenden chemischen Reaktionen, die sich in der Welt um uns herum abspielen. Die Chemie ist die Wissenschaft, die diese Reaktionen erforscht und den Aufbau und das Verhalten der beteiligten Stoffe untersucht. Jeder Stoff besteht aus einem oder mehreren Elementen und die Chemie erforscht ihre Eigenschaften, also zum Beispiel Aussehen, Dichte, Schmelz- und Siedepunkt sowie alles, was passiert, wenn sie miteinander reagieren und neue Stoffe bilden. Fortschritte in der Chemie liefern uns Erkenntnisse über die Vorgänge in Lebewesen und auch über neue Werkstoffe, Medikamente sowie alles Mögliche andere, von Lebensmitteln bis Batterien.

Chemische Reaktionen

Beim Abkühlen kehrt sich die Reaktion um *und es entsteht farbloses Distickstofftetroxid.*

Wird Distickstofftetroxid erhitzt, *verwandelt es sich in braunes Stickstoffdioxid.*

Umkehrbare Reaktion

Natrium reagiert explosiv mit Wasser. *Es entsteht Wasserstoff, der mit orangefarbener Flamme brennt.*

Alkalimetall reagiert mit Wasser

Fotosynthese

Blätter nehmen Kohlendioxid und Sonnenlicht auf *und erzeugen daraus Sauerstoff und Glukose.*

Gummi-Ei

Die Säure im Essig *löst die Kalkschale des Eis auf.*

Ein Mensch atmet durchschnittlich **11 000 Liter Luft** pro Tag ein und aus.

Atmung

Durch die Atmung *wird gespeicherte chemische Energie in die Umgebung freigesetzt.*

Säure-Base-Reaktion

Bei der Reaktion von Natron mit Essig *entsteht Schaum.*

Die Bräunungsreaktion beim Braten von Lebensmitteln wie Fleisch *setzt den Geschmack frei.*

Maillard-Reaktion

In einer chemischen Reaktion werden Stoffe zerlegt, sodass sich ihre Atome neu anordnen können und neue Stoffe bilden. Wir kennen Tausende von chemischen Reaktionen und einige davon nutzen wir Menschen, um Energie, Werkstoffe und Nahrungsmittel herzustellen.

Ohne chemische Reaktionen kann kein Lebewesen existieren. Bei der Reaktion der **Fotosynthese** entsteht in Pflanzenzellen, die Chlorophyll enthalten, die Nahrung der Pflanzen. Jeder Organismus braucht Energie und er holt sie sich durch **Atmung** – eine Reaktion in den Zellen, die Energie aus Glukose gewinnt. **Verbrennung**

Elefanten-Zahnpasta

***Wasserstoffperoxid** reagiert mit Hefe und Spülmittel zu Schaum.*

Aufgehender Brotteig

***Weil Hefe Kohlendioxidblasen erzeugt,** geht der Teig auf.*

Rostendes Eisen

***Rost bildet sich,** wenn Eisen in Gegenwart von Wasser mit Sauerstoff reagiert.*

Kalkwasserprobe

*Mit diesem Test kann man **Kohlendioxid nachweisen**.*

***Kalkwasser trübt sich,** wenn Kohlendioxid vorhanden ist*

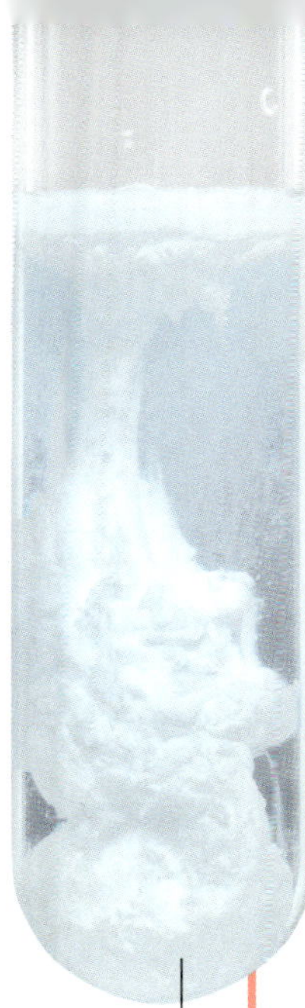

Silberchlorid

***Wird Kaliumchlorid mit Silbernitratlösung vermischt,** erhält man Silberchlorid.*

Reifen und faulen

***Unreife Bananen sind grün,** weil sie Chlorophyll in den Zellen haben.*

***Das Gas Ethen spaltet das Chlorophyll,** wenn Bananen reifen.*

Verbrennung

***Brennt eine Kerze,** entstehen Kohlenstoffteilchen (Ruß).*

WAS IST EINE CHEMISCHE REAKTION?

In einer chemischen Reaktion reagieren mehrere Stoffe zu neuen Stoffen, die man Reaktionsprodukte nennt. Während der Reaktion werden die Verbindungen der ursprünglichen Stoffe getrennt und neue Verbindungen gebildet, aber die Gesamtzahl der Atome bleibt gleich.

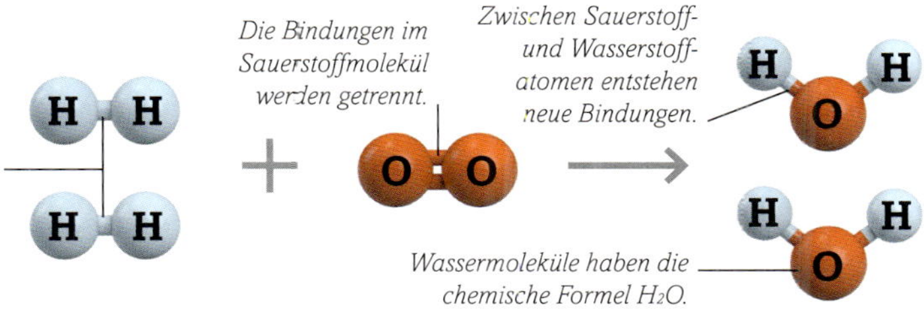

Die Wassermoleküle trennen sich.

Die Bindungen im Sauerstoffmolekül werden getrennt.

Zwischen Sauerstoff- und Wasserstoffatomen entstehen neue Bindungen.

Wassermoleküle haben die chemische Formel H_2O.

ist eine Reaktion, bei der Wärme und Licht entstehen. In Nahrungsmitteln laufen Reaktionen ab, durch die sie **reifen**, aber auch **faulen**, oder die Kohlendioxidgas erzeugen, wodurch **Brotteig aufgeht**. Viele Metalle reagieren mit Wasser und Luft. Entweder langsam wie bei Eisen, wenn es **rostet**, oder explosiv wie bei einem **Alkalimetall, das in Wasser** gelegt wird. Bei **umkehrbaren Reaktionen** können die Produkte aus einer Reaktion erneut miteinander reagieren, sodass die ursprünglichen Stoffe wiederhergestellt werden.

Der pH-Wert

Der pH-Wert eines Stoffs wird auf einer Skala von 0 bis 14 gemessen. Er gibt an, wie stark eine Säure oder eine Base (Lauge) ist. Ein saurer Stoff oder eine Säure hat einen pH-Wert von weniger als 7, bei einem basischen Stoff oder einer Base ist der pH-Wert dagegen größer als 7. Säuren geben in Wasser Wasserstoffionen ab (Wasserstoffatome, die ihr Elektron verloren haben), während Basen in Wasser Hydroxidionen abgeben (Wasserstoffatome mit einem zusätzlichen Elektron).

Starke Säure (0–2) › Zwischen 0 und 6 bedeutet jede Erhöhung der Zahl um 1, dass eine Säure zehnmal schwächer ist als bei dem Wert darunter. Starke Säuren wie die Schwefelsäure in Autobatterien zersetzen sich in Wasser vollständig und lösen daher viele andere Stoffe auf. Zitronensaft enthält Zitronensäure, die weniger stark ist.

Autobatterie (pH 1)

Zitronensaft (pH 2)

Schwache Säure (3–6) › Schwache Säuren zersetzen sich in Wasser nicht vollständig. Viele Früchte sind schwach sauer und schmecken säuerlich. Der pH-Wert von Äpfeln liegt bei 3, der von Erdbeeren bei 3–3,9 und der von Orangen bei 3,6–4,3. Milchprodukte sind im Vergleich dazu viel weniger sauer. Butter hat den pH-Wert 6 und Milch hat 6,5.

Apfel (pH 3)

Butter (pH 6)

pH 0 **pH 1** **pH 2** **pH 3** **pH 4** **pH 5** **pH 6**

Neutral (7) ❯ Neutrale Stoffe wie reines, destilliertes Wasser sind weder sauer noch basisch.

Destilliertes Wasser (pH 7)

pH-Werte testen

Den pH-Wert eines Stoffs misst man entweder mit einem elektronischen Messgerät oder mit einem chemischen Indikator wie Lackmuspapier. Das Papier ist mit chemischen Stoffen beschichtet, die sich unterschiedlich verfärben.

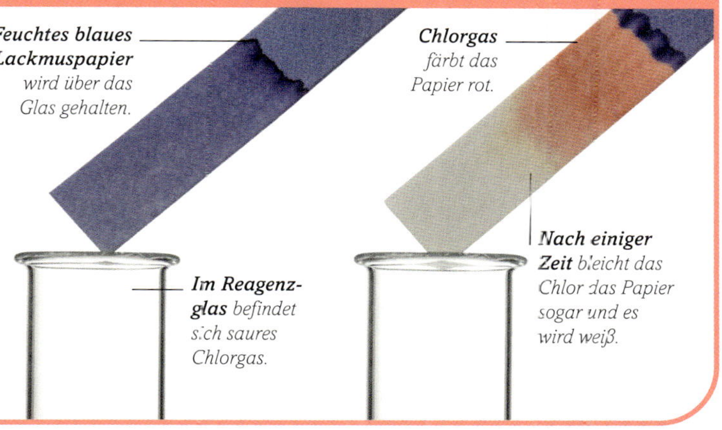

Schwache Base (8–10) ❯ Bei den Werten zwischen 8 und 14 bedeutet jede Erhöhung um 1, dass ein Stoff zehnmal stärker basisch ist als bei dem darunterliegenden Wert. Wenn eine Base mit einer Säure reagiert, wird deren Wirkung neutralisiert. Salz macht Meerwasser schwach basisch. Natron, Eiweiß und Zahnpasta sind ebenfalls schwache Basen.

Eiweiß (pH 8)

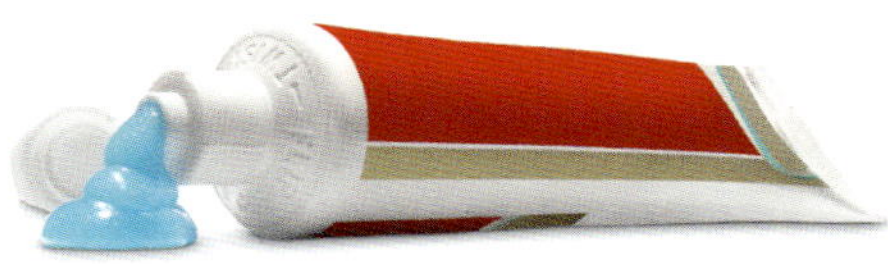

Zahnpasta (pH 9)

Starke Base (11–14) ❯ Starke Basen wie Natriumhydroxid und Natriumhypochlorit (Natronbleichlauge) sind oft in Bleichmitteln und Haushalts- und Abflussreinigern enthalten. Ihr pH-Wert ist größer als 11. Sie sind genauso gefährlich wie starke Säuren und man muss sehr vorsichtig mit ihnen umgehen.

Bleichmittel (pH 12)

Abflussreiniger (pH 14)

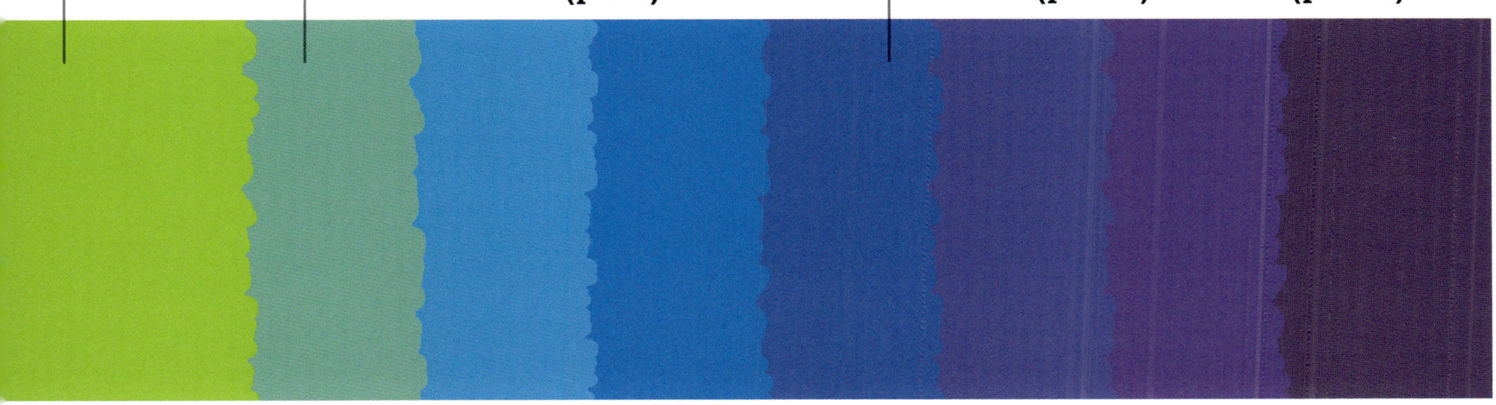

TECHNIK

Einfache Maschinen

Mit sogenannten einfachen Maschinen wird entweder die Größe oder die Richtung einer Kraft verändert, um eine Arbeit zu verrichten. Sie bestehen nur aus wenigen beweglichen Teilen, lassen sich aber zu komplizierteren Maschinen zusammensetzen.

Spaten (Keil)

Die Unterkante des Spatenblatts ist ein Keil, *der den Erdboden spaltet.*

EINFACHE MASCHINEN

Die sechs einfachen Maschinen sind: schiefe Ebene, Keil, Rad mit Achse, Hebel, Schraube und Seilrolle (Flaschenzug). Sie alle verstärken eine Kraft, die aufgewendet wird, das heißt, sie verbessern das Verhältnis zwischen Last und Kraft.

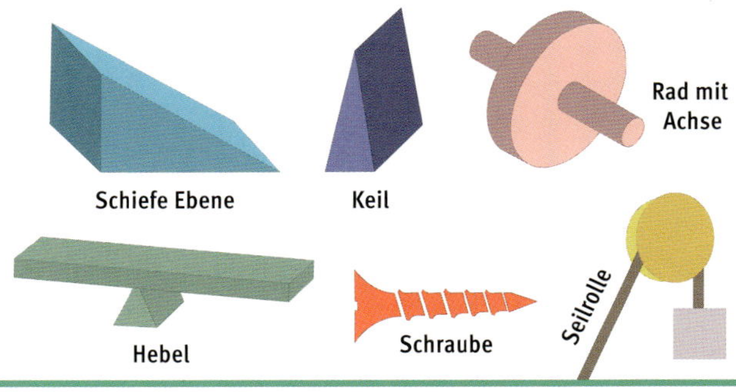

Axt (Keil)

Die Klinge wandelt die ***abwärts gerichtete Kraft in seitwärts gerichtete Kräfte um.***

Getriebe (Rad mit Achse)

Zahnräder drehen sich gegenseitig *und ändern Stärke und Richtung der Kraft.*

Der dickere Griff ***verringert den Kraftaufwand.***

Schraubenzieher (Rad mit Achse)

Rollstuhl (Rad mit Achse)

Die Nabe, *die Rad und Speichen verbindet, liegt um die Achse.*

Einfache Maschinen – vom Keil an **Spaten** und **Axt** bis zum Hebel im **Nussknacker** und beim **Tacker** – verringern den Kraftaufwand. Beim Hebel dreht sich ein starrer Balken um einen Drehpunkt, wodurch sich die Kraft vergrößert. **Rampen (schiefe Ebenen)** und **Schraubenzieher** verteilen die Kraft über einen längeren Weg, sodass weniger Kraft erforderlich ist. Ein **Rad mit Achse** funktioniert ähnlich wie ein Hebel: Die auf die Achse wirkende Drehkraft wird auf die Außenseite des Rads übertragen und dabei vervielfältigt. Eine Rolle, über die ein Seil läuft, ändert die Richtung der Kraft, sodass wir eine Last leichter heben können. Wenn man **mehrere Rollen kombiniert (Flaschenzug)**, wird die aufgewandte Kraft vervielfacht. Diese Eigenschaft wird bei **Kränen** und Aufzügen genutzt.

Archimedische Schraube

***Das Gewinde der Schraube** führt Wasser von unten nach oben.*

Hammer und Nagel (Hebel)

***Die Klaue übt eine Zugkraft auf den Nagel aus,** wenn der Griff nach unten gedrückt wird.*

Seilrolle

*Der Benutzer hebt die Gewichte hoch, indem er **die Stange nach unten zieht.***

Schraube

***Das Gewinde ist eine schiefe Ebene,** die um einen Zylinder gewickelt ist.*

Nussknacker (Hebel)

*Die Nuss liegt zwischen **dem Drehpunkt und dem Punkt, an dem die Kraft aufgewendet wird.***

Tacker (Hebel)

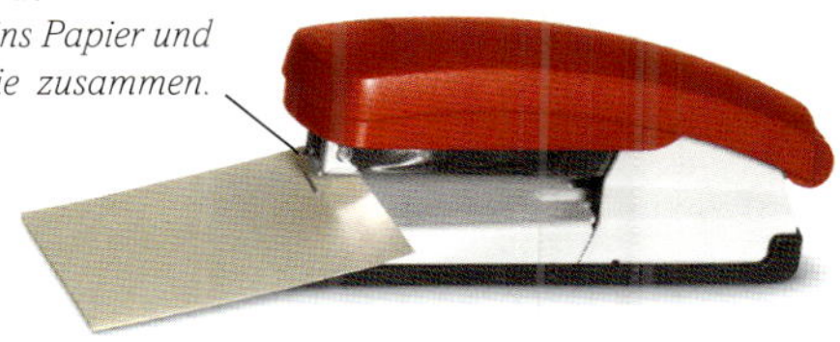

***Ein Tacker bewegt sich um den Drehpunkt** am hinteren Ende. Er drückt die Nadel ins Papier und biegt sie zusammen.*

Der Turmdrehkran Kroll K-10 000 kann bis zu **120 Tonnen** heben.

Kran (Flaschenzug)

***Mehrere Rollen vervielfachen die Hebekraft** des Kranhakens.*

Schiefe Ebene

*Schiebt man eine Last eine schiefe Ebene hinauf, **braucht man weniger Kraft als beim Heben.***

Komplexe Maschinen

Wenn einfache Maschinen kombiniert werden, ergeben sie komplexe Maschinen. Bereits eine Schere ist eine komplexe Maschine, weil sie zwei Keile (die Schneiden) mit zwei Hebeln (den Griffen) zu einem nützlichen Werkzeug verbindet. Viele komplexe Maschinen bestehen aus Hunderten von Teilen, zum Beispiel dieses Rennrad.

Sattelstange ❯ Das Rohr lässt sich aus dem Rahmen ziehen oder hineinschieben, sodass man die Sattelhöhe verstellen kann. Ein Schraubengewinde mit Klemme stellt es fest.

Die Sattelklemme *ist eine Schraube, mit der der Sattel verstellt und befestigt wird.*

Der Rahmen *ist meistens hohl.*

Bremse ❯ Wenn der Fahrer Kraft auf den Bremshebel wirken lässt, zieht das Bremskabel an dem Bremssystem, sodass die Bremsbeläge gegen die Felge gepresst werden. Durch die Reibungskraft wird die Drehung des Rads verlangsamt.

Der Schnellspanner *ist ein Griff mit Hebelfunktion, der das Rad am Rahmen befestigt oder von ihm löst.*

Die Kassette *enthält verschieden große Zahnräder, die am Hinterrad befestigt sind.*

Fahrradkette ❯ Die bewegliche Kette aus vielen Gliedern läuft um die vorderen und hinteren Zahnräder und wirkt als Seilzug, der Energie von den Pedalen auf das Hinterrad überträgt.

Der hintere Umwerfer *führt die Kette, die über die Zahnräder läuft, hin und her.*

Bremshebel ❯ Wird dieser Hebel gezogen, überträgt sich die aufgewandte Kraft über das Bremskabel bis zu den Bremsklötzen. Sie pressen die Bremsbeläge gegen die Felge des Hinterrads und bremsen es.

Die Gangschaltung *ist ein Hebel. Er betätigt den hinteren Umwerfer, der die Kette auf ein anderes Zahnrad hebt.*

Lenkstange ❯ Wird sie vom Fahrer bewegt, wirkt sie als Hebel, der die aufgewandte Kraft vervielfältigt und das Rad in die gewünschte Richtung dreht.

Der Reifen *wird über die Felge gelegt. Mit seinem Profil sorgt er für Reibung am Boden und bewegt das Fahrrad vorwärts.*

Die Schnellspann-Achsmutter *befestigt das Rad an seiner Achse in der Fahrradgabel.*

Die Zähne passen in die Kette *und bewegen sie immer im Kreis.*

Pedale und Zahnradkette ❯ Die Pedale sind über die Tretkurbel mit den Zahnrädern verbunden. Kurbel und Pedale wirken als Hebel. Wird eine Kraft auf die Pedale ausgeübt, treibt sie die Zahnräder an.

Schaltung

Durch die verschiedenen Zahnräder kann der Fahrer die Geschwindigkeit oder den Kraftaufwand an verschiedene Anforderungen anpassen.

Niedriger Gang
Wenn sich die Zahnradgrößen vorn und hinten kaum unterscheiden, dreht sich das Hinterrad weniger weit, aber mit mehr Kraft vorwärts.

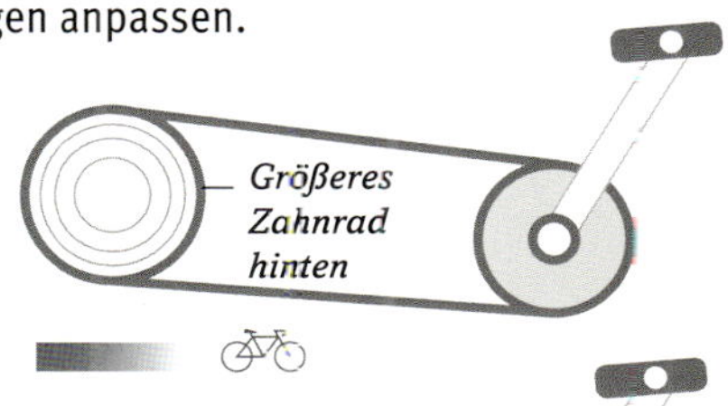

Hoher Gang
Je kleiner das Zahnrad hinten, desto öfter dreht sich das Hinterrad bei einer Umdrehung der Pedale, sodass man schneller fährt.

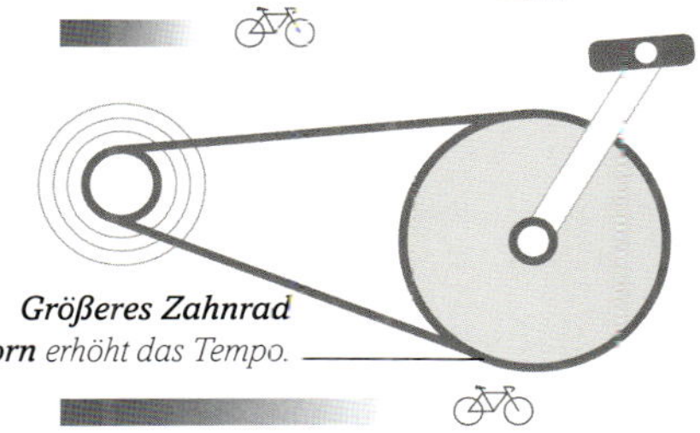

Größeres Zahnrad vorn *erhöht das Tempo.*

Weniger Reibung

Bei den Bremsen ist Reibung von Vorteil, aber an anderen Stellen erzeugt sie ungewollt Wärme, verlangsamt Bewegungen oder beschädigt Teile.

Kugellager
Ein Ring aus kleinen Metallkugeln zwischen zwei beweglichen Teilen bewirkt, dass sie aufeinander rollen, statt zu gleiten. So wird die Reibung zwischen ihnen verringert.

Ölen
Ein dünner Öl- oder Graphitfilm zwischen den beweglichen Teilen verringert die Reibung.

Reifen und Raupen

Lastkraftwagen

Auf der Ladefläche dieses großen Kraftfahrzeugs *werden Güter transportiert.*

Luxuswagen

Der Cadillac Eldorado (1959) *war knapp 5,5 m lang.*

Doppeldeckerbus

Die zwei Decks des AEC Routemaster (London) *boten Platz für 64 Passagiere.*

Ford Model T

Mehr als 15 Mio. Stück *wurden zwischen 1908 und 1927 gebaut.*

Harley-Davidson Electra Glide

Das Motorrad *ist für lange Strecken gebaut.*

Racing Point RP 19

Formel-Eins-Wagen wie dieser *können im Rennen schneller als 360 km/h fahren.*

Die Stahlschaufel *fasst große Mengen Erde, Sand oder Steine.*

Damit sie vorwärts bewegt werden können, brauchen Fahrzeuge Bodenhaftung. Diese erhalten sie entweder durch Reifen oder durch Raupenketten. Heute fahren mehr als eine Milliarde Fahrzeuge mit Reifen oder Raupenketten auf der Straße oder auf Rennstrecken mit einem speziellen Belag, aber auch im Gelände über Wiesen, Strände und auf Baustellen.

Das erste Auto war der dreirädrige **Benz Patent-Motorwagen**, der 1885 gebaut wurde. Das Vorderrad war lenkbar und die Hinterräder wurden angetrieben. 1886 erfand Gottlieb Daimler das Auto mit vier Rädern. Seither haben fast alle Fahrzeuge vier oder mehr Räder – von dem ersten in Massenproduktion hergestellten **Ford Model T** bis zum **Doppeldeckerbus** und dem **Tesla Model 3**. Daimler baute auch das erste Motorrad.

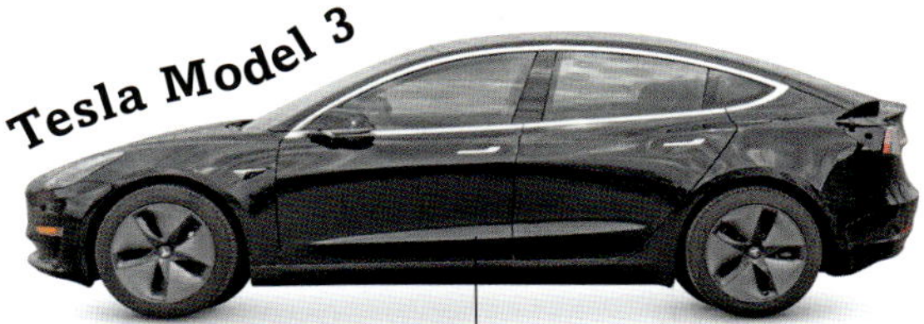

Tesla Model 3

Die Batterie des Tesla Model 3 *ist wiederaufladbar und entlang des Unterbodens verbaut.*

Strandbuggy

Ein Strandbuggy *hat breite Reifen für die Fahrt auf Sand.*

Der Tank des Traktors New Holland T8040 *fasst bis zu 682 Liter Treibstoff.*

Traktor

Benz Patent-Motorwagen

Der Benz Patent-Motorwagen *hatte Räder mit Stahlspeichen und einer harten Gummibeschichtung.*

Auto-Rikscha

Das Fahrzeug wird auch ***Tuktuk oder Minitaxi genannt.***

Ein Feuerwehrauto ist ***mit einer Leiter, einer Pumpe und einem Stromerzeuger ausgestattet.***

Feuerwehrauto

Bagger

Sportwagen

Der McLaren 570S GT4 *besteht aus Carbonfaser, einem leichten und dennoch festen Material.*

Vespa 125 GTR

Durch die Seitenschlitze dringt Luft, damit der ***Motor gekühlt wird.***

Die Modelle reichen heute von der **Harley-Davidson Electra Glide** bis zu dem Roller **Vespa 125 GTR**. Gummireifen an den Rädern sorgen für die nötige Bodenhaftung. Rennwagen wie der **Racing Point RP19** haben glatte Reifen, die Reifen von SUVs (Sports Utility Vehicles) wie dem **Jeep Wrangler** haben ein tiefes Profil, damit sie im Gelände fahren können. Baustellenfahrzeuge wie **Bagger** brauchen Raupenketten, damit sie auch im Schlamm vorwärtskommen.

Das Dach des SUVs *lässt sich abnehmen.*

Jeep Wrangler

Züge und Bahnen

Die Rocket *hatte keine* ***Bremsen****. Zum Anhalten drückte man ein Pedal, das den Motor in den Rückwärtsgang versetzte.*

***Rocket* von Stephenson**

Trambahn

Die elektrische Tram- oder Straßenbahn *fährt auf Gleisen in der Stadt.*

CVR No. 13 *Pioneer*

In dem riesigen, trichterförmigen Schornstein war ein Drahtnetz gespannt*, damit keine Funken von der brennenden Kohle heraus- dringen konnten.*

ICE (Intercity-Express)

Mit seinen acht Wagen ist dieser Zug ***200 m lang.***

DIE SCHNELLSTEN ZÜGE

Elektrische Hochgeschwindigkeitszüge auf Rädern wurden inzwischen von Magnetschwebebahnen (Maglev-Zügen) überflügelt. Sie werden von starken Magneten etwa 12 cm über den Gleisen gehalten, sodass keine Reibung auftritt.

Magnetschwebebahn, L0-Baureihe (Japan)
Bis 603 km/h

Magnetschwebebahn, CRRC Qingdao Sifang 2021 (China)
Bis 600 km/h

TGV POS (Frankreich)
Bis 575 km/h

Wer lange Strecken reisen wollte, musste sich früher in Kutschen oder Karren setzen, die per Hand oder von Tieren gezogen wurden. Die Erfindung starker Lokomotiven für schwere Züge mit vielen Waggons ermöglichte später einen wesentlich schnelleren Transport von Waren und Menschen.

Dampfgetriebene Lokomotiven waren die ersten motorisierten Fahrzeuge, die Waggons auf Gleisen ziehen konnten. Die ***Rocket*** von **Stephenson** gewann 1829 einen Wettbewerb auf der ersten Eisenbahnstrecke, die zwei Städte in Großbritannien verband. Ein Jahrhundert lang wurden Lokomotiven wie die **CVR No. 13**

Die Mallard *ließ Dampf und Ruß* aus einem Doppelschornstein entweichen.

Class A4 *Mallard*

Skytrain

Führerlose Waggons *fahren in Düsseldorf (Deutschland) entlang der auf Stützen montierten Fahrwegträger.*

Magnetschwebebahn

Magnetschwebebahnen fahren *auf vorprogrammierten Strecken und brauchen keine Lokführer.*

Elektrische Rangierlok

Ein Stromabnehmer *holt den Strom aus einer Oberleitung.*

U-Bahn

*Mehr als 200 Großstädte weltweit haben ein **U-Bahnnetz**.*

Güterzug

Manchmal braucht man zwei Lokomotiven, *um die langen Güterzüge mit Dutzenden von Frachtwaggons zu ziehen.*

Diese Dampflokomotive *hatte viermal die Strecke zum Mond und wieder zurück hinter sich, als sie 1963 stillgelegt wurde.*

Flying Scotsman

Pioneer mit Dampf angetrieben. Sie beförderte bis 1890 kurze Passagierzüge quer durch die USA. Dampf trieb auch noch die **Class A4 *Mallard*** an, die eine Höchstgeschwindigkeit von 203 km/h erreichte. In Deutschland wurde als erster elektrischer Hochgeschwindigkeitszug 1991 der **ICE** eingeführt. Heute erreicht dieser Langstrecken-Passagierzug bis zu 320 km/h. **Magnetschwebebahnen**, die mit starken Magneten gezogen werden, fahren noch schneller. Aber Geschwindigkeit ist nicht alles. Einige Lokomotiven brauchen vor allem Kraft: **Güterzüge** haben manchmal 60 Waggons oder mehr und können bis zu 3 km lang sein.

Auf dem Wasser

Containerschiff

Containerschiffe *transportieren voll beladene Metallcontainer, die übereinander gestapelt werden.*

Handelsschiff

Tuchsegel*, die an hohen Holzmasten hingen, fingen den Wind ein.*

Eisbrecher

Auf dem ebenen Flugdeck *starten und landen Flugzeuge.*

Flugzeugträger

Mit gebogenem Bug und stahlverstärktem Rumpf *bahnt sich das Schiff einen Weg durch das Eis.*

Mittels Radar wird die Position des Schiffs bestimmt*, das in Not ist. Dann kommt das Rettungsboot zu Hilfe.*

Motor-Rettungsboot

Mit Booten und Schiffen überquerten Seefahrer das Meer, um die Erde zu erforschen, neues Land zu finden und Handel zu treiben. Heute befördern Schiffe den Großteil der Waren rund um die Welt und Millionen Menschen reisen auf Schiffen oder machen darauf Urlaub.

Die ersten Boote, Flöße und **Kanus** wurden per Hand gerudert. Später nutzten Schiffe wie die **chinesischen Dschunken** oder **Handelsschiffe** zusätzlich Segel, um sich auf langen Seereisen vom Wind unterstützen zu lassen. Mit der Erfindung der Dampfmaschine wurden **Schaufelraddampfer** und erste Ozeandampfer

Fischtrawler

Ausleger am Schiff *ziehen große Treibnetze durch das Meer.*

SO SCHWIMMEN SCHIFFE

Der Rumpf (Körper) eines Schiffs verdrängt das Wasser und das Wasser drückt mit einer Kraft zurück, die Auftrieb genannt wird. Ist der Auftrieb größer als das Gewicht des Schiffs, schwimmt es.

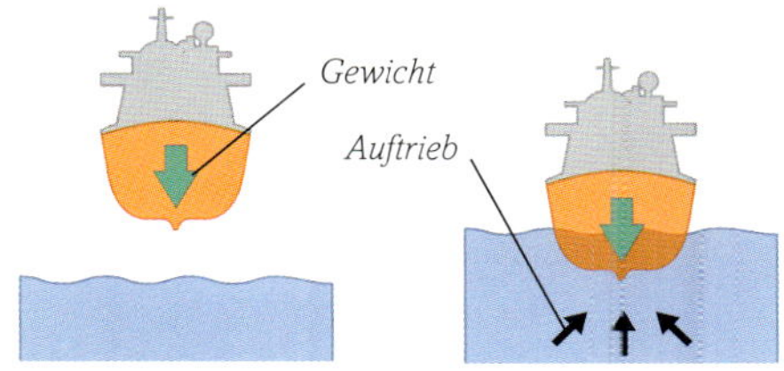

1. Das Schiff verdrängt Wasser und zwar hauptsächlich nach unten.

2. Der Auftrieb drückt es nach oben, sodass es schwimmt.

Bambuslatten *verstärken die Segel.*

Chinesische Dschunke

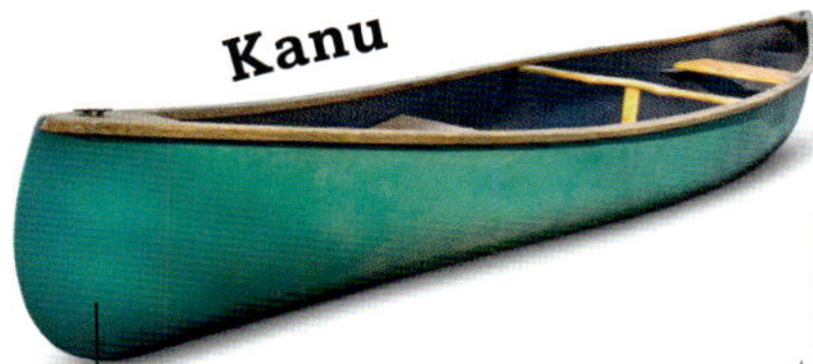

Kanu

Das schmale, leichte Boot *kann ein Ruderer gut vorwärtsbewegen.*

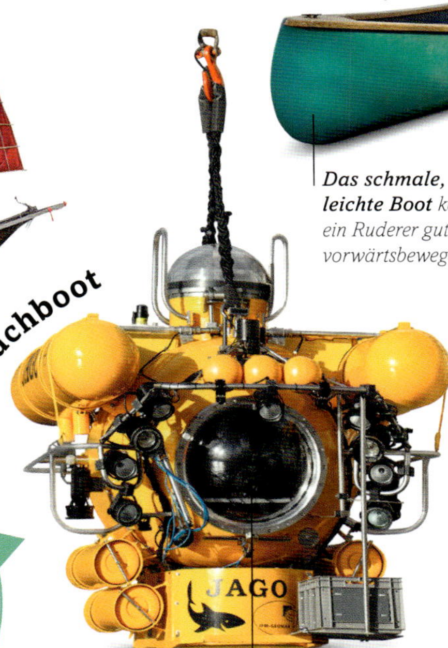

Tauchboot

Durch das verstärkte Glasfenster *kann der Pilot unter Wasser die Umgebung sehen.*

Einige Tauchboote **tauchen** mehr als **6000 m** tief im Meer.

Schaufelraddampfer

Die Schaufelräder, *die das Schiff antrieben, wurden von der Dampfmaschine gedreht.*

Jetski

Der Rumpf des Jetskis *besteht aus verstärktem Kunststoff.*

Kreuzfahrtschiff

Auf den zahlreichen Decks *des schwimmenden Hotels gibt es Restaurants und Kabinen.*

gebaut, die keinen Wind mehr brauchten. Heute haben Schiffe oft Dieselmotoren, die Unterwasserpropeller antreiben. **Jetskis** stoßen dagegen kraftvoll Wasser nach hinten aus. Die größten Schiffe sind **Kreuzfahrtschiffe**, die mehr als 6000 Passagiere aufnehmen können, und **Flugzeugträger**, die mit 80 Flugzeugen und mehr bestückt werden, die darauf starten und landen können. Riesige **Fischtrawler** fangen Meerestiere und **Eisbrecher** halten Schiffsrouten offen, auf denen schwere **Containerschiffe** fahren. Die größten Containerschiffe sind so lang wie vier Fußballfelder und können mehr als 20 000 voll beladene Container transportieren.

In der Luft

Supermarine Spitfire

*Das **Jagdflugzeug** wurde vor allem im Zweiten Weltkrieg eingesetzt.*

Heißluftballon

*Die heiße Luft im Inneren **trägt den Heißluftballon**.*

*Das **Experimentalflugzeug** hatte die Form einer Gewehrkugel, um möglichst schnell zu fliegen.*

Bell X-1

*Zwei **Hauptrotoren** ermöglichen dem Hubschrauber den Transport schwerer Lasten.*

Boeing Chinook

Canadair CL-215

Stützschwimmer halten das Amphibienflugzeug bei Wasserlandungen waagrecht.

SO FLIEGEN FLUGZEUGE

Vier Kräfte wirken in der Luft auf ein Flugzeug: Schub, Auftrieb, Luftwiderstand und Gewicht. Das Flugzeug muss so viel Auftrieb erzeugen, dass er das Gewicht ausgleicht, und genug Schub zur Überwindung des Luftwiderstands. Dann kann es fliegen.

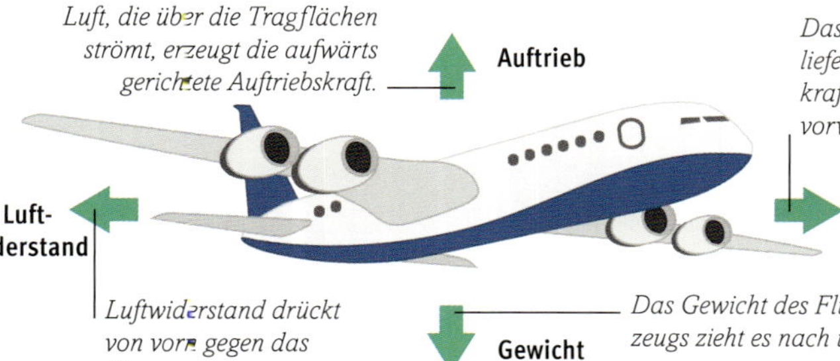

Luft, die über die Tragflächen strömt, erzeugt die aufwärts gerichtete Auftriebskraft.

Das Triebwerk liefert Schubkraft, die es vorwärtsschiebt.

Luftwiderstand drückt von vorn gegen das Flugzeug.

Das Gewicht des Flugzeugs zieht es nach unten.

Mehr als **43 000** Cessna Skyhawks wurden zwischen 1956 und 2021 gebaut.

*Mit diesem Flugzeug wurden Flugreisen so beliebt, dass **Fluggesellschaften erstmals Gewinn machten**.*

Douglas DC-3

Der Mensch wollte schon immer gerne fliegen. Der erste Flugkörper war vor 250 Jahren ein Heißluftballon mit sieben Insassen (1783). In der modernen Welt fliegen jedes Jahr mehrere Milliarden Menschen in verschiedensten Flugzeugen, von Jumbojets bis zu einsitzigen Kleinflugzeugen.

Nach den ersten Heißluftballons sollte es noch 120 Jahre dauern, bis das erste Fluggerät abhob, das schwerer als Luft war: der **Wright Flyer**. Die nachfolgenden Flugzeuge wie die **Douglas DC-3** oder die **Supermarine Spitfire** hatten Verbrennungsmotoren, die Propeller drehten, um den nötigen Schub zu erzeugen. Auch heute gibt es noch

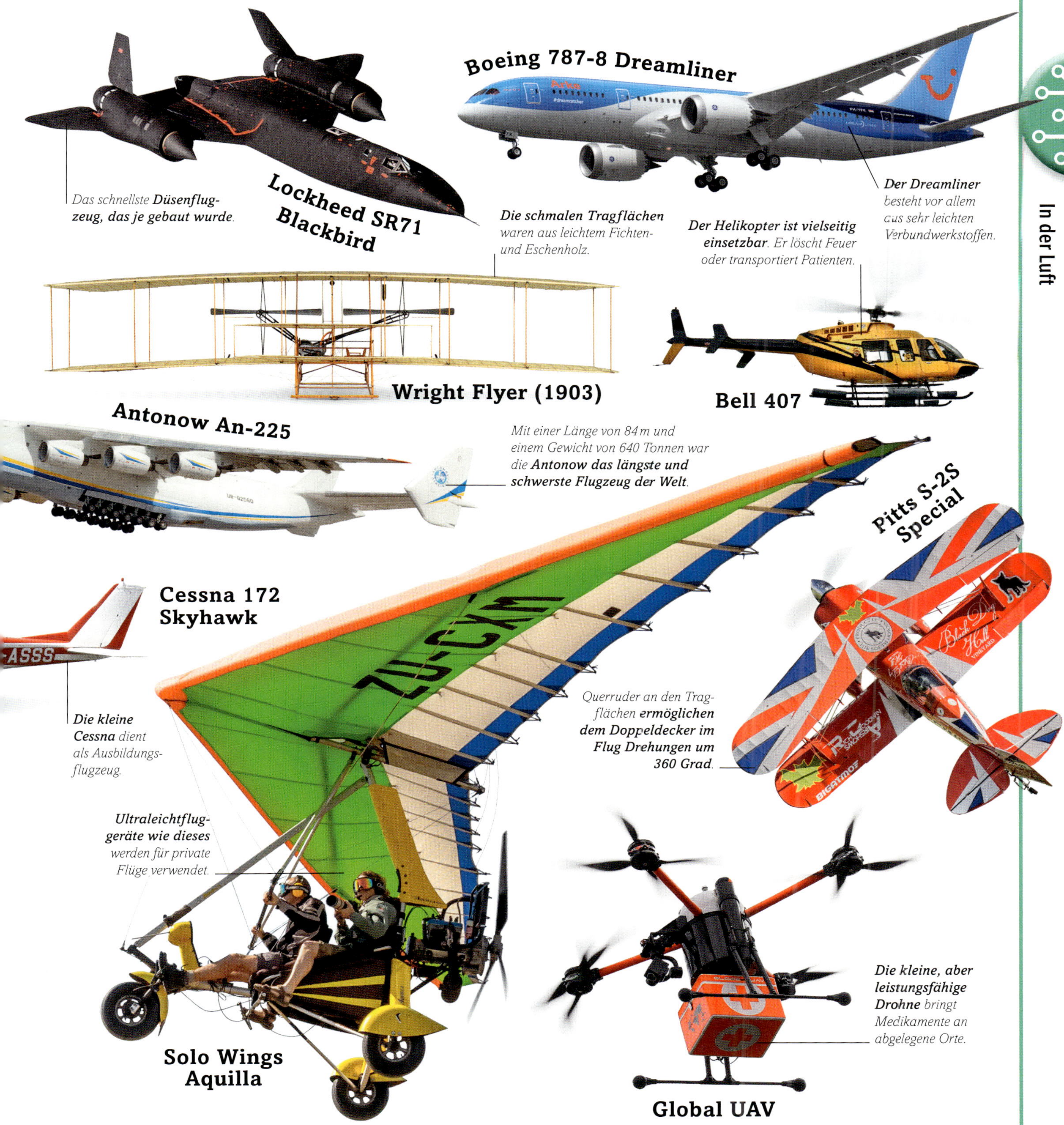

Lockheed SR71 Blackbird

*Das schnellste **Düsenflugzeug, das je gebaut wurde**.*

Boeing 787-8 Dreamliner

***Der Dreamliner** besteht vor allem aus sehr leichten Verbundwerkstoffen.*

Wright Flyer (1903)

***Die schmalen Tragflächen** waren aus leichtem Fichten- und Eschenholz.*

Bell 407

***Der Helikopter ist vielseitig einsetzbar**. Er löscht Feuer oder transportiert Patienten.*

Antonow An-225

*Mit einer Länge von 84 m und einem Gewicht von 640 Tonnen war die **Antonow das längste und schwerste Flugzeug der Welt**.*

Cessna 172 Skyhawk

***Die kleine Cessna** dient als Ausbildungsflugzeug.*

Pitts S-2S Special

*Querruder an den Tragflächen **ermöglichen dem Doppeldecker im Flug Drehungen um 360 Grad**.*

Solo Wings Aquilla

***Ultraleichtfluggeräte wie dieses** werden für private Flüge verwendet.*

Global UAV

***Die kleine, aber leistungsfähige Drohne** bringt Medikamente an abgelegene Orte.*

Propellerflugzeuge, zum Beispiel die **Pitts S-2S Special**, die in der Luft akrobatische Kunststücke vorführt. Das Raketenflugzeug **Bell X-1** erreichte als erstes Flugzeug Überschallgeschwindigkeit. Doch erst mit der Erfindung des Düsentriebwerks konnten Flugzeuge weiter und schneller fliegen. Das schnellste ist immer noch die **SR71 Blackbird** mit mehr als 3540 km/h. Große Flugzeuge wie die **Antonow An-225** können riesige Mengen Ladung transportieren, während der **Boeing 787-8 Dreamliner** Hunderte von Passagieren befördern kann. Hubschrauber wie der **Boeing Chinook** sind eine eigene Art von Fluggeräten, die Auftrieb mithilfe von Rotorblättern erzeugen.

Werkstoffe

Ton

Weicher, feuchter Ton lässt sich zu Gefäßen formen, *die aushärten, wenn sie im Ofen gebrannt werden.*

Holz

Holz kann man mit Handwerkzeugen *schneiden und zu Möbeln verarbeiten.*

Bronze

Die Legierung lässt sich schmelzen und ***in Formen gießen, wie bei dieser Statue.***

Stahl

Die harte Eisenlegierung wird ***im Karosseriebau verwendet.***

Kupfer

Kupfer leitet Strom so gut, *dass Drähte fast überall auf der Welt aus Kupfer sind.*

Gold

Gold kann man leicht formen, *wie zu diesem Trinkgefäß aus dem alten Persien (heute Iran).*

Eisen

Pflüge aus Eisen sind wegen der Härte des Metalls sehr brauchbar, *allerdings rosten sie mit der Zeit und gehen kaputt.*

Aus unterschiedlichen Materialien stellen wir Dinge her, von winzigen elektronischen Bauteilen bis zu ganzen Brücken. Die Werkstoffe werden nach ihren Eigenschaften ausgewählt.

Anfangs nutzten die Menschen natürliche Stoffe, die sie in ihrer Umgebung fanden, wie **Holz** oder **Ton**. Als sie das Feuer beherrschten, konnten sie mit der Zeit Metalle aus dem Gestein gewinnen und sie erkannten deren verschiedene Eigenschaften. **Kupfer** und Zinn sind beispielsweise relativ weich, aber

Stahlverstärkter Beton *ist extrem belastbar und wird daher für Brücken und Gebäude verwendet.*

Beton

Dieser Edelstein ist der härteste natürliche Stoff auf Erden. *Er kann viele andere Materialien schneiden.*

Diamant

Geschmolzenes Glas wird aufgeblasen, *bis es die gewünschte Form hat, dann lässt man es abkühlen.*

Glas

Papier wird aus Holzpulpe hergestellt *und lässt sich gut falten.*

Papier

Gummi ist so elastisch, *dass Luftballons auf die vielfache Größe aufgeblasen werden können.*

Gummi

Ein **500 g** schwerer Block aus Aerogel könnte das Gewicht eines **Eisbären** tragen.

Polyethylen-Terephthalat (PET)-Plastik wird ***für durchsichtige Flaschen verwendet.***

PET-Kunststoff

Diesen Stoff kann man auf die fünffache Länge dehnen, *ohne dass er reißt.*

Elasthan

Biokunststoffe aus Polyactiden (PLA) *zersetzen sich tausendmal schneller als Kunststoffe auf Erdöl-Basis.*

PLA-Kunststoff

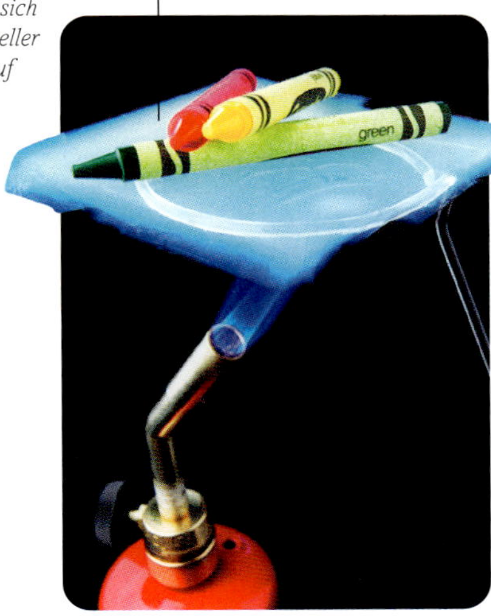

Der ultraleichte Schaum leitet keine Wärme *und schützt daher die Wachsstifte vor dem Schmelzen.*

Aerogel

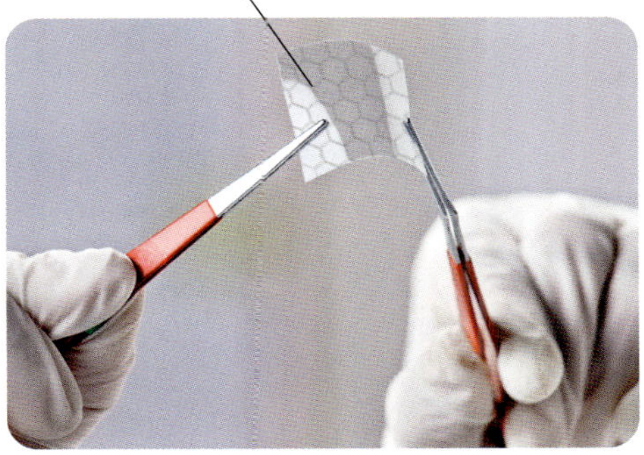

Dünne, leichte Schichten aus Kohlenstoffatomen *bilden eine Folie, die viel stärker ist als Stahl.*

Graphen

wenn man sie mischt, erhält man die Legierung (Metallmischung) **Bronze**, aus der man harte Werkzeuge, Waffen und Statuen machen kann. Später ersetzte **Eisen** die Bronze, weil es leichter zu finden war. Die Menschen entwickelten Methoden zur Umwandlung natürlicher Stoffe in ganz neue Materialien wie **Glas**, das aus Sand, Natriumkarbonat und Kalk besteht. Verschiedene Eigenschaften, etwa leichtes Gewicht oder Härte, eignen sich für unterschiedliche Zwecke. Das dehnbare **Elasthan** eignet sich für Kleidung, aber nicht für den Hausbau. Dafür verwendet man **Stahl** und **Beton** wegen ihrer Härte und Belastbarkeit.

Elektrische Gitarre

Eine elektrische Gitarre besteht wie viele moderne Geräte aus mehreren Werkstoffen, einfachen Maschinen wie Schrauben und elektrischen Stromkreisen. Wenn ein Musiker darauf spielt, werden die Schwingungen der Saiten von einem Tonabnehmer in elektrische Signale umgewandelt. Diese werden vom Verstärker verstärkt, sodass der Lautsprecher laute Töne erzeugen kann.

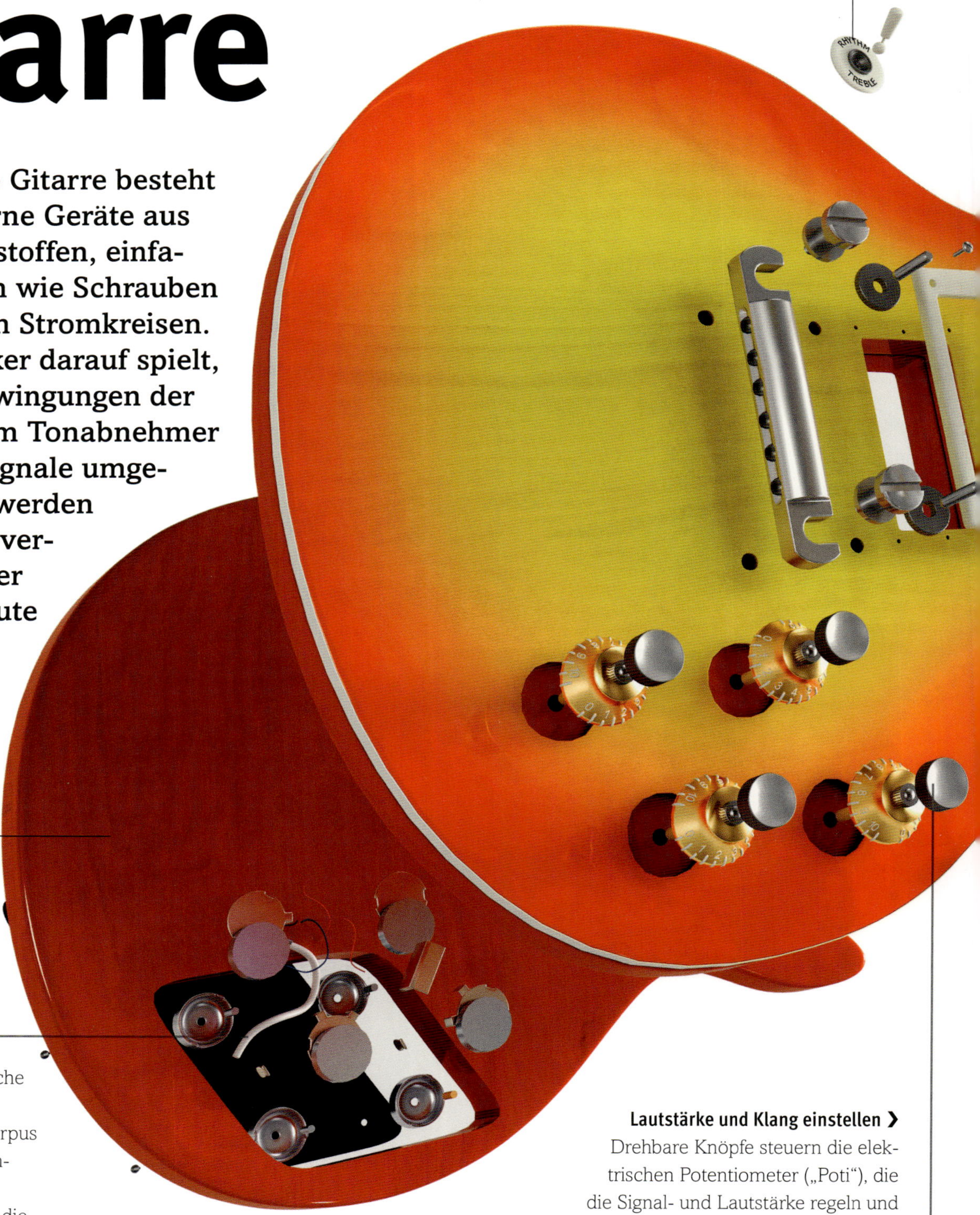

***Mit dem Pickup-Switch** kann man einstellen, welche Pickups, also Tonabnehmer, den Klang verstärken sollen.*

*Den Großteil des Gewichts der Gitarre (3–5 kg) macht der **feste Korpus aus**.*

Verdrahtung ❯ Elektrische Schaltkreise in einem hohlen Bereich des Korpus führen zu einer Klinkenbuchse. Hier wird das Kabel eingesteckt das die Signale von der Gitarre zum Verstärker leitet.

Lautstärke und Klang einstellen ❯ Drehbare Knöpfe steuern die elektrischen Potentiometer („Poti"), die die Signal- und Lautstärke regeln und den Klang variieren, sodass die Töne zum Beispiel klar oder verzerrt klingen oder auch stärker schwingen.

Tonabnehmer (Pickup) ❯
Besteht aus einem dünnen, bis zu 1220 m langen Kupferdraht, der in einer Spule um Dauermagnete gewickelt ist. Oft ist er wie hier abgedeckt. Länge und Wicklung des Drahts bestimmt die Genauigkeit der Töne und des Klangs der Gitarre.

Saiten ❯ Saiten aus unterschiedlich dicken Metalldrähten werden straff zwischen Kopfplatte und Brücke gespannt. Je stärker eine Saite gezupft wird, desto stärker schwingt sie und desto lauter ist der Ton.

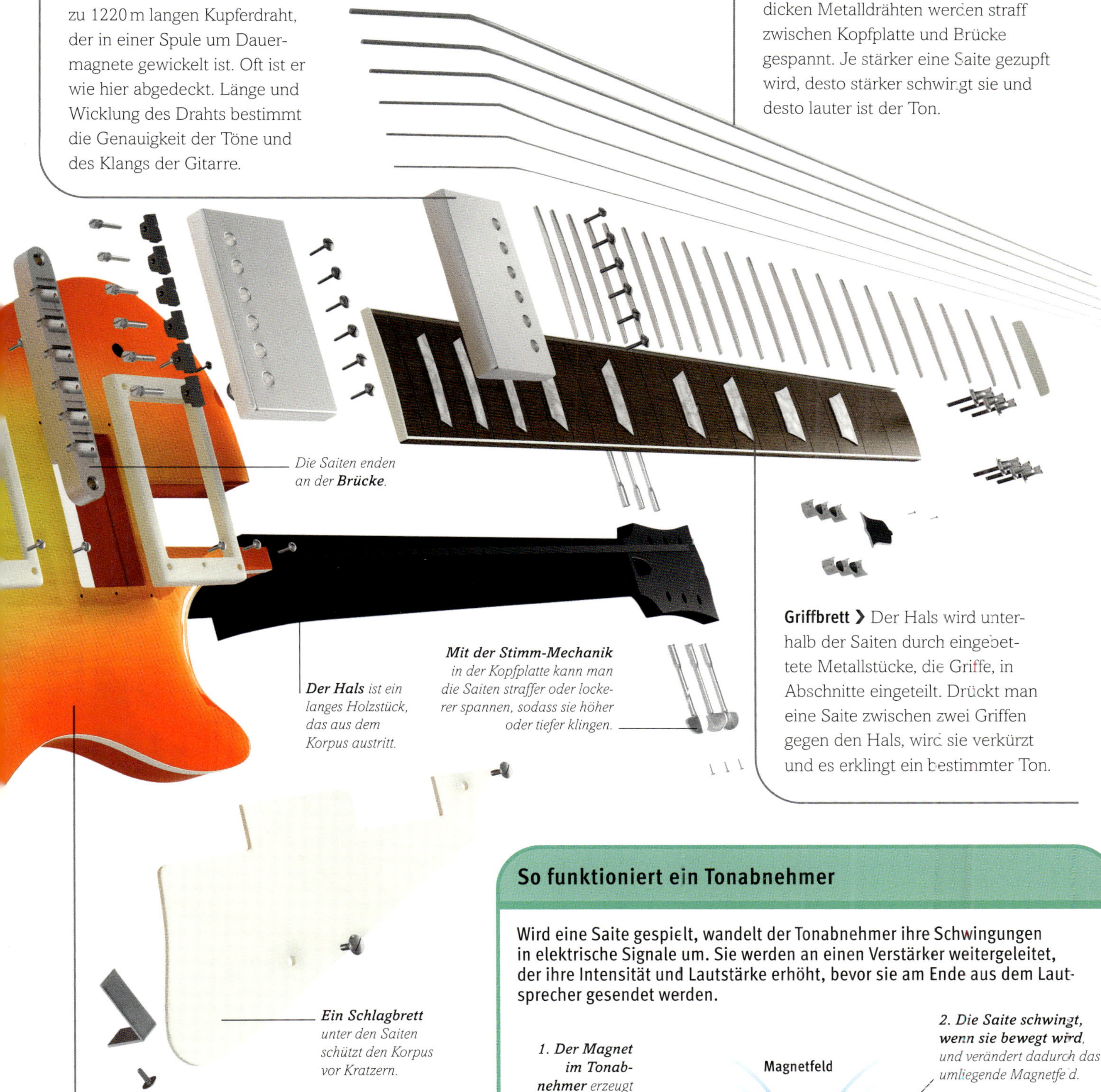

*Die Saiten enden an der **Brücke**.*

***Der Hals** ist ein langes Holzstück, das aus dem Korpus austritt.*

***Mit der Stimm-Mechanik** in der Kopfplatte kann man die Saiten straffer oder lockerer spannen, sodass sie höher oder tiefer klingen.*

Griffbrett ❯ Der Hals wird unterhalb der Saiten durch eingebettete Metallstücke, die Griffe, in Abschnitte eingeteilt. Drückt man eine Saite zwischen zwei Griffen gegen den Hals, wird sie verkürzt und es erklingt ein bestimmter Ton.

***Ein Schlagbrett** unter den Saiten schützt den Korpus vor Kratzern.*

Korpus ❯ Der solide Korpus besteht aus Ahorn-, Eschen- oder Erlenholz. Anders als der hohle Korpus der akustischen Gitarre verstärkt der E-Gitarren-Korpus die Schwingung der Saiten nicht. Das übernehmen Tonabnehmer und Verstärker.

So funktioniert ein Tonabnehmer

Wird eine Saite gespielt, wandelt der Tonabnehmer ihre Schwingungen in elektrische Signale um. Sie werden an einen Verstärker weitergeleitet, der ihre Intensität und Lautstärke erhöht, bevor sie am Ende aus dem Lautsprecher gesendet werden.

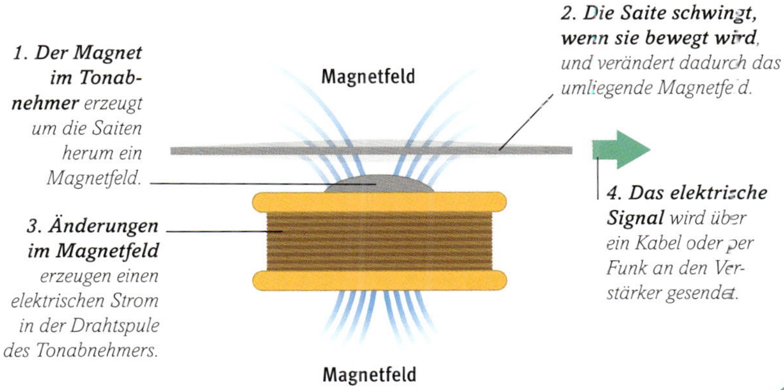

Erfindungen

Elektromagnet (1824)

Um diese Stahlscheibe entsteht ein Magnetfeld, *wenn Strom durch die Drahtspule im Inneren fließt.*

Eisenteile *am Elektromagneten*

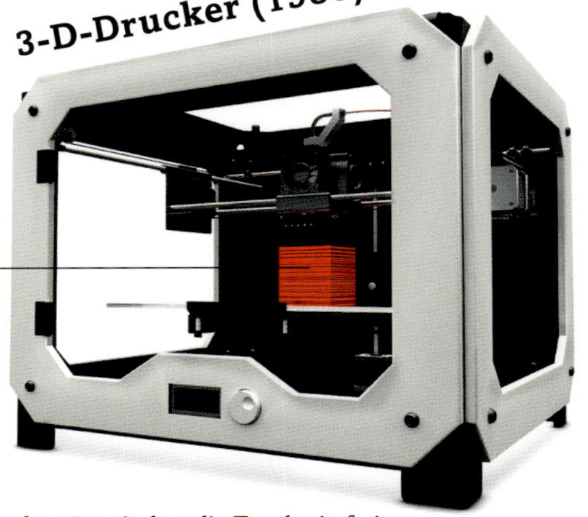

3-D-Drucker (1986)

In einem 3-D-Drucker werden Gegenstände ***Schicht für Schicht aufgebaut***.

Das Drahtfilament in der Birne *erhitzt sich, wenn Strom hindurchfließt, sodass es leuchtet.*

Glühlampe (1879)

Das Tauchgerät, mit dem die Taucherin frei tauchen kann, *hat einen Regler, der den Luftstrom aus der Flasche sicher zum Mundstück fließen lässt.*

Tauchgerät (um 1942)

Luftreifen (1888)

Die unter Druck stehende Luft im Reifen *federt Unebenheiten ab.*

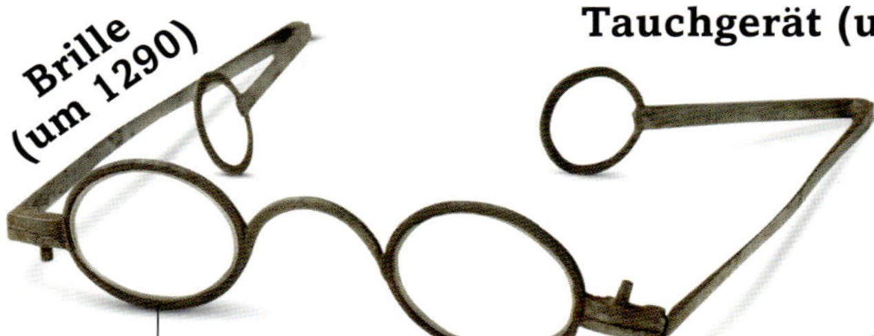

Brille (um 1290)

Der Metallrahmen fasst Glaslinsen ein, *die die Sehstörung des Brillenträgers ausgleichen.*

Pflug (um 3500 v. Chr.)

In das Holzgeschirr wird ein Ochse eingespannt, *der den Pflug über das Feld zieht.*

Die Neugier brachte die Menschen dazu, immer mehr über die Welt herauszufinden und sich Werkzeuge und Maschinen auszudenken, die das Leben leichter, sicherer, produktiver und schöner machen. Vom Rad über die Glühlampe bis zur Weltraumstation – Erfindungen prägen die Welt.

Als die Bauern den **Pflug** erfanden, der ihnen half, den harten Boden zu lockern, konnten sie schneller arbeiten. Erfindungen wie der **Stromgenerator** lieferten neue Arten von Energie, und daraus ergab sich später wiederum die Idee für eine **Glühlampe**. Einmal gemachte Erfindungen wurden oft weiter verbessert. Als luftgefüllte **Rei-**

*Der Beutel bläst sich bei einem **Unfall rasch auf** und schützt Kopf und Brustkorb.*

Airbag (1952)

*Der leistungsstarke Motor verbrennt **Treibstoff und Luft** in mehreren Zylindern.*

Verbrennungs-motor (1872)

*Der breite Trichter verstärkt den durch die **Nadel erzeugten Schall**. Die Nadel wird durch die Drehung des Wachszylinders in Schwingung versetzt.*

Phonograph (1877)

*Ein konzentrierter **Laserstrahl** schneidet Metall sehr exakt.*

Laser (1960)

*Durch die Linse fällt das **Licht auf einen Sensor**, der es in elektrische Signale umwandelt.*

Digital-kamera (1975)

Transistor (1947)

*Frühe **Transistoren waren groß**, heute sind sie so klein, dass sie auf Mikrochips passen.*

*Ein Magnet erzeugt ein **Magnetfeld** um eine Kupferscheibe, die gedreht wird, um elektrischen Strom zu erzeugen.*

Kupferscheibe

Stromgenerator (1831)

fen auf die Räder gezogen wurden, wurde das Reisen über Land angenehmer. Dann machte der **Verbrennungsmotor** den Verkehr auch noch schneller und unabhängig von den Tieren. Wegen der hohen Geschwindigkeit musste die Sicherheit verbessert werden und der **Airbag** wurde erfunden. Er dient einem speziellen Zweck, ebenso wie die **Brille** zur Korrektur der Sehfähigkeit. Die Erfindung des **Transistors** löste eine Revolution aus. Das winzige Bauteil erzeugt, verändert und steuert elektrische Signale. Ohne ihn würden weder **Digitalkameras** noch Computer, Smartphones, **3-D-Drucker** oder alle anderen elektronischen Geräte funktionieren.

TECHNOLOGIE Der hauchdünne, glänzende Film in der Pinzette ist eine bemerkenswerte Neuheit in der Werkstofftechnologie. Forschende an der König-Abdullah-Universität für Wissenschaft und Technologie (KAUST) in Saudi-Arabien entwickelten eine Solarzelle, die Sonnenlicht in Elektrizität umwandelt. Sie ist dünner als ein Fingernagel und so leicht, dass sie auf Seifenblasen liegen kann. Sie kann im Tintenstrahldruck hergestellt werden.

In Zukunft könnte dieser dünne Film Gebäude, Fahrzeuge und sogar Kleidung überziehen und saubere, nachhaltige Elektrizität erzeugen. Er lässt sich kostengünstig in großen Mengen herstellen, weil er mit einem Tintenstrahldrucker ausgedruckt werden kann. Dieser Solarfilm ist nur einer von mehreren Dutzend neuer Werkstoffe, die zur Lösung zahlreicher Umweltprobleme entwickelt werden. Darunter sind neue pflanzliche Biokunststoffe, die sich viel schneller zersetzen als Kunststoffe auf Erdöl-Basis, sowie neuartige Gele und neue Formen von Beton, die bei der Herstellung Kohlendioxid aufnehmen, sodass es nicht mehr zur Beschleunigung des Klimawandels beiträgt.

Polizeiarbeit

Die Forensik oder Kriminaltechnik bietet viele wissenschaftliche Methoden für polizeiliche Ermittlungen. Spezialisten sichern am Tatort Beweisstücke und Spuren, darunter Körperflüssigkeiten und Haare. Die Proben werden im Labor untersucht, um Opfer und Verdächtige zu identifizieren. Spuren können Hinweise geben, was passiert ist.

POLIZEIABSPERRUNG POLIZEIABSPERRUNG POLIZEIABSPERRUNG

Absperrung von Tatorten

Mit solchen Bändern *werden Tatorte abgesperrt.*

Eine Kriminaltechnikerin *macht das Schuhprofil sichtbar und erstellt dann einen Abdruck.*

Beweisstücke sichtbar machen

Schutzanzüge **verhindern** die **Verunreinigung** von Spuren und Beweismitteln.

Videokamera

Überwachungskameras *zeigen manchmal, dass eine Person am Tatort war.*

Fotografie

Jedes einzelne Beweisstück *wird genau da fotografiert, wo es gefunden wird.*

Kennzeichnung

Gelbe Markierungen *zeigen an, wo wichtige Beweisstücke am Tatort gefunden wurden.*

Beweisstücke sammeln

Beweisstücke werden verpackt, versiegelt und beschriftet*, bevor sie vom Tatort entfernt werden.*

Phantombild

Mithilfe von Opfern oder Zeugen *einer Straftat fertigt die Polizei ein Bild des Verdächtigen an.*

Kriminaltechniker*innen **sammeln Beweisstücke**, schreiben auf, was sie sehen, machen Skizzen und **fotografieren**. Sie tragen Schutzanzüge, damit keine Partikel von ihrer Kleidung, ihrer Haut und ihren Haaren den Tatort verunreinigen und mit Spuren vermischt werden. Wenn **DNA** oder **Fingerabdrücke** gefunden werden, werden sie mit **biometrischer Software** analysiert. **Blutuntersuchungen** können zeigen, ob Blut eines oder einer Verdächtigen am Tatort vorhanden ist oder ob Blut des Opfers an dem oder der Verdächtigen ist. Die Informationen werden an die Polizei weitergegeben, die sie mit den Hinweisen kombiniert, die sie zum Beispiel aus Befragungen von Augenzeugen oder durch den Einsatz von **Spürhunden** erhalten hat. Auch **Phantombilder** können helfen, Täter*innen zu finden.

Spürhunde

***Spürhunde werden so ausgebildet**, dass sie dem Körpergeruch von Personen folgen können.*

Blutuntersuchung

***Wenn Blut am Tatort gefunden wird,** kann man prüfen, ob es von einem Verdächtigen stammt.*

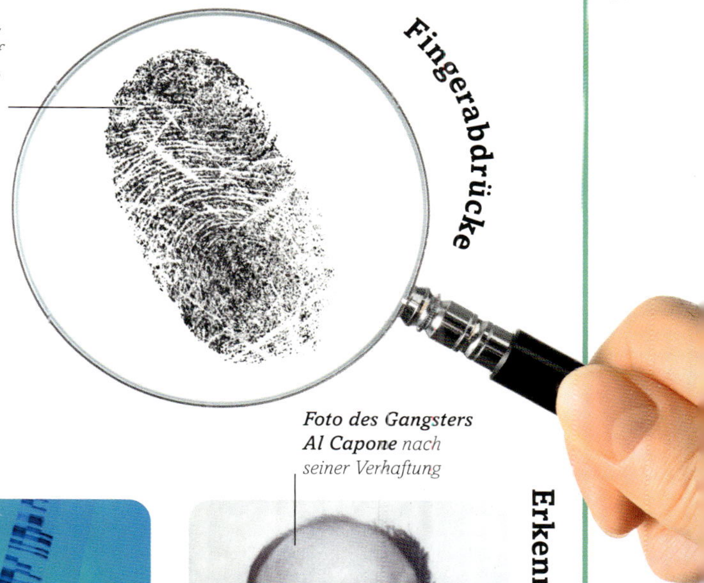

Fingerabdrücke

***Jeder Mensch hat ein einzigartiges Linienmuster** auf den Fingerkuppen, an dem man ihn identifizieren kann.*

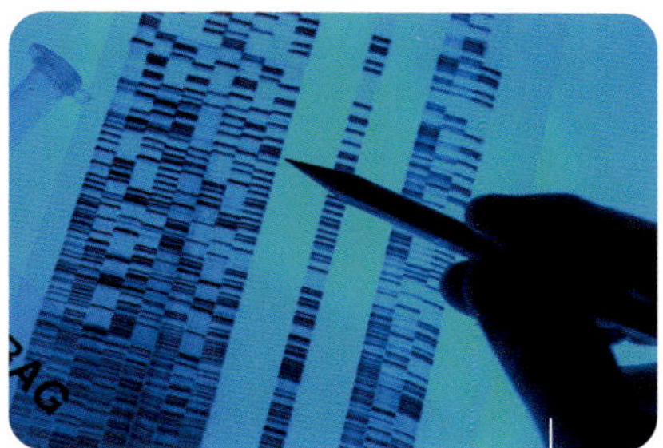

DNA-Analyse

***DNA-Proben vom Tatort** werden analysiert und können zeigen, wer die Tat verübt hat.*

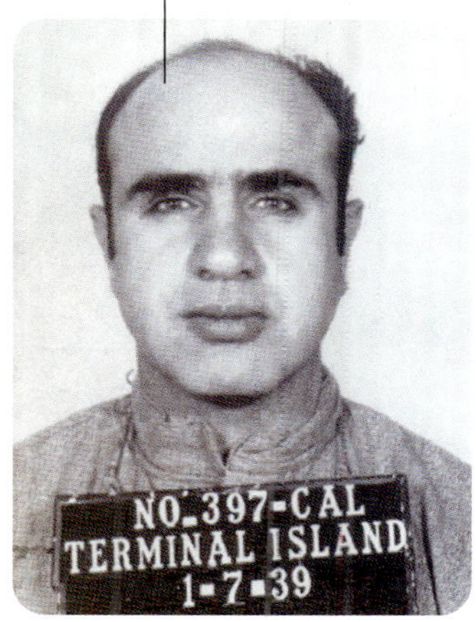

Erkennungsdienstliches Foto

***Foto des Gangsters Al Capone** nach seiner Verhaftung*

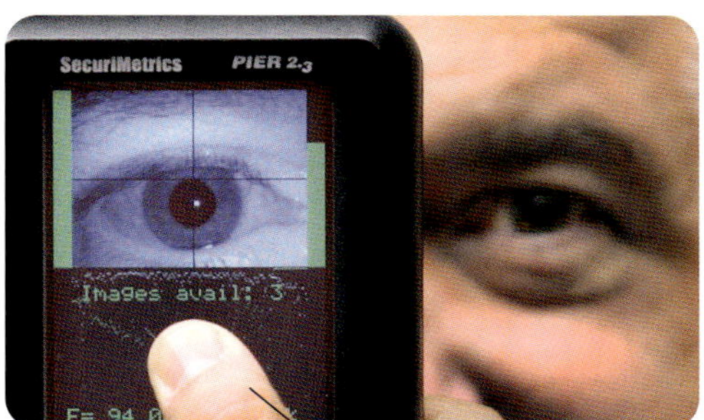

Biometrie

***Biometrische Erkennungssysteme** identifizieren Menschen anhand von einzigartigen Körpermerkmalen, zum Beispiel der Iris oder der DNA.*

Lügendetektor

***Das Gerät soll erkennen, ob eine Person lügt.** Es zeichnet unter anderem Puls und Blutdruck auf. Aber es ist nicht sehr zuverlässig, weshalb sich die Polizei nicht darauf verlässt.*

Kommunikation

Diese ***Körperhaltung*** *ist in vielen Kulturen ein Zeichen für Traurigkeit.*

Körpersprache

Mit dem weithin sichtbaren Rauch *von Feuern wurden im alten Griechenland Nachrichten über viele Stationen übermittelt.*

Rauchsignale

Bewegliche Lettern

Gegossene Formen von Ziffern und Buchstaben *werden zu Text angeordnet, mit Tinte bestrichen und auf Papier gedruckt.*

Die Positionen der Fahnen *stehen für Buchstaben und Ziffern.*

Winksignal

Schreibmaschine

Der Tastendruck *presst die Metalltype auf das Papier. Das Schreibband dazwischen liefert die Farbe für den Abdruck des Zeichens.*

Sprechtrommeln

In vielen afrikanischen Gemeinschaften *werden mit Sprechtrommeln Neuigkeiten weitergegeben oder Geschichten erzählt.*

Handzeichen *repräsentieren entweder Buchstaben oder ganze Wörter.*

Gebärdensprache

Um 1900 wurden in den USA pro Jahr mehr als **63 Millionen** Telegramme verschickt.

Telegraf

Ein Morsetelegraf *sendet Telegramme in Form von kurzen (Punkt) und langen (Strich) Signalen.*

Unter Kommunikation versteht man das Senden und Empfangen von Botschaften, egal ob nur zwei Menschen oder Millionen daran beteiligt sind. Menschen tauschen Gedanken, Neuigkeiten, Informationen und Anweisungen aus. Uns stehen zahlreiche Kommunikationsformen zur Verfügung. Auch die Blindenschrift Braille, die Briefpost und Smartphones gehören dazu.

Die **Körpersprache**, bei der Gesten und Haltung Botschaften übermitteln, kennen wir Menschen schon seit vorgeschichtlicher Zeit. Seit der Erfindung der Schrift können wir Botschaften dauerhaft aufzeichnen. Durch den Druck mit **beweglichen Lettern** wurden Bücher für immer mehr Menschen erschwinglich und mit der **Schreibmaschine** ließen sich Dokumente schneller anfertigen. Für die Kommunikation über kurze Strecken gibt es verschie-

Braille

Mit den Fingerspitzen kann man ***die erhabenen Punktemuster fühlen und so die Zeichen lesen****.*

Brief-marken

Briefmarken zeigen, dass das Porto bezahlt wurde*, dafür wird der Brief von der Post befördert.*

Signalflaggen auf Schiffen

Flaggen an der Takelage *zeigen zum Beispiel an, dass ein Schiff wendet oder dass es Hilfe braucht.*

Ponyexpress

Kuriere mit Satteltaschen voller Post *wechselten alle 16 bis 24 km das Pferd.*

Radio

Eine Radiostation *sendet ihr Programm mithilfe von starken Sendeanlagen über weite Entfernungen.*

Fernseher

Das Gerät spielt Bilder und Töne ab*, die es per Antenne, Kabel, Satellitenschüssel oder Internet empfängt.*

WLAN

Geräte mit WLAN-Empfang *können drahtlose Internetverbindungen herstellen.*

Soziale Medien

Mit dem Icon „Daumen hoch" *kann man Beiträge „liken".*

SO FUNKTIONIEREN SATELLITEN

Satelliten kreisen um die Erde. Sie empfangen TV-, Internet- und andere Signale in Form von Radiowellen von einer Bodenstation und leiten sie an eine andere, weit entfernte Bodenstation weiter.

Smartphone

Mit dem Smartphone *kann man telefonieren, in den sozialen Medien posten, sowie Nachrichten oder E-Mails schreiben.*

dene Methoden wie **Sprechtrommeln, Rauchsignale** und **Signalflaggen**. Schriftliche Nachrichten wurden früher mit Reitern verschickt, zum Beispiel mit dem **Ponyexpress**. Mitte des 19. Jahrhunderts wurde der **Telegraf** erfunden, der die Kommunikation revolutionierte. Er übertrug Botschaften in Form von elektrischen Signalen beinahe augenblicklich. Es folgten weitere Erfindungen, darunter das **Radio**, **Smartphones** und **WLAN**, die alle mithilfe von Radiowellen funktionieren.

Computer

Pascaline

Dieser mechanische Rechner *wurde 1642 erfunden.*

Analytische Maschine

Der Computerspeicher *bestand aus lauter Ziffern auf rotierenden Rädern.*

Epson HX20

Kleiner, eingebauter Drucker *neben dem vierzeiligen, schwarz-weißen Display*

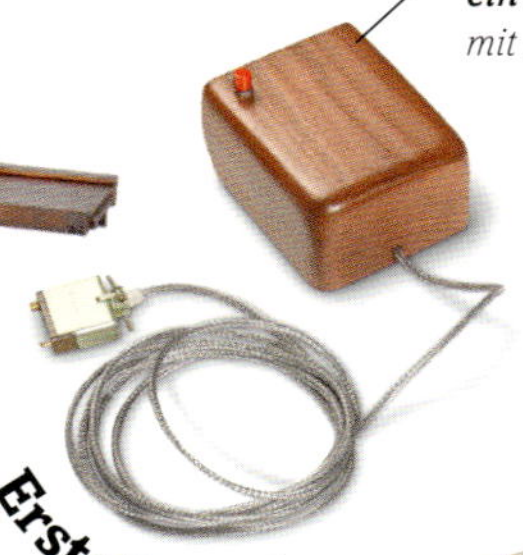

Erste Maus

Die erste Maus war ein Holzkästchen *mit Rädern darin.*

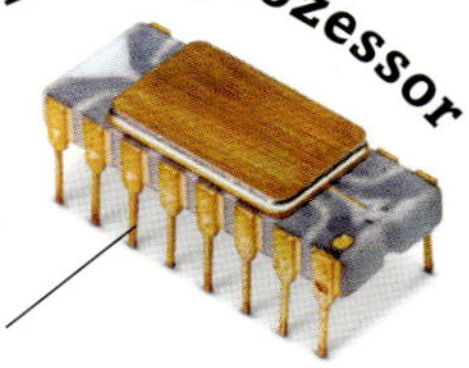

Mikroprozessor

Der erste Mikroprozessor *war der Intel 4004.*

UNIVAC 1

Der Computer wog 7,57 Tonnen *und füllte ein ganzes Zimmer.*

IBM 5150 PC

Die Tastatur *war per Kabel an den Desktop-Computer angeschlossen, der Mikroprozessor und Speicher enthielt.*

Die ersten mechanischen Rechenmaschinen sollten lange Additionen erleichtern. Im Lauf der Zeit entwickelten sich aus ihnen jene elektronischen Digitalcomputer, die für uns heute unverzichtbar sind. Wir geben Daten und Befehle in den Computer ein, der sie verarbeitet und Ergebnisse ausgibt. Mithilfe vielfältiger Programme können Computer mittlerweile Tausende von Aufgaben erledigen.

Den ersten Entwurf für einen Computer machte Charles Babbage um 1830 mit der **Analytischen Maschine**. Die Daten und Befehle (Programme) sollten über Zahnräder und Hebel verarbeitet werden, aber sie wurde nie fertig gebaut. Erst ein Jahrhundert später gab es die ersten digitalen Computer wie den **UNIVAC 1**, der Daten in Form von leichten Stromstößen verarbeitete. Sie füllten noch ganze Räume. Erst als der **Mikroprozessor**

Die hohe Maschine *brauchte so viel Strom wie zehn Haushalte.*

Cray 1

Als Display diente ein tragbarer Fernseher *und die Programme waren auf Audiokassetten gespeichert.*

Commodore 64

*Der Laptop hat einen **flachen Bildschirm, der zugeklappt werden kann**.*

Laptop

*Diese Konsole hat **so viel Rechenleistung wie ein schneller Bürocomputer**.*

Gaming

*Diese Schränke beherbergen 158 976 Prozessoren, die **442 000 Mrd. Berechnungen pro Sekunde anstellen**.*

Fujitsu-Fugaku-Supercomputer

***Der Bewegungs-Controller verfolgt die Bewegungen**, sodass die Benutzerin mit der virtuellen Welt interagieren kann.*

Virtual-Reality (VR) Headset

Die NASA trainiert die **Astronauten** mit **VR-Programmen** für ihre Missionen.

erfunden wurde, ließen sich alle Funktionen auf einer winzigen Siliziumscheibe unterbringen. Mit Mikroprozessor-PCs (Personal Computer) wie dem **IBM 5150** und Heimcomputern wie dem **Commodore 64** lernten Millionen Menschen Computer kennen und benutzen. Die schmalen, leistungsfähigen **Laptops** sind sogar tragbar. Einige Supercomputer sind aber weiterhin riesig. Früher war der **Cray 1** der schnellste, heute ist es der **Fujitsu-Fugaku-Supercomputer**.

INTERNET Diese Computergrafik zum Internetverkehr haben Forschende der Universität von Kalifornien (USA) erstellt. Sie zeigt die verschlungenen Pfade der digitalen Daten, die zwischen 20 000 Internetadressen ausgetauscht werden. Pinkfarbene Routen liegen in den USA, hellblaue in Italien und dunkelblaue in Großbritannien. Das ist nur die Spitze des Eisbergs. Die Computernetzwerke, die das Internet bilden, haben Milliarden Verbindungen.

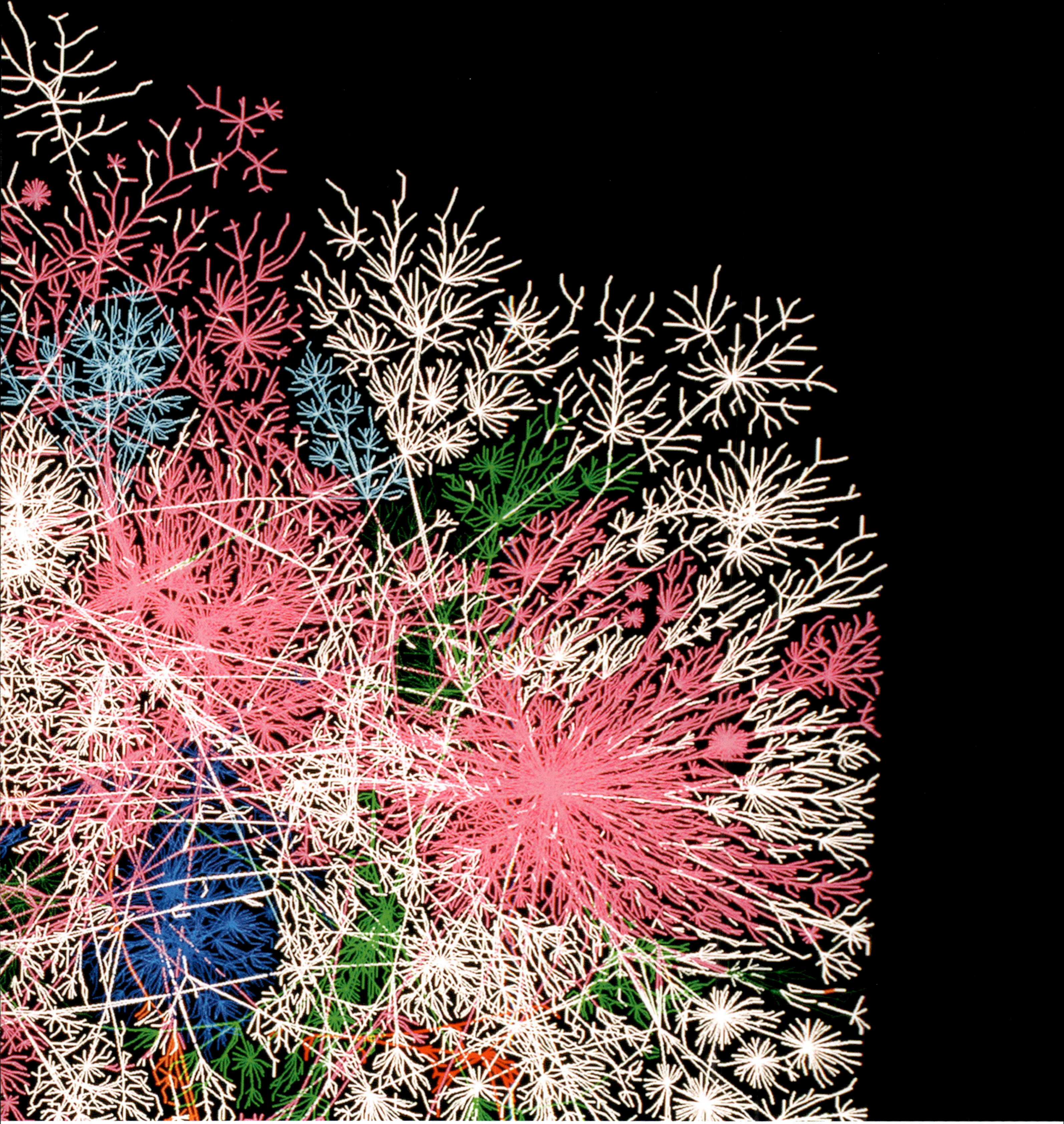

Das Internet verbindet viele Milliarden Computer, Smartphones und andere digitale Geräte, von intelligenten Kühlschränken bis zu Autos. Es ist kaum zu glauben, dass das Internet erst 1969 als Forschungsprojekt namens ARPANET entstand. Damals bildeten nur vier Computer in den USA ein winziges Netzwerk. Mit der Zeit wurden gemeinsame Regeln entwickelt, die „Protokolle", über die unterschiedliche Geräte miteinander kommunizieren und Daten austauschen konnten. Das ARPANET nutzte noch Telefonleitungen, heute rasen die meisten Daten, die zwischen den Kontinenten hin und her geschickt werden, entlang eines Unterwasser-Netzwerks aus Glasfaserkabeln, das 1,2 Mio. km lang ist.

Roboter

Sensoren erkennen Hindernisse, *sodass die Steuerung des Roboters die Richtung ändern kann.*

Roomba

Die Flügel schlagen *15- bis 20-mal pro Sekunde.*

BionicOpter

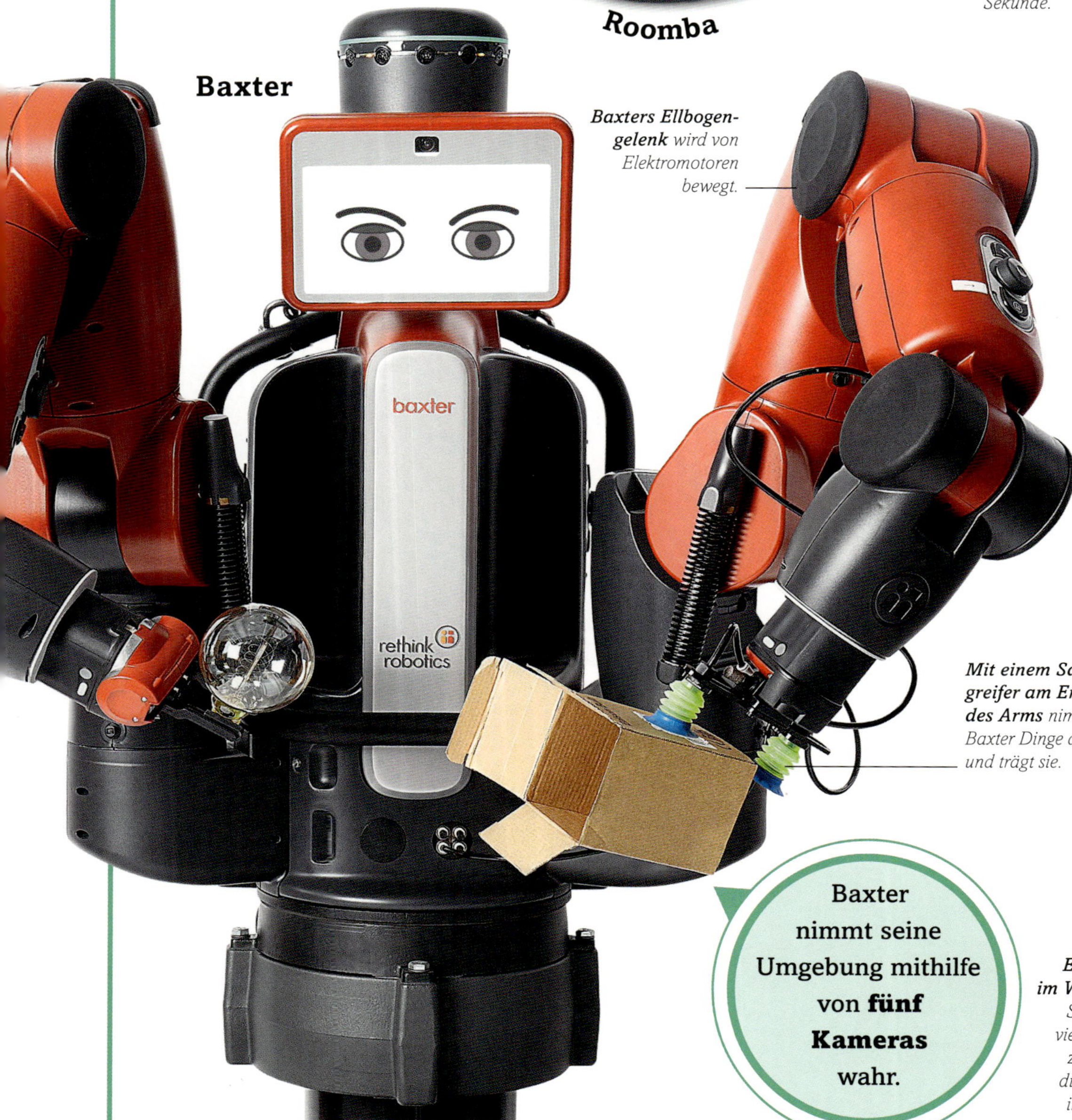

Baxter

Baxters Ellbogengelenk *wird von Elektromotoren bewegt.*

Mit einem Sauggreifer am Ende des Arms *nimmt Baxter Dinge auf und trägt sie.*

Nanoroboter*, die nur ein paar Dutzend Atome breit sind, können in Zukunft vielleicht kranke Zellen im Körper angreifen.*

Nanoroboter

Valkyrie R5

Er ist für Arbeiten im Weltraum gebaut. *Seine Hände haben vier Finger, die Werkzeuge greifen sowie die Steuerungsregler in Raumfahrzeugen bedienen können.*

Baxter nimmt seine Umgebung mithilfe von **fünf Kameras** wahr.

Roboter sind vielseitige Maschinen, die man für viele verschiedene Aufgaben programmieren kann. Die „klügsten“ Roboter können lange Zeit ohne menschliche Hilfe arbeiten, denn sie sammeln Informationen über ihre Umgebung und entscheiden selbst, wie sie am besten arbeiten können.

Die ersten Roboter arbeiteten in Fabriken. Vor allem Autohersteller setzen gern Lackier-, Fertigungs- und **Schweißroboter** ein, weil sie die Aufgaben immer gleich exakt ausführen. Heute erledigen zweiarmige Roboter wie **YuMi** und **Baxter**

Jeder bewegliche Arm *schafft mehrere Tausend Punktschweißoperationen pro Stunde.*

Schweißroboter

Die Arme bewegen sich mit einem Tempo von 1,5 m pro Sekunde. *So kocht er rasch große Mengen.*

YuMi

Wenn der Roboter *mit den Mikrofonen etwas hört, dreht er die Ohren und fährt in die Richtung, aus der die Geräusche kommen.*

MiRO

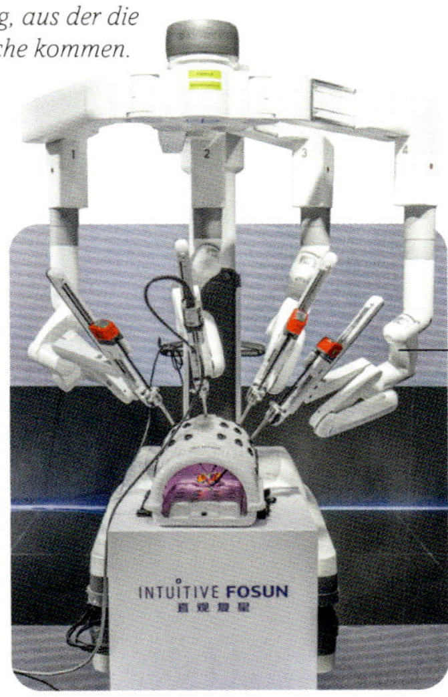

Jeder Arm ist mit Elektromotoren ausgestattet, *die ihn auf Bruchteile eines Millimeters genau bewegen können.*

Da-Vinci-Operationssystem

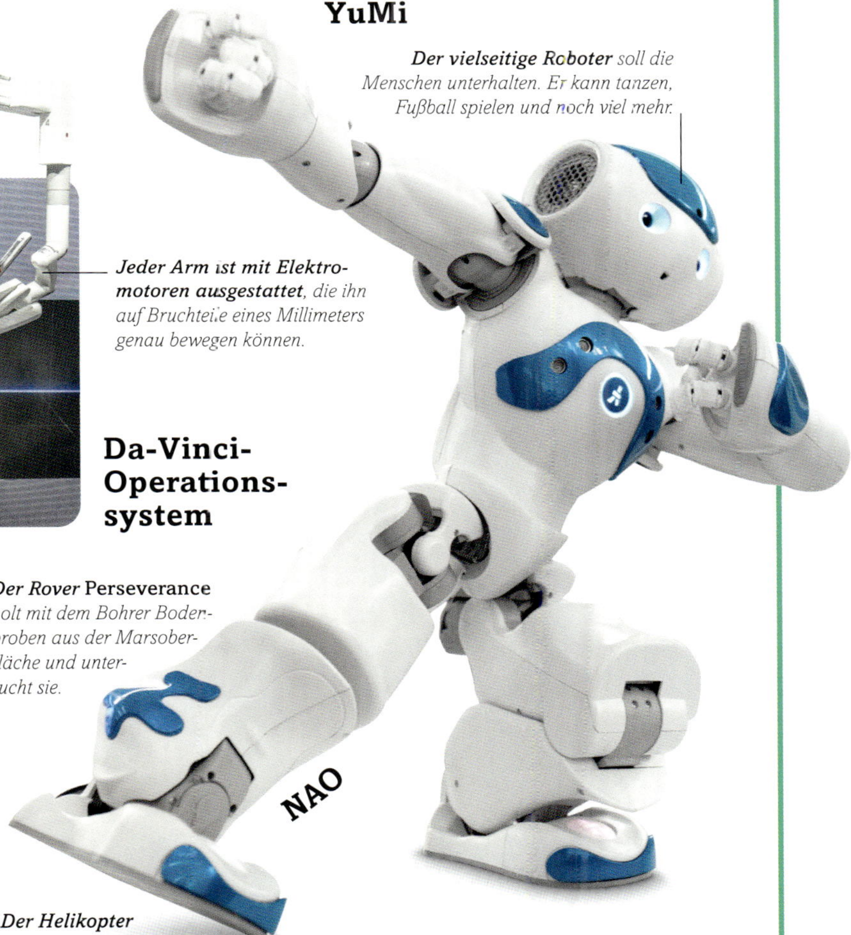

Der vielseitige Roboter *soll die Menschen unterhalten. Er kann tanzen, Fußball spielen und noch viel mehr.*

NAO

Der Rover Perseverance *holt mit dem Bohrer Bodenproben aus der Marsoberfläche und untersucht sie.*

Der Helikopter Ingenuity *kann mit den großen Rotorblättern fliegen.*

Perseverance* und *Ingenuity

komplizierte Aufgaben: Der eine bereitet heiße Gerichte zu und der andere baut Produkte am Fließband zusammen. Der vierarmige **Da-Vinci-Roboter** unterstützt Chirurgen bei Operationen. Er führt das Skalpell und andere Geräte mit großer Genauigkeit. Roboter gibt es auch im Haushalt, in der Schule und im Büro: **MiRO** und **NAO** helfen Schüler*innen und **Roomba** – der am weitesten verbreitete Roboter der Welt – macht den Boden sauber. Roboter wie der **Bionic-Opter** beobachten die Erde mit Kameras aus der Luft. Andere stellen neue Rekorde auf, beispielsweise der NASA-Helikopter ***Ingenuity***, der als erster Roboter auf dem Mars umherfliegt.

GESCHICHTE

Evolution des Menschen

Der Mensch hat sich über Millionen Jahre entwickelt. Fossilien deuten darauf hin, dass unsere Vorfahren Affen waren, die in Afrika lebten. Mit der Zeit entwickelten sie größere Gehirne und richteten sich auf zwei Beine auf. Alle heute lebenden Menschen stammen von diesen sogenannten Homininen ab.

Australopithecus africanus war der **erste fossile Hominine**, der in Afrika entdeckt wurde.

*Das Gehirn in diesem Schädel war **kleiner als das eines Schimpansen**.*

vor etwa 7–6 Mio. Jahren

Sahelanthropus tchadensis › Die ersten aufrecht gehenden Affen erschienen in den Wäldern Afrikas. Sie konnten mit den Händen Dinge heben und tragen und sich durch die Bäume schwingen.

3,3–2,1 Mio. J.

Australopithecus africanus › Im Vergleich zu ihren Vorfahren hatte diese Art ein größeres Gehirn und kleinere Zähne, ähnlich wie der moderne Mensch. Gleichzeitig hatte sie wie Affen lange Arme und eine fliehende Stirn.

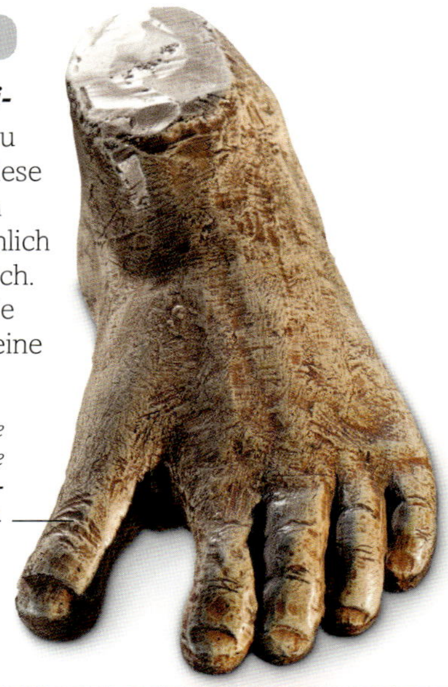

*Der rekonstruierte Fuß zeigt, dass die Art **lange Zehenknochen hatte**.*

um 4,4 Mio. J.

Ardipithecus ramidus › Skelette von *Ardipithecus ramidus*, entdeckt im afrikanischen Wald, zeigen, dass die Art viel auf allen vieren in Bäumen umherkletterte, dass sie aber auch manchmal auf zwei Beinen ging.

***Der Körper** war stark behaart, wie der eines Affen.*

2,7–2,3 Mio. J.

Paranthropus aethiopicus › Von *Paranthropus aethiopicus* wurden nur wenige Exemplare gefunden, sodass man kaum etwas über ihn weiß. Sein Schädel weist große, starke Zähne und kräftige Kiefer auf.

***Mit langen Armen** pflückte er wohl Früchte.*

2,4–1,4 Mio. J.

Homo habilis ❯ Der Name dieser Art bedeutet „geschickter Mensch". Sie gehörten zu den Ersten, die auf ihren Wanderungen in Afrika Werkzeuge nutzten, zum Beispiel um Nüsse, Wurzeln und Knochenmark zu verzehren.

Steine wurden durch Abschlagen *zu einfachen Werkzeugen geformt.*

2,3–1,2 Mio. J.

Paranthropus boisei ❯ Er wird auch als „Nussknacker-Mensch" bezeichnet, weil er so starke Kiefer und riesige Backenzähne hatte – viermal so groß wie heutige menschliche Zähne.

Am Scheitelpunkt des Schädels *waren Kaumuskeln und Unterkiefer verbunden.*

Die scharfkantigen Faustkeile aus Feuerstein *wurden von* Homo erectus *erfunden.*

1,89 Mio. J. – 110 000 J.

Homo erectus ❯ Der „aufrechte Mensch" war genauso groß und so gebaut wie der moderne Mensch. Diese Art lernte, wie man sich mit Feuer schützt und warm hält.

Der frühe Homo sapiens ***malte mit natürlichen Pigmenten*** *auf Höhlenwände.*

300 000 J. – heute

Homo sapiens ❯
Der Name *Homo sapiens* bedeutet „denkender Mensch" und bezeichnet die heute lebenden Menschen. Von Afrika aus breitete sich die Art weltweit aus und ist die letzte Art der Gattung *Homo*, die es noch gibt.

700 000–200 000 Jahre

Homo heidelbergensis ❯
Er ist ein Verwandter des *Homo erectus* und lebte in Europa und vielleicht auch Asien. Die Art baute Unterschlupfe aus Holz und machte mit Speeren Jagd auf Tiere.

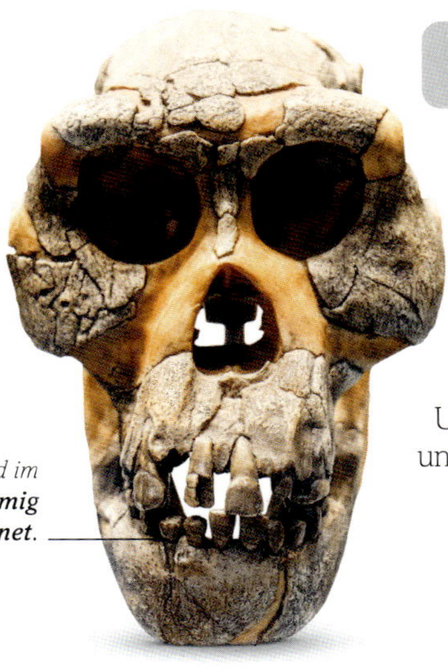

Die Zähne sind im Kiefer ***u-förmig angeordnet.***

400 000–40 000 Jahre

Homo neanderthalensis ❯ Die Neandertaler passten sich durch einen kleinen, gedrungenen Körper an kältere Gegenden an. Sie waren gute Jäger und hatten hoch entwickelte Werkzeuge.

Erste Menschen

Steinwerkzeug

*Von Feuerstein wurden mit Steinen Stücke abgeschlagen, weil er **scharfe Kanten bildete**.*

Feuer

*Zum Feuermachen wurde anfangs **Holz mit der Hand gerieben**.*

*Die **Bhimbetka-Felsgrotten (Indien)** zählen zu den größten vorgeschichtlichen Fundstätten.*

Vorübergehender Schutz

*Das dichte Fell und die Haut von Tieren dienten in kälterem Klima als **warme, schützende Kleidung**.*

Tierfelle und Häute

*Mit handgefertigten Waffen jagten die **vorgeschichtlichen Menschen in Europa, Asien und Nordamerika** riesige Tiere wie das Wollhaarmammut.*

Jäger und Sammler

*Das Fresko zeigt Bauern. Es wurde im **Grab eines ägyptischen Schreibers** gefunden.*

Landwirtschaft im alten Ägypten

Geweih

*Aus **Geweihstangen wurden Werkzeuge und Griffe** gefertigt. Vielleicht wurden sie auch für Rituale verwendet.*

Menschen in vorgeschichtlicher Zeit legten den Grundstein zu unserer Zivilisation. Sie entwickelten erste Werkzeuge, lernten Feuer zu machen, kochten ihre Nahrung, nähten Kleidung und bauten Behausungen. So sicherten sie ihr Überleben und ebneten den Weg zur Sesshaftigkeit.

Die frühen Menschen mussten nach Nahrung suchen. Sie jagten Tiere und sammelten Pflanzen und Beeren. Diese **Jäger und Sammler** suchten oft **vorübergehend in Höhlen Schutz** und wanderten weiter, wenn die Nahrung ausging. Zum Jagen von Tieren fertigten sie Speere, Bogen und Pfeile aus Holz, Stein und Feuerstein.

Fischer in Norwegen benutzten diese Art von Kanu schon ***vor mehr als 7000 Jahren****.*

Kanu

Frühe Menschen malten alltägliche Dinge ***wie Tiere und die Jagd****.*

Höhlenmalerei

Die Terrakotta-Figur wurde etwa ***um 5000 v. Chr. geschaffen****.*

Denker von Cernavoda

Karakulschafe ***wurden bereits um 1400 v. Chr.*** *gezähmt und lieferten den Menschen Milch, Fleisch und Wolle.*

Zahme Tiere

Die früheste bedeutende Kultur in Japan *stellte Gefäße wie dieses her.*

Jōmon-Gefäße

Weizen wurde in Ägypten bereits **vor knapp 8000 Jahren** angebaut.

Das um etwa 10 000 v. Chr. erbaute Göbekli Tepe (heute Türkei) ist die ***älteste religiöse Stätte der Welt****.*

Göbekli Tepe

Tiere waren für sie sehr nützlich: Sie aßen das **Fleisch** und nähten Kleidung und Decken aus dem **Fell** und der **Haut**. Weitere **Steinwerkzeuge** wurden zum Ausgraben von Wurzeln und zum Knacken von Nüssen und Knochen erfunden. Die Menschen lernten, **Feuer** zu machen, das Licht, Wärme und Schutz bot. Sie malten **Höhlenbilder** und später stellten sie Figuren her wie den **Denker von Cernavoda**, der im heutigen Rumänien gefunden wurde. Später erkannten die Menschen, dass es praktisch war, Nahrung anzubauen. Sie wurden sesshaft und betrieben **Landwirtschaft**: Sie säten Getreide aus und züchteten **zahme Tiere**.

Erste Hochkulturen

Das fruchtbare Land *im alten Mesopotamien eignete sich ideal für Landwirtschaft.*

Euphrat

Dies sind die Überreste der sumerischen Stadt Uruk*, einer der ältesten Städte der Welt.*

Erste Städte

Die Keilschrift *wurde in Tontafeln eingeritzt.*

Sumerische Keilschrift

Majiayao-Tongefäß

Dekorative Vasen und Schüsseln *wurden von der Majiayao-Kultur in China hergestellt.*

Bronzemaske *aus dem alten China*

Kupferstatue

Diese sumerische Statue, ein Adler mit Löwenkopf, aus Kupfer und Gold *ist mit dem blauen Edelstein Lapislazuli verziert.*

Die Kiste aus einem Königsgrab *ist mit einem Mosaik verziert. Es zeigt kämpfende Soldaten.*

Standarte von Ur

Vor etwa 6000 Jahren traten in Ägypten, Indien und Mesopotamien (heute Irak) die ersten Hochkulturen auf. Die Versorgung mit Nahrung war gesichert und die Menschen lebten in großen Gruppen, in denen sie verschiedene Berufe hatten. Sie bauten Tempel, erfanden die Schrift und den Kalender.

Die ersten Bauern ließen sich an Flüssen nieder, weil ihre Pflanzen in dem nährstoffreichen Boden gut wuchsen. In Mesopotamien (dem „Zweistromland") wurden die Ufer von **Euphrat und Tigris** von wachsenden Gemeinschaften besiedelt. Dörfer wurden größer, bis die **ersten Städte** entstanden. Die **Zikkurate**, Stufenpyramiden mit

Stufenförmige Tempel aus Lehmziegeln *wurden ab etwa 2500 v. Chr. in Mesopotamien erbaut.*

Zikkurat

Sanxingdui-Statue

Der erste bekannte Kalender *teilte das Jahr in zwölf Abschnitte und bezog sich auf den Mondlauf.*

Sumerischer Kalender

Perlenkette der Indus-Kultur

Handwerker im Indus-Tal in Asien fertigten ***wunderschönen Schmuck****.*

Olmeken-Kopf

Die Olmeken in Mittelamerika *schlugen massive Köpfe aus Basalt.*

Die Moche-Kultur im alten Peru *schuf reich verzierte Tierskulpturen.*

Moche-Skulptur

Die üppigen Gärten *wurden von König Nebukadnezar II. angelegt. (Er regierte 605–562 v. Chr.)*

Hängende Gärten von Babylon

Tempeln zur Götterverehrung, kennzeichneten Fortschritte in der Architektur. Die **Hängenden Gärten von Babylon**, von denen nichts erhalten blieb, könnten eine Zikkurat gewesen sein. Wahrscheinlich wurde Wasser aus dem Euphrat gepumpt, um sie zu bewässern. Die Sumerer in Mesopotamien entwickelten den **Sumerischen Kalender** und erfanden die erste bekannte Schrift, die **Keilschrift**. Sie stellten Werkzeug und Waffen aus Kupfer her und schufen **Kunstwerke aus Kupfer**. Spätere Kulturen entwickelten Keramik, Skulpturen und Schmuck, von den riesigen **Köpfen der Olmeken** bis zur **Perlenkunst der Indus-Kultur**.

ÄLTESTE KULTUR Fünf First-Nations-Australier aus dem Volk der Pitjantjatjara in Zentralaustralien erschufen 2018 gemeinsam das Bild *Seven Sisters*. Das Kunstwerk mit seinen leuchtenden Farben ist auf Leinen gemalt und 6 m² groß. Es stellt die Legende von Kungkarangkalpa dar, den sieben Schwestern, die zu Sternen am Nachthimmel wurden. Sie sind auch als der offene Sternhaufen der Plejaden bekannt.

First-Nations-Australier, die Ureinwohner des Kontinents, betrachten den Himmel als heilig, weil er die Geister und Geschichten ihrer Vorfahren beherbergt. DNA-Untersuchungen enthüllten 2016, wie weit diese Vorfahren zurückgehen: Wir wissen heute, dass die First-Nations-Australier das Land schon seit mehr als 50 000 Jahren bewohnen. Das macht ihre Kultur und Zivilisation zur ältesten Kultur, die bis heute überdauert hat. Viele der Geschichten, die sie von Generation zu Generation weitergegeben haben, passen zu Erkenntnissen und Forschungsergebnissen heutiger Wissenschaftler, beispielsweise über Anstiege des Meeresspiegels oder wann und wo Meteoriten einschlugen.

Königreiche

Bronzepfanne mit Inschrift aus der Zhou-Dynastie (altes China)

Gefäß aus der Zhou-Dynastie

Die Große Sphinx von Giseh ist eine Löwenstatue mit Menschenkopf.

Erste Dynastie (Ägypten)

Reich von Akkad

Bronzebüste von König Sargon von Akkad (heute Irak)

Hochkultur der Maya

Wikingerkrieger trugen Helme wie diesen, wenn sie andere Königreiche überfielen.

Wikinger

Krak des Chevaliers ist eine mittelalterliche Festung aus dem 11. Jh.

Königreich Jerusalem

Minamoto no Yoritomo wurde 1192 Shogun (Militärischer Herrscher) von Japan.

Shogun der Kamakura-Zeit

Das Nationaldenkmal Groß-Simbabwe markiert den ehemaligen **Königspalast**.

Groß-Simbabwe

Die Menschen mussten das Leben in einer Gemeinschaft organisieren. Mit der Zeit entstand die Idee von einer mächtigen Person, die die anderen anführt. Könige und Königinnen wurden zum Mittelpunkt ihrer Gesellschaften. Sie sorgten für Recht und Frieden im Land, führten aber auch Kriege.

Die Königswürde wurde in einem Reich oft in einer Familie von Generation zu Generation weitergegeben. Man konnte ein Königreich jedoch auch erobern: Alten Geschichten zufolge wurden Unter- und Oberägypten von einem Anführer namens Menes zur **Ersten Dynastie** vereint. Er wurde Pharao, also König, des neuen

Im Jahr 800 wurde König Karl der Große zum Kaiser gekrönt. *Er verdoppelte die Größe des Fankenreichs.*

Karl der Große

König Ludwig XIV. von Frankreich regierte 72 Jahre – die ***längste Regierungszeit der Geschichte.***

Königreich Frankreich

Vatikanstadt ist mit einer Fläche von **0,5 km²** das kleinste Land der Welt.

Pyramidentempel aus Stein wie El Castillo *im heutigen Mexiko ragten aus den Städten der Maya empor.*

In der Vatikanstadt in Rom (Italien) regiert der Papst*, der gleichzeitig das Oberhaupt der katholischen Kirche ist.*

Vatikanstadt

Diese Buddha-Statue wurde im Königreich Sukhothai errichtet, das ***während des 13. und 14. Jh. im heutigen Thailand bestand.***

Königreich Sukhothai

HIERARCHIE

Die Gesellschaft war meist „hierarchisch" aufgebaut: Der König stand an der Spitze, darunter folgten mehrere Schichten.

Reichs von Ägypten. Viele Königreiche blieben lange Zeit bestehen. Das längste bekannte Königreich ist das Reich der **Zhou-Dynastie**, die im alten China 790 Jahre lang regierte. Zur Verteidigung wurden oft starke Befestigungen errichtet wie die Stadtmauern von **Groß-Simbabwe** oder die Burgen des **Königreichs Jerusalem**. Außerdem baute man auch Stätten für die religiöse Andacht wie die Pyramiden der **Maya** oder die Buddha-Statuen des **Königreichs Sukhothai**. Heute gibt es nur noch wenige Königreiche und selbst dort haben König und Königin mittlerweile bloß eine zeremonielle Stellung und sehr wenig Macht.

Weltreiche

Die goldene Totenmaske gehörte Pharao Tutanchamun *von Ägypten, der mit neun Jahren gekrönt wurde.*

Neues Reich (Ägypten) um 1550–1069 v. Chr.

Trinkhorn mit Tierkopf*; solche Trinkgefäße wurden im Achämeniden-Reich häufig verwendet.*

Achämeniden-Reich (Persien) 550–330 v. Chr.

Unter den Maurya ***stellten Künstler aufwendige Figuren aus Terrakotta her.***

Maurya-Reich (Indien) 321–185 v. Chr.

Römische Soldaten konnten bis zu **40 km** an einem Tag marschieren.

Auf dieser Silbermünze ist Augustus abgebildet, *der erste Kaiser von Rom.*

Römisches Reich 27 v. Chr.–476 n. Chr.

Oströmisches Reich 395–1453

Kaiserin Theodora *war die Frau von Kaiser Justinian I. Hier ist sie auf einem Mosaik in einer Kirche in Ravenna (Italien) dargestellt.*

MÄCHTIGE REICHE

Die größten Weltreiche in der Geschichte umschlossen weite Gebiete. Das Diagramm zeigt, wie viel Prozent der Erdoberfläche die fünf größten Reiche am Gipfel ihrer Macht bedeckten.

Britisches Weltreich	26,3 Prozent
Mongolisches Reich	17,8 Prozent
Russisches Zarenreich	16,9 Prozent
Qing-Dynastie	10,9 Prozent
Spanisches Kolonialreich	10,2 Prozent

Früher dehnten sich riesige Weltreiche über große Teile der Erde aus. Mächtige Herrscher rissen oft Gebiete auf mehreren Kontinenten an sich und weiteten so ihren Einfluss aus. Ihre Reiche umfassten zahlreiche heutige Länder und die Herrscher trugen einen Titel, der sie als Oberhaupt auswies.

Im Lauf der Jahrhunderte blühten viele Weltreiche, deren Herrscher ihr Gebiet erweiterten und Macht und Reichtum ansammelten. In den großen Reichen der **Ägypter**, **Perser** und im **Maurya-Reich** blühten der Handel und die Wirtschaft. Das **Römische Reich** entstand aus dem Stadtstaat Rom (Italien) und dehnte sich

Die Gesichter an der buddhistischen Tempelanlage Bayon in Kambodscha stellen wohl den ***Khmer-Herrscher Jayavarman VII. als Gottkönig dar.***

Omaijaden-Reich
661–750

Das dekorative Bronzegefäß *diente womöglich in einem muslimischen Haushalt oder einer Moschee als Räuchergefäß.*

Khmer-Reich
802–1431

Mongolisches Reich
1206–1368

Mongolische Krieger hatten Steigbügel *(Schlingen aus Leder und Metall), um vom Pferd aus stehend Pfeile abschießen zu können.*

Osmanisches Reich 1299–1923

Der Topkapi-Dolch *war ein Geschenk von Sultan Mahmud I. an Nader Schah, den Schah von Persien.*

Blau-weiß bemaltes Porzellan *war während der Ming-Dynastie (China) hoch geschätzt.*

Ming-Dynastie 1368–1644

Ein Bild des Großmoguls Schah Jahan auf dem ***Pfauenthron – dem Thron der Moguln.***

Mogul-Reich
1526–1857

Azteken-Reich
1428–1521

Aztekisches Mosaik einer doppelköpfigen Schlange, ***die die Gottheit Quetzalcoatl darstellt.***

Die Inka opferten ihren Göttern *goldene Statuen wie diese, die ein Lama darstellt.*

Inka-Reich
1438–1533

Die „Penny Black“ *war die erste Briefmarke der Welt. Sie zeigt Königin Victoria, Herrscherin über das Britische Weltreich.*

Britisches Weltreich
1601–1997

über Europa und Teile von Afrika und Asien aus. Oft errichteten die Herrscher beeindruckende Bauwerke. Ein Herrscher des **Mogul-Reichs** (Indien) ließ zum Beispiel den Taj Mahal erbauen, im **Osmanischen Reich** entstanden Paläste und Moscheen und in den **Reichen der Azteken** (Mittelamerika) und der **Inka** (Südamerika) wurden Pyramidentempel und religiöse Stätten erbaut. Die mächtigen Reiche wuchsen, indem sie schwächere Länder eroberten, ausbeuteten und die Bevölkerung unterdrückten. Durch Revolutionen und Aufstände erkämpften sich die Menschen dort später wieder ihre Unabhängigkeit.

Cheops-Pyramide

Die Ägypter errichteten die Pyramiden als riesige Steingräber für ihre Pharaonen (Könige). Pharao Cheops regierte von 2589–2566 v. Chr. und die größte der drei Pyramiden von Giseh wurde als sein Grabmal erbaut. Der Bau dieser riesigen Pyramide dauerte mehr als 20 Jahre. Da sie ursprünglich 146,5 m hoch war, ist sie womöglich das höchste Bauwerk, das je nur aus Stein gebaut wurde.

***Etwa 2,3 Mio. Steinblöcke** mit einem Gesamtgewicht von mehr als 5 Mio. Tonnen wurden hier verbaut.*

Königskammer › Die mit Granit ausgekleidete Grabkammer beherbergt den Sarkophag des Pharaos. Da dieser Sarg größer ist als der Eingang zur Kammer, kann er nicht herausgeholt werden. Es scheint, dass die Kammer um ihn herum gebaut wurde.

***Im Totentempel** wurden dem toten Pharao Nahrungsmittel und andere Opfer dargebracht.*

***In der Bootsgrube** lagerte vielleicht die Totenbarke, die den Leichnam des Pharaos auf dem Nil transportierte.*

Aufgegebene Grabkammer › Die ursprüngliche Grabkammer wurde offenbar aufgegeben. Vielleicht wurde der Bauplan geändert oder es war ein Trick, um Grabräuber zu täuschen. Diesem Zweck dienten auch schwere Türen und blinde Gänge.

Nach den Sternen ausgerichtet

Einige Archäologen glauben, dass die Pyramiden an den Sternen des Nachthimmels in Nord-Süd-Richtung ausgerichtet wurden. Sie fragen sich, ob die Schächte in der Cheops-Pyramide der Belüftung dienten oder auch zu bestimmten Sternen weisen.

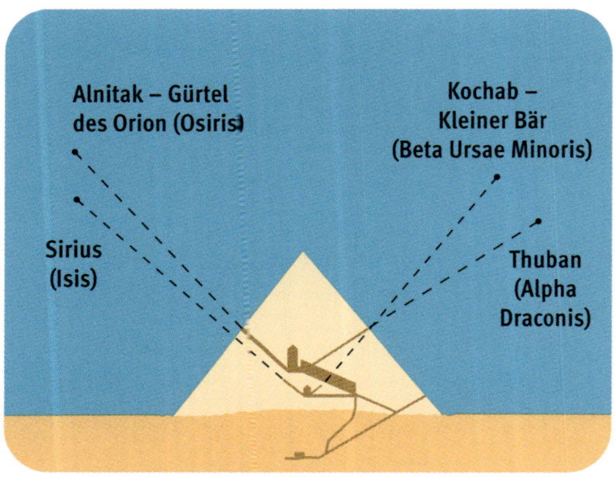

Cheops-Pyramide um 2450 v. Chr.

Die Pyramide war außen ***mit glatten weißen Kalksteinplatten verkleidet.***

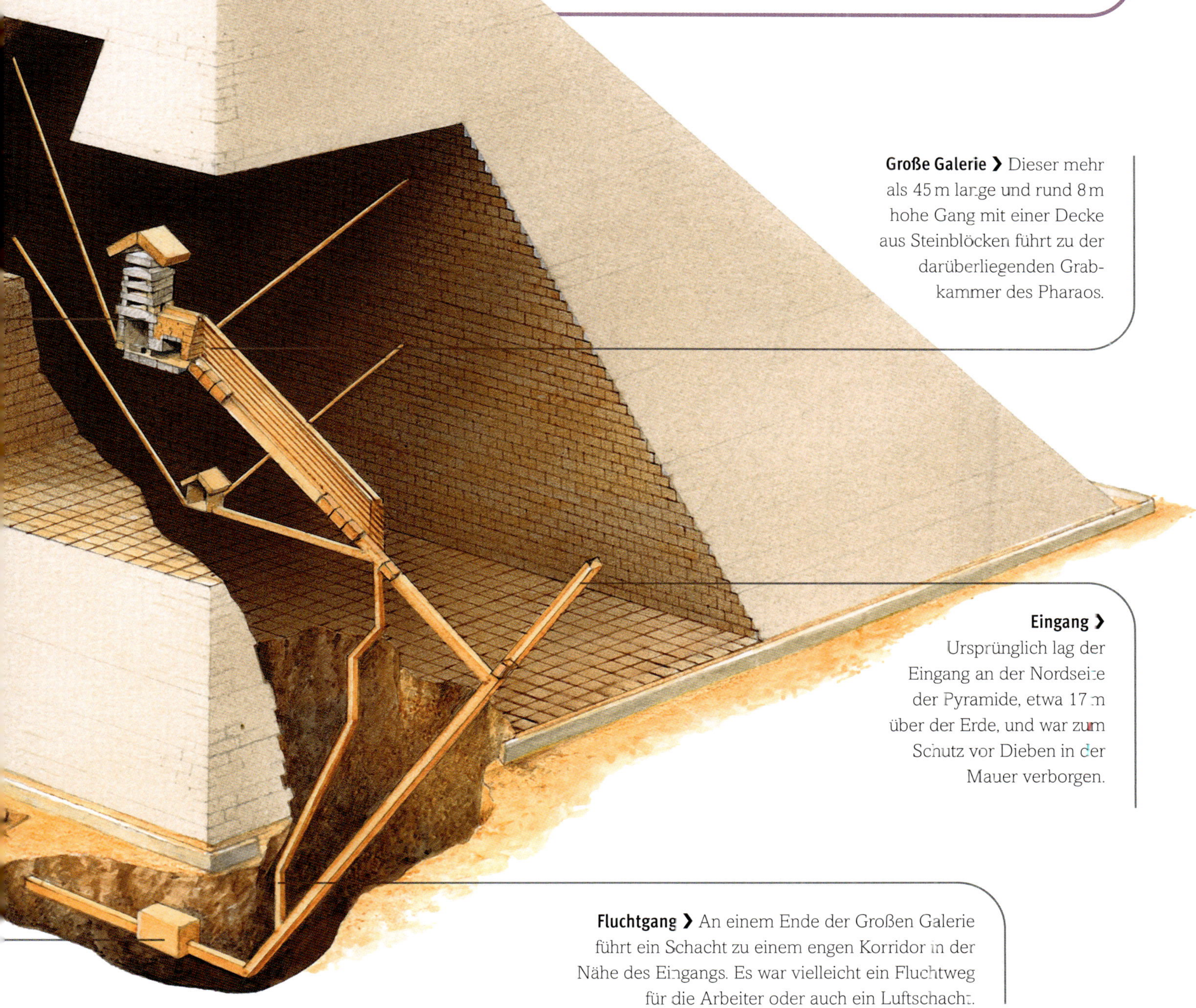

Die Große Sphinx von Giseh

Sphinx-Statuen wurden im alten Ägypten neben Gräbern und Tempeln gebaut, um diese zu beschützen. Die berühmteste ist die Große Sphinx von Giseh, die seit etwa 4500 Jahren die Cheops-Pyramide bewacht. Sie zeigt möglicherweise den Kopf von Pharao Cheops auf dem Körper eines Löwen.

Große Galerie ❯ Dieser mehr als 45 m lange und rund 8 m hohe Gang mit einer Decke aus Steinblöcken führt zu der darüberliegenden Grabkammer des Pharaos.

Eingang ❯ Ursprünglich lag der Eingang an der Nordseite der Pyramide, etwa 17 m über der Erde, und war zum Schutz vor Dieben in der Mauer verborgen.

Fluchtgang ❯ An einem Ende der Großen Galerie führt ein Schacht zu einem engen Korridor in der Nähe des Eingangs. Es war vielleicht ein Fluchtweg für die Arbeiter oder auch ein Luftschacht.

DIE LANGE MAUER

Seit dem 7. Jahrhundert v. Chr. hatten chinesische Herrscher Mauern bauen lassen, um ihr Land vor den Angriffen von Völkern aus dem Norden zu schützen. Um 221 v. Chr. wurden die Mauern auf Befehl von Qin Shihuangdi, des ersten Kaisers von China, verbunden. So wurde aus einer Reihe von einzelnen Mauern schließlich das längste künstliche Bauwerk der Welt: die Chinesische Mauer.

Soldaten und Gefangene erhielten die gewaltige Aufgabe, diese Befestigung aus Steinen, gestampfter Erde und sogar klebrigem Reis zu bauen. Es dauerte mehr als 2000 Jahre. Viele verloren dabei ihr Leben. In der Ming-Dynastie (1368–1644) wurden viele zerstörte Teile wiederaufgebaut und erweitert. Um 1600 war die Mauer 9 m hoch und hatte mehr als 10 000 Wachtürme, von denen Wachsoldaten Ausschau halten und so die Handelsstraßen des Reichs sichern konnten. Im späten 19. Jahrhundert erstreckte sich die Chinesische Mauer über eine unglaubliche Länge von 21 000 km. Heute ist sie eine beliebte Sehenswürdigkeit, die jedes Jahr beinahe 10 Mio. Touristen und Besucher anlockt.

Personen

Mandelas Name wurde zum **Schlachtruf** der Schwarzen Südafrikaner im Kampf gegen Rassismus.

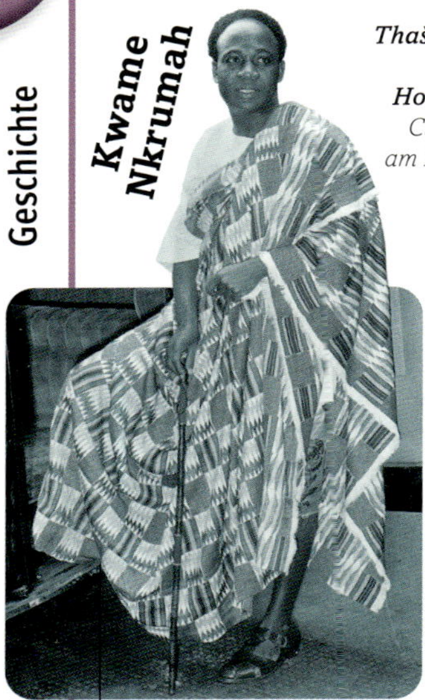

Kwame Nkrumah

Nkrumah führte die Goldküste (heute Ghana) in die Unabhängigkeit.

Thašúŋke Witkó

***Thašúŋke Witkó (auch bekannt als Crazy Horse)** besiegte General Custer bei der Schlacht am Little Bighorn (1876).*

Nelson Mandela

***Mandela war 27 Jahre im Gefängnis.** Die Anklage lautete „Verrat".*

Greta Thunberg

***Thunberg erfand die „Schulstreiks fürs Klima"** und Millionen Menschen weltweit folgten ihr.*

Olaudah Equiano

***Der ehemalige Sklave Equiano** setzte sich im 18. Jh. vehement gegen Sklaverei ein.*

Tokugawa Ieyasu

***Ieyasu vereinte Japan** und brachte Frieden, der mehr als 200 Jahre dauerte.*

Es gibt viele Arten von Anführern. Könige und Königinnen besteigen den Thron oft als Erben. Präsident*innen und Bundeskanzler*innen werden meistens gewählt. Es gibt aber auch Personen, die Kampagnen für eine gute Sache anführen oder die Führung einer Revolution übernehmen.

Viele Regent*innen erben den Thron von Verwandten. Als Pharao Ptolemäus XII. starb, wurde **Kleopatra VII.** Pharaonin von Ägypten, weil sie sein ältestes lebendes Kind war. **Tokugawa Ieyasu** wurde zum militärischen Herrscher über Japan, als er 1603 das Tokugawa-Shogunat begründete. Andere Anführer werden gewählt

King hielt die berühmte Rede „Ich habe einen Traum …“ vor 200 000 Menschen in Washington, D.C. (1963).

Martin Luther King Jr.

König Zenobia herrschte im 3. Jh. v. Chr. über Palmyra (im heutigen Syrien).

Zenobia

Er war ein Eroberer und schuf das Mongolische Reich (Regierungszeit 1206 bis 1227).

Dschingis Khan

Kleopatra regierte Ägypten 21 Jahre lang. Sie war die letzte Pharaonin.

Kleopatra VII.

Königin Elizabeth II. hatte die längste Regierungszeit in der Geschichte Großbritanniens.

Elizabeth II.

Qin Shihuangdi

Qin Shihuangdi war der erste Kaiser der Qin-Dynastie (China, von 221 bis 210 v. Chr.).

Simón Bolívar

Der venezolanische Militärführer Bolívar trug zur Befreiung von sechs heutigen Ländern in Südamerika bei.

Ben Gurion gilt vielen als der Vater des modernen Israels.

David Ben Gurion

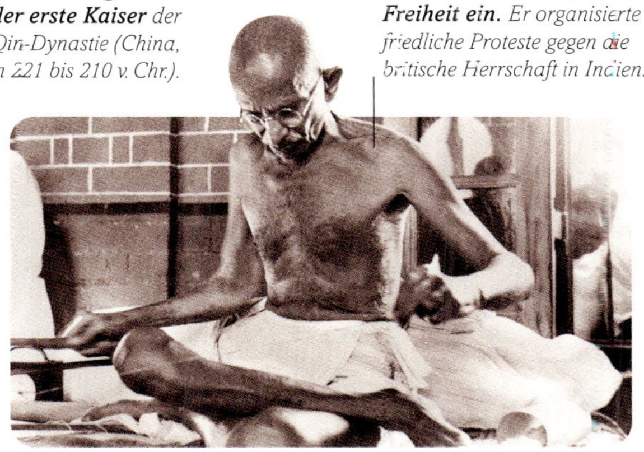

Gandhi setzte sich für Freiheit ein. Er organisierte friedliche Proteste gegen die britische Herrschaft in Indien.

Mahatma Gandhi

wie **David Ben Gurion**, der 1948 der erste Premierminister des unabhängigen Israels wurde, oder **Kwame Nkrumah**, der erste Präsident von Ghana. In Südafrika kämpfte **Nelson Mandela** gegen die Apartheid-Gesetze, die Menschen diskriminierten, die nicht weiß waren. Später führte er als Präsident die Demokratie ein. Außerhalb der Politik gibt es Personen, die aufstehen und mit anderen für eine gemeinsame Sache kämpfen. **Martin Luther King Jr.** beeinflusste die Bürgerrechtsbewegung der Schwarzen Bevölkerung in den USA und in letzter Zeit lenkt **Greta Thunberg** aus Schweden die weltweite Aufmerksamkeit auf das Problem des Klimawandels.

Revolutionen

Nach der Niederlage in der Schlacht von Saratoga (1777) **ergab sich der britische General John Burgoyne (rot) dem US-General Horatio Gates**.

Amerikanische Revolution (1775–1783)

In der Französischen Revolution wurden viele Adlige durch die Guillotine hingerichtet.

Französische Revolution (1789–1799)

Etwa **17000** Personen wurden offiziell während der „Schreckensherrschaft“ hingerichtet.

Hier ist dargestellt, wie **Toussaint Louverture in Haiti gegen die Franzosen kämpft**.

Haitianische Revolution (1791–1804)

Der Anführer der Bolschewiken, Wladimir Lenin, unterstützte die Umwandlung Russlands von einer Monarchie in einen kommunistischen Staat.

Russische Revolution (1917)

Im Lauf der Geschichte forderten Menschen immer wieder, besser behandelt zu werden. Sie rebellierten gegen Herrscher oder wehrten sich gegen ungerechte Gesetze. Solche politischen und sozialen Proteste gewinnen oft rasch eine große Anhängerschaft und können eine Revolution auslösen.

Revolutionen führen eine neue Regierung oder Gesellschaftsordnung herbei. Sie verlaufen oft gewaltsam. In der **Französischen Revolution** erhoben sich ganz normale Leute, die unter der Monarchie schwer leiden mussten. Am Ende töteten sie den König und riefen eine Republik aus. Diese Revolution regte den haitianischen

***Che Guevara** half bei der Absetzung des Diktators Fulgencio Batista (Kuba). Danach unterstützte und führte er weitere Revolutionen in Afrika und Bolivien.*

Ernesto „Che“ Guevara

***Ayatollah Khomeini** begründete nach dem Sturz des Schahs die Islamische Republik Iran.*

Iranische Revolution (1978/79)

***Demonstranten versammelten sich am Tahrir-Platz in Kairo (Ägypten).** Sie forderten die Absetzung von Präsident Hosni Mubarak.*

Ägyptischer Frühling (2011)

***Die wachsende Unzufriedenheit** gipfelte in der Märzrevolution.*

Deutsche Revolution (1848/49)

UNPOLITISCHE REVOLUTIONEN

Nicht bei allen Revolutionen geht es um Politik oder die erzwungene Absetzung einer Regierung. Revolutionen werden auch durch wissenschaftliche, künstlerische oder soziale Neuerungen herbeigeführt, die die Denkweise der Menschen und den Alltag verändern.

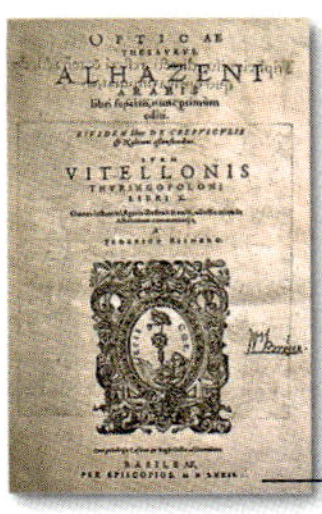

Gelehrte wie Ibn al-Haytham (Alhazen), dessen Buch Schatz der Optik *in viele Sprachen übersetzt wurde, brachten Fortschritte in Wissenschaft und Kunst.*

Goldenes Zeitalter des Islam (8.–14. Jh.)

Während der Renaissance revolutionierten Werke wie die Pietà *des italienischen Künstlers Michelangelo Malerei, Bildhauerei und Architektur in Europa.*

Renaissance (14.–17. Jh.)

Erfindungen wie die Sämaschine und neue Methoden erleichterten und verbesserten die Landwirtschaft.

Landwirtschaftliche Revolution (um 1700–1850)

Mit den ersten Maschinen wie dieser Spinnmaschine wurden mehr Produkte hergestellt.

Industrielle Revolution (um 1733–1913)

General Toussaint Louverture zur **Haitianischen Revolution** an, in der Sklaven gegen die französischen Eigentümer der Plantagen kämpften, bis auf Haiti die Sklaverei und die französische Herrschaft beendet waren. Bei der **Amerikanischen Revolution** befreiten sich die Kolonisten in einem langen Krieg von der britischen Herrschaft. Der Wunsch nach politischem und sozialem Wandel führte 1848/49 zur **Deutschen Revolution** und anderen Unruhen in mehreren europäischen Ländern. Im 20. Jahrhundert trug der argentinische Revolutionär **Ernesto „Che“ Guevara** in der Kubanischen Revolution zur Abschaffung der Militärdiktatur bei.

Entdeckungen

Der portugiesische Seefahrer Magellan führte eine Expedition mit fünf ***Schiffen*** *rund um die Welt, doch er selbst kehrte nicht lebend zurück.*

Ferdinand Magellan

Schilde an den Seiten sollten Feinde einschüchtern.

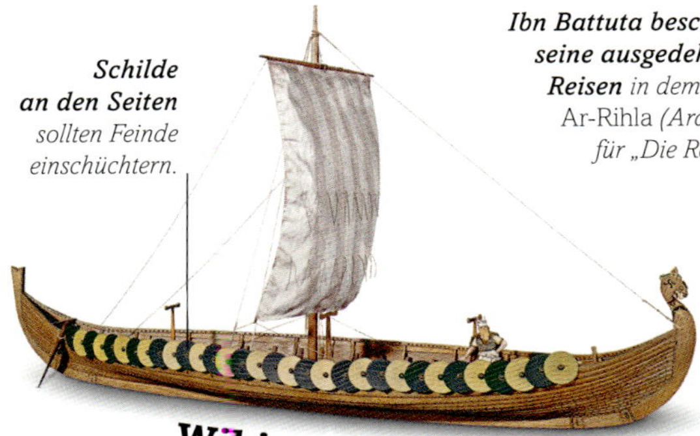

Wikingerschiff

Ibn Battuta beschrieb seine ausgedehnten ***Reisen*** *in dem Buch Ar-Rihla (Arabisch für „Die Reise“).*

Ibn Battuta

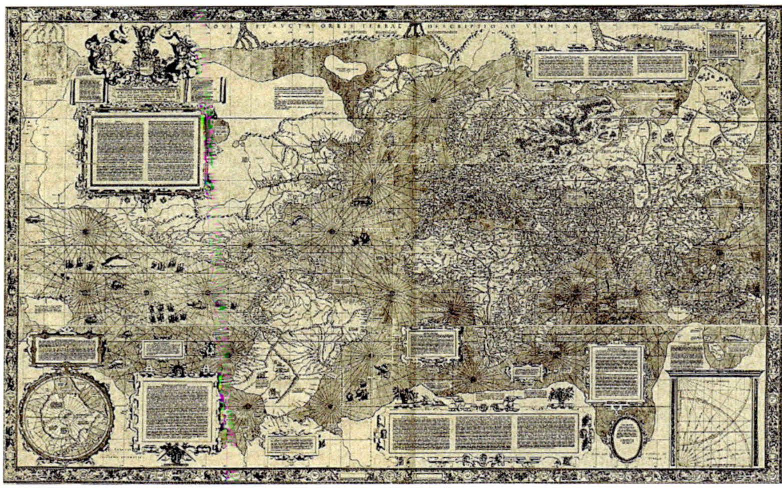

Die Karte des Niederländers ***Mercator*** *erleichterte europäischen Seefahrern das Segeln.*

Weltkarte von Gerhard Mercator (1569)

Diese Malerei von Cooks polynesischem Navigator Tupaia zeigt einen Tauschhandel zwischen einem Mitglied der Expedition und einem Maori in Neuseeland.

James Cooks Expedition

Die Britin Gertrude ***Bell*** *schrieb Bücher über ihre Reisen im Nahen Osten.*

Gertrude Bell

Nach zwei fehlgeschlagenen Versuchen behaupteten die US-Amerikaner Peary und Henson, ***den Nordpol erreicht zu haben (1909).***

Robert Peary und Matthew Henson

Ein **Krater** auf dem **Mond** wurde 2021 nach Matthew Henson benannt.

Abenteuerlust und Neugier treibt viele Menschen an. Sie unternehmen weite Reisen, um die Erde zu erforschen. Sie fliegen in den Himmel, fahren zur See, erklimmen die höchsten Berge und tauchen in die Tiefen des Ozeans. Ihre Entdeckungen und Erkenntnisse bereichern unser Wissen von der Welt und verändern die Art und Weise, wie wir sie sehen.

Um 1500 v. Chr. brachen Angehörige der Lapita-Kultur in Südostasien in Kanus auf und besiedelten die Inseln im Pazifik. Als später große, feste Schiffe erfunden wurden, setzten sich überall Menschen in Bewegung. Im 9. Jahrhundert überquerten **Wikingerschiffe** den Atlantik. Der Marokkaner **Ibn Battuta** reiste 30 Jahre lang durch Nord- und Westafrika, den Nahen Osten, Indien und China, nachdem er 1325 seine Hei-

Der Norweger Amundsen *erreichte als erster Mensch den Südpol.*

Roald Amundsen

NÜTZLICHE GERÄTE

Auf ihren langen Fahrten orientierten sich die Seeleute mithilfe von Navigationsgeräten. Kompasse zeigten ihnen die Richtung und mit dem Fernglas erspähten sie weit entfernte Küsten. Astrolabien und Chronometer halfen ihnen bei der Bestimmung ihrer Position.

Kompass (um 500 n. Chr.)

Fernglas (17. Jh.)

Astrolabium (17. Jh.)

Schiffschronometer (1759)

Amelia Earhart

Earhart kämpfte auf ihrem Flug über den Atlantischen Ozean *mit technischen Pannen und gewaltigen Gewittern.*

Tenzing und Hillary blieben 15 Minuten auf dem Gipfel des Mount Everest*, dann stiegen sie wieder ab.*

Tenzing Norgay und Edmund Hillary

Tiefsee-Tauchboot *Trieste*

Mit dem Tiefsee-Tauchboot Trieste *erreichten die Forscher Jacques Piccard und Don Walsh einen der tiefsten Punkte im pazifischen Ozean (1960).*

Der portugiesische Entdecker Vasco da Gama *segelte um die Südspitze Afrikas nach Indien (1498).*

Vasco da Gama

mat verlassen hatte. Entdecker wie **James Cook**, der die Küsten zahlreicher Länder kartografierte, füllten weiße Flecken auf der Landkarte, die den Europäern noch unbekannt waren. Den Expeditionen folgten zahlreiche Erstleistungen: **Amelia Earhart** (USA) flog 1932 als erste Frau allein über den Atlantik und **Edmund Hillary** (Neuseeland) und **Tenzing Norgay** (Nepal) bewältigten 1953 die erste dokumentierte Besteigung des Mount Everest.

MONDLANDUNG Bis heute waren zwölf Menschen auf dem Mond, darunter der Astronaut James Irwin mit der Mission *Apollo 15*, der hier 1971 auf der Mondoberfläche steht. *Apollo 15* war die vierte Mondlandemission und die erste, die ein Mondfahrzeug (*Lunar Roving Vehicle*, LRV, rechts) mitbrachte. Damit konnten die Astronauten weitere Strecken auf dem Mond zurücklegen als je zuvor.

In den 1960er-Jahren war der Mond das Ziel des „Wettlaufs ins All“ zwischen den USA und der UdSSR. Die USA gewannen das Wettrennen, als die Mission *Apollo 11* den Mond erreichte und Astronaut Neil Armstrong am 20. Juli 1969 als erster Mensch den Mond betrat. Als sein Fuß die felsige Oberfläche des Monds berührte, sprach er die berühmten Worte: „Dies ist ein kleiner Schritt für einen Menschen, aber ein großer Sprung für die Menschheit.“ Bei allen sechs Mondlandungen führten die Astronauten Experimente durch und sammelten Gesteinsproben. Vor allem aber bewiesen sie, dass es möglich war, das Sonnensystem zu erforschen – und darüber hinaus die Milchstraße und viel weiter …

Handel

Diese Statue aus Mesopotamien (heute Irak) besteht aus ***Gold, Silber und Lapislazuli, die aus fernen Ländern importiert wurden.***

Mesopotamien

Baltischer Bernstein

Auch Schmuckstücke wie diese Bernstein-Halskette *wurden gehandelt.*

Kaufleute aus dem Indus-Tal kennzeichneten ihre Waren mit ***Siegeln aus Stein.***

Siegel (Indus-Tal)

Murex-Schnecken produzieren eine ***violette Farbe. Sie war für die Phönizier eine wertvolle Handelsware.***

Phönizische Farbe

Die Pharaonin Hatschepsut sandte Expeditionen nach Punt. Sie wurden in Malereien auf ***Tempelwänden dargestellt.***

Ägyptische Expedition

Das Wandgemälde zeigt eine Flotte minoischer Handelsschiffe, die in ***Thera (Griechenland)*** *einfährt.*

Minoische Händler

Seit uralten Zeiten unternahmen Händler auf der Suche nach wertvollen Waren weite Reisen zu Wasser und an Land. Kaufleute entdeckten neue Gebiete, erschlossen Handelswege und knüpften Beziehungen zu weit entfernten Völkern. Durch diese Verbindungen wurde die Welt kleiner.

Bereits frühe Kulturen wie die Inselbewohner im Pazifik tauschten Waren aus. In **Mesopotamien** blühte der Handel mit Indien, denn die Kaufleute waren begeistert von den Edelsteinen, Gewürzen und Stoffen, die mit **Siegeln aus dem Indus-Tal** gekennzeichnet waren. **Ägyptische Expeditionen** besuchten Punt (Ostafrika) und erwarben

Amphore aus dem antiken Griechenland

Die alten Griechen verkauften Wein und Olivenöl, das sie in ***solchen versiegelten Krügen, den Amphoren, transportierten****.*

Walrosszähne

Händler aus Griechenland tauschten Walrosszähne *gegen Holz, Eisen und Getreide.*

Seidenstraße

Entlang der Seidenstraße konnten Händler in solchen ***Gebäuden sicher übernachten.***

Kakaobohnen

Die Inka verwendeten ***Kakaobohnen als Geld****.*

Abenteuergeschichten

Ein riesiger Märchenvogel greift Sindbad den Seefahrer an. *Dies ist ein Bild aus der Erzählsammlung* Tausendundeine Nacht. *Die Figur Sindbad ist ein Händler aus Basra (im heutigen Irak).*

Zheng He

Der chinesische Entdecker Zheng He *brachte aus Afrika viele Waren und sogar eine Giraffe mit.*

Lamas

Lamas dienten den Inka-Kaufleuten *in Südamerika als Packtiere für schwere Waren.*

Kartoffeln

Kartoffeln gab es nur in Südamerika*, bis die Spanier sie nach Europa brachten.*

Gewürze

Muskat, Nelken, Zimt und Pfeffer *führten die europäischen Händler von den Gewürzinseln ein (heute Indonesien).*

duftenden Weihrauch und Myrrhe. Über die großen Handelsstraßen konnten die Händler schnell und bequem über Land reisen. Die **Seidenstraße** führte über 4000 km weit durch Wüsten und über Gebirge von China bis nach Afrika und Europa. Chinesische Seide wurde gegen Gold, Perlen und Glas getauscht. Oft trugen Kamele die Waren auf ihrem Rücken. Auf See reiste der chinesische Admiral **Zheng He** bis nach Afrika, um neue Waren und Tiere nach Hause zu bringen. Unbekannte Früchte wie Ananas, Chilischoten und **Kartoffeln** kamen durch den Handel mit Amerika nach Europa. Die Reisen in ferne Länder regten auch **Abenteuergeschichten** an.

Geld

Auf den Salomonen im Pazifik wurde **Muschelgeld** verwendet.

Muschelgeld

Rinder

Rinder sind wertvoll, *weil sie Milch und Fleisch liefern.*

Gewichte

*Im alten Ägypten nutzte man **Edelmetalle wie Silber und Gold als Zahlungsmittel**.*

Bronze-Miniaturen

Gegenstände aus Bronze *waren die Währung in China, bevor das Papiergeld erfunden wurde.*

Münze

Die ersten Goldmünzen *wurden um 600 v. Chr. unter anderem im Königreich Lydien (heute Türkei) geprägt.*

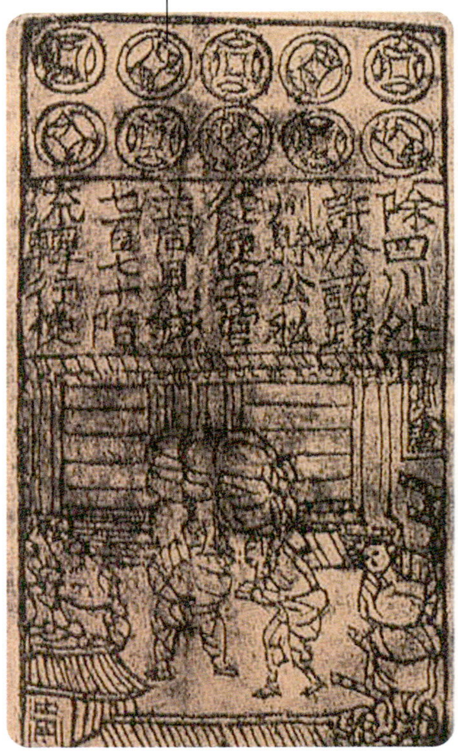

Jiaozi

Jiaozi *ersetzten in China die schweren Münzen.*

Wampum

Die purpurnen und weißen Muschelschalen *wurden per Hand aufgezogen.*

Heute bezahlen wir mit Bargeld, Karte oder nur noch digital, aber in früheren Zeiten gab es viele verschiedene Zahlungsmittel, von Steinen bis zu Edelmetallen. Im Grunde ist es egal, woraus Geld besteht: Die Hauptsache ist, dass es als Bezahlung anerkannt und angenommen wird.

Die Menschen handeln seit Jahrtausenden. Bevor das Geld erfunden wurde, gab es viele andere Dinge, die als wertvoll galten. Eins der frühesten Zahlungsmittel waren **Rinder** – sie waren in bäuerlichen Gemeinden sehr begehrt. Alte Kulturen nutzten Metallstäbe und Ringe aus Gold, Silber oder Kupfer, deren Wert nach

Das Steingeld auf einigen Yap-Inseln (Mikronesien) *besteht aus Kalksteinblöcken, die bis zu 4 m hoch sind.*

Rai-Stein

Federgeld

***Je leuchtender die Federn**, desto wertvoller waren sie.*

Wasserzeichen sind sichtbar, wenn man Geldscheine gegen das Licht hält.

Mikroschrift auf Geldscheinen sorgt dafür, dass sie schwer zu fälschen sind.

Banknoten

Dublone

***Auf dieser spanischen Goldmünze** steht das Kreuz für den christlichen Glauben und die je zwei Löwen und Burgen stehen für ein geeintes Königreich.*

*Auf dem Mikrochip sind **die Kontoverbindungsdaten gespeichert**.*

Kreditkarte

***QR-Codes** lassen sich per Smartphone einscannen. So kann man mit einem Fingertipp bezahlen.*

Digitales Bezahlen

Gewicht festgelegt war. Wo es kein Metall gab, dienten **Muscheln** und **Federn** als Geld. Die indigenen Völker Amerikas tauschten ***Wampum***-Gürtel, die sie aus Muschelschalen fertigten, während die Menschen auf den Santa-Cruz-Inseln im Pazifik Kanus mit Rollen aus bunten Federn bezahlten. Papiergeld wurde erstmals in der Song-Dynastie (China, 10. Jahrhundert) ausgegeben. Die Scheine wurden ***Jiaozi*** genannt, heute heißen sie **Banknoten**. Viele Menschen bewahren ihr Geld auf dem Bankkonto auf und bezahlen mit **EC- oder Kreditkarte**. Es gibt aber immer noch ungewöhnliche Zahlungsmittel wie das **Steingeld (Rai)** auf den Yap-Inseln im Pazifik.

Tödliche Krankheiten

Im Lauf der Geschichte starben viele Millionen Menschen an tödlichen Krankheiten. Lange Zeit gab es nichts, was man dagegen tun konnte. Inzwischen sind einige Krankheiten durch die moderne Medizin, Impfungen und Hygienemaßnahmen ausgerottet und viele können gut geheilt werden.

um 1500 v. Chr.

Malaria › Die tödliche Krankheit wird von Stechmücken übertragen. Malaria wurde in 3500 Jahre alten ägyptischen Mumien nachgewiesen.

430 v. Chr.

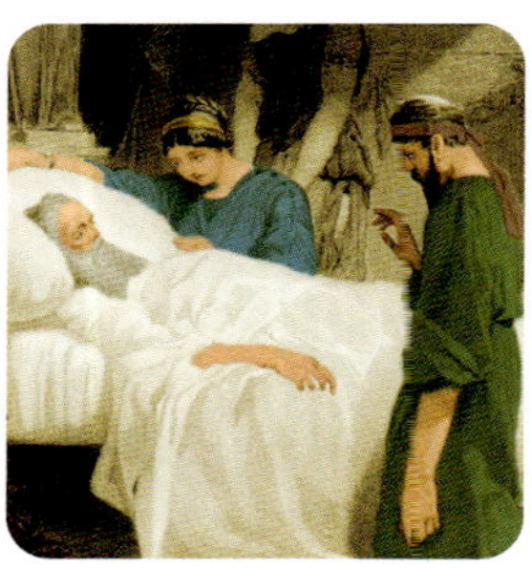

Pest von Athen › Der Staatsmann Perikles fiel einer Pestepidemie zum Opfer, ebenso ein Drittel aller Einwohner der Stadt. Man nannte sie auch „Attische Seuche".

541 n. Chr.

Justinianische Pest › Ratten auf Schiffen, die aus Ägypten kamen, brachten eine Pestepidemie in die Stadt Konstantinopel (heute Istanbul). Sie wurde nach Justinian I., dem Kaiser des Oströmischen Reichs, benannt. Er überlebte die Krankheit im Jahr 542 n. Chr.

1347

Schwarzer Tod › Diese Pestepidemie, die durch Flöhe verbreitet wurde, tötete bis zu 200 Mio. Menschen in ganz Europa und im Nahen Osten. Im 17. Jahrhundert trugen die Ärzte dann zu ihrem Schutz Pesthauben mit Maske und Lederhandschuhe.

1520

Pocken › Europäische Entdecker und Eroberer brachten die Pocken nach Mexiko. Sie breiteten sich rasend schnell aus. Die Krankheit verursachte Ausschlag und wunde Stellen und tötete Millionen von Menschen.

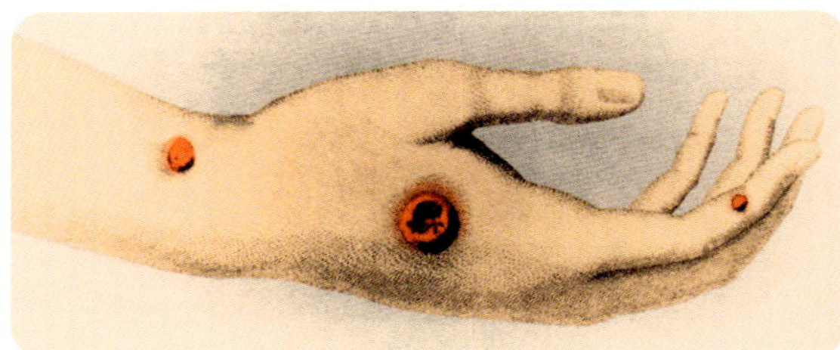

1771

Moskauer Pestrevolte › Als in Moskau (Russland) die Pest ausbrach, wurde die Bevölkerung in Quarantäne gezwungen. Die Menge protestierte tagelang auf den Straßen.

Rund **6 Millionen Skelette** füllen die Katakomben in Paris (Frankreich).

Schädel und Knochen *stapeln sich in den unterirdischen Gängen der Katakomben.*

1832

Cholera ❯ Wasser, das mit Cholerabakterien verseucht war, verursachte in Asien und Europa eine Krankheitswelle. In Paris (Frankreich) starben so viele Leute, dass sie in Katakomben begraben werden mussten, weil auf den Friedhöfen kein Platz mehr war.

1976

Ebola ❯ Die ersten Fälle der sehr ansteckenden Krankheit wurden in Guinea (Westafrika) gemeldet. Sie breitete sich drei Jahre lang in der Region aus. Die Kranken haben sehr hohes Fieber und bluten stark.

Dichte Schutzkleidung *verhindert, dass sich Ärztinnen und Pfleger mit dem Ebola-Virus anstecken.*

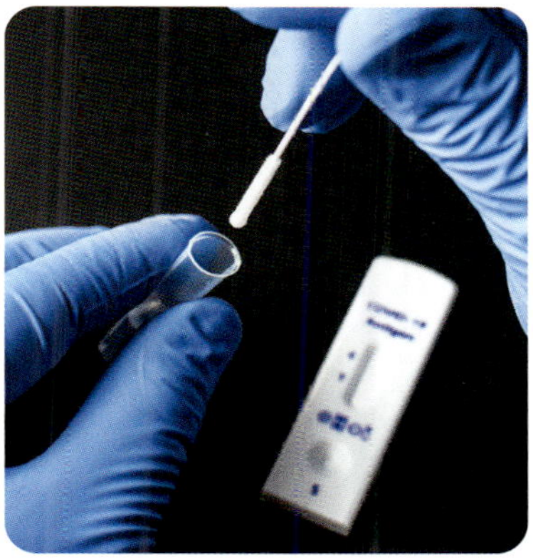

2019

Covid-19 ❯ Die ansteckende Atemwegserkrankung verbreitete sich weltweit und forderte mehr als 6 Mio. Opfer. Sie ließ sich mit Schnelltests erkennen, sodass Infizierte sich isolieren konnten. Das sollte die Ausbreitung verlangsamen.

1997

Vogelgrippe ❯ Die Krankheit ist für Vögel sehr ansteckend und wird in seltenen Fällen auf Menschen übertragen. Beim ersten Ausbruch wurden fast 1,5 Mio. Hühner getötet, um die Verbreitung zu stoppen.

1918

Spanische Grippe ❯ Der gefährliche Grippeviren-Stamm tötete etwa 50 Mio. Menschen weltweit – drei Prozent der damaligen Weltbevölkerung.

Diese rote Schleife ist ein Symbol für die ***Unterstützung von Personen, die mit Aids leben.***

1981

Aids ❯ Wissenschaftler*innen stellten eine neue Krankheit namens Aids („erworbene Immunschwäche") fest. Sie greift das Immunsystem an und verhindert so, dass der Körper andere Krankheiten abwehren kann. Bisher starben etwa 36 Mio. Menschen an Aids, aber es gibt Erfolge in der Entwicklung von Gegenmitteln.

2009

Schweinegrippe ❯ Das Virus greift vor allem die Atemwege von Schweinen an, aber bei engem Kontakt stecken sich auch Menschen an. Bisher starben etwa 300 000 Menschen weltweit an der Schweinegrippe.

Medizin

Hippokrates

Hippokrates erklärte die Ursachen von Krankheiten anhand wissenschaftlicher Fakten.

Ibn Sina (Avicenna)

Der persische Gelehrte Ibn Sina schrieb den **Kanon der Medizin**, der viele Jahrhunderte lang als Lehrbuch verwendet wurde (11. Jh.).

Mikroskop

Durch das Okular erkennt man genaue Einzelheiten der Proben.

Auf dem Objektträger ist das Präparat befestigt.

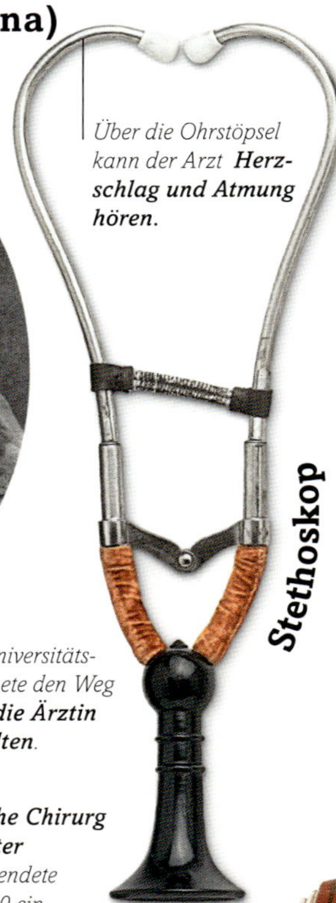

Stethoskop

Über die Ohrstöpsel kann der Arzt ***Herzschlag und Atmung hören.***

Elizabeth Blackwell

Blackwells Universitätsabschluss ebnete den Weg für **Frauen, die Ärztin werden wollten**.

Mary Seacole

Seacole pflegte auf eigene Kosten im Krimkrieg (1853–1856) kranke und verwundete Soldaten, für die sie Unterkunft und Versorgung bereitstellte.

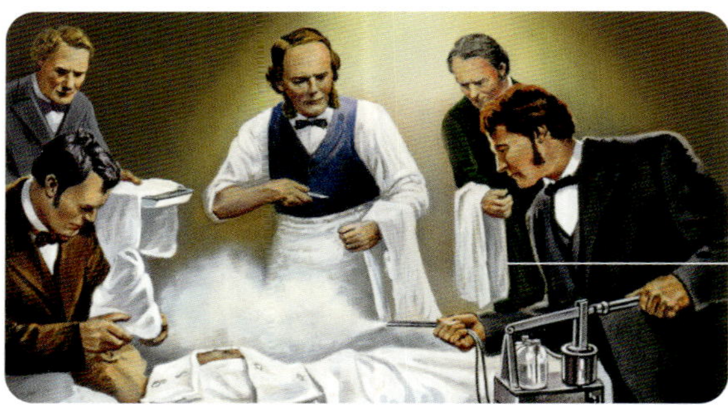

Desinfektion

Der britische Chirurg Joseph Lister (Mitte) verwendete ab etwa 1860 ein Karbolsäurespray als Desinfektionsmittel.

Spritze

Die ersten modernen Spritzen aus Glas und Stahl wurden um 1844–1853 zum Verabreichen von Flüssigkeit erfunden.

Schon in vorgeschichtlicher Zeit führten Menschen einfache Operationen durch und seit alter Zeit behandeln Ärzte Kranke. Die Medizin war aber lange stark von Aberglauben und falschen Annahmen geprägt. Es dauerte, bis wissenschaftliche Forschung und moderne Medizin sich durchsetzten.

Traditionelle Medizin und Behandlungen wie die **Akupunktur** gibt es schon sehr lange. Der Arzt Sushruta führte im alten Indien sogar bereits Operationen durch. Im alten Griechenland bewies **Hippokrates** mit anderen, dass Krankheiten nicht durch übernatürliche Kräfte hervorgerufen werden. Im 11. Jahrhundert stellte **Ibn Sina** ein medizini-

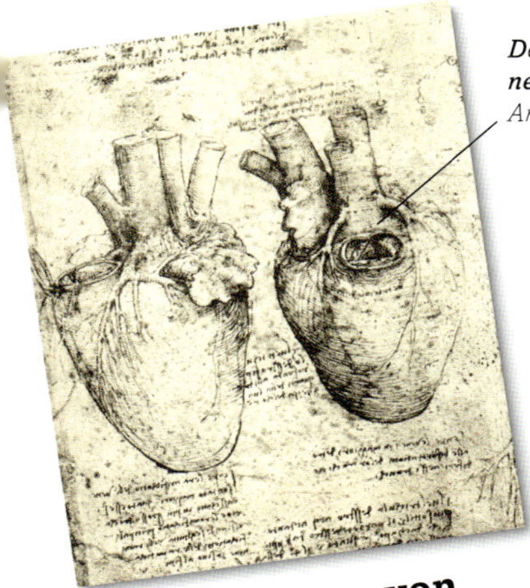

Der Italiener Leonardo da Vinci zeichnete genaue Skizzen, die neues Wissen über Anatomie (den Aufbau des Körpers) vermittelten.

Zeichnung von Leonardo da Vinci

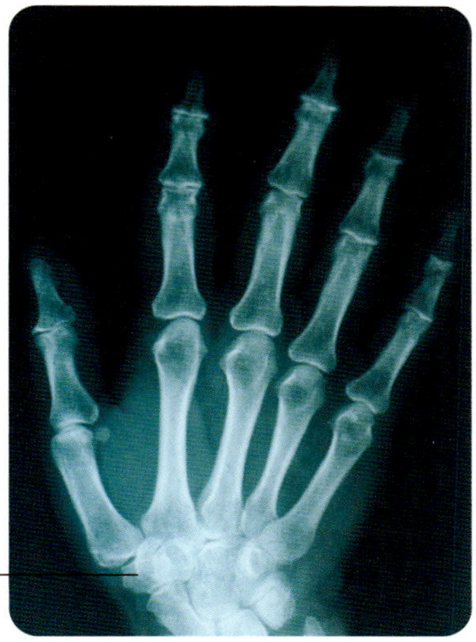

Mit Röntgenstrahlen kann man seit dem Ende des 19. Jh. die Knochen sichtbar machen.

Röntgenbild

Bei dieser traditionellen chinesischen Methode werden Nadeln gesetzt, um den Energiefluss im Körper anzuregen.

Akupunktur

Traditionelle Medizin

Auf den Cook-Inseln im Pazifischen Ozean werden Arzneimittel aus Pflanzen hergestellt.

Kräuter wurden bereits vor etwa **60 000 Jahren** als Medizin verwendet.

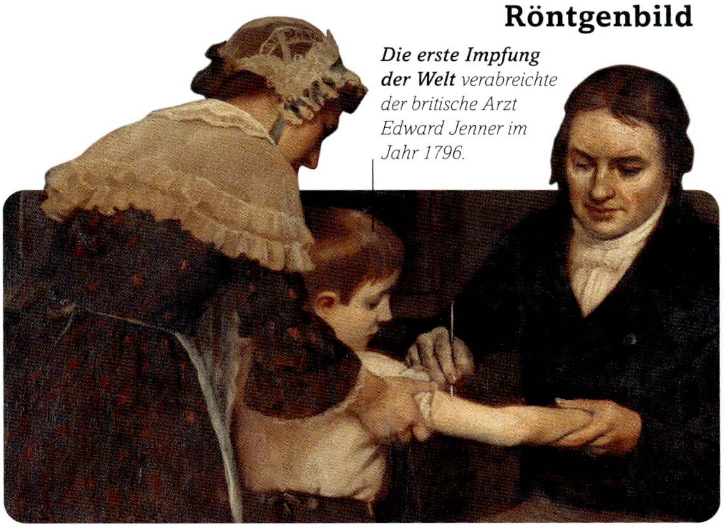

Die erste Impfung der Welt verabreichte der britische Arzt Edward Jenner im Jahr 1796.

Impfung

Herzschrittmacher

Das winzige elektrische Gerät korrigiert einen zu langsamen oder unregelmäßigen Herzschlag.

Betäubung

Betäubungsmittel werden seit 1846 erfolgreich eingesetzt, sodass Operationen nicht mehr so schmerzhaft sind.

Penicillin-Schimmel

Der Schotte Alexander Fleming entdeckte 1928 durch Zufall die Wirkung des Antibiotikums Penicillin (ein Schimmelpilz).

sches Lehrbuch zusammen und im 15. Jahrhundert zeichnete Leonardo da Vinci Organe, sodass der Körper besser bekannt wurde. Im 19. Jahrhundert wurden Instrumente wie das **Stethoskop** erfunden, mit dem man Herz und Lungen abhören kann, und **Desinfektionsmittel** wurden eingeführt. Pionierinnen wie die in Jamaika geborene Krankenschwester **Mary Seacole** pflegten verwundete Soldaten und die britische Ärztin **Elizabeth Blackwell** schloss als eine der ersten Frauen ein Medizinstudium ab. Die Erfindung der **Impfung** und die von Geräten wie dem **Herzschrittmacher** revolutionierten die moderne Medizin. Sie beugen Krankheiten vor und verlängern das Leben.

ABSTAND HALTEN 2019 wurde die durch das Coronavirus ausgelöste Atemwegserkrankung Covid-19 entdeckt. Sie verbreitete sich rasch auf der ganzen Welt. Alle Menschen mussten Masken tragen und Abstandsregeln einhalten. Im Dolores Park in San Francisco (Kalifornien, USA) wurden im Abstand von je 3 m 177 Kreise ins Gras gezeichnet, damit sich die Menschen auch in der Freizeit daran hielten.

Das Virus wurde Ende 2019 erstmals festgestellt. Es verbreitete sich in alle Länder und löste eine Pandemie aus. Die Regierungen versuchten, die Bevölkerung durch Lockdowns und Schulschließungen zu schützen, und rieten dazu, wenn möglich von zu Hause aus zu arbeiten. Positiv getestete Personen mussten sich selbst zu Hause isolieren, damit sie niemanden anstecktén. Viele Menschen verloren Angehörige und Freunde und fühlten sich so einsam wie nie zuvor. Inzwischen wurden aber Impfstoffe entwickelt und erfolgreiche Impfprogramme gestartet, die nun Milliarden von Menschen besser schützen. Daher können die strengen Regeln, die während der Pandemie galten, weitgehend wegfallen.

Waffen und Rüstungen

Griechische Krieger trugen beim Kampf ***Speere, Schilder und Helme****.*

Krieger im antiken Griechenland

Vorgeschichtlicher Speer

Aus Feuersteinen wurden ***Speerspitzen geschlagen****.*

Bronze war ein haltbares Material, *das kaum rostete.*

Altes Bronzeschwert

Armbrust

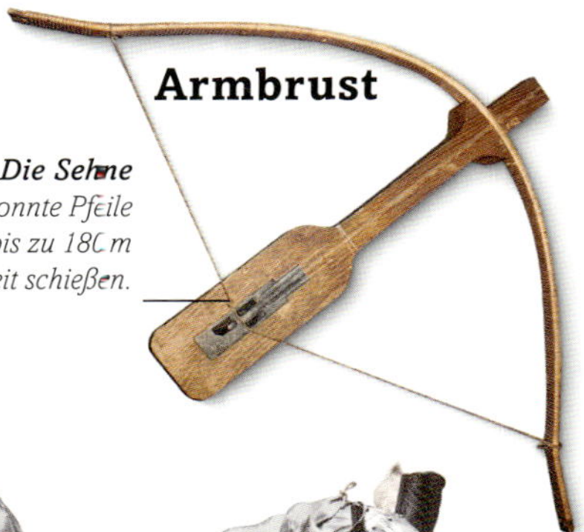

Die Sehne *konnte Pfeile bis zu 180 m weit schießen.*

Der Rammbock *bestand aus einem schweren Balken und einem Eisenkopf.*

Rammbock

Trebuchets schleuderten Steinbrocken *über Burg- und Stadtmauern.*

Schleuder (Trebuchet)

Schlachtrösser trugen ***zum Schutz den sogenannten Rossharnisch****.*

Ritter

Die Kanone feuert ihr Geschoss *mithilfe von Schwarzpulver ab.*

Kanone

Diese Flinte aus dem 17. Jh. *war leicht abzufeuern und in der Nähe sehr treffsicher.*

Steinschlossgewehr

In vorgeschichtlicher Zeit schnitzten die Menschen sich einfache Jagdwaffen. Als die Kriegswaffen komplizierter und wirkungsvoller wurden, erfand man auch Rüstungen zum Schutz.

Zu den ersten Waffen gehörten **Speere** mit scharfen Spitzen, die die Jäger mit der Hand auf wilde Tiere schleuderten. Spätere Waffen aus Metall wie Dolche und **Schwerter** aus **Bronze** waren schon wirkungsvoller. **Krieger im alten Griechenland** trugen zu ihrem Schutz Helme und Schilder aus Bronze.

Samurai-Schwert

Repetiergeschütz

Das Gatling-Geschütz aus dem Amerikanischen Bürgerkrieg (1861–1865) war das erste handbetätigte Maschinengewehr.

Die **V-2**-Rakete hatte eine Reichweite von **320 km.**

Samurai-Rüstung

Eisenplatten, mit Seide und Leder verbunden

Oberschenkelschutz

Panzer konnten im Ersten Weltkrieg (1914–1918) Schützengräben überwinden.

Panzer

Zwei Atombomben wurden 1945 von den USA über Japan abgeworfen.

Mit überschallschnellen V-2-Raketen bombardierten die Deutschen im Zweiten Weltkrieg (1939–1945) zahlreiche Städte.

Atombombe

V-2-Rakete

Schutzweste aus Kevlar®

Moderne Schutzwesten sind kugel- und stichsicher.

Im Mittelalter gab es in Europa **Ritter**, die eine Rüstung trugen und zu Pferd kämpften. Mit der **Armbrust** war es möglich, weit entfernte Ziele zu treffen. Die Waffenentwicklung ging weiter, es kamen **Rammböcke** zum Einreißen von Mauern dazu und **Kanonen**, mit denen Kugeln abgefeuert wurden. Im Ersten und Zweiten Weltkrieg wurden erstmals gepanzerte Fahrzeuge und schließlich **Panzer** eingesetzt. Die Waffen entwickelten immer mehr Zerstörungskraft, bis hin zur **Atombombe**. Seit etwa 1970 gibt es Schutzkleidung aus hitzebeständigen Materialien wie **Kevlar**®, das zehnmal stärker ist als Stahl.

Erster Weltkrieg

Die Ermordung des österreichisch-ungarischen Thronfolgers ***war ein wesentlicher Auslöser für den Krieg.***

Erzherzog Franz Ferdinand von Österreich-Ungarn

Mörser waren lange Rohre*, die in hohem Bogen Granaten abfeuerten.*

Mörser

Die Luftschiffe wurden auch militärisch genutzt*, etwa zum Ausspähen und Bombenabwerfen.*

Zeppelin

Gewehre waren die häufigste Waffe *im Ersten Weltkrieg.*

Carcano-Karabiner M1891

Deutsche U-Boote *feuerten mit Torpedos auf die Schiffe der Alliierten.*

U-Boot

Die Alliierten griffen die Halbinsel Gallipoli an. *Sie wollten das Osmanische Reich besiegen.*

Schlacht von Gallipoli

In den Schützengräben herrschten schlimme Bedingungen. *Die Soldaten lebten in ständiger Angst.*

Schützengräben

1914 war die Lage zwischen mehreren europäischen Ländern sehr gespannt. Als der Krieg ausbrach, blieb er nicht auf Europa beschränkt, sondern weitete sich bis nach Afrika, in den Nahen Osten und auf Teile Asiens aus. Daher nennt man ihn den Ersten Weltkrieg.

Zwei Gruppen von verbündeten Ländern kämpften in diesem Krieg: die Achsenmächte (geführt von Deutschland, dem Osmanischen Reich und Österreich-Ungarn) und die Alliierten (geführt von Frankreich, Großbritannien und Russland). Beide Seiten zogen aber auch andere Verbündete und ihre Kolonien mit in den Krieg. Die Kämpfe fanden vor allem

Kampfflugzeug

Im Ersten Weltkrieg wurden erstmals Flugzeuge *militärisch eingesetzt.*

Panzer

Die ersten Panzer wurden 1916 *in der Schlacht an der Somme eingesetzt.*

Russische Revolution

Der Krieg führte in Russland zu einer Revolution, *die das Zarenreich beendete. Eine kommunistische Regierung übernahm die Macht.*

Arbeitende Frauen

Frauen arbeiteten in Fabriken und auf Bauernhöfen, *weil die Männer kämpften.*

Hundert-Tage-Offensive

Im Jahr 1918 drängten die Alliierten *in 100 Tagen die deutschen Streitkäfte immer weiter zurück.*

Volkstrauertag

Der rote Mohn auf den einstigen Schlachtfeldern *wurde in Großbritannien zum Symbol für die gefallenen Soldaten.*

Waffenstillstand

In London (Großbritannien) *jubelten die Massen, als der Krieg endlich durch einen Waffenstillstand beendet wurde.*

an der Westfront (von Belgien bis zur Schweiz) und der Ostfront (von der Ostsee bis zum Schwarzen Meer) in Europa statt, aber auch in Afrika und Asien. An der Westfront wurde der Krieg im „Niemandsland" zwischen den **Schützengräben** geführt. Neue Geräte wie **Panzer** und **Kampfflugzeuge** wurden eingesetzt. Am 11. November 1918 vereinbarten die Kriegsgegner einen endgültigen **Waffenstillstand**. Er beendete einen Konflikt, der Millionen Menschen das Leben gekostet hatte.

Zweiter Weltkrieg

Deutsche U-Boote *beschossen Schiffe, die Nachschub für die Alliierten transportierten.*

U-Boot

Gasmaske

Gasmasken *dienten zum Schutz gegen Angriffe mit Chemiewaffen.*

Kindertransport

Aufgrund der Judenverfolgung in Deutschland wurden ***viele jüdische Kinder aus von Deutschland besetzten Ländern nach Großbritannien gebracht.***

Churchill-Panzer

In der Luftschlacht um England *verlor die Royal Air Force 1023 Kampfflugzeuge, die deutsche Luftwaffe 1294.*

Luftschlacht um England (Juli–Oktober 1940)

Am 6. Juni 1944 landeten die Alliierten in der Normandie, um das von Deutschland besetzte Frankreich zu befreien. ***Es war die größte Marineoperation der Geschichte.***

D-Day

Enigma

Mit dieser Maschine kodierten und übermittelten ***die Deutschen Geheimbotschaften.***

Beim Angriff Japans auf den US-Marinestützpunkt Pearl Harbor (Hawaii) ***starben 2000 Menschen.***

Pearl Harbor

Der Konflikt begann 1939, als Deutschland Polen überfiel. Frankreich und Großbritannien erklärten Deutschland daraufhin den Krieg, der sich weltweit ausbreitete. Deutschland war mit Italien und Japan (die Achsenmächte) gegen Großbritannien, Frankreich, die Sowjetunion und die USA (die Alliierten) verbündet.

Deutschland begann den Krieg, weil es größer werden wollte. Gekämpft wurde an Land, zur See und in der Luft. Zunächst konnten die deutschen Truppen weite Teile Europas erobern, aber in der **Luftschlacht um England** wehrten die Alliierten Deutschland ab. An Land wurde mit **Thompson-Maschinenpistolen** und

Auch in Nordafrika wurde gekämpft, etwa bei der ***Schlacht von El Alamein (Ägypten)****.*

Schlacht von El Alamein (Juli 1942)

Die sowjetische Armee *marschierte 1945 in Berlin ein. Im Triumph hisste sie ihre Flagge über dem Reichstag.*

Schlacht um Berlin (Mai 1945)

Der Panzer ***wiegt 39 Tonnen****.*

Thompson M1921

Die Maschinenpistole schießt ***schnell und leicht****.*

Das Trommelmagazin lädt Patronen *in die Patronenkammer.*

Frauen im Krieg

Plakate wie dieses ***riefen die Frauen auf, sich an den Kriegsanstrengungen zu beteiligen.***

Im Konzentrationslager Auschwitz-Birkenau *ermordeten die Nationalsozialisten über 1 Mio. Menschen.*

Konzentrationslager

Beim Abwurf der Atombomben auf Hiroshima und Nagasaki *starben 200 000 Menschen.*

Atombombenabwürfe (6. und 9. August 1945)

Churchill-Panzern gekämpft, auf See versenkten deutsche **U-Boote** Versorgungsschiffe der Alliierten. Nach dem Angriff Japans auf den US-Stützpunkt **Pearl Harbor** im Dezember 1941 traten die USA in den Krieg ein. Bei dem Versuch, die Sowjetunion (UdSSR) zu erobern, starben so viele Soldaten, dass die Deutschen diese Verluste nicht mehr ausgleichen konnten und am 7. Mai 1945 kapitulierten. Im Pazifikraum wurde weiter gekämpft. Die USA warfen **Atombomben** auf die japanischen Städte Hiroshima und Nagasaki. Mit der Kapitulation Japans am 2. September 1945 endete der Krieg, der weltweit über 60 Mio. Menschenleben gekostet hatte.

Frauen

Hatschepsut

Die ägyptische Pharaonin *wird in Statuen und Bildern wie ein Pharao mit Bart dargestellt.*

Goodall entdeckte als Erste*, dass Schimpansen Werkzeug herstellen wie wir Menschen.*

Jane Goodall

Marie Curie bereitete den Weg *für Krebsbehandlungen.*

Marie Curie

Die Selbstporträts der mexikanischen Malerin *gehörten zu den ersten Kunstwerken, die persönliche Erfahrungen einer Frau darstellten.*

Frida Kahlo

Beyoncé

Die Sängerin Beyoncé *(USA) nutzt ihre Berühmtheit im Kampf für die Gleichstellung von Frauen.*

Lakshmibai

Die Rani (Königin) von Jhansi (Indien) *führte beim Indischen Aufstand (1857) ihre Armee gegen die Briten.*

Debra Haaland

Haaland gehört zum Volk der Laguna Pueblo und ist eine von nur ***drei indigenen Frauen im Kongress der USA****.*

Die meisten Gesellschaften waren bisher fast ausschließlich von Männern geprägt: Könige, Soldaten und Politiker waren männlich. Doch selbst in früheren Zeiten gab es auch Herrscherinnen und Kriegerinnen. Sie wurden zu Vorbildern im Kampf um Gleichberechtigung.

Aus der Geschichte kennen wir zwar viel mehr männliche Anführer, aber es gab auch Anführerinnen. 20 Jahre lang regierte in Ägypten die Pharaonin **Hatschepsut**. Frauen haben sich immer gegen Vorurteile in der Gesellschaft gewehrt, aber viele ihrer Geschichten wurden nie aufgezeichnet. Im 20. Jahrhundert war die polnische Physikerin **Marie Curie**

GÖTTINNEN

In vielen Religionen werden Göttinnen verehrt. Im alten Griechenland betete man zu Athene um weise Ratschläge und Sieg im Krieg.

Pankhurst organisierte öffentliche Proteste *für das Frauenwahlrecht.*

Emmeline Pankhurst

Rund 40 000 Menschen nahmen nach Rosa Parks' Verhaftung am Bus-Boykott teil.

Rosa Parks kämpfte gegen Rassendiskriminierung *und förderte die Bürgerrechtsbewegung in den USA.*

Rosa Parks

Königin Idia

Die Königin von Benin half ihrem Sohn, *seine Feinde zu besiegen und König zu werden.*

Tereschkowa, die erste Frau im All, erhielt für ihre Leistung *den goldenen Stern als „Held der Sowjetunion".*

Walentina Tereschkowa

Malala Yousafzai

Malala Yousafzai *erhielt den Friedensnobelpreis für ihren Einsatz für das Recht auf Bildung für Mädchen.*

Die junge Jüdin Anne Frank führte Tagebuch, *als sie sich im Zweiten Weltkrieg verstecken musste.*

Anne Frank

die erste Person überhaupt, die zwei Nobelpreise erhielt. Die sowjetische Kosmonautin **Walentina Tereschkowa** war die erste Frau im Weltraum. Mit der Industriellen Revolution und den Weltkriegen wurden Frauen wichtige Arbeitskräfte, aber selbst dann mussten sie für ihre Rechte kämpfen. Die Schwarze Aktivistin **Rosa Parks** wehrte sich gegen die Rassentrennung in den USA, die Britin **Emmeline Pankhurst** forderte mit den Suffragetten das Wahlrecht für Frauen. Auch heute werden Frauen noch benachteiligt, doch Vorreiterinnen wie **Malala Yousafzai** (Pakistan) zeigen, dass solche Hindernisse überwunden werden können.

Kinder

Schule

Weiche Tontafeln *wurden im alten Babylon (heute Irak) in der Schule benutzt.*

Der Bäckermeister *zeigt seinem Lehrling, wie man Brot backt.*

Ausbildung

Holzspielzeug

Pferde auf Rädern *waren früher sehr beliebt.*

Auf dem Schlachtfeld

Trommler im Amerikanischen Bürgerkrieg *(1861–1865) waren manchmal erst acht Jahre alt.*

In Großbritannien wurden Kinder im Zweiten Weltkrieg (1939–1945) ***aufs Land geschickt****.*

Evakuierung

Stofftier

Der Name Teddybär *stammt von dem US-Präsidenten Theodore (Teddy) Roosevelt.*

Ankunft in den USA

Kinder aus Europa *bei der Ankunft an der Einreisestation Ellis Island (New York, USA)*

Dieses Mädchen arbeitete *in einer Textilfabrik an der Spinnmaschine (1908).*

Fabrikarbeit

Diese Kinder spielen Tauziehen *draußen im Park.*

Das Leben von Kindern hat sich im Lauf der Zeit sehr stark verändert. Die Familie, das Bildungssystem, das Umfeld, aber auch die weitere Umgebung wirken sich stark auf die Entwicklung aus. Für alle Kinder ist es jedoch wichtig, dass sie spielen, lernen und Spaß haben dürfen.

Kinder wachsen weltweit sehr unterschiedlich auf, aber einige Dinge sind auch gleich. Früher mussten Kinder oft Geld verdienen. Sie **arbeiteten in Fabriken** oder **kämpften auf dem Schlachtfeld**. Wenn Familien die Heimat verließen, bedeutete das für sie einen Neubeginn, das galt zum Beispiel für **Kinder, die in die USA**

Moderne Unterrichtsmethoden

Schulkinder in Kamerun ***lernen mithilfe eines Computers.***

Kampfsport

Kinder ***üben die japanische Kampfkunst Kendo.***

Naturwissenschaft

Diese Mädchen benutzen Mikroskope *im Unterricht.*

Tauziehen gibt es seit Jahrtausenden als Ritual, Wettkampf und Spiel.

Kinder debattieren *im Parlament der Hauptstadt Sanaa (Jemen). So wird politische Teilhabe geübt.*

Politische Teilhabe

Gemeinsam spielen

Josh Cathcart war das erste Kind in Großbritannien, das einen ***bionischen Arm erhielt.***

Erleichtertes Leben

auswanderten. In vielen Ländern gibt es heute noch Kinderarbeit, aber es werden auch Gesetze erlassen, die Kinderrechte schützen. Mehr als eine Milliarde Kinder gehen heute weltweit zur Schule und lernen nach **modernen Unterrichtsmethoden**. Fortschritte in der Medizin brachten Kindern mit Behinderung ein **erleichtertes Leben**. Aber auch alte Traditionen bereichern das Leben von Kindern, beispielsweise **Kampfsport**, bei dem sie Disziplin und Selbstvertrauen entwickeln. Zwar ziehen heute viele Computerspiele Holzspielzeug und **Stofftieren** vor, aber **gemeinsam mit anderen zu spielen**, ist immer noch am schönsten.

KULTUR UND GESELLSCHAFT

Religionen

Christen glauben, dass Jesus Christus der Sohn Gottes ist.

Christentum

Sikhismus

Sikh-Tempel wie der Goldene Tempel in Amritsar (Indien) beherbergen die heiligen Bücher des Sikhismus.

Weltweit gibt es schätzungsweise **25 Millionen** Sikhs.

Jainismus

Der wichtigste Grundsatz dieser indischen Religion ist Gewaltlosigkeit gegenüber allen Lebewesen.

Zoroastrismus

Diese Weltreligion entstand womöglich im 6. Jh. v. Chr. oder noch früher.

Neuheidentum

Im Neuheidentum werden uralte religiöse Praktiken wiederbelebt.

Shintoismus

In dieser japanischen Religion werden die Geister der Verstorbenen verehrt.

Islam

Für Muslime ist der Koran das Wort Gottes, das dem Propheten Mohammed offenbart wurde.

Buddhismus

Diese Statue von Buddha (der eigentlich Siddhartha Gautama hieß) steht in Phuket (Thailand) und ist 45 m hoch.

Eine Religion besteht aus einem Glauben, der den Sinn des Lebens erklären soll. Meistens stehen im Mittelpunkt ein Gott oder Götter, zu denen die Gläubigen beten. Auf der Welt gibt es zahlreiche Religionen, die alle ihre eigenen Rituale, Glaubensinhalte und heiligen Schriften haben.

Frühe Völker verehrten viele verschiedene Götter, aber im Lauf der Zeit kristallisierten sich größere, besser organisierte Religionen heraus. Heute gehören die meisten Menschen zu einer von sechs Weltreligionen, die entweder einen abrahamitischen oder einen indischen Ursprung haben. **Christentum**, **Islam** und **Judentum**

Daoismus

Daoismus ist eine chinesische Religion *und Philosophie.*

Bahaitum

Der monotheistische Glaube *betont die Einheit aller Völker und Religionen.*

Hinduismus

Hindus beten zahlreiche Götter an *und glauben, dass das Leben ein Kreislauf aus Geburt, Tod und Wiedergeburt ist.*

Schamanismus

Die Anhänger glauben, *dass eine Person andere mit übermenschlichen Kräften beeinflussen kann.*

Judentum

Das Judentum ist eine der ältesten Religionen, *in der nur ein Gott angebetet wird.*

Candomblé

Die Religion wurde in Brasilien gegründet *und hat afrikanische Wurzeln.*

Rastafari

Der jamaikanische Musiker Bob Marley war Rastafari. Gläubige dieser Religion ***sehen Afrika als wahre Heimat aller Schwarzen Menschen an.***

nennt man abrahamitisch: Sie betrachten Abraham als ihren Urvater. Der **Sikhismus** kommt aus Nordindien, wo der Gründer Guru Nanak geboren wurde. Die abrahamitischen Religionen und der Sikhismus sind monotheistisch, das heißt, sie haben einen Gott. Der **Hinduismus** ist polytheistisch, weil er viele Götter hat. Aber nicht alle Religionen haben einen Gott. Die letzte der sechs Weltreligionen, der **Buddhismus**, ist eher eine Lebensweise auf der Grundlage der Lehren von Siddhartha Gautama, der im heutigen Nepal als Prinz geboren wurde. **Rastafari** und **Bahaitum** vermischen Ideen aus älteren Religionen zu einem neuen, lebendigen Glauben.

Philosophie

Der japanische Philosoph schrieb über östliche und westliche Philosophie.

Watsuji Tetsuro

*Er war der Ansicht, dass erfolgreiche Fürsten **nicht immer moralisch handeln können**.*

Niccolò Machiavelli

*Sie floh vor dem Nationalsozialismus aus Deutschland. Bekannt sind ihre **Gedanken über Politik und Bürgerpflichten**.*

Hannah Arendt

*Der Legende nach war **Laozi der Begründer des Daoismus**, einer bedeutenden chinesischen Philosophie und Religion.*

Laozi

*Descartes spielte für die **Entwicklung der modernen Philosophie eine Schlüsselrolle**.*

René Descartes

***Diese hinduistische Schrift** beschreibt Tugendhaftigkeit und Pflichterfüllung.*

Bhagavad Gita

*Er verließ seine Heimat, **um Erleuchtung zu finden, und gründete den Buddhismus**.*

Siddhartha Gautama

In ihrem Buch Das andere Geschlecht *(1949) behandelt Simone de Beauvoir **die Unterdrückung der Frauen in der Geschichte**.*

Simone de Beauvoir

***Philosophia* ist ein altgriechisches Wort und heißt „Liebe zur Weisheit". Philosophen denken über das Verhalten der Menschen nach. Meistens überlegen sie auch, wie die Menschen ihr Verhalten ändern könnten, damit sie mehr Freude am Leben hätten und die Welt ein besserer Ort wäre.**

Viele Jahrhunderte hindurch äußerten Philosophen ihre Ansichten über Themen wie Wissenschaft, Politik, Recht und Gesellschaft. Die griechischen Philosophen, darunter **Sokrates**, Platon und **Aristoteles**, sind die bekanntesten europäischen Philosophen ihrer Zeit. Aristoteles' Gedanken über den Geist, die Natur und das Wissen beeinflussten viele Nachfolger, darunter

Sie gilt als die **erste Feministin in England**.

Mary Wollstonecraft

Mary Warnock

Die Engländerin Warnock meinte, dass behinderte Kinder *in die gleichen Schulen gehen sollten wie alle anderen Kinder.*

Konfuzius lehrte, dass moralisches Verhalten und Respekt innerhalb der Familie *die Grundlagen der idealen Gesellschaft seien.*

Konfuzius

Fanons Gedanken darüber, was es heißt, in einer weiß-dominierten Welt Schwarz zu sein, *regte spätere Aktivisten an.*

Frantz Fanon

Er entwickelte die sogenannte sokratische Methode des Dialogs, ***mit der sich Ideen infrage stellen lassen.***

Sokrates

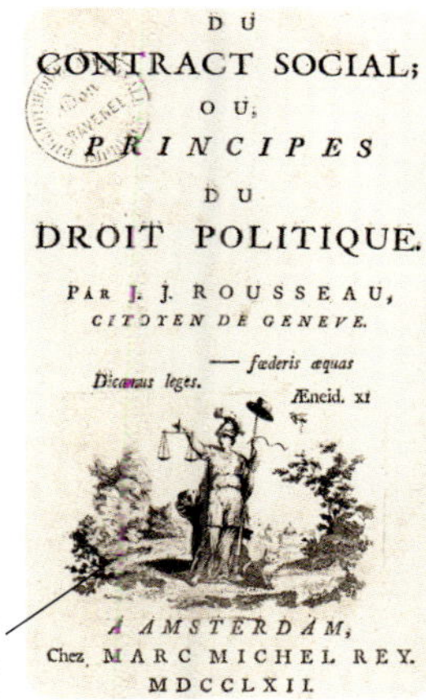

DU
CONTRACT SOCIAL;
OU,
PRINCIPES
DU
DROIT POLITIQUE.
PAR J. J. ROUSSEAU,
CITOYEN DE GENEVE.
— fœderis æquas
Dicamus leges.
Æneid. XI
A AMSTERDAM,
Chez MARC MICHEL REY.
MDCCLXII.

Der französische Philosoph Jean-Jacques Rousseau schrieb über ***Macht und die Rechte des Einzelnen.***

Gesellschaftsvertrag

Aristoteles verfasste etwa 200 Werke *über viele Themen, aber nur 31 sind überliefert.*

Aristoteles

Der deutsche Philosoph Karl Marx wollte den Staat so umwandeln, ***dass er die Interessen der arbeitenden Menschen besser berücksichtigt.***

Karl Marx

Ibn Sina (Avicenna) wollte mit Wissenschaft und Vernunft beweisen, ***dass es einen Gott gibt.***

Ibn Sina

den persischen Gelehrten **Ibn Sina** im 10. Jahrhundert. Auch in Asien entwickelten sich mehrere wichtige Denkschulen. Zwischen dem 6. und 4. Jahrhundert v. Chr. lehrte **Siddhartha Gautama** eine Lebensweise, die später zum Buddhismus wurde, während in China Kong Fuzi (oder **Konfuzius**) Regeln für ein ehrliches und gerechtes Regieren und Zusammenleben niederschrieb. Philosophen dachten über vieles nach. In den Werken der Britin **Mary Wollstonecraft** (17. Jahrhundert) und der Französin **Simone de Beauvoir** (20. Jahrhundert) geht es zum Beispiel um die Ungleichheit von Männern und Frauen. Der aus Martinique stammende Philosoph **Frantz Fanon** beschäftigte sich mit den Problemen von Rassismus und Kolonialismus.

MENSCHENRECHTE Hier führt der Schwarze Anführer der Bürgerrechtsbewegung Martin Luther King Jr. (Zweiter von links) 1965 den Marsch von Selma nach Montgomery in Alabama (USA) an. Mehr als 25 000 Personen marschierten die 87 km lange Strecke, um auf die ungerechten Einschränkungen des Wahlrechts für Schwarze Bürger hinzuweisen. Obwohl Gewalt auf sie ausgeübt wurde, blieben sie selbst gewaltlos.

Das Wahlrecht gehört zu den in der Allgemeinen Erklärung der Menschenrechte der Vereinten Nationen festgelegten Menschenrechten. Das Dokument wurde 1948 verfasst und von der Mehrheit aller Länder unterzeichnet. Die Erklärung spricht jedem einzelnen Menschen unveräußerliche Grundrechte zu, die nie verletzt oder entzogen werden dürfen, wie das Recht auf Leben, Gleichbehandlung und Freiheit, unabhängig von Herkunft, Aussehen, Geschlecht, Religion oder anderen Faktoren. Proteste sind oft eine gute Methode, um auf Menschenrechtsverletzungen aufmerksam zu machen. Der Selma-Marsch ist ein Beispiel dafür: 1965 wurde das Gesetz geändert, sodass danach alle Wähler gleich behandelt wurden.

Regierungen

Eine Regierung ist eine Gruppe von Personen, die ein Land führen. In der Regel erlassen sie dazu Gesetze, also Regeln, die besagen, was die Menschen tun sollen oder nicht tun dürfen. Es gibt verschiedene Regierungsformen, die davon abhängen, wer tatsächlich die Macht hat, Entscheidungen zu treffen. Außerdem lassen sie sich auch von unterschiedlichen politischen Weltanschauungen leiten.

MONARCHIE

In einer Monarchie regiert ein König oder eine Königin. In der Geschichte kam das sehr häufig vor, aber die heute verbliebenen Monarchen haben meistens nur noch zeremonielle Macht. Einer der wenigen, die weiterhin mit absoluter Macht regieren, ist König Salman bin Abd al-Aziz Al Saud von Saudi-Arabien. Bei allen Regierungsentscheidungen hat er das letzte Wort.

DEMOKRATIE

Der Begriff Demokratie stammt aus dem Griechischen: demos *heißt „Volk" und* kratia *bedeutet „Herrschaft". In dieser „Herrschaft des Volkes" wählen die Menschen Politiker*innen, die ihre Interessen vertreten sollen. So können sie indirekt die Gesetze mitbestimmen. Der 20. Deutsche Bundestag, das Parlament in Deutschland mit Sitz in Berlin, ist mit 736 Abgeordneten die größte frei gewählte Parlamentskammer der Welt.*

TOTALITARISMUS

In einem totalitären Staat werden die Gesetze von einer kleinen Gruppe von Personen festgelegt. Alle anderen müssen sie befolgen, sonst drohen ihnen harte Strafen. Benito Mussolini war in der ersten Hälfte des 20. Jh. ein totalitärer Führer in Italien, ebenso wie Adolf Hitler in Deutschland.

DIKTATUR

Ein Diktator ernennt sich selbst zum Herrscher und bestimmt die Gesetze eines Landes allein. Julius Cäsar war ein Diktator der antiken römischen Republik, er wurde ermordet.

Cäsars Tod markierte das ***Ende der Republik. Es folgte das Zeitalter des Kaiserreichs.***

Anarchie und Korruption

Manche Menschen denken, dass es gar keine Regierungen geben sollte oder dass Regierungen zu oft von reichen und mächtigen Personen beeinflusst werden, was den normalen Bürgern schadet. Wenn Menschen dieser Auffassung sind, kommt es vor, dass sie die Gesetze nicht befolgen oder zum Sturz der Regierung aufrufen.

Anarchismus
Der Begriff stammt aus dem Griechischen: *anarchos* bedeutet „ohne Herrschaft". Dahinter steht der Gedanke, dass die Menschen keine Anführer oder gewählten Vertreter brauchen, sondern in kleinen Gruppen selbst entscheiden sollen.

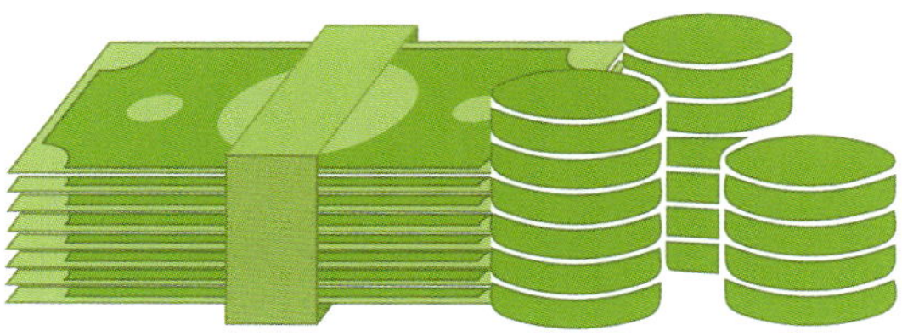

Korruption
Unehrliches oder betrügerisches Verhalten von Machthabern nennt man Korruption (Bestechlichkeit). Meist wollen sie Geld oder andere Vorteile erhalten. Wenn eine kleine Gruppe von Personen sehr viel Regierungsmacht hat, nennt man das System eine Oligarchie.

THEOKRATIE
In einer Theokratie liegt die Macht in den Händen religiöser Anführer. Diese erlassen meist Gesetze, die mit den religiösen Schriften übereinstimmen, beispielsweise mit der Bibel oder dem Koran. Ayatollah Ali Chamenei ist der „Oberste Führer" oder „Religionsführer" in der Islamischen Republik Iran.

Politische Weltanschauungen

Meistens haben Politiker eine klare Vorstellung davon, wie sie ihr Land regieren wollen. Einige Anschauungen, zum Beispiel Liberalismus und Faschismus, sind einander entgegengesetzt, sodass eine Regierung nicht beide umsetzen kann. Andere wie Kapitalismus und Konservatismus sind vereinbar und lassen sich gleichzeitig verfolgen.

Sozialismus
Die Regierung soll dafür sorgen, dass Güter und Dienstleistungen nicht nur einigen Reichen oder privaten Unternehmen nützen, sondern möglichst vielen Menschen in einem Land. Sozialistische Gesellschaften beruhen auf Zusammenarbeit statt auf Wettbewerb.

Kommunismus
Kommunisten denken, dass alle Menschen in einem Land gleich sind und daher auch zu gleichen Teilen am Wohlstand des Landes beteiligt werden sollen. Dazu braucht die Regierung sehr viel Organisation und Kontrolle über die Produktion und die Rohstoffe.

Liberalismus
Liberale denken, dass die Bürgerrechte in einer Gesellschaft das Wichtigste sind. Die Regierung sollte den Bürgern möglichst viel Freiraum lassen und Chancen bieten, sodass bestenfalls jeder das tun kann, was er möchte.

Kapitalismus
Viele Länder befürworten einen Kapitalismus mit Einschränkungen. Kapitalisten denken, dass die Regierung vor allem das Eigentum von Privatpersonen und Unternehmen schützen soll. Zudem soll sie dafür sorgen, dass diese Gewinn machen können.

Konservatismus
Konservative halten Ordnung, Tradition und Autorität für das Wichtigste. Die Regierung soll vor allem diese Werte erhalten. Sie wollen, dass die Bürger Eigentum behalten und frei nutzen dürfen, ohne mit anderen zu teilen.

Faschismus
Faschisten meinen, dass bestimmte Menschen wertvoller sind als andere, dass der Regierungschef absolute Macht haben soll und dass alle, die ihn kritisieren, bestraft werden sollen. Der Zweite Weltkrieg wurzelte zum Teil auch darin, dass von 1920 bis 1940 der Faschismus immer stärker wurde.

Populismus
Er besagt, dass die Normalbürger mehr Mitspracherecht bei Gesetzen haben sollten. Sowohl liberale als auch konservative Regierungen können populistisch beeinflusst sein.

RECHT Dies ist ein Bild des Codex Hammurapi, der Gesetzessammlung des Königs von Babylon (heute Irak) aus dem 18. Jahrhundert v. Chr. Hammurapi machte aus dem Stadtstaat Babylon das größte Königreich der Region und erließ neue Gesetze. Der Codex umfasst 282 Regeln für die Bevölkerung. Sie sind nach Themen wie Religion, Handel und Haushalt geordnet und nennen auch Strafen für Gesetzesbrecher. Alle konnten sie sehen, denn sie wurden ausgestellt.

Gesetze legen fest, wie sich die Menschen in einer Gesellschaft verhalten sollen. Wie der Codex Hammurapi werden sie meist von einer Person (Staatsoberhaupt) oder einer Gruppe (Regierung) erlassen, die dann auch die Macht hat, sie durchzusetzen. Gesetze gegen Mord oder Diebstahl gibt es überall auf der Welt. Andere Gesetze hängen von der Kultur, der Religion und der Weltanschauung ab. Manche unabhängigen Gemeinschaften in einem Land dürfen auch eigene Gesetze beschließen. Wenn die Gesellschaft und ihre Denkweise sich verändert, werden manchmal Gesetze abgeschafft oder geändert. Wenn neue Technologien aufkommen, werden neue Regelungen erforderlich, die unter anderem Missbrauch verhindern sollen.

Legenden

In der Moche-Kultur (Peru) wurde dieser Gott ***als Beschützer verehrt.***

Ai Apaec

Die slawische Märchenfigur *soll Kinder essen.*

Baba Jaga

Ägyptischer Gott *des Himmels und des Königtums*

Horus

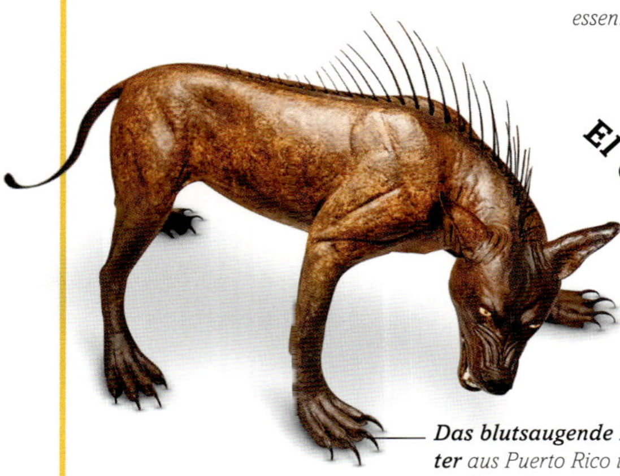

El Chupacabra

Das blutsaugende Monster *aus Puerto Rico ist eine moderne Sagengestalt.*

Die griechische Sagengestalt *hat Schlangen statt Haare.*

Medusa

Qilin

Mokele-Mbembe

Das dinosaurierähnliche Wesen *soll laut vielen zentralafrikanischen Legenden im Kongobecken gelebt haben.*

Da die Menschen früher wenig über ihre eigene Herkunft und die Welt wussten, erfanden sie Geschichten, mit denen sie ihre Beobachtungen und Erfahrungen erklärten. Inzwischen sind viele Dinge erforscht, aber einige dieser Sagen und Legenden, wie wir sie heute nennen, regen unsere Fantasie immer noch an.

Legenden und Sagen sind Geschichten über Helden, rätselhafte Wesen und Götter. Einige haben eine Moral, das heißt eine Lehre, die besagt, wie man leben sollte. Osteuropäische Kinder kennen die Geschichten von der Hexe **Baba Jaga**, die kommt, wenn sie nicht gehorchen. Das chinesische Fabeltier **Qilin** sieht zwar erschreckend aus, aber er ist ein sanftes Wesen, das bei Geburt und

Asgard ist der Sitz der bekanntesten Götter der nordischen Sagen.

Asgard

Atlantis

Die sagenumwobene Insel versank der Legende nach im Meer.

Fabeltier, das denen, die es sahen, Frieden und Wohlstand bringen sollte.

König Artus hatte bei seinen Abenteuern Hilfe von dem Zauberer **Merlin**.

Thor nutzte seinen Hammer Mjölnir im Kampf gegen Feinde und um Segen zu spenden.

Thor

Das Zauberschwert gehört dem legendären König Artus (Großbritannien).

Excalibur

Das geflügelte Fabelwesen aus der persischen Mythologie hilft den Menschen, kann aber auch sehr listig sein.

Pari

Tod von weisen Menschen erscheint. Um manche Götter ranken sich viele verschiedene Geschichten, etwa um **Horus**. Er soll in einem Kampf sein Auge – den Mond – verletzt haben, damit erklärten die alten Ägypter die Mondphasen. Auch über die nordischen Götter, die in **Asgard** leben, gibt es zahlreiche Sagen, zum Beispiel über den Donnergott **Thor**. Die Legende von **Atlantis**, einem reichen und mächtigen Inselstaat, der im Meer versank, wurde von dem griechischen Philosophen Platon als Warnung vor Hochmut und Stolz verfasst.

Tiere und Menschen

Götter werden oft in Tiergestalt verehrt. Der hinduistische Gott ***Ganesha hat einen Elefantenkopf****.*

Ganesha

Pferdekutsche

Pferdestärken sind heute noch *ein Messwert für Leistung.*

Schweinchen Babe hielt sich für einen Schäferhund. *Es war die Hauptfigur in einem Buch und zwei Filmen.*

Schweinchen Babe

Magawa

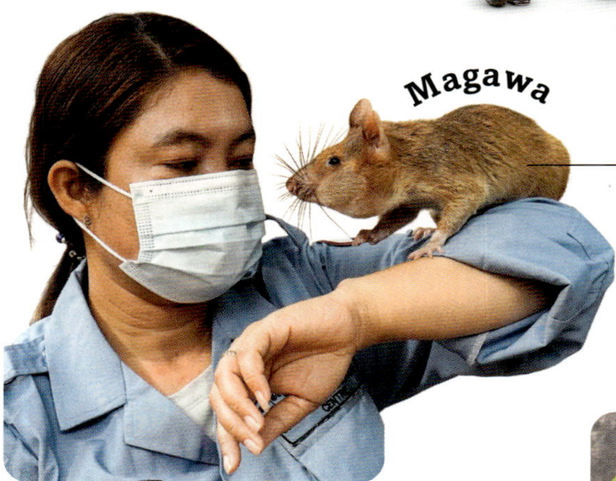

Diese Ratte rettete Menschenleben: *Sie erschnüffelte Landminen in Kambodscha.*

Nutztiere

Von Ochsen gezogene Pflüge *wurden in Ägypten erstmals vor rund 4000 Jahren benutzt.*

Hühner und ihre Eier *sind wichtige Eiweißlieferanten in unserer Ernährung.*

Henne

Wie wäre unser Leben wohl ohne Tiere? Sie liefern uns Nahrung, arbeiten für uns, spenden uns Trost und bereiten uns Freude. Tiere spielen eine wichtige Rolle in der Geschichte der Menschheit und sie prägen unsere Kultur überall auf der Welt.

Oft werden Tiere eingesetzt, um das Leben der Menschen leichter zu machen. Da viele schneller sind als wir, dienten sie als Verkehrsmittel wie im Fall von **Pferdekutschen**. Auch die Stärke zahlreicher **Nutztiere** wird seit Jahrhunderten für Arbeiten eingesetzt, die für Menschen zu schwer sind. Die Menschen haben vielen Tieren gescha-

Grumpy Cat

Im Internet veröffentlichte Bilder wie die von der mürrischen Katze *(„Grumpy Cat") sollen Menschen zum Lachen bringen.*

Hachikō

Die Statue von Hachikō *vor einem belebten Bahnhof in Tokio (Japan) wird häufig als Treffpunkt genutzt.*

Robo-Pike

Mit diesem Roboter-Fisch *wird erforscht, wie Fische schwimmen.*

Anansi

Anansi ist ein Trickster, *der oft in Gestalt einer Spinne auftritt, aber auch andere Körper annehmen kann.*

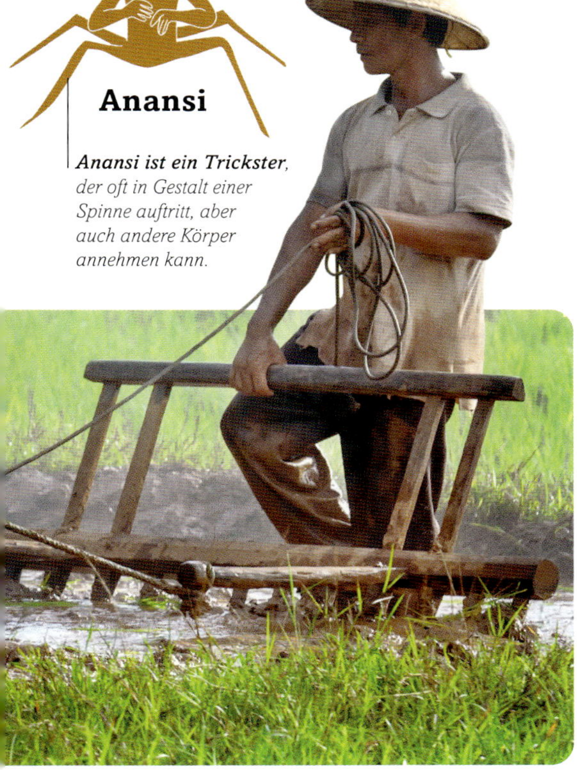

Kronenkranich

Einige Länder haben Tiere in ihrer Flagge ***Auf der Flagge von Uganda ist ein Kronenkranich abgebildet.***

Dolly

Das Schaf Dolly wurde als ***erstes Säugetier erfolgreich geklont.***

Tilikum

Manchmal werden Tiere gefangen gehalten *und schlecht behandelt.*

Dodo

Diese ausgestorbene Vogelart *war in Mauritius beheimatet.*

det, zum Beispiel auch dem **Dodo**, der ausstarb, weil er zu sehr gejagt wurde. Außerdem werden Tiere in Gefangenschaft gehalten und wie etwa der Orca **Tilikum** gezwungen, den Menschen Kunststücke vorzuführen. Wenn sie gut behandelt werden, können vor allem Haustiere sehr treu und liebevoll sein. **Hachikō**, ein japanischer Akita-Hund, liebte sein Herrchen so sehr, dass er zu Hause immer noch auf ihn wartete, als sein Besitzer längst gestorben war. Seitdem ist er ein Held in vielen Geschichten, ebenso wie die Spinne **Anansi** in westafrikanischen Legenden. Diese Geschichten sollen uns lehren, bessere Menschen zu werden.

Traditionelle Kleidung

Frauen trugen im alten Ägypten ein enges Trägerkleid.

Kalasiris

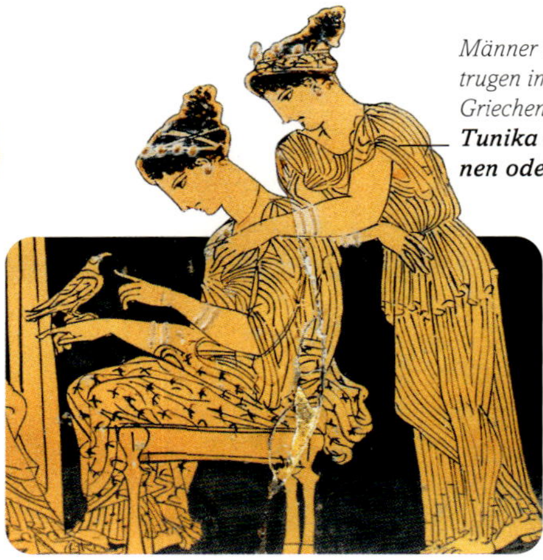

Männer und Frauen trugen im antiken Griechenland eine **Tunika aus Leinen oder Wolle.**

Griechischer Chiton

Die Kaiser des Oströmischen Reichs trugen prächtig bestickte Gewänder.

Oströmisches Kaisergewand

Chinesische Robe

Solche Roben wurden im 7. Jh. von buddhistischen Mönchen getragen.

Maurisches Gewand

Dieses lange Gewand wurde im Mittelalter in Nordafrika getragen.

Jüdische Kleidung

Die lange Jubba war im Mittelalter weit verbreitet. Im Nahen Osten wird sie heute noch getragen.

Osmanischer Kaftan

Langes, prächtiges Oberkleid für Männer im Osmanischen Reich.

Welche Kleidung Menschen tragen, ist je nach Ort, an dem sie leben, Jahrhundert und Kultur sehr unterschiedlich. Das Klima spielt eine Rolle, aber auch der soziale Status oder die Religion sind wichtige Faktoren. Für besondere Anlässe gibt es besonders festliche Kleidung.

Frühe Kulturen hatten nur wenig verschiedene Materialien zur Verfügung, trotzdem war Kleidung bereits damals ein Mittel, um gesellschaftlichen Rang und Reichtum darzustellen. Veränderungen im Kleidungsstil entwickelten sich nur über sehr lange Zeiträume. Im **Oströmischen Reich** war das **Kaisergewand** ein Zeichen für die Bedeu-

Miederkleid

Oben eng und unten weit *trugen die Frauen in Europa ihre Kleider zur Zeit der Renaissance.*

Puritaner

Die Puritaner in England und Amerika *trugen oft breite Kragen und hohe schwarze Hüte.*

Kimono

Die komplizierten Seidenroben *gibt es in Japan seit sehr langer Zeit.*

Wams

Wattierte Jacken *wurden vom 15. bis 17. Jh. vor allem von Männern in Europa getragen.*

Kente

Der gemusterte Stoff aus Westafrika *wurde jahrhundertelang nur von Königen getragen.*

Seidenanzug

Wohlhabende Franzosen *trugen im 17. Jh. im Sommer leichte Anzüge aus Seide.*

Sari

Das traditionelle indische Kleid *wird um den Körper gewickelt.*

Qipao

Das hochgeschlossene, knöchellange Kleid *wurde um 1920 in China getragen.*

tung des Kaisers. Im 17. Jahrhundert trugen europäische Adelige oft **Anzüge aus Seide**, sodass alle sehen konnten, wie reich sie waren. Manche Kleidungsstücke haben über Jahrhunderte Bestand – die farbenfrohen indischen **Saris** gibt es schon seit mehr als 2000 Jahren. **Kente**-Stoffe wurde zum ersten Mal im 12. Jahrhundert hergestellt und von den Königen der Asante im Süden Ghanas getragen. Sie werden heute noch produziert. Viele Dinge kamen mit der Zeit aber wieder aus der Mode wie die engen **Mieder** oder das dicke **Wams**. Manchmal werden traditionelle Kleidungsstücke zur Landestracht wie der **Kimono** in Japan.

Mode

Minirock

Der Minirock war in den 1960ern ein Zeichen der Freiheit.

Jeans

***Jeans wurden ursprünglich** als Arbeitshosen entworfen.*

Zoot-Suit

***Anzüge mit breiten Schultern und schmal zulaufenden Hosen** waren Mitte des 20. Jh. sehr beliebt.*

Poncho

***Der Poncho ist ein rechteckiges Stück Stoff** mit einem Loch für den Kopf in der Mitte.*

Trainingsanzug

***Diese lässige Mode** wurde etwa 1960 alltagstauglich.*

Dashiki

***Das westafrikanische Hemd** sitzt locker und ist meist farbenfroh gemustert.*

Moden ändern sich heute viel schneller als früher. Fantasievolle Designer verwenden neuartige Stoffe und beziehen ihre Anregungen manchmal aus der Kunst oder auch aus der Vergangenheit.

Durch Mode drücken die Menschen ihre Persönlichkeit aus. Manche wollen auffallen, andere wollen sich auf diese Weise anpassen. In den 1930er- und 1940er-Jahren trugen viele Jazzmusiker **Zoot-Suits**. Die Herrenanzüge wurden sehr beliebt und beeinflussten jahrzehntelang verschiedene Anzugstile. **Punk-Mode**, die mit der gleichnamigen schnellen, aggressiven Musik ab 1970 entstand, sollte die Leute schockieren. Ab etwa 1980 trugen sowohl Männer als auch Frauen **Anzug- und Kostümjacken** mit dicken Schulterpolstern. In

Löchrige Oberteile, abgeschnittene Jeans und Lederjacken gehören zum Punk.

Harajuku

Der auffällige Kleidungsstil *ist nach einem Stadtteil in Tokio (Japan) benannt.*

Rastafari-Kleidung

Dieser Stil ist bei Anhängern des ***Rastafari-Glaubens beliebt.***

Punk-Mode

Der Kleidungsstil entwickelte sich *gleichzeitig mit der Punk-Musik.*

Anzug mit Schulterpolstern

Jacken mit Schulterpolstern waren ***in den 1980ern bei Frauen und Männern in Europa Mode.***

Agbada

Das fließende Gewand *wird mit passender Hose und Kappe vor allem von Männern in Nigeria und anderen westafrikanischen Ländern getragen.*

Baiana de Acarajé

Die Baiana de Acarajé aus Brasilien kombiniert ***südamerikanische und afrikanische Traditionen.***

Japan war um 1990 die bunte **Harajuku-Mode** beliebt bei jungen Menschen, die sich von der Masse abgrenzen wollten. Einige Kleidungsstile sind über lange Zeiträume beliebt geblieben. **Dashikis** und **Agbadas** gibt es seit Jahrhunderten und sie werden immer noch von sehr vielen Menschen getragen. Auch der **Poncho**, den die indigenen Völker Mittel- und Südamerikas seit Jahrhunderten tragen, hält mit leichten Anpassungen überall auf der Welt Menschen warm.

Essen

Sushi

Sushi ist meist aus Reis und dünnen Scheiben von rohem Fisch oder Meeresfrüchten zubereitet.

Dosa

Ein dünner Teig aus Reis und Linsenpaste wird in einer heißen Pfanne ***zu knusprigen, indischen Pfannkuchen gebraten****.*

Dim sum sind vielfältige, kleine ***Köstlichkeiten*** *aus Südchina, die meist gemeinsam verzehrt werden.*

Dim sum

Jamswurzelbrei

Für dieses westafrikanische Gericht *werden Jamswurzeln geschält, gekocht und zerdrückt.*

Kochbananen wachsen *in allen tropischen Ländern der Erde.*

Gebratene Kochbanane

Tajine

Couscous

Das nordafrikanische Gericht *besteht aus Hartweizengries, der beim Kochen aufquillt.*

Paella

Das Gewürz Safran *verleiht dem Gemisch aus Reis, Gemüse und Meeresfrüchten die leuchtend gelbe Farbe.*

Callaloo

Der karibische Eintopf wird aus ***verschiedenen Gemüsesorten gekocht.***

Menschen müssen essen, um zu überleben, aber das heißt nicht, dass sie es nicht genießen! Im Lauf der Zeit wurden viele Kräuter, Gewürze, Körner, Fleisch- und Gemüsesorten ausprobiert und in jeder Region entstanden typische Gerichte. Einige Leute nahmen sie mit auf Reisen und führten sie in anderen Ländern ein. So verbreiteten sich ganze Kulturen und bereicherten mit ihren Speisen das Leben andernorts.

Pasta

***Für italienische Pasta** rollt man einen Teig aus Mehl, Eiern und Olivenöl aus, schneidet die Nudeln und kocht sie.*

Hamburger mit Pommes frites

*Deutsche Einwanderer in den USA **erfanden den Hamburger**.*

Gumbo

***Gumbo ist eine würzige Suppe** mit Fleisch und Meeresfrüchten aus Louisiana (USA).*

Knapp **50 Mrd. Hamburger** werden pro Jahr in den USA verzehrt.

Taco

***Mexikanische Tacos** sind Fladen, die um eine Füllung gerollt werden.*

*Der marokkanische Eintopf ist nach dem **Tontopf mit Deckel benannt**.*

Empanada

***Die spanischen Teigtaschen** werden mit Fleisch, Käse, Fisch oder Obst gefüllt.*

Ceviche

*Das peruanische Gericht besteht aus **rohem Fisch oder Meeresfrüchten, die in Zitronen- oder Limettensaft eingelegt werden**.*

Feuertopf

***Fleisch und Gemüse** werden für dieses chinesische Gericht in heißer, würziger Brühe gekocht.*

Was wir essen, hängt oft davon ab, wo wir wohnen und in welcher Kultur wir leben. In Nigeria gibt es häufig **Jamswurzelbrei**, weil die Jamswurzel dort wächst. In Indien ist **Dosa** ein Grundnahrungsmittel, weil die Zutaten – Linsen und Reis – überall zu bekommen sind. Manche Gerichte sind so berühmt für ihr Herkunftsland, dass alle sie sofort damit in Verbindung bringen. Wenn man zum Beispiel an japanisches Essen denkt, hat man sofort **Sushi** vor Augen, und wer an spanisches Essen denkt, hat automatisch **Paella** im Sinn. Die meisten Leute glauben, dass **Pasta** in Italien erfunden wurde, die Nudeln könnten aber auch durch Händler aus China nach Europa gekommen sein. Amerikanisches Fastfood wie **Hamburger mit Pommes frites** ist so beliebt, dass es überall auf der Welt gegessen wird.

Besondere Feste

Der Feiertag erinnert an die Unterzeichnung des ***Vertrags von Waitangi zwischen Maori-Anführern und der britischen Monarchie.***

Waitangi Day

An ***Weihnachten*** *legen die Leute zu Hause Geschenke unter einen Baum.*

Weihnachten

Auf die Umzüge am Faschingsdienstag *folgt der Aschermittwoch, mit dem die christliche Fastenzeit beginnt.*

Mardi Gras

Irland wird oft ***mit der Farbe Grün in Verbindung gebracht.***

St. Patrick's Day

Halloween

Das Geisterfest entstand wohl als eine Art ***Erinnerung an die Verstorbenen.***

Laternenfest

Niemand kann sich erinnern, warum dieses ***Fest in der Stadt Buñol (Spanien) entstand.***

La Tomatina

Muslime versammeln sich. Sie essen besondere Speisen ***und danken Gott.***

Eid al-Fitr

Überall auf der Welt feiern die Menschen religiöse, kulturelle und nationale Feiertage. Sie wollen ihren Glauben bekräftigen oder den Stolz auf ihr Land oder ihre Kultur ausdrücken. Meist gibt es dazu Musik, Prozessionen, leckeres Essen und manchmal auch Geschenke.

In den meisten Religionen gibt es bestimmte Tage im Jahr, die an besondere Ereignisse erinnern. Das christliche Fest **Weihnachten** zum Beispiel erinnert an die Geburt von Jesus Christus, Gottes Sohn, und wird am 25. Dezember gefeiert, mancherorts schon am Vorabend. Die Iren gedenken am **St. Patrick's Day** des Todes

Die Feiernden ziehen sich fantasievoll an, schminken sich *und bringen den Toten Gaben dar.*

Día de los Muertos

In Ostasien findet das Mondfest bei Vollmond statt *und die Menschen essen kleine Mondkuchen.*

Tet Trung Thu

Bei diesem Festival wird die Kultur der ***Wüstenvölker in Tunesien gefeiert.***

Internationales Sahara-Festival

In Japan feiern die Menschen ***im Frühling die Kirschblüte.***

Kirschblütenfest

Das hinduistische Fest im Frühling ist ***ein Rausch aus buntem Pulver und Wasser.***

Holi

Bei diesem Fest in China und anderen asiatischen Ländern ***gedenkt man der Verstorbenen.***

In Rio de Janeiro (Brasilien) wird beim Karneval ***getanzt und gesungen.***

Karneval in Rio

ihres christlichen Nationalheiligen. Die Menschen ziehen etwas Grünes an und veranstalten Paraden. **Eid al-Fitr**, das Fastenbrechen, wird am Ende des Fastenmonats Ramadan gefeiert. Es ist der neunte Monat im muslimischen Jahr und der, in dem dem Propheten Mohammed der Koran offenbart wurde. Kulturelle Feiertage werden oft an öffentlichen Orten begangen. In Mexiko werden am **Día de los Muertos** die Verstorbenen gefeiert. Zahlreiche Länder feiern auch den Tag ihrer Gründung. In Neuseeland ist das der 6. Februar, der als **Waitangi Day** bekannt ist und an dem Konzerte, Sportereignisse und Paraden veranstaltet werden.

GEMEINSCHAFT Viele Millionen Menschen kamen zum WorldPride-Tag 2019 nach New York (USA), um mit der LGBTQ+-Community (Lesben, Schwule, Bisexuelle, Transgender, Queer und andere Sexualitäten) zu feiern. Es war eine besondere Veranstaltung zum 50. Jubiläum der Stonewall-Unruhen. Damals wehrten sich LGBTQ+-Personen gemeinsam gegen die Diskriminierung nichtheterosexueller Menschen.

„Community" ist das englische Wort für Gemeinschaft, also eine Gruppe von Menschen, die am gleichen Ort leben oder ähnliche Interessen, Werte, Lebensweisen oder Überzeugungen haben. Einige Gemeinschaften, darunter auch die LGBTQ+-Community, zeigen offen ihren Zusammenhalt und ihre gegenseitige Unterstützung angesichts von Diskriminierung, Einschüchterung und Gewalt. Man sagt: „In der Gemeinschaft liegt die Kraft", das bedeutet, mehr Menschen können mehr erreichen, wenn sie etwas daran ändern wollen, wie sie behandelt werden. Außerdem geben Communitys anderen Menschen die Möglichkeit, sie kennenzulernen und zu verstehen, sodass die gegenseitige Scheu verschwindet.

Architektur

Burj Khalifa

Die längste Aufzugfahrt ist nur einer von ***vielen Rekorden des Wolkenkratzers in den VAE****.*

Auf dem Dachgarten des Hotels hätten ***viereinhalb Jumbojets Platz****.*

Marina Bay Sands Hotel

Die Kathedrale mit den Zwiebeltürmen *(Russland) ließ Zar Iwan IV. erbauen.*

Basilius-Kathedrale

Das römische Stadion wurde ***80 v. Chr. eröffnet****.*

Kolosseum

Etwa 150 Mitglieder von Mogulfamilien sind in ***dem roten Bau begraben****.*

Humayun-Mausoleum

Verbotene Stadt

Der riesige Komplex des Kaiserpalasts *(China) umfasst 8886 Räume in 980 Gebäuden.*

Das Bauwerk wurde als Mausoleum erbaut, aber der ***Name bedeutet „Schatzkammer“****.*

Khazne al-Firaun

Mehr als 1 Mio. Keramikfliesen bedecken ***die Segeldächer des Gebäudes****.*

Opernhaus von Sydney

Einige Bauwerke, die wir heute besuchen können, sind Zeugnisse der Vergangenheit, andere sind moderne Wunderwerke. Aus verschiedenen Materialien und in vielen Stilen haben Architekten Großartiges geschaffen.

Viele uralte Gebäude zeigen das beeindruckende Können ihrer Baumeister, die ohne heutige Technologien auskommen mussten. Beispiele sind das **Khazne al-Firaun** (Jordanien), das im 1. Jahrhundert in die Sandsteinfelsen gehauen wurde, und die Inka-Stadt **Machu Picchu** (Peru) aus dem 15. Jahrhundert. Oft

DIE FÜNF HÖCHSTEN GEBÄUDE DER WELT

Immer wieder werden neue Methoden und Materialien erfunden, mit denen man noch höher bauen kann. Hohe Gebäude sind nicht nur architektonische Meisterleistungen, sondern sparen auch wertvolle Bodenfläche.

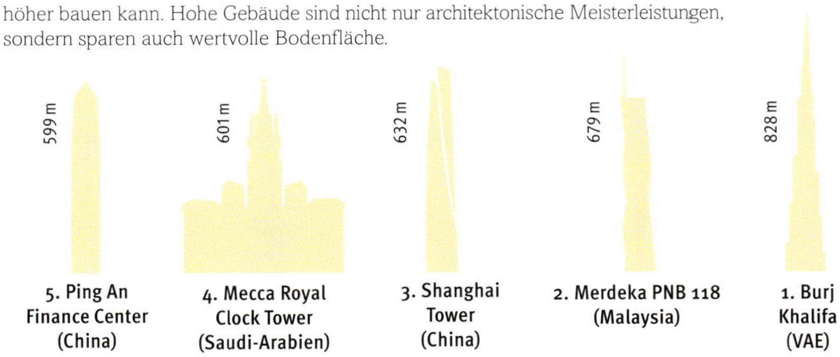

Das „Museum für Morgen“ scheint auf dem Wasser zu schwimmen.

Museu do Amanhã

Die Pyramide von Pharao Mykerinos ist 61 m hoch.

Pyramiden von Giseh

Etwa 3000 Steinstufen verbinden die 200 Bauten der Inka-Zitadelle.

Machu Picchu

spiegeln sich Glaube und Kultur einer Gesellschaft in ihren Bauwerken. Die **Pyramiden von Giseh** (Ägypten) wurden als Grabstätten für die Pharaonen errichtet. Die muslimischen Mogulherrscher in Südasien bauten herrliche Gartengräber wie das **Humayun-Mausoleum** (Indien). Sie waren dem Paradiesgarten im Koran nachempfunden. Moderne Bauten haben oft umweltfreundliche Elemente wie den Dachgarten mit mehr als 900 Pflanzen auf dem **Marina Bay Sands Hotel** (Singapur). Mit der Begrünung wird das Gebäude gekühlt. Im **Museu do Amanhã** (Brasilien), das selbst Solarenergie erzeugt, soll eine Mischung aus Kunst und Wissenschaft dazu anregen, sich vorzustellen, wie die Welt in Zukunft aussehen könnte.

Wohnen

Tipi

Viele indigene Völker in Nordamerika lebten auf der Jagd in solchen Zelten, **denn sie ließen sich leicht mitnehmen.**

Der Name „Iglu“ stammt von dem **Inuit-Wort für „Zuhause“**.

Iglu

Ein Rumah Gadang ist das **traditionelle Haus der Ethnie der Minangkabau in Indonesien**.

Rumah Gadang

Maloca

Die traditionellen Häuser werden von vielen indigenen Völkern im Amazonasgebiet gebaut.

Traditionelles nordafrikanisches Haus oder **Palast mit einem Innenhof**

Riad

In Island haben Häuser oft Torf auf dem Dach, denn er isoliert gut.

Torfgedeckte Häuser

Felsenhäuser

In Kappadokien (Türkei) wurden ganze Städte in Felsen gehauen.

Menschen brauchen ein Zuhause – einen Ort, an dem sie vor Wind und Wetter geschützt sind und sich sicher fühlen. Diese Behausung kann unterschiedlich gebaut sein, von sehr einfach bis sehr kompliziert. Einen Einfluss haben auch Umgebung, Lebensweise und Kultur.

In welcher Art Haus man lebt, hängt oft von der Umgebung ab. Einige frühe Völker gruben **Behausungen in den Fels** und an Orten, wo es viel Wasser gibt, leben Menschen in **Häusern auf Stelzen**. Die Bauweise ergibt sich auch aus den Baustoffen, die verfügbar sind. Die **Malocas** im Amazonasgebiet bestehen aus Holz und Palm-

Ökologische Gebäude

An der Fassade dieses 34-stöckigen Hochhauses (Australien) ***wachsen 250 Pflanzenarten****.*

Jurte

Durch das Loch im Dach *zieht beim Kochen der Rauch ab.*

Die Säulen bestehen aus ***fest geschnürten Schilfbündeln.***

Dieses gemütliche Heim liegt ***in einem Opal-Bergwerk (Australien)****.*

In traditionellen japanischen Häusern *gibt es Schiebetüren anstelle von Wänden.*

Minka

Mudhif-Haus

Unterirdisches Heim

Türen und Fenster eines Minka **bestehen aus Reispapier.**

Dies sind Häuser der Ethnie der ***Bajau auf den Philippinen.***

Haus auf Stelzen

Menschen und Dinge *werden mit kleineren Booten zu ihren Hausbooten gebracht.*

Hausboot

Die südafrikanischen Häuser werden mit ***geometrischen Mustern dekoriert.***

Häuser der Ndebele

blättern und die **Mudhifs** in den Sümpfen im Irak werden aus Schilf gebaut, das dort wächst. Man kann sogar Schnee und Eis zum Bauen verwenden, wie es die Inuit in Kanada bei ihren kuppelförmigen **Iglus** tun. Die Lebensweise der Menschen spielt auch eine Rolle. Nomaden, die von Gegend zu Gegend ziehen, haben „Häuser", die sich mitnehmen lassen, wie zum Beispiel die mongolischen **Jurten**, die **Tipis** der Lakota oder die **Hausboote** in Indien. Die Gestaltung der Häuser und Behausungen spiegelt die Kultur ihrer Bewohner wider wie bei den bunt bemalten **Häusern der Ndebele** oder den mit Fliesen verzierten **Riads**.

Leben mit der Natur

Der Hut der Fulbe hat ***eine breite Krempe,*** *die das Gesicht vor der Sonne schützt.*

Sonnenhut

Moskitonetz

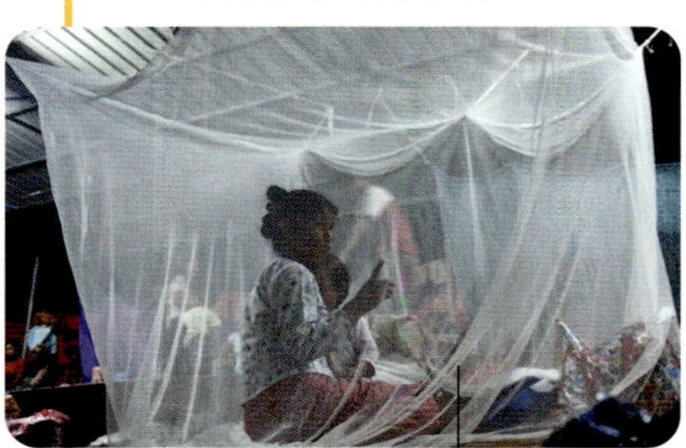

Das Netz braucht man in warmen, feuchten Regionen zum ***Schutz vor Mücken.***

Die Ethnie der San im Süden Afrikas nutzt ***Straußeneier als Wasserspeicher in der Wüste.***

Straußenei

Tagelmust

Das Tuch wird ***um Kopf und Mund gewickelt.***

Bumerang

Das gebogene Wurfholz wurde von ***First-Nations-Australiern zur Jagd benutzt.***

Blasrohr

Angehörige der Ethnie der Iban (Südostasien) jagen mit ***Giftpfeilen, die sie durch ein Blasrohr schießen.***

Kamele sind an Hitze angepasst. ***Sie kommen tagelang ohne Wasser aus.***

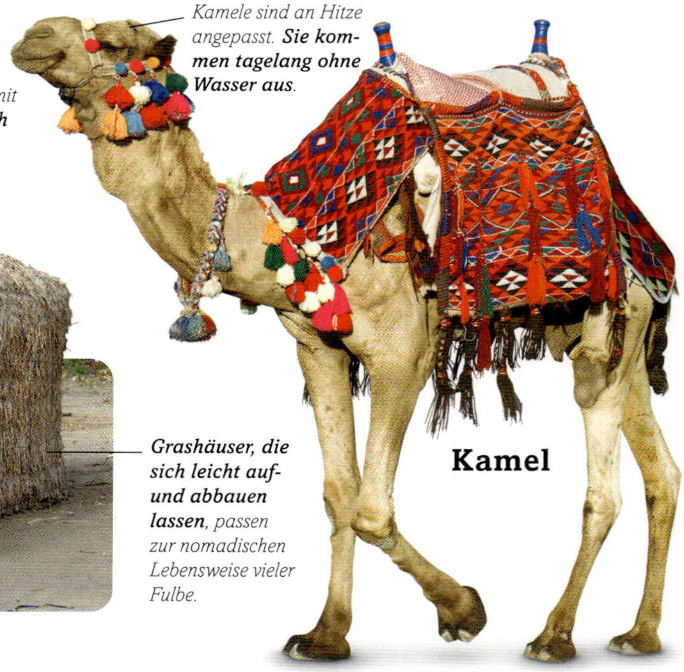

Kamel

Grashäuser, die sich leicht auf- und abbauen lassen, *passen zur nomadischen Lebensweise vieler Fulbe.*

Grashaus

Selbst an einigen der unwirtlichsten Orte auf der Erde leben Menschen. In heißen, trockenen Wüsten, schwülen Regenwäldern und der eiskalten Arktis haben sie Möglichkeiten gefunden, mit der Natur zurechtzukommen.

Menschen, die mit besonderen Wetterbedingungen zurechtkommen müssen, haben witterungsbeständige Häuser und Kleidung entwickelt. In Westafrika bauen die Fulbe **Grashäuser** und tragen einen **Sonnenhut** aus Pflanzenfasern. Die weiter nörd-

Hängematte

***Im Regenwald schlafen die Leute in der Hängematte**, weil am Boden viele Insekten und Schlangen unterwegs sind.*

***Die Bajau (Südostasien) können lange unter Wasser bleiben**, weil ihre Milz vergrößert ist.*

Jagd im Wasser

GENETISCHE ANPASSUNG

Einige Gruppen sind genetisch an besondere Bedingungen angepasst. Die Ethnie der Sherpa im Himalaja hat einzigartige körperliche Merkmale, die es ihnen ermöglichen, in großer Höhe und mit wenig Sauerstoff zu leben.

Stiefel

*Die Stiefel der Samen werden aus **Rentierleder genäht**.*

Parka

*Die Kleidung der Inuit wird aus **Rentierleder und Eisbärfell gemacht, weil sie schön warm halten**.*

Schneemobil

***Dieser Rentier-Hirte aus dem Volk der Samen in Norwegen** fährt mit dem Schneemobil.*

lich lebenden Tuareg binden ein langes Stück Stoff zu einem **Tagelmust**, der den Kopf vor der Sonne und den Mund vor Sand schützt. In der Arktis, wo es oft extrem kalt ist, tragen die Menschen Kleidung aus Leder und Pelzen. Viele Inuit in Grönland und Nordamerika tragen **Parkas** und die Samen in Nordeuropa stellen ihre **Stiefel** aus Tierfell her. Auch die Fortbewegungsmethoden in extremen Umgebungen sind meistens sehr speziell. In der Wüste reiten die Menschen oft auf **Kamelen**, die lange Zeit ohne Wasser leben können, und in Regionen mit viel Eis und Schnee fahren die Leute mit dem **Schneemobil**.

GEBÄRDENSPRACHE Zwei gehörlose Schülerinnen in Gaza (Palästina) unterhalten sich in Gebärdensprache. Im Westjordanland und in Gaza gibt es schätzungsweise mehr als 17 000 gehörlose Palästinenser. Solange sie nicht zur Schulen gehen konnten, hatten sie kaum Möglichkeiten, eine Ausbildung zu machen und Arbeit zu finden. Im Jahr 2015 gab es insgesamt 17 Schulen für gehörlose Kinder im Westjordanland und in Gaza.

Gebärdensprache heißt, dass sich Menschen durch Zeichen, Körpersprache und ihren Gesichtsausdruck verständigen. Wahrscheinlich gab es sie schon, bevor sich die gesprochene Sprache entwickelte. Heute gibt es weltweit etwa 300 verschiedene Gebärdensprachen und jede hat eine eigene lebendige, reichhaltige Kultur, zu der jede neue Generation neue Ausdrucksmöglichkeiten hinzufügt. Es gibt mittlerweile Theaterkompanien für Gehörlose ebenso wie Comedyshows oder Filmfestivals, auf denen per Gebärdensprache kommuniziert wird. Anders als bei den gesprochenen Sprachen gibt es hier sogar international gültige Zeichen, die die Menschen überall auf der Welt verstehen.

Schrift

Inuktitut

Inuktitut ist eine Inuit-Sprache im Norden Kanadas.

Ge'ez

Die äthiopische Schrift entstand etwa im 4. Jh. n. Chr.

Devanagari

Die uralte Indische Schrift wird für viele Sprachen verwendet, auch für Hindi.

Japanisch

Japanisch hat drei verschiedene Zeichensysteme. Sie heißen Hiragana, Katakana *und* Kanji.

Hebräisch

Hebräisch ist die heilige Sprache des Judentums.

Cree

Bei der indigenen kanadischen Sprache steht jedes Zeichen für eine Silbe.

Javanisch

Diese Schrift gilt in Java und benachbarten Teilen Indonesiens.

Griechisch

Viele heutige deutsche Wörter *stammen aus dem Altgriechischen*.

Ogham

Uralte keltische Schrift

EMOJIS

Emojis sind Bildzeichen, die Gedanken und Gefühle ausdrücken. Sie werden meist in Chats auf dem Handy oder in E-Mails am Computer verwendet.

Weltweit gibt es sehr viele verschiedene Schriftsysteme. Die Menschen im heutigen Irak und Ägypten begannen vor mehr als 5000 Jahren, Dinge schriftlich aufzuzeichnen. Seither wurden viele weitere Schriften entwickelt, mit denen die Menschen sich untereinander verständigen.

Die frühesten Schriftsysteme, die wir kennen, sind Bildzeichen, die für den Gegenstand stehen, den sie darstellen. Im Lauf der Zeit wurden dann auch Gedanken oder die Aussprache der Wörter dargestellt wie mit den ägyptischen **Hieroglyphen**. Die meisten heutigen Schriften sind entweder Alphabetschriften, in denen jedes

Chinesisch

In dieser Schrift stehen Symbole für Wörter.

Dieses Alphabet wird für ***viele osteuropäische Sprachen benutzt****.*

Kyrillisch

Hangul

Diese Schrift wurde ***im 15. Jh. in Korea erfunden****.*

In dieser altägyptischen Schrift *stehen die Bilder entweder für Laute oder für ein Konzept.*

Hieroglyphen

Das arabische Alphabet hat 28 Buchstaben. Man schreibt von **rechts nach links**.

Die Thuluth-Schrift ist einer der sechs arabischen Kursivstile *und wird in den meisten Moscheen verwendet.*

Arabisch

Alte Schrift *der Maya*

Maya-Schrift

Die lateinische Schrift *wird in den meisten modernen europäischen Sprachen verwendet.*

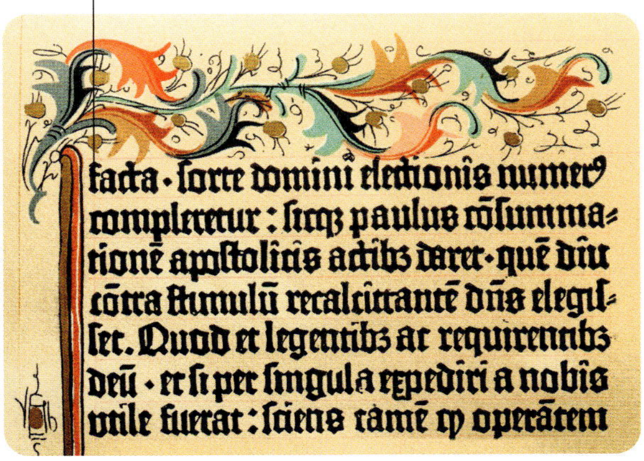

Lateinisch

Die Schrift ist in Südasien verbreitet*.*

Tamilisch

Zeichen für einen Laut steht, oder Schriften, in denen ein Zeichen ein Wort oder eine Silbe darstellt. Das am weitesten verbreitete Alphabet ist das **Lateinische**, das für die meisten westeuropäischen, aber auch andere Sprachen weltweit verwendet wird. Das **arabische**, **kyrillische**, **griechische** und **koreanische Alphabet (Hangul)** sehen zwar sehr unterschiedlich aus, sind aber auch alles Lautschriften. **Chinesisch** ist ein Beispiel für eine Schrift, in der jedes Zeichen ein Wort oder ein Konzept darstellt, während Silbenschriften Teile von Wörtern darstellen. Beispiele dafür sind **Inuktitut**, **Cree** und **Devanagari**.

UNTERHALTUNG

Bildende Kunst

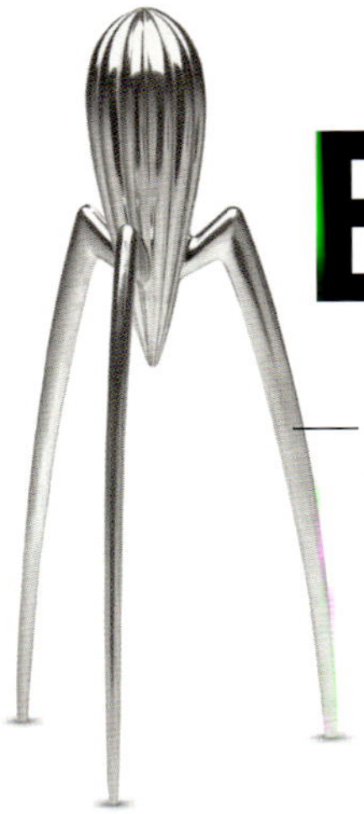

Diese Zitronenpresse der italienischen Firma Alessi *vereint die Funktion und Form.*

Industriedesign

Das Uffington White Horse *(107 m lang) wurde vor rund 3000 Jahren in Großbritannien in den Kalkboden gescharrt.*

Landschaftskunst

US-Fotografin Dorothea Lange gab dem Foto von 1936 den Titel ***„Migrant Mother“****.*

Fotografie

Porzellan

Dieses japanische Weihrauchgefäß aus dem 17. Jh. ist mit ***detailreichen Ornamenten verziert****.*

Kunst der indigenen Australier

Die Kunst der First-Nations-Australier ***erzählt oft Geschichten****.*

Chinesische Malerei

Dieses Bild aus dem 18. Jh. ist die Kopie einer Malerei*, die im frühen 12. Jh. auf einer 528 cm langen Bildrolle angefertigt worden war.*

Skulptur

Die Skulptur wurde zum **200**-jährigen Stadtjubiläum von Reykjavik geschaffen.

Die Skulptur „Sonnenfahrt“ *in Reykjavik (Island) feiert die Sonne, das Licht und die Hoffnung.*

„Bildende Kunst“ ist ein Sammelbegriff für alle Kunstwerke, die wir sehen und anfassen können und mit denen wir unsere Umwelt gestalten. Menschen erschaffen sie schon seit Jahrtausenden. Künstler*innen wollen uns inspirieren oder zum Nachdenken anregen, Designer*innen erfinden Gegenstände, die gleichzeitig schön und funktional sind. Kunst bedeutet immer Auseinandersetzung mit der Welt.

In seinen digitalen Kunstwerken beschäftigt sich das Künstlerkollektiv Teamlab **mit dem Raum-Zeit-Konzept**.

Interaktive Kunst

Jahrtausende alte Höhlenmalereien **stellen oft Tiere dar**.

Höhlenmalerei

Perlenschmuck besitzt einen großen Stellenwert in der Massaikultur und spiegelt die soziale Stellung wider.

Massai-schmuck

Reste der Berliner Mauer (Deutschland) bilden heute eine **Freiluft-Galerie**.

Street-Art

Die figürlichen Steingebilde dienten als Wegweiser und Denkmäler. Einige haben spirituelle Bedeutung.

Inukshuk

Für die Details wurden **sehr feine Pinsel verwendet**.

Persische Miniaturmalerei

Kunst sagt etwas über die Menschen aus, die sie erschufen. **Höhlenmalereien** geben Aufschluss über unsere urzeitlichen Vorfahren, **chinesische** und **persische Malereien** liefern Einblicke in die Lebenswelt der verschiedenen Kulturen. Mit zeitgenössischen Kunstformen wie **Fotografie** und **Street-Art** drücken heutige Menschen ihre Gedanken und Ansichten kreativ aus. Häufig bewundern wir an Kunst, dass aus ganz einfachen Materialien spektakuläre Objekte werden, zum Beispiel die **Inukshuks**, menschenähnliche Steingebilde der Inuit, oder **Massaischmuck** aus Holz und Knochen. Sogar die **Landschaft** kann Material sein. Es besteht eine Beziehung zwischen Kunst und **Industriedesign**, also der Herstellung schöner und gleichzeitig nützlicher Dinge aus Metall, Kunststoff oder anderen Materialien – sie sind Kunstwerke, die wir täglich benutzen.

Musik

Didgeridoo

Das Didgeridoo *erzeugt schwingende Töne.*

Flöte

Diese Holzflöte wird **Bansuri** ***genannt.*** *Sie wurde um etwa 200 v. Chr. in Indien erfunden.*

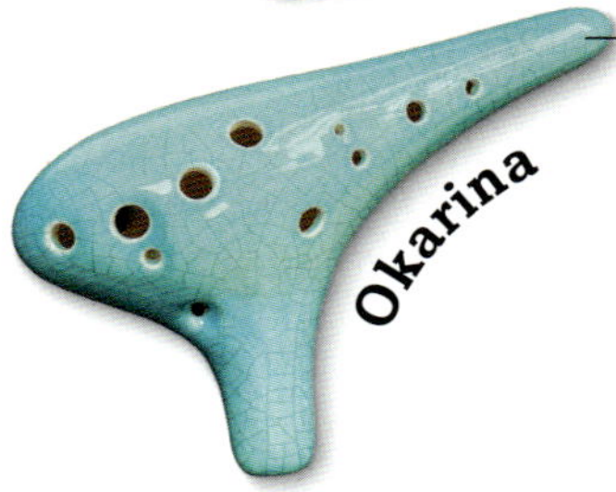

Okarina

Dieses Blasinstrument besteht meist aus Ton oder Keramik. *Es hat ein Mundstück und bis zu zwölf Löcher, mit denen die Töne gespielt werden.*

Bandoneon

Der Balg dieses Harmonika-instruments *füllt sich beim Auseinanderziehen mit Luft.*

Der **Klang** des Bandoneon ist charakteristisch für den **Tango**.

Djembe

Die Trommel *ist mit geschorenem Ziegenfell bespannt.*

Das Mischpult eines Discjockeys (DJ) *wird in den richtigen Händen selbst zum Instrument.*

DJ-Mischpult

Elektrische Gitarre

Jede Metallsaite *wird auf einen Ton gestimmt.*

Cembalo

Die meisten Cembali haben zwei Tastaturen, *während ein Klavier nur eine hat.*

Viele Instrumente entstanden, weil Menschen ausprobierten, wie sie mit Alltagsgegenständen oder Vorgängen wie Klatschen und Stampfen Musik machen konnten. Es gibt heute fünf große Instrumentenfamilien: Schlag-, Saiten-, Blechblas-, Holzblas- und Tasteninstrumente.

Trommeln sind Schlaginstrumente. Von der aus Holz geschnitzten, westafrikanischen **Djembe** bis zum **Schlagzeug** – alle Trommeln erzeugen Töne, wenn sie geschlagen werden. Viele Saiteninstrumente werden gezupft. Sehr beliebt ist die **elektrische Gitarre**, die zwischen 1960 und 1980 durch Rockbands berühmt wurde. Andere

Die Trompete ist 3000 Jahre alt und damit das älteste Blechblasinstrument.

Trompete

Die gestimmten Holzklangstäbe werden mit gepolsterten Schlägeln geschlagen.

Marimba

Die Röhren des Schlaginstruments verstärken den Klang der Holzklangstäbe.

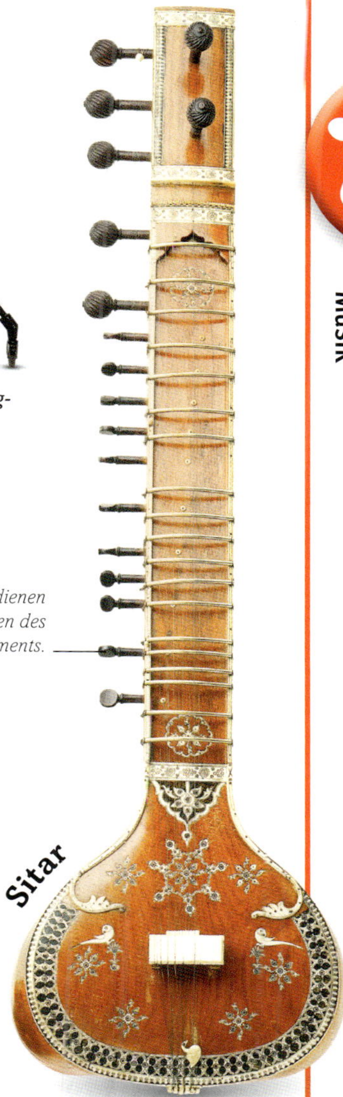

Die Stege dienen zum Stimmen des Instruments.

Sitar

Zum Zupfen der Saiten tragen die Spielerinnen Fingerhüte aus Schildpatt.

Guzheng

Ein Schlag auf das Becken erzeugt einen lauten, blechernen Ton, der lange schwingt.

Schlagzeug

Zwei Antennen erzeugen ein elektromagnetisches Feld. Durch Handbewegungen in diesem Feld werden Töne erzeugt.

Theremin

Saiteninstrumente wie die **Sitar** werden seit Jahrhunderten in ganz Südasien gespielt. Zu den Blechblasinstrumenten gehört die **Trompete**, bei der man in das Mundstück blasen muss. Sie ist ein wichtiger Bestandteil der europäischen klassischen Musik und des Jazz. Auch Holzblasinstrumente wie die **Flöte** oder das **Didgeridoo** der indigenen australischen Bevölkerung werden geblasen. Ein Beispiel für die Familie der Tasteninstrumente ist das **Cembalo**, das im 16. Jahrhundert in Italien erfunden wurde und ein Vorläufer des Klaviers war. Das **Theremin** gehört zu keiner der fünf Familien. Es war das erste elektronische Musikinstrument der Welt.

GESANG UND TANZ Eine Flamenco-Tänzerin erzählt mit ihrem Körper und ihrem Tanz eine Geschichte. Sie wirbelt umher und stampft in temperamentvollem Stakkato mit den Füßen, während ein Musiker spielt und singt. Dieser einzigartige Musikstil wurde von zahlreichen Kulturen in Südspanien beeinflusst, vor allem von den Roma, die im 15. Jahrhundert aus Indien nach Spanien kamen und ihre Kultur und Musik mitbrachten.

Es gibt unzählige Musik- und Tanzrichtungen auf der Welt. Obwohl sie sich oft stark unterscheiden, haben sie auch Gemeinsamkeiten. Manchmal erzählen die Menschen in ihren Liedern und Tänzen Geschichten oder geben die Geschichte ihres Volks weiter. Einige bringen auf diese Weise Gefühle wie Freude, Trauer oder Wut zum Ausdruck. Andere markieren durch Gesang und Tanz wichtige Stationen im Leben, beispielsweise den Übergang ins Erwachsenenleben. Sie können auch als stummer Protest gegen Ungerechtigkeit dienen. Die Menschen setzen diese Kunstform unterschiedlich ein, aber Musik und Tanz bringen uns zusammen, egal wo auf der Welt wir uns befinden.

Literatur

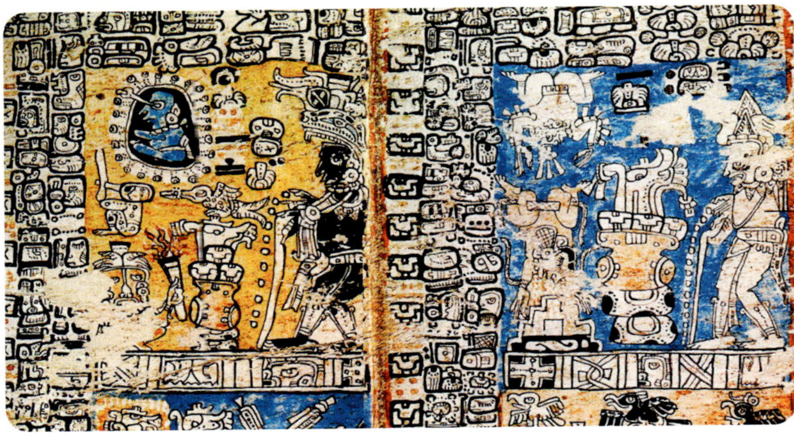

Priester der Maya sagten mit diesem Buch **göttliche Ereignisse voraus.**

Codex Tro-Cortesianus (um 1400)

Die wunderschön verzierte Handschrift ist einer der größten Schätze Irlands.

Book of Kells (um 800)

Eine Fantasiegeschichte über die Abenteuer eines Mädchens

***Alice im Wunderland* (1865)**

Das Buch der nigerianischen Schriftstellerin Chimamanda Ngozi Adichie handelt vom Aufwachsen eines Mädchens in Nigeria.

***Blauer Hibiskus* (2003)**

Eine Geschichte über das Leben Schwarzer Frauen in den USA

***Die Farbe Lila* (1982)**

Die Geschichte einer Schiffsmannschaft, die einen Wal jagt und in große Schwierigkeiten gerät.

***Moby Dick* (1851)**

Literatur erzählt Geschichten und vermittelt oft Wissen und Erkenntnisse. Dazu zählen unter anderem Theaterstücke, Gedichte und Romane. Bücher, die viele Menschen ansprechen, überdauern die Zeit und werden noch Jahrhunderte nach ihrem Entstehen und in vielen Sprachen gelesen.

Von den ersten Büchern hatten viele religiöse Inhalte: Das **Book of Kells**, der **Codex Tro-Cortesianus** und die **Gutenberg-Bibel** haben große geschichtliche Bedeutung und sind wunderschön gestaltet. Im 11. Jahrhundert wurde in Japan mit ***Die Geschichte vom Prinzen Genji*** zum ersten Mal ein Buch nur zum Lese-

Das Meisterwerk aus China erzählt vom Niedergang einer reichen Familie.

Der Traum der roten Kammer (1791)

Die Märchensammlung war ursprünglich kein Kinderbuch.

Grimms Märchen (1812)

Die indische Sammlung von Tierfabeln wurde ursprünglich in Sanskrit verfasst.

Panchatantra (um 200 v. Chr.)

Eine illustrierte Ausgabe des Buchs, das viele als den ersten Roman der Welt betrachten

Die Geschichte vom Prinzen Genji (um 1021)

Das berühmte Stück stammt von dem **englischen Dichter William Shakespeare.**

Hamlet (1602)

Eine Geschichte über die **Abenteuer einer kleinen Hexe**

Die kleine Hexe (1957)

Der brasilianische Autor Jorge Amado schrieb über das Leben von Straßenkindern in Salvador (Brasilien).

Herren des Strandes (1937)

Dies war eins der ersten Bücher der Welt, die in großer Zahl gedruckt wurden.

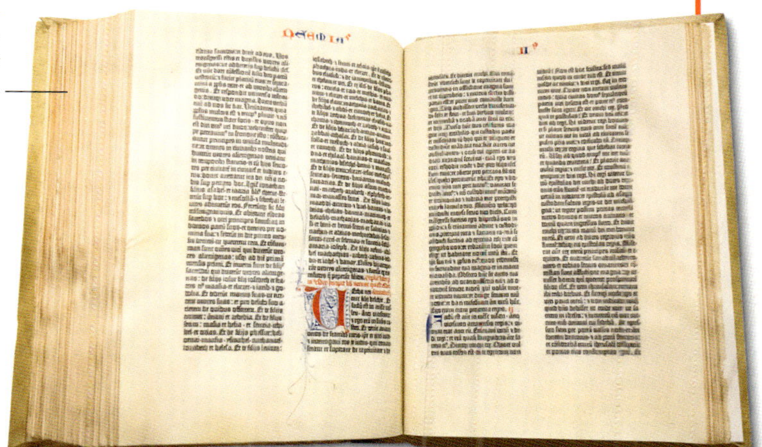

Gutenberg-Bibel (1455)

vergnügen verfasst. Bei Romanen wie ***Moby Dick*** können sich die Lesenden in die schwierige Lage der Figuren hineinversetzen und ein anderes Leben kennenlernen. Bücher wie ***Der Traum der roten Kammer***, ***Die Farbe Lila*** oder ***Herren des Strandes*** vermitteln die Erfahrungen von Menschen, die in anderen Teilen der Welt leben. Bücher bringen uns zum Lachen oder Weinen und sie können uns sogar Angst machen. In ***Grimms Märchen*** treten einige furchterregende Figuren auf. Kinderbücher werden oft besonders geliebt. ***Alice im Wunderland*** regt noch heute unsere Fantasie an, obwohl es vor 150 Jahren geschrieben wurde.

Tanz

Khon- Kostüme werden nach alter Tradition mit der **Hand genäht**.

Kabuki

Beim traditionellen japanischen Kabuki ***schminken sich die Schauspieler mit Reispuder.***

Haka

Haka-Tänzer stampfen mit den Füßen auf und ***verziehen das Gesicht, um gefährlich auszusehen.***

Adumu

Bei dem traditionellen Hüpftanz der Massai in Kenia und Tansania ***berühren die Fersen der Tänzer nie den Boden.***

Breakdance

Breakdance mit seinen athletischen Bewegungen *entstand in den Vierteln der Schwarzen Amerikaner und der Puerto Ricaner in New York (USA).*

Khon

Affen, die von maskierten Tänzern gespielt werden, *sind wichtige Figuren in diesem Tanzdrama.*

Khon wird in Thailand getanzt. *Die Tänzer führen Szenen aus dem indischen Epos* Ramakien *auf.*

Seit Tausenden von Jahren tanzen Menschen aus Freude oder um ihren Glauben auszudrücken, Feste zu feiern und Traditionen zu erhalten. Rund um die Welt sind einzigartige Bewegungstänze entstanden, die einen wichtigen Teil des Brauchtums in Gemeinschaften und Ländern bilden.

Hinweise auf Tänze lassen sich bis etwa 6000 v. Chr. zurückverfolgen. Auf Wandmalereien in altägyptischen Gräbern sind Menschen in Tanzhaltungen dargestellt. Der religiöse Tanz **Bharatanatyam** wird in Indien seit dem 2. Jahrhundert n. Chr. aufgeführt. Der **Khon** in Thailand erzählt die Geschichte des hinduisti-

Walzer

Bei diesem Paartanz *bleiben die Paare meist einander gegenüber.*

Bharatanatyam

Exakte Bewegungen von Händen, Füßen und Augen *erzählen die Geschichte.*

Drachentanz

Die Tänzer tragen den Drachen an Stangen. *Je länger er sich bewegt, desto mehr Glück soll er bringen.*

Salsa

Der schnelle, rhythmische Gesellschaftstanz *heißt genauso wie der Musikstil.*

Hopak

Alte und junge Männer tanzen diesen ukrainischen Volkstanz mit ***Kicks und Sprüngen****.*

Ballett

Da sich das Ballett in Frankreich entwickelte, haben viele Schritte ***französische Namen.***

Mit Spitzenschuhen *kann die Ballerina auf den Zehenspitzen tanzen.*

schen Gottes Rama. Aber Tänze können auch Männer auf eine Schlacht einstimmen. Der **Haka** der Maori beispielsweise war ursprünglich ein Kriegstanz, der auf dem Schlachtfeld aufgeführt wurde. Heute wird er bei speziellen Zeremonien getanzt. Oft ist Tanz ein Mittel, um Menschen in einer Gemeinschaft zusammenzubringen. Bei Folkloretänzen wie dem **Hopak** oder dem **Adumu** können die Menschen die Liebe zu ihrem Land und ihren Traditionen zeigen. Beliebter sind heute aber moderne Tanzstile, die überall auf der Welt zu sehen sind, wie **Salsa** und **Breakdance**. Beide entstanden im 20. Jahrhundert in New York (USA).

Theater

Commedia dell' arte

Diese venezianische Maske *stellt die komische Figur des Harlekins dar.*

Zirkusartistin

Eine chinesische Akrobatin *balanciert Teller auf Stangen.*

Nō

Nō-Schauspieler *führen dem Publikum bekannte japanische Geschichten vor.*

Musicaltheater

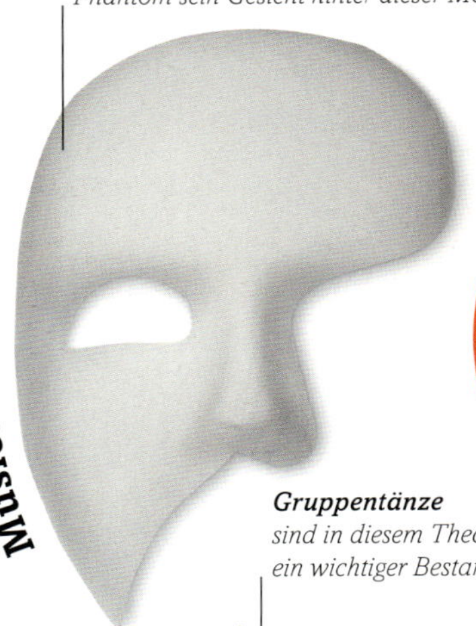

In dem Broadway-Musical **Das Phantom der Oper** *versteckt das Phantom sein Gesicht hinter dieser Maske.*

Lakhon Bassac

Gruppentänze *sind in diesem Theater ein wichtiger Bestandteil.*

Wayang

Bei dem indonesischen Schattenspiel *werden alte indische Legenden mit Puppen erzählt.*

Geschichtenerzählen gehört zum Wesen des Menschen und im Theater werden diese Geschichten zum Leben erweckt. Von religiösen Kultspielen, die vom Ursprung der Welt erzählen, bis zu Comedians, die auf der Bühne Witze erzählen – das Theater nimmt uns mit in andere Welten.

Die ältesten Theateraufführungen sind aus dem antiken Griechenland bekannt. Religiöse Geschichten wurden mit Gesang und Tanz dargeboten. Kurz darauf entstand das Theater in Asien. Hier gab es wiederkehrende Themen und Figuren, die an den Kostümen erkenn-

Yoruba-Theater

Beim **Yoruba-Theater** *werden die Geschichten – ob alte Erzählungen oder moderne Stücke – pantomimisch, tänzerisch und mit Sprechchören aufgeführt.*

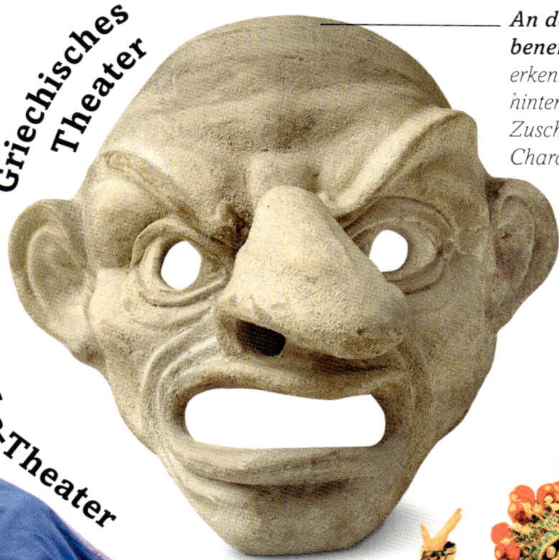

Griechisches Theater

***An den übertriebenen Masken** erkennen auch weit hinten sitzende Zuschauer den Charakter der Figur.*

Pantomime

Pantomime stammt aus Griechenland, ist heute aber ***in Frankreich sehr populär.***

Zaju

***Eine Zaju-Aufführung beinhaltet Gesang und Tanz**, aber nur die Hauptdarsteller dürfen singen.*

Europäisches Theater

Hier wird eine ***Komödie des berühmten englischen Schriftstellers William Shakespeare aufgeführt.***

Sanskrit-Drama

***Die Sanskrit-Dramen** sind sehr vielfältig. Von Liebesgeschichten bis zu alten Mythen gibt es alles.*

bar waren. Diese Traditionen bestehen bis heute. Zum japanischen **Nō**-Theater, zu **Lakhon Bassac** aus Kambodscha, zur chinesischen **Zaju-Oper** und zu **Sanskrit-Dramen** aus Indien gehören wunderschöne Kostüme und Schminke. Masken können zeigen, was die Figuren fühlen. In der italienischen **Commedia dell'arte** und im **griechischen Theater** erkennt man an ihnen, ob eine Figur ein Held, böse oder lustig ist. **Pantomimen** nutzen Bewegungen, Körpersprache und Gesichtsausdrücke. Im **Musical** wird die Handlung mit Tanz und Gesang untermalt. Es hat Ähnlichkeiten mit dem **Yoruba-Theater** in Nigeria, das mit Sprechchören arbeitet.

Kino

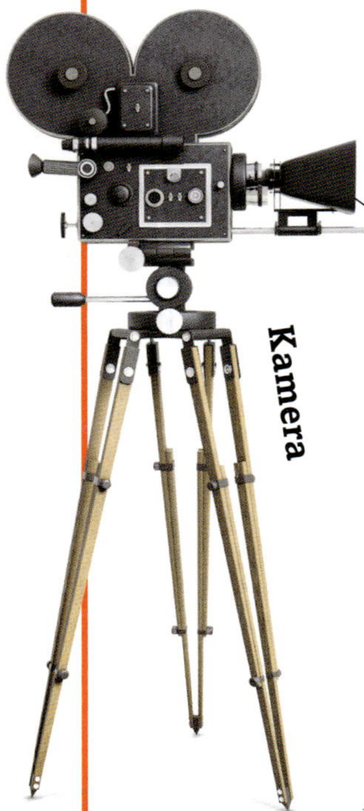

Kamera

Mit der Kamera werden die Bilder gefilmt oder im Computer gespeichert.

In Zeichentrickfilmen erzeugt eine Folge handgezeichneter Bilder die Illusion der Bewegung.

2-D-Animation

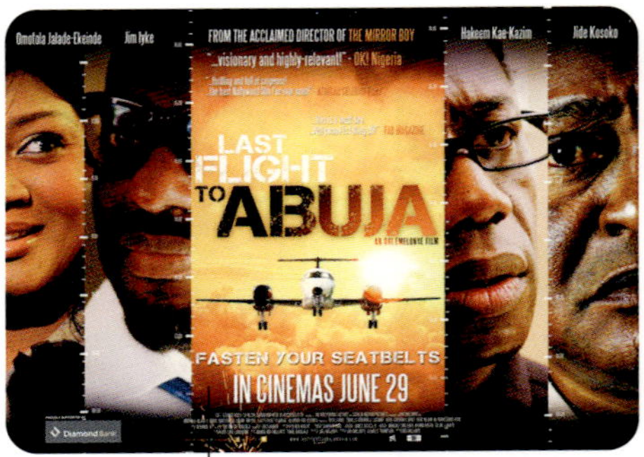

Nollywood

Die Filmindustrie in Nigeria produziert pro Jahr etwa 2500 Filme.

Filmspule

Auf eine Filmspule passt Filmmaterial für etwa elf Minuten.

3-D-Brillen haben Filter in zwei Farben, sodass jedes Auge ein etwas anderes Bild sieht. Das erzeugt im Gehirn ein räumliches Bild.

Zuschauer bei einem der ersten 3-D-Filme

3-D-Film

3D-Animation

Die Figuren in modernen 3-D-Animationsfilmen werden am Computer erzeugt.

BLOCKBUSTER

Der Erfolg eines Films lässt sich an den Einnahmen messen, die er erzielt. Sehr beliebte Filme werden als „Blockbuster" bezeichnet. Hier sind die Top-Fünf-Blockbuster mit ihren Einnahmen in US-Dollar.

Avatar (2009)	$2,923 Mrd.
Avengers: Endgame (2019)	$2,799 Mrd.
Avatar: The Way of Water (2022)	$2,320 Mrd.
Titanic (1997)	$2,264 Mrd.
Star Wars: Das Erwachen der Macht (2015)	$2,071 Mrd.

Das Kino ist eine beliebte Unterhaltungsform. Es entstand im 19. Jahrhundert mit der Erfindung der Fotografie. Die Entwicklung schritt rasch weiter fort. Der „Trick" beim Film liegt darin, dass er aus vielen Einzelbildern besteht, die so schnell hintereinander gezeigt werden, dass das Auge meint, eine Bewegung zu sehen.

Für diese Magie benötigen die Filmemacher*innen eine besondere Ausrüstung. Mit **Kameras**, **Scheinwerfern**, **Filmspulen**, **Klappe** und **Tonangeln** wird die „Action" am Filmset auf Film gebannt. Durch große Fortschritte in der Computer- und Kameratechnologie sehen heute sogar fantastische Umgebungen echt aus. Mit Techniken von der **2-D-Animation** mit einfachen

Verschiedene Scheinwerfer erzeugen unterschiedliche Stimmungen.

Scheinwerfer

Die Academy of Motion Picture Arts and Sciences *vergibt jedes Jahr die „Oscars" als Preise für Filmschaffende und Schauspieler*innen.*

Oscar

In Actionfilmen *gibt es viele Kämpfe und Explosionen.*

Actionfilme

In einem Western geht es oft um Cowboys, *Eisenbahnraub und Schießereien.*

Western

In Musicals *wird die Handlung mit Gesang und Tanz untermalt.*

Musicals

Popcorn

Popcorn *ist beim Publikum sehr beliebt. Es wird seit etwa 1930 im Kino angeboten.*

Filmklappe

Die Klappe *markiert die einzelnen Aufnahmen und Szenen. Das laute Klappengeräusch erleichtert zudem die Synchronisation von Ton und Bild.*

Galgenmikrofone *zeichnen am Filmset den Ton auf.*

Tonangel

In Bollywood-Filmen *gibt es oft farbenprächtige Kostüme und temperamentvolle Tänze.*

Bollywood

Motion-Capture

Die Bewegungen des Schauspielers *werden aufgezeichnet und dienen als Grundlage für eine computergenerierte Figur.*

beweglichen Figuren bis zur **3-D-Animation** und **Motion-Capture** („Bewegungserfassung") kann man heute beinahe alles auf der Leinwand zum Leben erwecken. Oft denken wir beim Thema Kino und Film an die Filmindustrie in Hollywood (USA), wo **Actionfilme**, **Western** und **Musicals** gedreht werden. Hollywood ist aber nicht der einzige Standort, auch in Indien und Nigeria gibt es jeweils eine blühende Filmindustrie – bekannt als **Bollywood** und **Nollywood**. Die Filme, die dort gedreht werden, haben einen ganz eigenen Stil, der in vielen Ländern zahlreiche Fans hat.

Spiele

Mahjong

Die Steine *müssen auf bestimmte Weise kombiniert werden.*

Früher wurden Schafknochen geworfen, *moderne Knöchel bestehen aus Metall oder Kunststoff.*

Knöchelknochen

Buchstaben *auf den Bonus-Quadraten erhöhen die Punktzahl.*

Scrabble®

Bei dem Familienspiel wirft man vier Holzstäbe *in die Luft und zieht mit Spielsteinen um das Spielfeld.*

Yut

Videospiele *gibt es für Tablets, Computer und Spielekonsolen.*

Videospiele

Die hebräischen Buchstaben *geben an, wie viel „Schokoladengelt", also Münzen, du nehmen darfst.*

Dreidel

Zwei Spieler spannen das Gummiband *um ihre Beine, während die anderen abwechselnd hüpfen.*

Gummihüpfen

Menschen beschäftigen sich seit Jahrtausenden mit Spielen. Das macht nicht nur Spaß, sondern hilft vor allem Kindern auch bei der Entwicklung von geistigen, körperlichen und strategischen Fähigkeiten. Außerdem lernen sie, wie man zusammenarbeitet und sich gegenseitig unterstützt.

Verschiedene Varianten von **Hüpf- und Versteckspielen**, **Pitthu**, **Dreidel** und **Knöchelknochen** werden heute noch in verschiedenen Kulturen in aller Welt gespielt, es gibt sie aber schon seit Jahrhunderten. Meistens braucht man eine Mischung aus Geschick und Glück, um zu gewinnen. Einfache Materialien wie Steine

Murmeln

Murmelspiele *gibt es viele verschiedene, je nach Anzahl der Mitspieler und Umgebung.*

In dem Rollenspiel *wählt jeder Spieler einen eigenen Weg.*

Dungeons and Dragons®

Ziel des Kartenspiels ist es, ***als Erster alle Karten abzuwerfen.***

Uno®

Die Kinder hüpfen nach einem Muster über die Felder *und sammeln den Wurfstein auf.*

Himmel und Hölle

Zwei Kinder *starren einander an und wer zuerst lacht, hat verloren.*

La Barbichette

Pitthu

Eine Mannschaft *muss den Steinhaufen umwerfen, die andere schützt ihn.*

Alle verstecken sich schnell *vor der „Sucherin", während sie mit geschlossenen Augen zählt.*

Verstecken

oder Kreide reichen als Spielzeug aus. Viele alte Spiele wie das koreanische **Yut-Spiel** sehen heutigen Spielen ähnlich. Moderne Spielutensilien wie **Murmeln** oder **Hüpfgummis** sind aus speziellem Material. Bei **Scrabble**® muss man aus Buchstaben Wörter legen, bei **Mahjong**, das im 19. Jahrhundert in China entstand, werden Spielsteine kombiniert. Es hat Ähnlichkeiten mit Kartenspielen wie **Uno**®. Das um 1970 veröffentlichte Spiel **Dungeons and Dragons**® lässt sich unendlich fortsetzen, wenn die Spieler genug Fantasie haben. Auch viele **Videospiele** sind Rollenspiele mit unbegrenzten Möglichkeiten für das virtuelle Leben der Charaktere.

PUPPENHÄUSER

Dieses Puppenhaus, das 1890 gebaut wurde, besteht aus Holz und Papier. Es heißt Hammond House und hat 39 Zimmer, darunter mehrere Schlafzimmer, eine Küche, Wohnzimmer und sogar ein Musikzimmer. Alle Zimmer haben elektrische Lampen und in den Badezimmern gab es früher sogar fließendes Wasser. In den Räumen stehen 1500 winzige Möbelstücke und sie sind mit 77 Keramikpuppen bevölkert.

Puppenhäuser wurden im 17. Jahrhundert für Erwachsene gebaut. Dafür gab es zwei Gründe: Erstens wollten sie mit diesen Miniaturen ihrer Häuser ihren Reichtum zur Schau stellen. Zweitens wollten sie jungen Frauen beibringen, wie man einen Haushalt führt, und den Dienstboten, die oft nicht lesen oder schreiben konnten, ihre Aufgaben erklären.

Ab etwa 1930 wurden Puppenhäuser als Spielzeug in Massenfertigung hergestellt. Sie waren nicht mehr so luxuriös, sondern den Wohnungen ähnlicher, in denen die Menschen lebten, von Hochhaus-Appartements bis zu modernen Häusern im Architekturstil der 1960er-Jahren. Nicht nur Kinder lieben Puppenhäuser, es gibt auch viele erwachsene Sammler.

Sport

Motorsport

***In der Formel Eins** erreichen die Rennwagen auf der Rennstrecke Höchstgeschwindigkeiten von 360 km/h.*

Tennis

*Bei Tennisspielerinnen wie Naomi Osaka erreicht der Ball **Geschwindigkeiten bis zu 200 km/h**.*

***Beim Skateboarden** braucht man ein gutes Gleichgewichtsgefühl.*

Skateboard

American Football

***Alle Spieler müssen Helme** und Schutzkleidung tragen, da es sehr hart zugeht.*

***Die Spielerinnen** dürfen den Ball nicht mit den Armen berühren.*

Fußball

***Der Ball muss mit dem Fuß oder Kopf** ins gegnerische Tor geschossen werden.*

***Nach jedem erfolgreichen Sprung** wird die Latte höher gelegt.*

Hochsprung

***Bei diesem schnellen Spiel** wird der leichte Ball mit gepolsterten Holzschlägern hin und her gespielt.*

Tischtennis

Sport gibt es schon seit Jahrtausenden. Anfangs diente er wohl der Vorbereitung für die Jagd, später auf den Krieg, aber heute ist er eine Form von Freizeitbeschäftigung. Beim Sport lernt man neue Fähigkeiten, man kann sich selbst und andere herausfordern und manchmal sogar Geld verdienen.

Viele Sportarten entwickelten sich aus Tätigkeiten. Die Menschen der Urzeit lernten den Umgang mit Pfeil und Bogen für die Jagd, in späterer Zeit wurde daraus **Bogenschießen**. Viele Turnsportarten wie das Turnen auf dem **Seitpferd** gehen zurück bis in die Zeit vor etwa 2000 Jahren in Griechenland. Auch das japanische **Sumo**-Rin-

Bogenschießen

***Die Stange** balanciert beim Schuss den Bogen aus.*

Eisschnellläufer erreichen ein Tempo von 56 km/h.

Eisschnelllauf

***Schnelllaufschlittschuhe** haben längere Kufen als die für den Eiskunstlauf.*

Springreiten

***Das Pferd muss** in möglichst kurzer Zeit eine Reihe Hindernisse überspringen.*

Hockey

***Der runde Griff des Hockeyschlägers** geht in ein langes, flaches, aufwärts gebogenes Ende über.*

Schwimmen

***Butterfly** heißt eine von vier Schwimmsporttechniken.*

Sumo

***Sumoringer wiegen** bis zu 200 kg.*

Seitpferd

***Der Turner stützt sich mit den Händen ab**, während er seine Übungen vorführt.*

gen ist ein alter Sport, der sich wohl aus Ernteritualen aus der Zeit um 20 v. Chr. entwickelte. Der **Eisschnelllauf** kommt aus Nordeuropa, wo man oft Wege über gefrorene Seen und Flüsse zurücklegte. Später wurde Schlittschuhlaufen mit **Hockey** zu Eishockey kombiniert. **Skateboards** wurden von den Surfern in Kalifornien (USA) entwickelt, die auch dann Sport treiben wollten, wenn es keine hohen Wellen gab. Das Surfen widerum erfanden indigene Menschen auf Hawaii. Viele Sportarten, egal woher sie kommen, begeistern Millionen Menschen weltweit, auch als Unterhaltung. Besonders beliebt sind Ballspiele, zum Beispiel **Fußball**.

PARA-SPORT Der deutsche Sportler Leander Kress absolviert den Riesenslalom bei der Weltmeisterschaft für Para-Wintersport 2022 in Norwegen. Im Alter von sieben Jahren wurde bei Kress Knochenkrebs diagnostiziert und so musste ein Teil seines rechten Beins amputiert werden. In seiner Jugend begann er, an Sportwettkämpfen für Menschen mit Behinderung teilzunehmen, und träumte auch von den Paralympischen Spielen.

Die Paralympischen Spiele wurden von dem deutschstämmigen britischen Chirurgen Ludwig Guttman ins Leben gerufen. Guttman glaubte, dass Sport den Patienten half, neue Fähigkeiten zu erwerben, und so organisierte er 1948 einen Wettbewerb im Bogenschießen für 16 britische Soldaten, die im Zweiten Weltkrieg verwundet worden waren. Seine Idee verbreitete sich rasch. Die ersten Paralympics fanden 1960 in Rom (Italien) statt. Dort traten 400 Athleten aus 23 Ländern in acht Sportarten an. Heute finden die Spiele alle vier Jahre statt und seit 1976 gibt es auch Winter-Paralympics. Weltweit gibt es 5000 Sportler, die an den Sommer- und Winterspielen teilnehmen.

Chronik

Hast du dich je gefragt, wie die Welt zu dem wurde, was sie ist? Hier findest du einen Überblick: Von der Entstehung des Universums bis in die Gegenwart werden hier einige der bedeutendsten Ereignisse und Entdeckungen beschrieben, die sich in dieser langen Zeit ergaben.

vor 13,8 Mrd. Jahren

Der Anfang von allem › Das Universum entsteht aus dem Nichts. In Sekundenbruchteilen bilden sich winzige Materieteilchen und nach 380 000 Jahren die ersten Atome.

vor 4,6 Mrd. Jahren

Das Sonnensystem › Unser Stern, die Sonne, entsteht. Übrig gebliebene Staub- und Gasteilchen umkreisen sie zunächst, dann lagern sie sich langsam zu den Planeten, Monden, Asteroiden und Kometen zusammen.

vor 13,5 Mrd. Jahren

Erste Sterne › Die Schwerkraft zieht Bereiche mit Gas zusammen. Sie rotieren, werden dichter und heißer, bis im Zentrum Kernreaktionen einsetzen. Dies ist die Geburtsstunde der ersten Sterne.

vor 3,5 Mrd. Jahren

Leben auf der Erde › Bei zufällig stattfindenden chemischen Reaktionen im Ozean entstehen Moleküle, die sich selbst vervielfältigen können. Das ist der Beginn des Lebens auf der Erde. Im Lauf der Jahrmillionen breiten sich die Lebewesen auch auf das Festland aus.

Im Kambrium (vor 541–485 Mio. Jahren) entwickelten sich viele Gruppen von Tieren wie die Gattung Anomalocaris.

Stegosaurus *hatte* ***Knochenplatten an Rücken und Schwanz.***

Wettlauf war eine der ersten Wettkampfdisziplinen bei den Olympischen Spielen der Antike.

vor 250 Mio. Jahren

Dinosaurier ❯ Die ersten Dinosaurier treten auf. Sie bewohnen die Erde fast 200 Mio. Jahre lang, doch dann sterben sie vor 66 Mio. Jahren aufgrund einer Katastrophe aus.

um 11 000 v. Chr.

Erste Bauern ❯ Menschen sind zuerst Jäger und Sammler, aber die Entwicklung der Landwirtschaft ändert alles. Nun können sie sich niederlassen und es gibt genug Nahrung für mehr Menschen.

776 v. Chr.

Olympische Spiele ❯ In Olympia, einer religiösen Stätte in Griechenland, finden die ersten Olympischen Spiele statt, über die es Aufzeichnungen gibt. Sie werden alle vier Jahre von Wettkämpfern aus ganz Griechenland bestritten.

vor etwa 300 000 Jahren

Erste moderne Menschen ❯ Die ersten Exemplare unserer Art, des *Homo sapiens*, treten in Afrika auf. Rasch verbreiten sie sich nach Europa und Südasien und später auch nach Australien, Ozeanien, Nordasien sowie Nord- und Südamerika.

um 3300 v. Chr.

Erste Schriften ❯ Weil bestimmte Dinge aufgezeichnet werden müssen, entstehen die ersten Schriften, darunter die ägyptischen Hieroglyphen: Jedes Bild stellt ein Wort oder einen Laut dar.

um 4000 v. Chr.

Erste Städte ❯ Die frühesten Siedlungen sind nur kleine Ansammlungen von Behausungen. In Mesopotamien (heute Irak) und im Indus-Tal wachsen erstmals Städte. Sie werden von Königen regiert.

Die uralte Stadt Mohenjo-daro im Indus-Tal *(heute Pakistan) hatte rund 700 Brunnen zur Wasserversorgung.*

1312

Der reichste Mensch ❯
Mansa Musa I. erringt die Herrschaft über das Kaiserreich Mali. Das Land erreicht den Gipfel seiner Macht und Kultur und er wird der reichste Mensch, der jemals lebte.

1769

Dampfmaschine ❯
Der Schotte James Watt revolutioniert mit seiner Dampfmaschine die Technik. Sie wird im Lauf der Zeit in verschiedenen Maschinen eingesetzt, von Webstühlen bis zu Dampfloks.

Die Einheit **Watt** (für die elektrische Leistung) ist nach James Watt benannt.

1789

Französische Revolution ❯ Ein Protest gegen die Ungleichheit wächst sich zum Ende der über 1000-jährigen Königsherrschaft in Frankreich aus. In wenigen Jahren werden mehr als 17 000 Menschen durch die Guillotine hingerichtet.

1819

Schlacht von Boyacá ❯ Eine südamerikanische Armee unter Führung von Simón Bolívar und Francisco de Paula Santander besiegt die spanischen Streitkräfte. Es ist ein Wendepunkt für die Kolonialherrschaft der Europäer in Südamerika. Der Sieg führt zur Unabhängigkeit von Neugranada (heute Panama, Ecuador, Venezuela und Kolumbien).

1543

Nikolaus Kopernikus ❯ Der deutsch-polnische Astronom veröffentlicht sein Buch *Über die Umlaufbahnen der Himmelssphären*. Er erklärt darin seine Theorie, dass die Erde um die Sonne kreist und nicht umgekehrt. Seine revolutionären Gedanken bringen die Astronomie ein großes Stück voran.

1893

Wahlrecht für Frauen ❯
Neuseeland führt als erstes Land der Welt bei landesweiten Wahlen das Wahlrecht für Frauen ein und erlaubt ihnen Zutritt zur Politik. Kate Sheppard (rechts) war eine Schlüsselfigur der Frauenbewegung dort.

Karl Benz baute das erste Automobil der Welt*, das von einem Verbrennungsmotor angetrieben wurde.*

1886

Erster Motorwagen ❯ Der Erfinder Karl Benz patentiert einen dreirädrigen Motorwagen. Zwei Jahre später fährt seine Frau Bertha damit erstmals eine Strecke von mehr als 100 km.

1903

Erster Motorflug ❯ Die Brüder Orville und Wilbur Wright (USA) starten das erste Fluggerät, das schwerer ist als Luft. Der *Wright Flyer* fliegt beim ersten Mal nur zwölf Sekunden lang, aber mit ihm beginnt das Zeitalter der Luftfahrt.

***Eleanor Roosevelt, die Frau des ehemaligen US-Präsidenten**, war an der Formulierung der Allgemeinen Erklärung der Menschenrechte beteiligt.*

1914

Erster Weltkrieg ❯ Der Erste Weltkrieg beginnt in Europa und greift auf Afrika, den Nahen Osten und Teile Asiens und des Pazifiks über. Am Ende sind das Deutsche Kaiserreich und seine Verbündeten besiegt.

1948

Menschenrechte ❯ Die Vereinten Nationen (UN) wollen in Zukunft Konflikte verhindern. Sie veröffentlichen eine „Allgemeine Erklärung der Menschenrechte“, die grundlegende Freiheiten für alle Menschen garantieren soll.

2020

Pandemie ❯ Das Covid-19-Virus geht um die Welt und tötet Millionen Menschen. Viele Länder gehen in einen Lockdown, um die Ausbreitung des Virus zu verlangsamen.

1945

Zweiter Weltkrieg ❯ Mehr als 60 Mio. Menschen – Soldaten und Zivilisten – sterben im Zweiten Weltkrieg. Er verursacht Zerstörungen in zuvor unvorstellbarem Ausmaß.

1989

Das World Wide Web ❯ Der britische Informatiker Tim Berners-Lee erfindet das World Wide Web. Das Computersystem erleichtert seinen Nutzern die Informationssuche im Internet.

1960

Afrikanisches Jahr ❯ 17 afrikanische Länder erlangen ihre Freiheit von der europäischen Kolonialherrschaft. An verschiedenen Orten finden Feierlichkeiten statt, darunter in Lomé (unten), der Hauptstadt von Togo.

1969

Menschen auf dem Mond ❯ Die Landefähre des Raumfahrzeugs *Apollo 11* landet auf dem Mond und der Astronaut Neil Armstrong (USA) betritt als erster Mensch einen anderen Himmelskörper.

Glossar

Akupunktur
Eine traditionelle chinesische Heilmethode, bei der Nadeln in die Haut gesteckt werden.

Allotrope
Die verschiedenen Strukturformen, in denen ein Element vorkommt.

Alphabetschrift
Eine Schrift mit einzelnen Buchstaben, die für die Laute der Sprache stehen.

Antibiotikum
Arzneimittel gegen Krankheiten, die von Bakterien verursacht werden.

Apartheid
Politik in Südafrika, bei der Menschen aufgrund ihrer „Rasse" (etwa der äußeren Erscheinung) getrennt wurden.

Äquator
Eine gedachte Linie rund um die Mitte der Erde in gleichem Abstand von beiden Polen.

Armillarsphäre
Modell, mit dem die Positionen von Himmelskörpern abgebildet wurden.

Asteroid
Kleiner Himmelskörper, der unabhängig um die Sonne kreist. Es gibt sie überall im Sonnensystem, aber die meisten kreisen zwischen Mars und Jupiter.

Astronaut
Person, die ins Weltall fliegt.

Atmosphäre
Dünne Gasschicht, die einen Planeten umgibt und nach und nach ins All übergeht.

Atom
Kleinster Teil eines Elements, der an einer chemischen Reaktion beteiligt sein kann.

Atombombe
Waffe, die riesige Energiemengen aus der Spaltung von Atomkernen freisetzt.

Außenskelett
Das harte Skelett, das den Körper von vielen Tieren, zum Beispiel Insekten, umgibt.

Bestäubung
Übertragung von Pollen von männlichen Blüten oder Blütenteilen auf die weiblichen. Dadurch erzeugen Pflanzen Samen zu ihrer Vermehrung.

Betäubungsmittel
Stoff, der dafür sorgt, dass man bei medizinischen Eingriffen keine Schmerzen verspürt.

Beton
Baustoff, der aus Zement, Wasser und Sand oder Kies gemischt wird. Er ist billig, hart, feuer- und wasserbeständig und lässt sich gut formen.

Beuteltier
Säugetier, dessen Junge in einem frühen Entwicklungsstadium geboren werden. Die Mutter trägt sie danach im Beutel, bis sie ausgereift sind.

Biometrie
Biologische Informationen wie Fingerabdrücke, Stimme oder Gesichtszüge, die eine Person identifizieren.

Brennpunkt
Punkt, an dem die Lichtstrahlen, die durch eine Linse dringen, zusammentreffen und ein scharfes Bild erzeugen.

Chondrit
Der häufigste Meteoritentyp auf der Erde, der runde Mineralkörner („Chondren") enthält.

Desinfektionsmittel
Stoff, der Krankheitserreger abtötet.

DNA (Desoxyribonukleinsäure)
Molekül in allen Zellen, das die Erbinformationen speichert. Es besteht aus einer Folge der Basen Adenin, Thymin, Cytosin und Guanin an einer Struktur aus Zucker und Phosphat.

Drüse
Eine Gruppe spezialisierter Zellen, die einen bestimmten Stoff herstellen und freisetzen, zum Beispiel ein Hormon oder ein Enzym (Eiweißstoff).

Dynastie
Eine Reihe von Herrschern aus einer Familie, die ihr Herrschaftsrecht von Generation zu Generation vererben.

Elektromagnetisches Spektrum
Der vollständige Bereich der elektromagnetischen Strahlung. Sie ist eine Energieform, die sich im Raum fortbewegt und ein elektrisches Feld sowie ein Magnetfeld besitzt.

Elektron
Negativ geladenes Teilchen im Atom. Elektronen umkreisen den Atomkern in mehreren Schalen. Wenn Atome sie abgeben, aufnehmen oder gemeinsam nutzen, entstehen Bindungen, die die Moleküle zusammenhalten.

Element
Ein Reinstoff, der nur aus einer Art von Atomen besteht. Elemente sind die Bausteine der Materie. Auf der Erde sind bisher 118 Elemente bekannt, von denen etwa 90 natürlich vorkommen.

EMU (Extravehicular Mobility Unit)
Ein Raumanzug mit 14 verschiedenen Schichten, den Astronauten tragen, wenn sie ihr Raumfahrzeug verlassen.

Energie
Die Fähigkeit, Arbeit zu verrichten. Energie lässt sich weder erzeugen noch vernichten, aber man kann sie speichern und umwandeln.

Erdkern
Die innerste Schicht der Erde. Der äußere Kern besteht aus flüssigem Eisen und Nickel, der innere Kern ist fest.

Erdkruste
Die abgekühlte, feste Außenschicht der Erde.

Erdmantel
Schicht aus heißem, geschmolzenem Gestein tief unter der Erdoberfläche, zwischen Erdkruste und Erdkern.

Ethnie
Eine Gruppe von Menschen, die durch ihre Ethnizität (gemeinsame Sprache und Kultur) eine gemeinsame Identität haben.

Evolution
Langsame Entwicklung der Arten über viele Generationen hinweg.

Exoplanet
Planet, der um eine andere Sonne kreist.

Folklore
Die traditionellen Überzeugungen, Geschichten oder Sitten einer Gemeinschaft.

Forensik
Auch: Kriminaltechnik. Diese Wissenschaft untersucht die Beweisstücke am Tatort von Straftaten mit technischen Methoden, um Täter zweifelsfrei zu identifizieren.

Fossile Brennstoffe
Kohle, Erdöl und Erdgas. Sie bestehen aus zersetzten Lebewesen, die vor vielen Millionen Jahren lebten.

Galaxie
Eine riesige Ansammlung aus Sternen und Wolken aus Gas und Staub, die durch die Schwerkraft zusammengehalten werden.

Gemäßigte Zone
Gebiete der Erde, in denen milde Temperaturen herrschen.

Geschoss
Ein Objekt, das (häufig als Waffe) geworfen oder abgefeuert wird.

Gletscher
Riesige, sich langsam bewegende Eismasse, die sich auf Berggipfeln oder in den Polargebieten aus immer mehr dicht gepacktem Schnee gebildet hat.

Globale Erwärmung
Anstieg der weltweiten Durchschnittstemperaturen, der den Klimawandel verursacht.

Guillotine
Gerät zum Köpfen von Menschen, das in der Französischen Revolution verwendet wurde. Darin wurde eine große Klinge aus der Höhe fallen gelassen.

Halbleiter
Ein Stoff, der unter bestimmten Bedingungen Strom leitet und unter anderen nicht.

Heiliger
Person, die auf Erden so viel Gutes bewirkte, dass sie nach ihrem Tod von der christlichen Kirche offiziell zur heiligen Person erklärt wurde und seither verehrt wird.

Hierarchie
Die Teilung einer Gesellschaft in verschiedene Gruppen, danach, wie viel Geld und Macht die Personen besitzen.

Immergrüner Baum
Baum, der seine Blätter das ganze Jahr über behält.

Impfstoff
Medizinischer Stoff, der den Körper immun gegen bestimmte Krankheiten macht.

Indigene
Menschen, die schon sehr lange in einem Gebiet siedeln („Ureinwohner“), meist in Ländern, in denen die Bevölkerungsmehrheit erst in jüngster Zeit eingewandert ist, zum Beispiel in ehemaligen Kolonialländern.

Industrielle Revolution
Zeitraum der Geschichte, der im 18. Jahrhundert in Europa begann. Damals wurden Maschinen erfunden, mit denen in Fabriken Waren hergestellt wurden.

Innenskelett
Skelett innerhalb des Körpers, wie es Menschen und viele große Tiere haben.

Isotop
Verschiedene Atomkerne eines Elements, die sich durch die Anzahl der Neutronen unterscheiden.

Kaftan
Traditionelles, langes Gewand, das im Nahen und Mittleren Osten sowie in Zentralasien getragen wird.

Kimono
Traditionelles japanisches Gewand aus Seide oder Baumwolle. Kimonos haben weite Ärmel und werden an der Taille mit einem breiten Band („Obi") gegürtet.

Klima
Wetterbedingungen in einem Gebiet über einen längeren Zeitraum.

Klimawandel
Veränderung der weltweiten Wettermuster.

Kloakentiere
Kleine Gruppe von Säugetieren, die Eier legen. Beispiele sind das Schnabeltier und der stachlige Ameisenigel.

Knorpel
Festes, aber biegsames Gewebe im Körper von Tieren, das leichter und flexibler ist als Knochen.

Kolonialismus
Wenn sich ein Land durch Eroberung, Besiedlung und wirtschaftliche Ausbeutung politische Macht über andere Länder verschafft.

Komet
Kleiner, eisiger Himmelskörper, der um die Sonne kreist. Wenn er sich der Sonne nähert, verdampfen Gas und Staub, sodass eine Wolke und zwei Schweife entstehen.

Kommunismus
Politisches System, in dem Wohlstand und Eigentum in der Gesellschaft geteilt werden.

Kosmonaut
Russischer Astronaut.

Krater
Schüsselförmige Vertiefungen im Boden mit aufgetürmten Rändern, die durch Meteoriteneinschläge oder Vulkanausbrüche entstanden sind.

Kriminaltechniker
Fachleute, die Tatorte von Verbrechen mit wissenschaftlichen Mitteln untersuchen, um Straftäter zu identifizieren.

Kristall
Natürlich vorkommender Feststoff, dessen Atome in einem regelmäßigen Gitter angeordnet sind.

Kryogen
Stoffe und Techniken im Zusammenhang mit extrem niedrigen Temperaturen.

Kugelsternhaufen
Kugelförmige Ansammlungen von Sternen, die um große Galaxien kreisen.

Larve
Unreife, oft wurmähnliche Phase in der Entwicklung von Tieren, die aus Eiern schlüpfen und eine Metamorphose durchlaufen.

Laubbaum
Bäume, die während einer Jahreszeit die Blätter verlieren, die dann wieder neu wachsen.

Lava
Geschmolzenes Gestein (*siehe* Magma), das durch eine Vulkanöffnung an die Erdoberfläche ausgetreten ist.

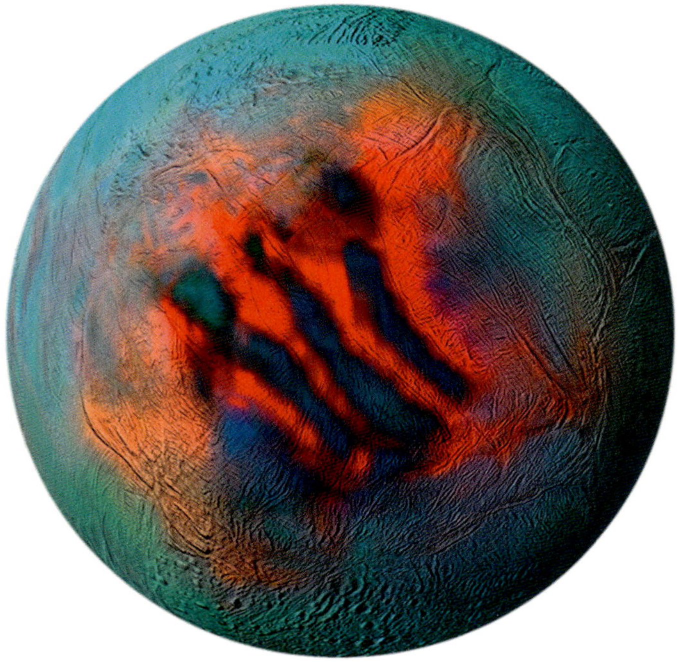

Lebensraum
Die natürliche Umgebung, in der ein Tier oder eine Pflanze beheimatet ist.

Legenden
Uralte Geschichten, die in einer bestimmten Kultur von deren Ursprung erzählen.

Legierung
Mischung von zwei oder mehr Materialien, mindestens eine davon Metall. Legierungen haben oft andere Eigenschaften als die einzelnen Bestandteile.

Leiter
Substanz, die Wärme oder Elektrizität leitet.

Luftschiff
Längliches Fluggerät, das meist mit Helium oder Heißluft gefüllt ist und oft von Propellern angetrieben wird.

Lügendetektor
Gerät, das zeigen soll, ob eine Person lügt oder nicht. Es misst den Blutdruck und Puls, während die Person Fragen beantwortet.

Magma
Geschmolzenes Gestein im Inneren der Erde.

Maschine
Gerät mit beweglichen Teilen, das Arbeit verrichtet, wenn Energie zugeführt wird.

Metalle
Elemente, die bei chemischen Reaktionen Elektronen abgeben. Die meisten Metalle sind Feststoffe, nur Quecksilber ist bei Raumtemperatur flüssig.

Metamorphe Gesteine
Gesteine, die sich im Innern der Erde unter hohem Druck und bei enormer Hitze gebildet haben.

Metamorphose (Insekten)
Eine vollkommene Veränderung des Körpers auf dem Weg zum erwachsenen Tier. Raupen verwandeln sich durch Metamorphose in Schmetterlinge.

Mieder
Eng um die Körpermitte geschnürtes Kleidungsstück, das von Frauen getragen wurde.

Mikrogravitation
Sehr geringe Schwerkraft, wie man sie im All erlebt.

Nadelbaum
Bäume mit nadelförmigen Blättern, aber ohne Blüten und Früchte. Ihre Samen stecken in Zapfen.

Nahrungskette
Der Fluss der Energie von der Sonne über die Pflanzen und die Pflanzenfresser bis zu den Fleischfressern.

Nahrungsnetz
Fast alle Lebewesen spielen eine Rolle in mehreren Nahrungsketten. Die zusammenhängenden Ketten bilden ein komplexes Netzwerk.

Mineral
Natürlich vorkommender Feststoff aus einem Element oder aus Verbindungen mit verschiedenen Elementen.

Modul
Bauteil einer Raumstation wie der Internationalen Raumstation, das mit anderen Teilen verbunden ist.

Molekül
Mehrere Atome, die durch starke chemische Bindungen miteinander verbunden sind.

Mondkuchen
Chinesisches Gebäck, das die Menschen beim Mondfest im Herbst verzehren.

Monotheist
Ein Gläubiger einer Religion, die nur einen Gott anbetet.

Multiversum
Theorie, die besagt, dass es viele Universen gibt.

Nebel (Universum)
Wolke aus Gas und Staub.

Neutron
Ungeladenes Teilchen im Kern von Atomen.

Observatorium
Gebäude mit Geräten zur Himmelsbeobachtung. Optische Observatorien haben eine Kuppel mit einem Teleskop, Radioobservatorien haben große Antennenschüsseln. Es gibt auch Weltraumteleskope, die um die Erde kreisen.

Organ (Körper)
Mehrere Gewebe, die im Körper gemeinsam eine Aufgabe erfüllen. Beispiele beim Menschen sind Gehirn, Herz oder Magen.

Oxidator
Ein chemischer Stoff, der mit dem Treibstoff einer Rakete reagiert (ihn verbrennt), sodass Abgase entstehen, die die Rakete vorwärtstreiben.

Pandemie
Ausbruch einer ansteckenden Krankheit, die sich über viele Länder weltweit ausbreitet.

Parka
Warme, schützende Jacke mit Kapuze und oft aus synthetischem, wasserdichtem Stoff.

Pharao
Titel des Herrschers im alten Ägypten.

Polytheist
Gläubiger einer Religion, die viele Götter anbetet.

Prophet
Ein Lehrer oder Prediger, der Botschaften von Gott empfängt und weitergibt.

Proton
Positiv geladenes Teilchen im Atomkern.

Protozoen
Gruppe einzelliger Lebewesen, die größer sind als Bakterien. Sie ernähren sich meist von anderen winzigen Lebewesen.

Pterosaurier
Ausgestorbenes, fliegendes Reptil mit Flügeln, die aussahen wie bei Fledermäusen. Sie waren über die Knochen eines einzelnen, verlängerten Fingers gespannt.

Pulsar
Kleiner, sehr dichter Stern, der sich schnell dreht und dabei aus seinen Magnetpolen Strahlungsimpulse aussendet.

Querruder
Eine Klappe an den Kanten der Tragflächen von Flugzeugen, mit denen das Flugzeug zur Seite geneigt werden kann.

Rassismus
Ungerechte Behandlung, weil jemand einer anderen Ethnie angehört oder eine andere Hautfarbe hat.

Raum-Zeit-Konzept
Konzept in der Physik, das die drei Raumdimensionen mit der vierten Dimension, der Zeit, kombiniert.

Renaissance
Zeitraum in der europäischen Geschichte, der im 14. Jahrhundert begann, mit weitreichen Veränderungen in Kunst und Wissenschaft.

Revolution
Plötzliche Abschaffung einer Regierung oder auch radikale Veränderung einer Lebensweise.

Röntgenteleskop
Teleskop, das nicht Licht, sondern Röntgenstrahlen von weit entfernten Himmelsobjekten empfängt.

Rover
Fahrzeug, das ferngesteuert auf anderen Himmelskörpern fährt.

Sari
Kleidungsstück in Indien und anderen Teilen Asiens aus einer langen Stoffbahn, die um den Körper gewickelt wird.

Sarkophag
Steinerner, oftmals prunkvoller und reich verzierter Sarg.

Satellit
Körper im Weltall, der um einen anderen kreist, aber nicht um einen Stern.

Säugetiere
Gruppe warmblütiger, oft behaarter Wirbeltiere, deren Junge nach der Geburt mit Muttermilch ernährt werden.

Schah
Persisches Wort für „König".

Schreiber
In früherer Zeit eine Person, die lesen und schreiben konnte und die Aufgabe hatte, Dinge aufzuzeichnen.

Schützengraben
Tiefer Graben, den Soldaten ausheben, um sich vor Gewehrfeuer und Bombardierung zu schützen.

Schwarzes Loch
Objekt im Weltall, dessen starke Schwerkraft in einem bestimmten Abstand alles einsaugt, auch das Licht.

Schwerkraft-umlenkung
Raumfahrzeuge, die nahe an einem Planeten vorbeifliegen, können dessen Schwerkraft nutzen, um ihre Geschwindigkeit und Richtung zu ändern.

Sonde
Kleines, unbemanntes Raumfahrzeug, das ausgeschickt wird, um den Weltraum zu erforschen.

Sonnensystem
Die Sonne, ihre Planeten und alle anderen Objekte, die sie umkreisen.

Sowjetunion (UdSSR)
Die Union der Sozialistischen Sowjetrepubliken war eine Vereinigung kommunistischer Länder, die von Russland angeführt wurde.

Sphinx
Wesen in der altägyptischen und griechischen Sagenwelt mit Löwenkörper und Menschenkopf.

Stachelhäuter
Wirbellose mit stachliger Haut und meist sternförmigem Körper. Beispiel: Seestern.

Stalagmit
Zapfen, der sich am Boden unter einem Stalaktit bildet. Dort, wo die Wassertropfen landen, baut sich eine Kalkablagerung auf.

Stalaktit
Zapfen aus Kalziumkarbonat (Kalkstein), der von Höhlendecken hängt. Er bildet sich aus tropfendem Wasser, das den Kalkstein auswäscht.

Sternkarte
Karte, die zeigt, welche Sterne an jedem Tag zu verschiedenen Uhrzeiten an einem bestimmten Ort sichtbar sind.

Strahlung
Energiewellen, die sich durch den Raum bewegen. Dazu zählen sichtbares Licht, Wärme, Röntgenstrahlen und Radiowellen.

Streckbar
Ein Werkstoff, der sich zu einem dünnen Draht verarbeiten lässt, ist streckbar.

Stromschnelle
Abschnitt eines Flusses, in dem das Wasser sehr schnell fließt und Wirbel bildet.

Supercomputer
Besonders leistungsfähiger Computer, der für komplizierte Berechnungen wie Wettervorhersagen genutzt wird.

Superhaufen
Eine Gruppe von Galaxien, die durch Schwerkraft verbunden sind.

Tagelmust
Ein Tuch, das sich die Tuareg in der Wüste Nordafrikas um den Kopf binden, um sich vor Hitze und Sand zu schützen.

Taikonaut
Chinesischer Astronaut.

Tektonische Platten
Riesige Platten der Erdkruste, die sich langsam im Lauf von Jahrmillionen auf der darunterliegenden, geschmolzenen Gesteinsschicht bewegen.

Tiefsee-Tauchboot
Forschungs-U-Boot, das dem starken Druck in großer Wassertiefe standhält.

Tintenstrahldrucker
Drucker, bei dem winzige Mengen Farbtinte auf die gewünschte Unterlage gespritzt werden.

Torpedo
Langes, schmales, rohrförmiges Geschoss, das unter Wasser abgefeuert wird.

Treibhausgase
Gase in der Erdatmosphäre wie Kohlendioxid und Methan, die Sonnenwärme aufnehmen.

Treibstoff
Chemischer Stoff, mit dem man durch Verbrennung Fahrzeuge und sogar Raketen in Bewegung setzen kann.

Trilobit
Ausgestorbenes, wirbelloses Meerestier mit Schale.

Tropen
Klimazone um den Äquator, die sich von etwa 23 Grad nördlicher bis 23 Grad südlicher Breite erstreckt.

Tundra
Kalte, baumlose Gebiete am Rand der polaren Eisflächen, die im Winter gefroren sind, aber im Sommer teilweise auftauen.

UdSSR
Siehe Sowjetunion.

Umlaufbahn
Bahn, auf der im Weltraum ein Körper um einen anderen Himmelskörper kreist.

Universum
Alles, was existiert, wie die Galaxien, die Sterne und der Raum dazwischen.

Urknall
Die plötzliche Ausdehnung eines heißen, dichten Zustands, bei der vor vielen Milliarden Jahren das Universum entstand.

Verbindung
Stoff aus Atomen mehrerer Elemente, die sich zu einem Molekül verbinden.

Waffenstillstand
Abkommen zur Beendigung der Kämpfe zwischen Kriegsparteien.

Wams
Enge, wattierte Jacke, die von Männern getragen wurde.

Wechselwarme Tiere
Tiere, deren Köpertemperatur von der Umgebung abhängt.

Weichtiere
Gruppen von Wirbellosen, zum Beispiel Schnecken, Muscheln oder Kraken.

Wellenlänge
Abstand zwischen zwei aufeinanderfolgenden Wellengipfeln.

Weltraumspaziergang
Ein Astronaut verlässt das Raumfahrzeug für Reparaturen oder zum Test von Ausrüstungsteilen.

Wirbellose Tiere
Tiere ohne Wirbelsäule. Beispiele: Insekten oder Würmer.

Zahnrad
Ein Rad mit gezahnter Außenkante, das in eine Kette oder mit anderen Zahnrädern ineinandergreift.

Zelle
Kleinste lebende Einheit, aus der alle Lebewesen aufgebaut sind.

Zellulose
Aus Kohlenstoff aufgebautes Material, das in allen Pflanzen enthalten ist.

Zeppelin
Siehe Luftschiff.

Zwergplanet
Planet, der zwar so groß ist, dass er zu einer Kugel wurde, aber seine Umflaufbahn nicht von Schutt befreien konnte.

Register

K

L

M

NO

P

QR

S

Dank und Bildnachweis

Dorling Kindersley dankt: Mani Ramaswamy, Sreshtha Bhattacharya, Kathakali Banerjee und Arpit Aggarwal für Lektoratsassistenz; Ragini Rawat, Heena Sharma und Aparajita Sen für Design-Assistenz; Pawan Kumar, Mohammad Rizwan und Vikram Singh für DTP-Assistenz; Vagisha Pushp, Geetika Bhandari und Ahmad Bilal Khan für Assistenz bei der Bildrecherche; Sarosh Arif für Beratung über Diversität und Inklusion; Shelley Ware für Beratung über die Kultur der First-Nations-Australier; WonderLab Group für den Faktencheck; Tanya Mehrotra und Saloni Singh für die Umschlaggestaltung und Helen Peters für das Register.

Der Verlag dankt folgenden Personen und Organisationen für die freundliche Genehmigung zum Abdruck von Fotos:

(Abkürzungen: o = oben, u = unten, m = Mitte, l = links, r = rechts, g = ganz, Hg = Hintergrund)

123RF.com: 1xpert 22mlo (Erde), Leonello Calvetti 88mu, debu55y 5ur, 97mlu, Dolgachov 83mlo, Robert Eastman 124um, imagepixels 167mr, jmcqueen 108ml, Anan Kaewkhammul / anankkml 83gor, mipan 166ml, Andrey Pavlov 114mr, Michael Rosskothen 89mru (Deinonychus), Aleksey Satyrenko 303ml, Scanrail 136gor, Peter Schenk / pschenk 132mlu, Alfio Scisetti 94mro, serezniy 191gom, smileus 124mo, Lukasz Stefanski 248gor, Utima 166mu, Pavlo Vakhrushev / vapi 155gor, voltan1 96m, Sergio Delle Vedove 211gol, PAN XUNBIN / defun 230mo, Zadvinskiy 255mlo, Scott Fensome / zollster 239mu; **akg-images**: ANONYMO 259gom, De Agostini Picture Lib. / G. Dagli Orti 262mru, IMAGNO 240gol; **Alamy Stock Photo:** 1804 Photography 265mlu, 125mru, Abaca Press 299mr, Abbus Archive Images 222mr, AF archive 242gom, AGAMI Photo Agency 32mo, Album 259ur, incamerastock 308gol, Album 280mro, Album 291gol, Alpha Stock 244mlu, American Photo Archive 284mlo, Amril Izan Imran 246–247, Archive Pics 222mu (Henson), PRISMA ARCHIVO 226mu, Art Collection 263gom, Arterra Picture Library 120mro, 179gol, 206gom, Van Der Meer Marica / Arterra Picture Library 264mr, Artokoloro 204gol, Artokoloro 244gol, A. Astes 285mlo, 287mru, Atlaspix 297ugr, Avpics 239gol, Azoor Wildlife Photo 125mro, Franco Banfi 125gor, Peter Barritt 206mru, graham bell 99ml, Ben Molyneux 298m, Biosphoto 112gor, Blickwinkel 26mru, 102mlo, 104–105, 109gor, 117gor, 127mru, blickwinkel / Hecker 99mro, Blickwinkel / Linke 118mr, Blue Planet Archive 107gor, Ian Bottle 175mr, Antoine Boureau 098–099gol, Tim Brown 291ur, Buddy Mays 179mo, Maximilian Buzun 143gom, Cal Sport Media 302gor, Zoonar / Carsten Braun 85mu, Charles O. Cecil 287m, David Chapman 147m, Chicago History Museum 218mo, Aaron Chown / PA Images 199mro, Chris Howes / Wild Places Photography 36mo, Jürgen & Christine Sohns 119mlo, Chronicle 232mo, 263gol, Chronicle 307gor, Classic Image 223mlo, 238gor, 251m, James Clugston 94mlo, Everett Collection Historical 309gor, Helmut Corneli 111mlu, CPA Media Pte Ltd 205mr, 232gom, CPA Media Pte Ltd 284mgr, CTK 113m, Ian Dagnall 236bl, Ian Dagnall Computing 251gol, Dan White 294mu, Daniel Valla FRPS 178gor, De Agostini Picture Library 84gol, Karel de Pauw 128ur, Michael DeFreitas 55gor, E.R. Degginger 136mlo, Phil Degginger 58ul, 61ur, Susan E. Degginger 30mlu, Danita Delimont 265gor, 280gol, Dempster Dogs 102mru, Oliver Dietze / dp 258gol, dikkyoesin1 125gom, Dinodia Photos 242mu, DIT Archive 27mlu, Petlin Dmitry 116mlo, Dorling Kindersley ltd 193gom, Dorling Kindersley ltd 244ml, dpa picture alliance 133m, 218ml, dpict 177gor, James Dugan 274m, Alan Dyer / VWPics 33m, Epic Scotland Ltd 128mru, Everett Collection Historical 251mru, Everett Collection Inc 36ml, 218–219t, 296gor, Everett Collection Inc 296ml, eye35 140mr, Felix Images 180ml, Andrew Findlay 177mru, Fine Art Images / Heritage Images 211gogr, David Fleetham 68–69m, FLHC 16 228mru, FLHC 2 230mru, FLHC 21 222ml, Florilegius 262mu, Stephen Foote 275m, CORMON Francis / hemis.fr 55m, frantic 203ul, Gainew Gallery 308mr, Ewing Galloway 133mlo/1, Philip Game 228gor, Geopix 17mr, GFC Collection 281mlu, GL Archive 133mo/1, Glasshouse Images 212mru, Godong 70mr, Stephan Goerlich 199gor, Tim Graham 180m, Granger 18gom, 19mr, 238mlu, 264m, GRANGER - Historical Picture Archvie 223mro (Chronometer), 243ml, 250mo, 251mr, GRANGER - Historical Picture Archive / 227m, The Granger Collection 30gor, 251mu, Sally and Richard Greenhill 299m, Vladimir Grigorev 187mr, 187mu, Francesco Gustincich 218mro, Guy Bell 191ur, Rapp Halour 221mugl, Hemis 206–207m, 269gor, Heritage Image Partnership Ltd 207mu, 220mro, 262mlu, Dan Herrick 292gogr, Historical Images Archive 233gol, Holmes Garden Photos 280mru (Stone), Peter Horree 219mlo, 254um, 281mru, Hot Shots 317u, Nigel Housden / Alamy 171mlo, Hum Images 242mlu, Wayne HUTCHINSON 228mlo, IanDagnall Computing 219gor, 238gol, IFA Film 297mro, imageBROKER 90–91, 100mlu, 275mru (Dorf), 276ul, 294mro, Imaginechina Limited 27gol, 250r, incamerastock 219mro, incamerastock 258mu, Sanjay Marathe / India Photo Stock 249l, Interfoto 206mlu, 240mlu, 250ml, INTERFOTO 194mru, 236mlo, 259mro, 285mru, Ivy Close Images 251gor, 262gor, Ivy Close Images 259m, Puwadol Jaturawutthichai 202ml, Graham Jepson 275gol, Jeronimo Alba 242mo, Jimlop collection 244gom, John Muggenborg 167mlu, John Warburton-Lee Photography 276gor, Dominic Jones 118mu, Roland Knauer 205gol, Felix Kraft 218mru, Matthijs Kuijpers 116mru, 116–117go, Y Kumar 120–121go, Ivan Kuzmin 118gom, Eric Lafforgue 276mu, Douglas Lander 285mu, Klaus Lang 19gor, Lebrecht Music & Arts 250mr, Lebrecht Music & Arts 291m, frans lemmens 276mo, LightField Studios Inc. 190mr, Live Media Publishing Group 174mlu, Lordprice Collection 239gor, 240ml, Jake Lyell 141mlu, john macpherson 79gol, Markus Mainka 272l, Oleksiy Maksymenko Photography 198mlo, Marevision 111gor, Marka 260mr, Paul Matzner 302mlu, Ninette Maumus 268mo, Patti McConville 281gor, mccool 241gom, Minden Pictures 103mro, 103mru, Ming WU 295m, Chris & Monique Fallows 111mru, MPVHistory 241ml, mxwb photography 58gom, NASA Image Collection 3gol, 24ul, 31gor, 35gol, 43m, 183mlu, NASA Photo 23gom, Eric Nathan 75gol, Natural Visions 94mlu, The Natural History Museum 27mo, 63m, 82mo, 87gom, 92mu, 106–107mu, 203mlo, The Natural History Museum, London 5um, Nature Picture Library 51mr, 94ml, 103gor, 109mro, 116mo, 117mru/1, 120mr, 120l, 179m, Nerthuz 25mr, New Line Cinema / Courtesy Everett Collection 297ur, Richard Newton 190mru, Quang Ngoc Nguyen 134–135m, Niday Picture Library 221mr, NielsDK 110, North Wind Picture Archives 236m, Organica 99ur, Christine Osborne Pictures 258gor, Marion Owen 70mu, PA Images 293gogr, PA Images 244mro, 244gogr, 245ur, Pally 110gol, Panther Media GmbH 171mru, Papilio 109m, 115mr, 115mu, Parkerphotography 265ml, Paul ridsdale pictures 186gol, PCN Photography 302ml, James Peake 112mru, Gerry Pearce 106m, 109mr, david pearson 54um, Doug Perrine 75gom,

Photo Researchers 230mr, 309mo, PhotoAlto 263mugr, Photononstop 108–109m, PhotoStock-Israel 177mr, Pictorial Press Ltd 133mo, 218m, 220mru, 239ur, 243m, Pictorial Press Ltd 297, Niday Picture Library 258gom, Pictures Now 193ml, Ben Pipe 74um, PjrRocks 136mu, Tim Plowden 129gom, The Print Collector 210mlu, 228ml, PRISMA ARCHIVO 236mr, Prostock-studio 170ur, Quagga Media 291gor, Zev Radovan / BibleLandPictures 210gom, WOLFGANG RATTAY 195gor, Rawf8 294mo, Morley Read 126ul, Realy Easy Star 262mro, Sergi Reboredo 274ml, Redmond Durrell 112mlo, Reuters 260ml, 270–271, Jane Rix 261mo, Jane Rix / Jón Gunnar Árnason 284ugl, Robertharding 273mr, 303mru, Dominic Robinson 205mlo, Tui De Roy 119mro, Anders Ryman 229gol, Friedrich Saurer 88mlu, Gordon Scammell 295mr, James Schaedig 30mr, M. Schmidt 128gol, Mark A Schneider 63mru, Malcolm Schuyl 114mlu, Scenics & Science 84mo, 95mlu, Science History Images 24mru, 30mro, 33ml, 222mu, 223ur, 239mr, Science History Images 230ml, 230mu, Science Photo Library 17ur, Sciencephotos 165mo (Kohlenstoff), Alfio Scisetti 94–95mu, Christopher Scott 210mru, Siim Sepp 72ul, Angela Serena Gilmour 97mru (Akelei), Shawshots 239mlo, 240mu, 241gor, Martin Siepmann 98m, Sipa US 261mu, richard sowersby 129gol, Black Star 295l, State Archives of Florida / Florida Memory 264mu, Bogdan Steblyanko 32m, Peter Steffen / dpa picture alliance 198gol, stock imagery 42mlo, Stocktrek Images, Inc 8–9, 13mu, Stocktrek Images, Inc. 181mro, 203mru, Sheralee Stoll 51mru, Sueddeutsche Zeitung Photo 219mru, 243mlu, 254mlu, Spencer Sutton 198ml, Krystyna Szulecka 276–277gom, Jochen Tack 190mlo, TEK IMAGE 191m, The Natural History Museum 226gol, Tibbut Archive 19mlu, Torontonian 258ml, travelpixs 281m, Alex Treadway 285gom, Tristan3D 24gor, Tuul 210–211mru, Kyoko Uchida 266mru, Universal Art Archive 222mro, V&A Images 213mlu, Lucas Vallecillos 241mru, Adam Vaughan 192gor, Marcos Veiga 95mru, Vintage_Space 191mr, Vintage_Space 231ul, Lilyana Vynogradova 1, 199mr, James Wagner 175gom, Alexandre Watanabe 142mro, WaterFrame 115mlo, 117m, Neil Watkin 179mu, Dave Watts 124m, Victor Watts 142–143gom, WILDLIFE GmbH 111mro, wonderland 55ml, World History Archive 198um, 207mru, 213m, 290gol, 290gor, www.BibleLandPictures.com 228m, Björn Wylezich 62ul, 63mo, Xinhua 31mu, 254mlo, Zaichiki 281gom, Ariadne Van Zandbergen 99mlu, Zoonar GmbH 126mr, 275gor; **Anastasia Serin, Research of Derya Baran, KAUST:** 188–189; **Ardea:** Paulo Di Oliviera 78mru; **AWL Images:** Alessio Giovacchini 70ul, Frank Krahmer 55mru, Jan Miracky 54gol, Ian Trower 55gol; **B&O Railroad Museum, Baltimore, Maryland, USA:** Gary Ombler 176–177mu; Anton Batov 227ml; **Bridgeman Images:** 205gom, 242ml, 251ml, © Archives Charmet 220gol, Ashmolean Museum / Bridgeman Images 284m, Photo © Stefano Baldini 232ml, © Davis Museum at Wellesley College / Gabe von Mr. u. Mrs. Alan Shestack (Nancy Jane Davidson, Class of 1962) in Gedenken an Dean Teresa G. Frisch u. Professor Surama Dasgupta (Mrs. S.N.) 206mr, © NPL - DeA Picture Library / G. Sioen / Bridgeman Images 284mr, NPL - DeA Picture Library / Bridgeman Images 256–257m, Peter Newark Military Pictures 238ml, Photo © Peter Nahum at The Leicester Galleries, London 219gom, Pictures from History 222mlu, Luisa Ricciarini 204–205mu, Luisa Ricciarini / Bridgeman Images 295gom, Sovfoto / UIG 36mro, The Stapleton Collection 263mru, Don Troiani. All Rights Reserved 2022 229ml, Wood Ronsaville Harlin, Inc. USA 204m; © The Trustees of the British Museum. All rights reserved.: Chas Howson 228mo, Kate Warren / Museum of Mankind 228mlu; © The Trustees of the British Museum. All rights reserved: 204mu, 229gor; **Deutscher Bundestag:** Thomas Trutschel / photothek 254mro; **Depositphotos Inc:** antb 297mugr, cyberjade 99gor, edogr 280mru, ianthraves 236mru; **Dorling Kindersley:** Gary Ombler / B&O Railroad Museum, Baltimore, Maryland, USA 176–177mu, Chas Howson / © The Trustees of the British Museum. All rights reserved. 228mo, Kate Warren / Museum of Mankind / © The Trustees of the British Museum. All rights reserved. 228mlu, Gary Ombler / The University of Aberdeen 206ml, Peter Anderson / Universitets Oldsaksamling, Oslo 210mlo, Richard Bonson 214–215gor, Geoff Brightling 155gom, Gerard Brown / Bicycle Museum Of America 186mlu, Linda Burgess 59gol, Martin Cameron / Shuttleworth Collection, Bedfordshire 181mlo, Dominic Clifford 53mro, Andy Crawford 4ur, 30mru, Andy Crawford / Senckenberg-Museum, Frankfurt 85mlo, Dan Crisp 211mru, Dave King / Science Museum, London 30mo, 186m, 232mo (Stethoskop), Deepak Aggarwal / Harley-Davidson 174mu, Ruth Jenkinson 198mgl, Rajeev Doshi, Medi-Mation 150mlo, 150mro, 150mgr, 151ml, 151m, 151mru, 151mgr, 151mugr, Simon Mumford / The Flag Institute 261m, Phil Gamble 214ul, Gary Ombler / National Railway Museum, York / Science Museum Group 176mlo, 313ur, Gary Ombler / RAF Battle of Britain Memorial Flight 180mlo, Eddie Gerald 236ml, Steve Gorton 59mlo, 155um, Frank Greenaway 125mlu, Judith Harrington 154fmlo, Jon Hughes 88mlo, 92mr, Ruth Jenkinson 63gol, 63gor, 63mro, 63ml, 63ur, Ruth Jenkinson / Holts Gems 58ml, Colin Keates 2gor, 59mro, 61um, 84mgl, Colin Keates / Natural History Museum 154mlu, 315gor, Colin Keates / Natural History Museum, London 58mo, 84ur, 85mo, 85ul, Dave King / The Science Museum 308, Peter Radcliffe 046–047mgr, Dave King 124mlu, 154gom, 154mro, 154ur, 194gor, 227mlo, 297mr, James Kuether 88ml, 89mro, 89ml, Kit Lane 119mru, Twan Leenders 113mlo, Arran Lewis 046–047m, 52–53m, Arran Lewis / Zygote 150ml, Bill Ling 231ur, Peter Minister / Andrew Kerr 307gol, Karen Morgan 63um, Geoff Brightling / Museum of English Rural Life, The University of Reading 221mu, NASA 36bl, Frank Greenaway / Natural History Museum, London 107mru, Tim Parmenter / Natural History Museum, London 183gom, nerthuz 287mu, Gary Ombler 126mro, 237gom, Gary Ombler / Board of Trustees of the Royal Armouries 241mro, Gary Ombler / Doubleday Holbeach Depot 175mlo, Gary Ombler / Fleet Air Arm Museum 240gor, Gary Ombler / HPS Museum of Leeds University 187mlu, Gary Ombler / Jean-Pierre Verney 238mo, Gary Ombler / Museum of Design in Plastics, Bournemouth Arts University, UK 192m, Gary Ombler / National Music Museum 286–287m, Gary Ombler / Oxford Museum of Natural History 84um, 203m, Gary Ombler / Roger Jones 85gol, Gary Ombler / Royal Botanic Gardens, Kew 126m, Gary Ombler / Thackeray Medical Museum 233mlu, 233mru, Gary Ombler / Wardrobe Museum, Salisbury 240gom, Gary Ombler / Whipple Museum of History of Science, Cambridge 223mro, 232r, Dave King / Pitt Rivers Museum, University of Oxford 249m, Tim Parmenter 60gom, Gary Ombler / University of Pennsylvania Museum of Archaeology and Anthropology 213mr, Peter Harper (C) The Trustees of the British Museum. All Rights Reserved 244gor, Peter Radcliffe 59gor, 63mu, 63ugr, Ruth Jenkinson / RGB Research Limited 62gom, 160gol, 160gom, 160gor, 160mlo, 160m, 160mlu, 160mru, 160mru (Gallium), 160ul, 161gom, 161gor, 161m, 161mr, 161mru, Gus Scott 63mlu, Steve Gorton / Academy of Motion Picture Arts and Sciences © A.M.P.A.S.® 297mlo, The Tank Museum, Bovington 240mro, Harry Taylor 58m, Kim Taylor / Jane Burton 50gogl, Andreas von Einsiedel 155ur, Matthew Ward 154gogl, 226mro, Linda Whitwam 124ur, Zygote Media Group 150m, 151mro, 151mr, 151mgl; **Dreamstime.com:** Mark Agnor 79gor, Albachiaraa 142mr, Alinamd 171ul, David Acosta Allely 180ml (Canadair), Allexxandar 15mr, Aof Aloha 101gor, Joan Alvado 241mr, Amwu 147mo, Anankkml 127mro, John Anderson 106mlo, 106ul, Andreykuzmin 137gom, Anna1311 260mlu, Anusorn62 183mo, 317mro, Anyaivanova 286mlo, Apisorn56 140mro, 316ul, Noam Armonn 298mu, Somkiat Atthajanyakul 177mlo, Avrorra 164mru, Baibaz 297ml, Ihar Balaikin 219mgr (Rahmen), Roksana Bashyrova 119gor, Bbbar 298mlo, Denis Belitskiy 139gor, Alexander Belokurov 50fmlo, Ben 87mugr, Bennnn 266gor, Bennymarty 74mu, 181m, Harald Biebel 154mogr, Blake Billings 302mo, Blagov58 109mlo, Blissss 179mr, Gualtiero Boffi 190mro, Bogdan WaÅ kowicz 83ml, Daniel Boiteau 132mlo, Pras Boonwong 193mr, Brostock 58gor, Charles Brutlag 118gol, Steve Byland 87ur/2, Leonello Calvetti 89mlu, 93mro, Diego Calvi 96mlu, Cebas1 299gor, 315ml, Jacek Chabraszewski 138–139mo, Chernetskaya 166mru, Lars Christnsen 231mr, Coatesy Coatesy 51ml, Conchasdiver 186mr, Cornelius20 146gor, Costasz 183mru, Rudmer Zwerver / Creativenature1 103mlo, 112mro, Daniel127001 58–59m, Ionut David 273m, Yuliia Davydenko 165mlu, Delbars 129mu, Demarco 297gol, Design56 281gol, Digitalimagined 82mlu, Diianadimitrova 183gor, Dirk Wenzel 231mlo, Donyanedomam 249gor, ID © Rudra Narayan Mitra | Dreamstime.com 66mlo, Dvmsimages 174m, Sergey Egorov 166mlu, Elinba 199gom, Elokuu 249gom, Empire331 100mu, 249mr, Dirk Ercken 112m, Ermess 175mru, Claudia Evans 50mu, Sergii Figurnyi 211gor, Fizkes 192mru, Michael Flippo 287mo, Fokinol 59ml, Santiago Rodríguez Fontoba 174ml, Foodmaniac 227mro, Corey A Ford 89mru, 92ml, 93mo, 93mlu, Vladislav Gajic 286–287gom, Markus Gann 22fmlo, Generalkoniev 173mro, Geografika 59um, Christos Georghiou 13mr, Roberto Giovannini 193mugr, Globares 102ml, Gonzalomedin 231mu, Grantotufo 285gor, Antonio Gravante 286ml, Greenshoots Communications 192mlu, Grejak 22mo (Neptun), Jaroslaw Grudzinski / jarek78 171m, Peter Gudella 280ml, Mitchell Gunn 140ml, Gwmb2013 274mro, Joanne Harris 96mlo, Shawn Hempel 190ml, David Herraez 154mgl, Nynke Van Holten 117mru, Martin Holverda 22mlo (Jupiter), 26gor, Bjorn Hovdal 7um, 299gol, Hupeng 175mo, Irochka 276mru, Isselee 83mro, 87ur/1, 102mr, 103mlu, 106gol, 108um, 109gol, 110gom, 110mlu, 111gol, 112mlu, 114mu, 116–117 (Schlange), 124gol, 124gom, 316gor, Isselee | Dreamstime.com 125m, Maria Itina 87mru, Anna Ivanova 78gol, Jaguarps 261gol, Bohuslav Jelen 60mlo, Jezper 137mlo, Jhdt Stock Images Llc 192ur, Jianghongyan 171mr (Schaler), Johnfoto 267gom, Junichi Shimazaki / Tsuneomp 136mro, Kanggod123 108gom, Kasiastock 132mo, Kavring 59mugr, Keechuan | 193gol, Robert Keenan 179mro, Khwanchais 94mr, Sergey Kichigin 70m, Valeriy Kirsanov 155gol, Raimond Klavins 66gol, Ivan Kmit 274mo, Tetiana Kovalenko 95m, Matthijs Kuijpers 112mu, Tamara Kulikova 97mro, Lakshmiprasad S 250m, Lanischlink 167ml, Oxana Brigadirova / Larusov 116ml, 311gor, Pius Lee 210gol, 215gor, Lilkar 74fmlo, Joanna Zopoth Lipiejko 107mlu, Miroslav Liska 274mr, Liubovyashkir 245gor, Longtaildog 121mro, Oleksii Lukin 59mu, Mahroch 275ml, Frank Manno 237m, Margo555 307mro, Dimitar Marinov 22mo (Saturn), Maksim Masalski 187ml, Mikelane45 113gor, Ivan Mikhaylov 3mlu, 154mru, 268c, Minaret2010 182ml, Mirekdeml 96mo, Miriamwojtysiak 51gol, Rattanachai Mokngam 50mgl, Martin Molcan 143mu, Konstantinos Moraitis 3um, 175gor, Jaroslav Moravcik 2gol, 212gol, MorganOliver 107mr, Moruzx 193mu, Torian Dixon / Mrincredible 22mo (Uranus), Mrreporter 60, Vladimir Mucibabic 243gol, Murz 229mr, Naruto4836 265gom, Dmitry Naumov 133mr, Narong Niemhom 248mru, Nikkytok 139mru, Razvan Nitoi 135ml, Siarhei Nosyreu 101mo, OlgaKorica 98gom, Onlyfabrizio 60ml, Oxilixo 102m, Paddyman2013 96ur, Passigatti 294m, Nikhil Patil 269mr (Junge), Nancy Pauwels 182–183gom, Pavelvasenkov 175ur, Emmanouil Pavlis 192mro, Sean Pavone 142mlu, Piotr Pawinski 294ur, Petrsalinger 147mlu, Suttiwat Phokaiautjima 286gom, 106–107m, Pakpoom Phummee 229mro, Picstudio 137mlu, 286gol, Planetfelicity 93mlo, 306ul, Pleprakaymas 132mru, Alexander Potapov 101gol, Ppy2010ha 266ml, 266m, 266–267m, 267m, Pressureua 298mlu, Pstedrak 50m, Qwertystor 96mro, Songquan Deng / Rabbit75 272mr, Rafael Ben Ari 233mro, Rhallam 119mo, Richair 181gor, Rido 193ugr, Rimglow 137m, Goce Risteski / Goce 187gor, Robstark 171mr, Rodrusoleg 70mugr, Romikmk 139mu, Ronniechua 178–179mo, Mathias Rosenthal 147gom, Dmitry Rukhlenko 248gol, 272m, Sahua 146mro, Sam74100 183mr, Roman Samokhin 164mlo, Samrat35 204mro, Alfio Scisetti 2gor, 97mlo, Semasol87 233mo, Richard Semik 102mro, Serezniy 192gol, Serghei Starus 171ml, Jan Skwara 175mro, Sky789 143m, Slowmotiongli 205gor, Carolina K. Smith M.d. 213mru, Anton Sokolov 174mlo, Vudhikrai Sovannakran 237gol, Spflaum 137mro, Calin Stan 272ml, 311ur, Roman Stetsyk 303mlu, Stnazkul 141m, Stocksolutions 70mlu, Sunflowerey 272mru, Supergenijalac 182mro, Syda Productions 170mlo, Bryan Busovicki / Tank_bmb 221mlo, Barna Tanko 207m, Tarasari 294mr, Tarpan 107mu, Teodoro Ortiz Tarrascusa 276mr, Tashka2000 183mugl, Wojciech Tchorzewski 223gor (Fernglas), Watcharapong Thawornwichian 269mo, Sukhum Tiaphet 139ur, Tokomag 293gol, Tonyv3112 79m, Oleg Totskyi 181mlo/1, Ievgenii Tryfonov 71ul, Tsiumpa 296mgr, Tuja66 170m, 313ml, Eduard Bonnin Turina 183mru (Graphen), Mark Turner 93gor, Michael Turner 193mo, ID © Ulf Huebner | Dreamstime.com 79mu, Vac 93mru, Viavaltours 141mr, Vikkivi69 193mogr, Adonis Villanueva 70gom, Violetkaipa 167mlo, Vitalssss 267mro, 314ur, Vladvitek 230mlo, Volodymyrkrasyukm 142m, Vtupinamba 266ul, Vvoevale 61gor, 61m, 61mr, Pattadis Walarput 269mr, Dennis Van De Water 96ml, Wavebreakmedia Ltd 233gor, 244–245mr, Christian Weinkötz 100mro, Kitsada Wetchasart 140gogl, Whpics 281ml, Winnipuhin 167mr/1, Wirestock 212m, Reinhold Wittich 14mro, Wrangel 126ur, Björn Wylezich 61ml, 62mlu, 62–63mo, 160–161m, Xaoc 180gor, Steven Melanson / Xscream1 107gol, Hakan Can Yalcin 248m, Ymgerman 182u, Alexandr Yurtchenko 22mlo (Venus), Zerbor 147gor, Zhasmina Ivanova / Zhasmina-ivanova 20–21, Zoom-zoom 266mogl; **ESA:** ESA - D. Ducros 34–35m, ESA / AOES Medialab 31mr, ESA / ATG medialab 38–39gom, ESA / CNES / ARIANESPACE-Optique Photo Video du CSG, 2013 34ur, ESA / DLR / FU Berlin (G. Neukum), CC BY-SA 3.0 IGO 22–23m, ESO 26ml, NASA 43gor, NASA / JPL-Caltech / University of Arizona / LPG / CNRS / University of Nantes / Space Science Institute 25gol, 312um, NASA, ESA, G. Illingworth, D. Magee, and P. Oesch (University of California, Santa Cruz), R. Bouwens (Leiden University), and the HUDF09 Team 12ml, A. Schaller 306ml; **ESA / Hubble:** ESA / Hubble & NASA 14mo, 17gor, NASA / CXC / ASU / J. Hester et al., HST / ASU / J. Hester et al. 14gor, NASA / ESA and The Hubble Heritage Team 17gom, NASA, ESA and the Hubble Heritage Team (STScI / AURA) 14mu, NASA, ESA, P Crowther (University of Sheffield) 14mlo, NASA, ESA, R. Ellis (Caltech), and the HUDF 2012 Team 11gol, NASA, ESA, S. Beckwith (STScI), and The Hubble Heritage Team (STScI / AURA) 16ml; **ESO:**

31ur, ALMA (ESO / NAOJ / NRAO). **Visible light image:** the NASA / ESA Hubble Space Telescope 15mlu, ESO / F. Kamphues 132mu, ESO / M. Kornmesser 26–27m; **Fotolia:** apttone 161tl; **Getty Images:** 223ml, AFP 243mru, AFP / Stringer 85ur, Free Agents Limited 282–283, DE AGOSTINI PICTURE LIBRARY / Contributor 18ml, 290mru, Bandar Aldandani / Contributor 248mlu, Anadolu Agency 255mlu, Matt Anderson Photography 74ml, Drew Angerer 268mro, Apic / Contributor 194mr, Hulton Archive / Stringer 309gol, Fine Art / Contributor 291mr, Arterra 142mlo, Arterra / Contributor 191gol, The Asahi Shimbun 250mlo, bagi1998 62ml, Pallava Bagla 39ml, Scott Barbour / Staff 248ml, Sam Barnes 303gol, Bettmann 223mlu, 232mlu, 243mro, Bettmann / Contributor 220mlu, 221gol, 244mu, 264mo, Paul Biris 200–201, Bloomberg 37mo, Michael Bradley 292gol, Adrienne Bresnahan 130–131, Tuul & Bruno Morandi 98–99m, 227gor, CathyKeifer 109mru, Yasuyoshi Chiba 121ml, Bettmann / Contributor 309mu, Corbis 31gol, Carl Court 292gogl, Peter Dazeley 248gogr, Dea / A. Dagli Orti / Contributor 207gor, Dea / A. Jemolo / Contributor 262l, DEA / G. DAGLI ORTI / Contributor 236gol, 236gor, Dea / G. Nimatallah / Contributor 212gor, Dea Picture Library 251mlu, Dea Picture Library / Contributor 207mo, 262mlo, Alain Dejean / Contributor 221gor, Thomas Kline / Design Pics 103mr, DoctorEgg 55mu, Ozgur Donmaz 70gor, Marc Dozier 275mr, Josh Edelson / Contributor 234–235, Andreas von Einsiedel 300–301, Emily Kent Photography 74gor, Sergi Escribano 94mo, Nilotpal Dutta / EyeEm 263mu, Thierry Falise / Contributor 276mlo, Roberto Filho 269mru, Future Publishing / Contributor 194gom, 195m, Sean Gallup / Staff 290mlu, Getty Images / Handout 261mr, Gotham / Contributor 265m, GPO / Handout 219mlu, Bjørn H Stuedal 119mu, Handout 37r, Hannah Peters 268gor, Heritage Images 18gol, 222mo, Heritage Images / Contributor 213gor, 284gom, 291ml, Wild Horizon / Contributor 84–85m, Hulton Archive / Stringer 238–239mu, MOHAMMED HUWAIS 245mro, YUKI IWAMURA / Contributor 285gol, Allen J. Schaben / Contributor 67ur, Feng Jun 199ml, John P Kelly 303mro, Kevin Mazur 242r, Igor Kudryashov / EyeEm 55mr, Mirko Kuzmanovic 177mro, Harold M. Lambert / Contributor 264gom, Richard Lautens / Contributor 280m, Guillermo Legaria 268mlu, Liu Liqun 223gor, Alex Livesey 304–305, Nuno Lobito / EyeEm 70gol, Pierre Longnus 74mro, MacFormat Magazine / Contributor 195mlo, All About Space Magazine 39gom, Marie-Louise Mandl / EyeEm 44–45, Muslianshah Masrie 275mlu, Colin McPherson 251gom, Peter Meade 114–115um, PATRICK MEINHARDT 231mo, Nicola Micheletti 274mu, David Min 213gom, MirageC 168–169, Moment Open 293mro, 310bl, Louis MONIER / Contributor 291um, Stock Montage 232gogl, Max Mumby / Indigo 219m, #NAME? 178mru, Narinder Nanu 295mru, Stan Tekiela Author / Naturalist / Wildlife Photographer 115gor, The New York Historical Society 186mu, Alain Nogues 34mlo, NurPhoto 117mlu, NurPhoto / Contributor 278–279, Daniel Osterkamp 268–269mu, John Parrot / Stocktrek Images 240–241mu, Jason Persoff Stormdoctor 71mr, Anton Petrus 122–123m, Fritz POLKING / Contributor 128gor, Pramote Polyamate 260–261mu, Pool 181mru, Posnov 67gor, Print Collector 298gor, Print Collector / Contributor 210gor, 226mlu, Fernando Privitera / 500px 57gor, Steve Proehl 79mr, Dethan Punalur 99mu, SM Rafiq Photography / Moment Open 307mlu, Monty Rakusen 190, Fred Ramage 218fmlo, Roger Ressmeyer 195gol, Revolu7ion93 71ml, George Rinhart 243gom, Diana Robinson Photography 70ml, Thos Robinson / Stringer 264gor, Galen Rowell 277mlu, 312gol, Royal Geographical Society 223m, Issouf Sanogo / Stringer 263mlu, Chris Saulit 27mr, Steve Schapiro / Contributor 252–253, Science & Society Picture Library 32ur, 177mo, 187mru, 222mlo, Science & Society Picture Library / Contributor 194gol, 221mru, Science Photo Library 299mru/1, SCIEPRO 306mro, Daniel Simon 250mu, Soccrates Images / Laurens Lindhout 7ur, 302mr, South_agency 79ml, Sovfoto 36mlo, john spies / 500px 064–065m, SSPL 18–19m, 314bl, Fred Stein Archive 250mro, Pete Still/Contributor 249mru, Stockbyte 292mugl, Stocktrek Images 16gor, Stone / Yuji Sakai 5bl, 294mlu, STR / Contributor 195mr, Sunset Boulevard / Contributor 297gom, @ Hans Surfer 156–157, Topical Press Agency / Stringer 237mo, ullstein bild / Contributor 237mr, Ullstein Picture Dtl. 238gom, Universal History Archive 181gol, 203mro, Universal Images Group 219mgr, Manan Vatsyayana 268mu, AFP via Getty Images 309um, O. Alamany & E. Vicens 121mu, Juan Carlos Vindas 124gor, Ian Waldie / Staff 191mlu, Duane Walker 140mlo, Scott Wallace / Contributor 277mru, Tim Warner 302mu, Dougal Waters 303mlo, Westend61 75, 266mu, 311mlu, Kin Wah Joseph Wong 80–81mru; **Getty Images / iStock:** 3dbrained 296mlu, 3DSculptor 132–133mu, AaronAmat 118mru, abadonian 78gor, alex-mit 16–17m, andyKRAKOVSKI 103mro (Lachs), 110–111m, Fabio Belotte 237mlo, fStop Images - Caspar Benson 187gol, bingdian 216–217, burnsboxco 110gor, Byronsdad 78mlu, CampPhoto 143mr, Chinnasorn Pangcharoen 2–3u, 258-259m, cinoby 210–211, Circle Creative Studio 67ul, CloudVisual 67gol, Gerald Corsi 103ur, dangdumrong 83mlu, DanielPrudek 75gor, Georgiy Datsenko 264mru, Denisfilm 287mlo, Dreef 71gom, DrPAS 50ml, Sergei Dubrovskii 98mlu, E+ 293gol, 293mu, QwazzMe Photo / E+ 265r, Enrique Ramos Lopez 127mlu, FabioFilzi 66ml, Farinosa 112–113m, filonmar 6um, 174–175m, Dale Fornoff 100–101m, FrankvandenBergh 50–51m, gaffera 82mru, Gearstd 171ul (crane), georgeclerk 137ml, GeorgiosArt 133mlo, GlobalP 108mu, GomezDavid 121gogr, Ken Griffiths 118gor, donald_gruener 98mru, gsmudger 181mr, Manish Gupta 51mogr, hadynyah 277mro, Hardwarehk 260mlo, harrastaja 288–289, igorshi 296–297m, Indysystem 32mlo, JackF 118mlu, jgroup 296gol, JohnGollop 97gor, Jose Luis Pelaez Inc 133ur, KentWeakley 142ml, kjorgen 146l, Kontrec 295gor, KrimKate 59ul, KStork 227mu, kyoshino 191gor, Liliboas 268mlo, luoman 249mu, MagicBones 280gor, tane-mahuta 98mo, marchello74 75ml, mbongorus 227mlu, Tracey McNamara 66ul, MediaProduction 248mr, mehmetakgul 101mr, Joel Metlen 128gom, Michaelbwatkins 178m, michaeljung 150mgl, micro_photo 82mro, miralex 155c, Zulfan Monika 95mlo, Morsa Images 245ml, Mumemories 99mru, MyImages_Micha 121mr, Lisa Nentwich 231gor, Nikonbuff 171mro, NNehring 96gor, NoahJonKatz 54mu, ollo 175m, orinoco-art 138mlu, Julio Ortega 269gol, 315ur, pawopa3336 54ul, RapidEye 2ml, 286mu, Rastan 19gol, Ridofranz 229mru, RistoArnaudov 174gor, ruiruito 142mru, Aleksandr Rybalko 286mlu, p_saranya 269gom, SeppFriedhuber 78mro, 178mu, Khalid Sharif 119gol, Sjoerd van der Wal 302mlo, SolidMaks 237um, ssuni 193gogr, Roman Stavila 70mru, Stevecoleimages 171ur, StockByM 259gor, Stocktrek Images 38mro/ Irina_Strelnikova 280mlu, T. Holman 127ml, technotr 182gom, tobiasjo 74gol, Tryaging 178mlo, turk_stock_photographer 193mro, User10095428_393 272mro, ViktorCap 58ugl, Martin Voeller 112ml, WichitS 146–147mu, WitR 210m, xefstock 205mru, Yoruk 280mo; **Verlagsgruppe HarperCollins Deutschland GmbH:** Alice Walker: Die Farbe Lila, erschienen 2021 im Ecco Verlag, Hamburg 290mu; **Jón Gunnar Árnason:** Jane Rix 284ugl; **NASA and The Hubble Heritage Team (AURA/STScI):** NASA, ESA, and A. Schaller (for STScI) 10mru; **Stepan Koval:** 94gor; **© The Metropolitan Museum of Art:** The Costume Institute Fund, in memory of Polaire Weissman, 1989 263m, Dodge Fund, 1949 226mo, Funds from various donors, 1886 182gol, Edith Perry Chapman Fund, 1949 182mro (Statue), European Sculpture and Decorative Arts Fund, 2004 19mlo, Fletcher Fund, 1954 182mo, 212mo, Fletcher Fund, 1937 280mru (Polyeder), Gift of Egypt Exploration Fund, 1907 307mru, Louis E. and Theresa S. Seley Purchase Fund for Islamic Art and Rogers Fund, 1993 213mlo, Purchase, Arthur Ochs Sulzberger and Irene Roosevelt Aitken Gifts, 20 236–237mu, Rogers Fund, 1919 6ur, 213mugl, Rogers Fund, 1928 242fmlo, The Cesnola Collection, Purchased by subscription, 1874–76 3mru, 227gom, Gift of Margaret Wishard, in memory of her mother, Mrs. Luther D. Wishard, 1974 263gor; **MuktaArts:** MuktaArts 297mlu; **NASA:** 36–37m, 40–41, 42ml, 42ul, 42–43m, 224–225, ESA / NASA 42m, ESA / NASA / JPL-Caltech / STScI 17gol, ESA / Alexander Gerst 43gom, The Hubble Heritage Team (AURA / STScI / NASA) 16ul, Far-infrared: ESA / Herschel / PACS / SPIRE / C.D. Wilson, MacMaster University, Canada; X-ray: ESA / XMM-Newton / EPIC 31mo, NASA 10ml, 309mru, NASA / DOE / Fermi LAT Collaboration, CXC / SAO / JPL-Caltech / Steward / O. Krause et al., and NRAO / AUI 15mo, NASA / Goddard / SDO 14–15gom, 141gor, NASA / Johns Hopkins University Applied Physics Laboratory / Carnegie Institution of Washington 22gor, NASA / JPL 23mro, 39m, NASA / JPL / DLR 24mr, NASA / JPL / Space Science Institute 24–25m, 25mo, NASA / JPL / University of Arizona 24mo, NASA / JPL-Caltech 28–29, 199mlu, NASA / JPL-Caltech / MSSS 37gom, 310gor, NASA / JPL-Caltech / Space Science Institute 23mlo, NASA / JPL-Caltech / UCLA / MPS / DLR / IDA 26mo, 26m, NASA / MODIS map by the NASA / NOAA GOES Project at NASA's Goddard Space Flight Center in Greenbelt, Md. 13gor, 22mlu, NASA and Don F. Figer (UCLA) 15ml, NASA GSFC / CIL / Adriana Manrique Gutierrez 30–31m, NASA, ESA and the Hubble Heritage Team (STScI / AURA) 30m, Robert Simmon 076–077m, Solar Orbiter: ESA / ATG medialab; Parker Solar Probe: NASA / Johns Hopkins APL 39gogr; National Gallery Of Australia, Canberra: created by Tjungkara Ken, Sandra Ken, Yaritji Young, Freda Brady and Maringka Tunkin, Amata, Anangu Pitjantjatjara Yankunytjatjara (APY) Lands, South Australia, Australia, 2018 208–209m; **National Museum Of The American Indian:** Tipi Model, 12 / 2242, National Museum of the American Indian, Smithsonian. 270gol; **naturepl.com:** Jim Brandenburg 51mro, Simon Colmer 102ml (Raupe), Danny Green 51mlu, Klein & Hubert 51gogr, Hilary Jeffkins 113gom, Mike Parry 121m, Andy Rouse 50gom, Tui De Roy 147mlo, Scotland: The Big Picture 146mlu, Shane P. White 120mru, Visuals Unlimited 97mru; Robert Harding Picture Library: Ragnar Th. Sigurdsson 53mru; Gregory Rouse: Gregory Rouse 144–145m; **Penguin Random House Verlagsgruppe GmbH:** Coverartwork und Klappentext nach Lewis Carroll, Alice in Wunderland, erschienen im Anaconda Verlag, München 290m; **Photo Scala, Florence:** Philippe Starck 284–285gol; **Science & Society Picture Library:** Science Museum / Science & Society Picture Library 194m; **Science Photo Library:** 133mro, JOEL AREM 61gol, Chris Butler 23mr, Caida 196-197gol, Martyn F. Chillmaid 167gor, Library Of Congress 19m, Damian Peach 10um, DAVID PARKER FOR ESA / CNES / ARIANESPACE 35ul, DK IMAGES 145mro, Alexandre Dotta 164mo, David Ducros 38m, European Space Agency / Dlr / Fu Berlin, G. Neukum 24mlo, Mark Garlick 14gol, Robert Gendler 12-13m, Gianni Tortoli 30mlo, GIPHOTOSTOCK 132mr, Giphotostock 165gogr, MILLARD H. SHARP 154gor, Lewis Houghton 233mugr, JOHN BAVARO FINE ART 307ml, TED KINSMAN 62mogl, Ted Kinsman 165m, Patrick Landmann 202mr, C.K. Lorenz 96mru, CLAUS LUNAU 56-57mr, NASA / CXC / M.WEISS 14mru, Mikkel Juul Jensen 10-11m, Ron Miller 23mru, 26mlu, Nasa / Ames / Jpl-Caltech 31mru, NASA / ESA / STSCI 15gom, NASA / JPL 22ml, NASA / JPL-CALTECH 39mlu, NASA, ESA, AND A. SIMON (NASA GODDARD SPACE FLIGHT CENTER), AND M. WONG AND A. HSU (UNIVERSITY OF CALIFORNIA, BERKELEY) 23gor, Nicolle R. Fuller 11ul, Sam Ogden 261gor, Alfred Pasieka 83ur, Raul Martin / Msf 202um, 202ur, Detlev Van Ravenswaay 27mro, 38gom, John Reader 203gor, EYE OF SCIENCE 82um, Scubazoo 277gom, Babak Tafreshi 19mru, SHEILA TERRY 192gom, Turtle Rock Scientific / Science Source 133mu, Turtle Rock Scientific / Science Source 164gor, US Geological Survey 25mro, Mark Williamson 39mr; **Shutterstock.com:** Gudkov Andrey 116mlu, S. Aratrak 147gol, BearFotos 119mgr, 298mru, BinkOntan 143ml, Larisa Blinova 267mlu, Blue Sky / 20th Century Fox / Kobal / Shutterstock 296mugl, davide bonaldo 245gol, Merry Chics 298ml, Jesus Cobaleda 110mro, Johnathan Esper 109mu, 313gom, Everett Collection 237mu, 239m, Ewa Studio 67mlu, Tarek Ezzat 221ml, Gaschwald 176ml, Tom Godfrey 281ml (Speisekarte), Toby Grayson 66–67, Sven Hansche 165mo, Helmut Fig Newton 164mugl, idiz 147mr, Image Source Trading Ltd 119ul, ImagesofIndia 275mru, inxti 129gor, Eric Isselee 108mlo, Anant Jadhav 260gor, 314gor, Loren Klein 71gol, SARAWUT KUNDEJ 128mlu, Natalia Leinonen 140mo, LiliGraphie 264gom, lindamka 92ul, 125ur, LMIMAGES 164mr, Daniel Gjula-Lyonnais 67ml, Manu M Nair 109mlu, Master1305 293, mehmetkrc 108mlu, Melinda Nagy 272mlo, Niferure 299gom, norikko 267mru, novak.elcic 66mlu, Sergey Novikov 299mru, R.M. Nunes 273mro, Porco_Rosso 101ml, Anne Powell 100ml, Reptiles4all 3gor, 115mo, Juan Roballo 39mru, Rodrigo Medina 146mo, saravutpics 2m, 292–293m, saurabhpbhoyar 2gom, 266mo, Scarabea 299ml, Shan_shan 210gogr, Stu Shaw 73gor, Skumer 303mr, SL-Photography 227ur, Studio Ghibli / Kobal / Shutterstock 296mlo, Jarun Tedjaem 107gom, tratong 115mlu, Peter Turner Photography 98mr, turtix 129mr, UfaBizPhoto 195ur, viper-zero 180mru, Chris Wrede 85gor, Dotted Yeti 92mru; **Sloan Digital Sky Survey (SDSS):** M. Blanton and SDSS 13gom; **Courtesy of the Smithsonian's National Museum of American History:** Smithsonian Institution 194ul; Steve Huskey: Steve Huskey 155ul; **SuperStock:** Daniel Acevedo / age fotostock 95r; **The British Museum:** The Trustees of the British Museum. 226mgr; **Thienemann-Esslinger Verlag:** Ottfried Preußler: Die keine Hexe. Mit Illustrationen von Winnie Gebhardt und Mathias Weber. © 1957, 2017 Thienemann in der Thienemann-Esslinger Verlag GmbH, Stuttgart 291ul; **TopFoto:** Fortean 258ul; **Unsplash:** Brian Kairuz 272mlu; **Wellcome Collection:** Attribution 4.0 International (CC BY 4.0) 232mlu (Spritze), Impfung: „Dr Jenner performing his first vaccination, 1796". Ölgemälde von Ernest Board. 233ml.

Cover: *Vorn und hinten:* **123RF.com:** Kittipong Jirasukhanont glo; **Dorling Kindersley:** Alistair Duncan / Cairo Museum mu, Gary Ombler / Durham University Oriental Museum mlo; **Dreamstime.com:** Martin Holverda mo, Mike Ehrman mru, Nerthuz mr, Paop om, Robert Harding: TUNS gmlu; **Science Photo Library:** JAMES KING-HOLMES mr; **Shutterstock.com:** Kurit afshen ur.